François Chamoux

Marcus Antonius

François Chamoux

Marcus Antonius

Der letzte Herrscher des griechischen Orients

Casimir Katz Verlag

Titel der Originalausgabe
Marc Antoine – dernier prince de l'Orient grec
Ins Deutsche übersetzt von
Werner Kügler

CIP-Titelaufnahme der Deutschen Bibliothek

Chamoux, François:
Marcus Antonius: der letzte Herrscher des griechischen Orients / François Chamoux. [Ins Dt. übers. von Werner Kügler]. – Gernsbach: Katz, 1989
Einheitssacht.: Marc Antoine ‹dt.›
ISBN 3-925825-16-9

Satz: Casimir Katz Verlag, Gernsbach
Umschlaggestaltung: Zembsch' Werkstatt, München
Druck: Clausen & Bosse, Leck
ISBN: 3-925825-16-9

Die Plätze, welche die Nachwelt zuweist, sind, so wie alle anderen, den Launen Fortunas unterworfen. Wehe dem Ansehen eines Fürsten, der einer Partei unterliegt, die dann an die Macht gelangt, oder der versucht hat, ein Vorurteil zu zerstören, das ihn überlebt!

Montesquieu,
Betrachtungen über die Ursachen
des Aufstiegs der Römer und ihres Untergangs,
Kap. I.

Inhaltsverzeichnis

EINLEITUNG

Die Konflikte zwischen den Parteien und ihren rivalisierenden Führern, die um die Mitte des 1. Jahrhunderts vor unserer Zeitrechnung das Ende der römischen Republik herbeiführten und die neue Herrschaftsform des Prinzipats entstehen ließen, wurden nicht auf dem Boden Italiens ausgetragen. Die drei entscheidenden Treffen fanden auf der Balkanhalbinsel statt, auf griechischem Boden: 48 v. Chr. bei Pharsalus in Thessalien zwischen Caesar und Pompejus, 42 bei Philippi im hellenisierten Thrakien zwischen den Erben Caesars und seinen Mördern und schließlich 31 bei Actium, vor den Küsten von Epirus und Akarnanien, zwischen Octavian und Marcus Antonius. Es ist kein Zufall, daß diese drei großen Schlachten auf griechischem Gebiet geschlagen wurden: Innerhalb der von den römischen Armeen eroberten Mittelmeerwelt kam dem griechischen Orient mit seinen Menschen und Reichtümern ein so besonderes Gewicht zu, daß sein Besitz in den Augen der römischen Machthaber den Italiens und der westlichen Provinzen aufwog. Von diesen aufeinanderfolgenden Konfrontationen, die wie Etappen auf dem Weg zur Einzelherrschaft erscheinen, so wie sie Caesars politisches Genie vorgesehen hatte, war zweifellos die letzte die für die Zukunft Europas folgenschwerste: In der Seeschlacht bei Actium am 2. September 31 entschied das Kriegsglück nicht einfach zwischen zwei ehrgeizigen Rivalen, sondern zwischen zwei nach Geist und Orientierung grundverschiedenen politischen Konzeptionen. Die eine, die des Marcus Antonius, zielte darauf ab, unter dem Schutz der römischen Legionen ein monarchisches System wiederherzustellen, das sich, mit Alexandrien als Zentrum, über den ganzen griechischen Orient erstrecken sollte. Die von Octavian vertretene hingegen, die freilich erst nach und nach erkennbar wurde, betonte die unveränderte Oberherrschaft Roms, das nun der Autorität eines Herrschers unterworfen war, der darauf achtete, die althergebrachten Institutionen der Form nach zu respektieren. Die erste hätte der griechischen Kultur neue Kraft verliehen, Griechisch wäre durch sie wieder zur dominierenden Sprache der Herrschenden geworden. Die zweite, die schließlich den Sieg davontrug, bestätigte Rom und Italien als Mittelpunkt der antiken Welt, als Zentrum, in dem im Lauf der Jahrhunderte eine griechisch-lateinische Mischkultur entstehen sollte, die sich in lateinischer Sprache über das Abendland verbreitete.

Es ist sicherlich müßig, die Geschichte neu schreiben zu wollen, sich vorzustellen, was hätte sein können und doch nicht war. Dem Historiker bleibt keine andere Wahl, als die Fakten festzustellen und sie, sofern es ihm möglich ist, verstehbar zu machen. Er hat bei diesem Bemühen aber gleichzeitig die Pflicht, Absichten und Ziele der wichtigsten Akteure herauszuarbeiten und ihre Erfolgschancen abzuwägen, selbst wenn die Launen des Glücks ihnen den Erfolg schließlich versagten. Und er muß es um so eher tun, wenn, wie im Fall von Marcus Antonius, das Bild des Besiegten von den Parteigängern des Siegers völlig verfälscht wurde. Von dem Menschen Marcus Antonius vermitteln uns nämlich die meisten Quellen eine Vorstellung, die von der entstellenden Propaganda der Anhänger Octavians bestimmt ist. Diese zeichnen ihn nur allzugern als sittenlos und charakterschwach, als völlig beherrscht von seiner blinden Leidenschaft für eine orientalische Verführerin: Kleopatra, *regina meretrix,* die Königin mit dem Kurtisanenblut, die ihn seine Pflichten als Gatte und Römer vergessen ließ. Dieses Zerrbild hat sich im Lauf der Jahrhunderte festgesetzt und muß nun mit Hilfe einer peinlich genauen Untersuchung der überlieferten Texte, einer objektiven Betrachtung der Umstände und einer weniger parteiischen Interpretation der Fakten zurechtgerückt werden. Auf diese Weise wird es uns vielleicht möglich sein, das Verhalten des Marcus Antonius besser zu verstehen, zu erkennen, welche Beweggründe ihn leiteten und welche Logik seinem Handeln zugrunde lag. Und es wird uns vielleicht auch gelingen, der geistigen Erscheinung dieses außergewöhnlichen Menschen Züge zu verleihen, die besser zu seinem äußeren Anblick passen, so wie er uns in Form von herrlichen Porträtbüsten erhalten geblieben ist.

Es kann nun keinesfalls darum gehen, jemanden, den die Nachwelt verurteilt hat, aus Lust am Widerspruch rehabilitieren zu wollen. Mich lockt dieses Spiel nicht, das man mit Nero und Caligula immer wieder von neuem versucht. Aber der Historiker, der durch langjährige Arbeit mit den Fragen des griechischen Orients vertraut ist, sieht diesen vom Glanz der Welt der Griechen faszinierten Römer anders, als die Geschichtsschreiber Roms, welche die Dinge naturgemäß aus der gleichen Perspektive wie Augustus sahen. Er muß daher in Versuchung geraten, die Vorstellung, die man sich von Antonius üblicherweise macht, in gewissen Punkten zu nuancieren, ohne deswegen das unumstößliche Urteil der Geschichte anfechten zu wollen. Aus dieser Versuchung heraus ist der folgende Versuch entstanden. Er erhebt nicht den Anspruch, der Forschung neue Elemente zu liefern, sondern er will die schon bekannten Tatsachen in einem anderen Licht erscheinen lassen und so den Leser zum Nachdenken anregen.

I

Der Sohn aus vornehmem Hause (86 - 54)

Marcus Antonius war an einem 14. Januar geboren: Tag und Monat sind uns genau bekannt, denn von Cassius Dio wissen wir, daß nach der Niederlage des Antonius bei Actium der Jahrestag seiner Geburt zu einem Tag des Unheils erklärt und in den offiziellen Jahrbüchern fortan als solcher geführt wurde. Sein Geburtsjahr läßt sich hingegen nicht mit Sicherheit bestimmen, da die antiken Quellen hier voneinander abweichen. Plutarch berichtet, Antonius sei bei seinem Tod, am 1. August des Jahres 30 v.Chr., sechsundfünfzig, nach einer anderen Überlieferung jedoch erst dreiundfünfzig Jahre alt gewesen. Appian zufolge war Antonius im Herbst 41 bei seinem berühmten ersten Treffen mit Kleopatra in Tarsos am Kydnosfluß erst vierzig Jahre alt. Diese verschiedenen Überlieferungen lassen also 86, 83 und 81 als Geburtsjahr in Betracht kommen. Man hat nun versucht, die Streitfrage mit Hilfe der Datierung bestimmter Münzprägungen zu entscheiden. Diese Schlüsse beruhen allerdings auf ungesicherten Hypothesen. Hält man sich aber an die erwähnten Textstellen, so kann man davon ausgehen, daß Appian nur das ungefähre Alter angibt, da er eine runde Zahl nennt. Plutarch darf man hier wahrscheinlich eher Glauben schenken, er überliefert uns genauere und somit wohl auch verläßlichere Zahlen. Von diesen hat nun die zweite für sich, daß sie zu der niedrigeren Jahreszahl 83 führt, die näher an dem aus Appian ableitbaren Jahr 81 liegt. Wir wollen daher, auch wenn darüber keine Gewißheit bestehen kann, das Jahr 83 als das wahrscheinliche Geburtsjahr ansehen.

Die Familie des Antonius gehörte nicht dem patrizischen Hochadel an, war aber doch Teil jener Führungsschicht, die stolz darauf war, daß aus ihren Reihen die höchsten Beamten der römischen Republik hervorgingen: Die Gesamtheit dieser Männer, die entweder ein Amt bekleideten oder bereits eines ausgeübt hatten, bildete den Senat, der als oberste Ratsversammlung die Führung der Staatsgeschäfte überwachte. Die Antonier selbst waren erst vor verhältnismäßig kurzer Zeit zu Amt und Würden gekommen: Der Großvater des Antonius, der wie alle Erstgeborenen des Geschlechts schon Marcus Antonius hieß, hatte im Jahr 99 v.Chr. das Konsulat innegehabt, das höchste Amt der Republik. Was die Zeit davor betrifft, so berichtete die Überlieferung lediglich von einem Marcus Antonius, der 332 v.Chr. unter dem Diktator P. Cornelius Ruffinus zum Befehlshaber der Reiterei (*magister equitum)* ernannt worden war. Alle beide hatten ihr Amt jedoch schon nach kurzer Zeit niederlegen müssen, ohne sich besondere Verdienste erworben zu haben. Der Konsul des Jahres 99 hingegen erfreute sich der Wertschätzung seiner Zeitgenossen in mehrfacher Hinsicht. Zunächst einmal war er ein hervorragender Redner, dessen Ruf seinen Tod so sehr überdauerte, daß Cicero ihn ein halbes Jahrhundert danach noch zu einem Protagonisten seines Dialogs *De oratore* machte und seine Redegabe in *Brutus*, einem weiteren Dialog, auf das lebhafteste lobte. Er erwies sich aber auch als tüchtiger und kompetenter Beamter: Als er 103 Statthalter von Kilikien war, verstand er es, mit der Bedrohung durch die Seeräuber fertig zu werden, die sich in dieser Region des östlichen Mittelmeers zu gefürchteten Banden zusammengeschlossen hatten und Handelsschiffe ausplünderten. Marcus Antonius fügte ihnen schwere Verluste zu, was ihm die Ehre eines Triumphs einbrachte. Nach seinem Konsulat wurde er im Jahr 97 mit dem hohen und ehrenvollen Amt eines Zensors betraut. Später jedoch, als der Konflikt zwischen den Anhängern Marius' und Sullas auf dem Höhepunkt stand, zog er den Haß der Marianer auf sich, die Rom nunmehr beherrschten: Im Jahr 87, wenige Jahre vor der Geburt seines Enkels, fiel er einem der Massaker zum Opfer, bei denen eine Anzahl führender Vertreter des römischen Adels den Tod fanden. Sein Kopf wurde eine Zeitlang auf der Tribüne des Forums zur Schau gestellt, auf der er als Redner so viele Erfolge gefeiert hatte.

Dem Sohn dieses glänzenden Staatsmanns war keine vergleichbare Karriere beschieden. Auch er trug den Namen Marcus Antonius. Er bekleidete das Amt eines Prätors, als man ihm im Jahr 74 den militärischen Oberbefehl im Krieg gegen die Piraten übertrug. Diese nützten die durch die Unternehmungen des Königs Mithridates entstandene Unsicherheit, um erneut die Küsten des Mittelmeers heimzusuchen. Der Krieg gegen sie war ein schwieriges Unternehmen, bei dem er keine so glückliche Hand zeigte wie vorher sein Vater: Von seinen Feinden bei Kreta geschlagen, mußte er unter nicht gerade rühmlichen Umständen einen Vertrag mit ihnen abschließen, was ihm den Spottnamen 'der Kreter' (*Creticus*) einbrachte. In Kreta verstarb er übrigens auch im Jahr 72 oder 71. Obwohl er keinesfalls vermögend zu nennen war, zeigte er sich gerne großzügig, ja verschwenderisch. Plutarch berichtet uns von einem amüsanten Vorfall, der bezeichnend für sein Wesen ist: Als ein Freund, der sich in Geldschwierigkeiten befand, ihn einmal bat, ihm eine bestimmte Summe zu leihen, wollte Marcus Antonius ihm diese Bitte trotz fehlender Mittel nicht abschlagen. Jedoch fürchtete er die Vorhaltungen seiner Gemahlin, die stets darüber wachte, daß er seine Freigebigkeit nicht zu oft unter Beweis stellte. Er gab deshalb vor, sich rasieren zu wollen, und ließ sich von einem Sklaven ein silbernes Becken mit Wasser bringen. Während er nun Anstalten machte, sich das Gesicht zu benetzen, schickte er den Sklaven wieder fort, damit niemand Zeuge seiner Hilfsbereitschaft sei, und übergab dem Freund anstelle von Geld das kostbare Becken. Das Verschwinden dieses wertvollen Gegenstands entging aber keineswegs der Wachsamkeit seiner Gattin. Sie ließ im ganzen Haus danach suchen und wollte alle Sklaven foltern lassen, um den Dieb ausfindig zu machen. Da gestand der gutherzige Creticus die ganze Sache und bat um Verzeihung, die ihm auch gewährt wurde. Diese wie selbstverständliche Bereitschaft, Freunden zu helfen, diese angeborene Neigung zu großzügigen Gesten, wird sich später bei seinem Sohn, dem Triumvirn, wiederfinden.

Marcus Antonius Creticus hatte Julia, die Tochter des ehemaligen Konsuls L. Julius Caesar geheiratet. Dieser entstammte dem berühmten Geschlecht der Julier, allerdings einer anderen Linie als der große Julius Caesar. So wie der Vater des Creticus war auch Julias Vater im Jahr 87 von den Marianern ermordet worden. Julia, eine energische Persönlichkeit, schenkte ihrem Gatten drei Söhne: den Erstgeborenen Marcus, dessen jüngeren Bruder Gaius, und schließlich Lucius, den Jüngsten. Alle drei sollten im politischen Leben eine bedeutende Rolle spielen. Sie hingen sehr an ihrer Mutter, die wiederum beträchtlichen Einfluß auf sie ausübte. In gleicher Weise handelten in der sich zum Ende neigenden Republik auch andere römische Matronen, so die berühmte Cornelia, die Mutter der beiden Gracchen. Julia verheiratete sich nach dem Tod des Creticus wieder, und zwar mit P. Cornelius Lentulus Sura aus dem berühmten Patriziergeschlecht der Cornelier, der im Jahr 71 das Amt eines Konsuls bekleidete. Er sollte wegen seiner Verwicklung in die Verschwörung des Catilina im Jahr 63 hingerichtet werden.

Diese Einzelheiten aus der Familiengeschichte der Antonier sind nicht von bloß beiläufigem, anekdotischem Interesse, sondern geben genauen Aufschluß über das soziale und politische Milieu, in dem der zukünftige Triumvir geboren wurde und in dem er aufwuchs. Sie zeigen deutlich, daß im Rom des ersten vorchristlichen Jahrhunderts die Führung der Staatsgeschäfte weiterhin in den Händen der Adelsgeschlechter liegt. Sie stellen die hohen Beamten und die Mitglieder des Senats. Der römische Staat, der durch seine Eroberungen im vorausgehenden Jahrhundert seine Herrschaft sehr schnell auf so gut wie den gesamten Mittelmeerraum ausgedehnt hat und dadurch über ungeheure

Ressourcen verfügt, behält aber weiterhin die politischen Strukturen eines Stadtstaats, die für die Verwaltung eines Imperiums wenig geeignet sind. Die städtische Plebs, der das Recht zukommt, die Beamten zu wählen – was unter sehr komplexen, Ränke und Intrigen fördernden Bedingungen erfolgt – ist den ständigen Manipulationen der nach Macht Strebenden ausgesetzt, die im Streit um die Gunst der Menge deren elementare Bedürfnisse und Leidenschaften ansprechen. In diesem Sinn halten sich diese zumeist der Oberschicht entstammenden Personen eine Klientel, veranstalten Spiele und Spektakel und verkaufen billig Lebensmittel oder verteilen sie auch gratis.

Dieses ständige Buhlen um die Gunst der Massen kostete viel Geld, stand also nur jenen offen, die über entsprechende finanzielle Mittel verfügten. Das aber war nur bei den Großgrundbesitzern der Fall. Wie bei den Griechen basierten auch in der römischen Welt die ökonomischen Strukturen auf der Nutzung des Bodens als der wichtigsten Grundlage jeglichen Reichtums. Grundbesitz war auch die einzige Form von Vermögen, die sich mit der Würde eines Beamten oder Senators vereinbaren ließ. Handel und Handwerk werden nicht als ehrenhaft angesehen, auch wenn sich damit manchmal viel Geld verdienen läßt. Es ist allerdings niemandem untersagt, seine Einkünfte gewinnbringend anzulegen und sich zu diesem Zweck über einen Dritten an kommerziellen Großunternehmungen zu beteiligen, die eine bedeutende Kapitaleinlage erfordern. Solche Geschäfte sind zwar mit Risiken verbunden, können aber enorme Profite einbringen. In den meisten Fällen jedoch leihen die Reichen, die über die entsprechenden flüssigen Gelder verfügen, zu hohen Zinssätzen an Personen, die gerade größere Summen benötigen. Bei der Durchführung dieser Geschäfte werden manchmal auch Bankiers eingeschaltet. Das aus dem hellenistischen Griechenland übernommene Bankwesen ist allerdings noch sehr unvollkommen.

Ein anderes Mittel, Geld zu machen, besteht darin, daß

man de facto, wenn nicht de jure, seine Autorität als aktiver oder ehemaliger Beamter gewinnbringend nutzt, indem man in einem Streit mit Behörden oder bei einem Prozeß die Interessen einer Privatperson oder Gesellschaft unterstützt bzw. verteidigt. Die Gewandtheit des Redners und das persönliche Ansehen des im öffentlichen Leben Stehenden, die einem Beamten gegenüber oder bei Gericht gezielt eingesetzt werden, können sich hier als äußerst wirksam erweisen und dem Klienten zu der erhofften Begünstigung oder Gerichtsentscheidung verhelfen. Solche Dienste läßt man sich natürlich bezahlen. Empfehlungen und Plädoyers erleben in dieser Epoche eine Blütezeit: Ciceros Briefe und Reden liefern uns dafür so manches Beispiel. Die Abwicklung der staatlichen Ausgaben und die Einhebung der dem Staat zu entrichtenden Gebühren, Steuern, Abgaben und Tribute waren in aller Form an Gesellschaften oder Privatpersonen verpachtet. Diese kümmerten sich um die Durchführung der öffentlichen Arbeiten und Dienstleistungen, sowie um die Eintreibung der an den Staat zu zahlenden Summen. Die mit diesen gewinnbringenden, aber auch nicht risikofreien Aufgaben befaßten Personen wurden mit dem Sammelnamen *publicani* (Steuerpächter) bezeichnet. Auch sie wandten sich im gegebenen Fall an die Politiker um Unterstützung und wußten sich ihnen gegenüber für ihre Hilfe erkenntlich zu zeigen.

Schließlich gab es für den Träger eines öffentlichen Amtes noch eine letzte Art und Weise, und nicht gerade die erfolgloseste, sich ein Vermögen zu erwerben oder es zu vermehren: einen Eroberungskrieg zu führen oder eine Provinz zu regieren. Die im Verlauf der militärischen Expeditionen erzielte Kriegsbeute fiel nicht zur Gänze dem Staatsschatz zu, denn ein großer Teil davon ging an die siegreichen Truppen und ihren Feldherrn. Was die Verwaltung der Provinzen betrifft, so war diese für den Statthalter immer eine gute Gelegenheit, sich auf Kosten von Städten und Privatpersonen zu bereichern. Das läßt sich aus den zahlreichen Prozessen ersehen, die gegen Beamte wegen Steuererpressung geführt wurden, wenn diese die Untertanen Roms allzusehr aussaugten. Das Verständnis und die Gerechtigkeit eines Lucullus in Kleinasien und eines Cicero in Kilikien stellen gegenüber den zeitgenössischen Verhaltensgewohnheiten eine Ausnahme dar.

Das war also im zweiten Viertel des Jahrhunderts vor Christi Geburt das Milieu, in dem sich ein junger Mann aus gutem Hause entwickeln sollte, der dem Beispiel seiner Väter und den Sitten seiner Kaste folgend sich zu einer politischen Karriere berufen fühlte. Die Spielregeln waren seit der Zeit Sullas klar festgelegt: Wollte man Erfolg haben, so brauchte man Geld und Beziehungen, ein Übermaß an Skrupeln war hingegen nicht angebracht. Dem Volk zu schmeicheln und sich mit den Mächtigen gutzustellen waren gleichermaßen notwendige Voraussetzungen. Dazu kam, daß ältester republikanischer Tradition gemäß politische und militärische Karriere nicht voneinander zu trennen waren. Der nach den höchsten Würden strebende Beamte mußte sich auch als Feldherr bewähren. Die Siege über die Barbarenvölker, deren krönenden Abschluß der Triumphzug bildete, der ruhmreiche Titel *imperator*, der auf Vorschlag der Soldaten durch Akklamation verliehen wurde, stellten für den Römer die höchste Ehrung dar. Das glänzende Beispiel Marius' und Sullas oder, aus jüngster Vergangenheit und noch allen gegenwärtig, das eines Pompejus zeigten deutlich, welch nachdrückliche Empfehlungen der Kriegsruhm und die Treue der kampferprobten Veteranen für einen Politiker gegenüber Volk und Senat darstellten. Als Marcus Antonius das Mannesalter erreichte, war für ihn so wie für die anderen jungen Ehrgeizigen der Weg schon vorgezeichnet, ein Weg, von dem er schwerlich abweichen konnte, wenn er Erfolg haben wollte. Es handelte sich zunächst darum, die Bildung und die rhetorischen Fähigkeiten zu erwerben, die für ein gutes Auftreten in der Gesellschaft, in der er sich künftig bewegen sollte, unabdingbar waren. Es ging darum, sich die gerade Mächtigen zu Freunden zu machen, sich ihnen zu verpflichten, um sich so für den Einstieg ins öffentliche Leben die notwendigen Hilfestellungen zu sichern. Und es galt, sich mit dem Waffenhandwerk vertraut zu machen und darin seine Fähigkeiten unter Beweis zu stellen. Das wenige, was wir über die ersten Schritte des Antonius auf dem Weg zu seiner Karriere wissen, zeigt uns, daß er sich dieser dreifachen Aufgabe mit großem Ernst widmete. Dabei sind in seinem ganzen Verhalten schon die ihm eigenen Charakterzüge erkennbar, die in der Folge noch mehr hervortreten werden.

Wie schon erwähnt, war seinem Vater der militärische Erfolg versagt geblieben, ebensowenig war es ihm gelungen, ein großes Vermögen zu erwerben. Das Erbe, das er seinen Söhnen nach seinem frühen Tod im Jahr 72 oder 71 hinterließ, war derart mit Schulden belastet, daß der nicht einmal großjährige Antonius und seine beiden jüngeren Brüder sie nicht zurückzahlen konnten. Cicero erinnert daran mit kräftigen Ausdrücken, wenn er in seiner 2. Philippischen Rede von der Jugend des Antonius und dessen Ausschweifungen spricht. Diese finanzielle Misere scheint jedoch der gesellschaftlichen Stellung der Antonier nicht geschadet zu haben: Wenn der junge Marcus Theateraufführungen beiwohnte, war er nicht dazu zu bewegen, sich auf einen der für Bankrotteure vorgesehenen Plätze zu setzen. Bei seiner stolzen Weigerung konnte er auf die feste Unterstützung von Verwandten rechnen: Sein Stiefvater P. Lentulus Sura war ein einflußreicher Senator, sein Onkel und zukünftiger Schwiegervater M. Antonius Hybrida, der sich als Anhänger Sullas hervorgetan hatte, sollte 63 zum Konsul gewählt werden. Diese verwandtschaftlichen Bindungen ermöglichten es dem jungen Mann, seine Position in der Gesellschaft zu behalten, ersetzten aber nicht die väterliche Autorität, die ihn vor Versuchungen und zweifelhaftem Umgang hätte bewahren können. Cicero geht hier mit seinen Anschuldigungen sehr weit, wenn er sagt:

„Kaum warst du mit der Toga des Mannes bekleidet, hast du ein Frauenkleid daraus gemacht!" Dazu ist zu sagen, daß Antonius mit sechzehn Jahren, also mit Erreichen des Mannesalters (mit dem die jungen Männer die *praetexta*, die Knabentoga, gegen die *toga virilis*, die Männerkleidung, tauschten), den Wünschen von Freunden nachgegeben haben soll, die zur Knabenliebe neigten. Schlimmer noch: Cicero beschuldigt ihn, sich für viel Geld verkauft zu haben. Da diese beleidigenden Anschuldigungen von keiner anderen Quelle bestätigt werden, darf man wohl annehmen, daß der Redner, wenn er seinen Widersacher als *vulgare scortum*, als Prostituierten für jedermann, bezeichnet, sich zu einem jener auf Publikumswirkung gerichteten verbalen Exzesse hinreißen läßt, die in der 2. Philippika häufig zu finden sind. Eifrig darauf bedacht, sich Demosthenes ebenbürtig zu erweisen, von dem er bezeichnenderweise auch den Titel für seine gegen Antonius gerichteten Reden übernommen hat, ahmt Cicero nur allzugern die heftigen, ja maßlosen Beschimpfungen und Beleidigungen nach, die nicht eben zu den besten Merkmalen seines griechischen Vorbilds zählen. Andererseits muß gesagt werden, daß Antonius sich in seiner Jugend auf zumindest eine eigenartige Freundschaft einließ, nämlich mit dem älteren C. Scribonius Curio. In diesem Punkt werden die Attacken Ciceros durch das Zeugnis Plutarchs bestätigt. „In seiner Jugend", so schreibt dieser, „zog Antonius durch seine Schönheit die Blicke aller auf sich. Curio stürzte sich damals wie ein böser Geist auf ihn und zog ihn in ein enges Freundschaftsverhältnis. Dieser Mensch gab sich hemmungslos dem Vergnügen hin, und um sich Antonius für seine Absichten gefügiger zu machen, verführte er ihn zum Trinken, zu Ausschweifungen mit Frauen und maßlosen Ausgaben. Antonius erwuchs daraus eine für sein Alter erdrückende Schuldenlast, die sich auf zweihundertfünfzig Talente belief." Das war tatsächlich eine ungeheure Summe. Curio hatte für die Schulden seines Freundes die Bürgschaft übernommen. Sein Vater weigerte sich jedoch, dafür aufzukommen. Nach seinen eigenen Angaben erreichte schließlich Cicero auf Bitten des jungen Curio bei dessen Vater, daß dieser die Schulden von Antonius bezahlte, für die sein Sohn so leichtfertig gebürgt hatte. Das geschah allerdings unter der ausdrücklichen Bedingung, daß die beiden jungen Leute sämtliche Beziehungen zueinander abbrachen.

Dieses erste Abenteuer des jungen Antonius ist in mehr als einer Hinsicht aufschlußreich. Es zeigt nämlich, wie begrenzt die hohe römische Gesellschaft dieser Zeit war. Wie sich auch weiterhin häufig erweisen wird, handelte es sich um eine relativ kleine Gruppe von Menschen bzw. Familien, die untereinander eine Vielzahl von Beziehungen unterhielten, gleich ob es sich um Vergnügen, Geld oder Politik handelte. Wie schon in den griechischen Stadtstaaten wurde auch in Rom alles zwischen wenigen Beteiligten entschieden, die sich alle kannten, obwohl die Bevölkerung Roms und darüber hinaus die Inhaber des römischen Bürgerrechts in Italien und den Kolonien viel zahlreicher waren als die Bürger der griechischen Kleinstaaten. Außerdem zeigt uns diese Stelle bei Plutarch etwas, was oft vergessen wird, nämlich daß der römische Adel keineswegs vom 'griechischen Laster' verschont geblieben war, von der Päderastie also, die in den dorischen Gesellschaften von jeher üblich war, in Athen hingegen stets als Sittenlosigkeit galt, die vom Gesetz und von der öffentlichen Meinung verurteilt wurde. Wenn Antonius, den es später allem Anschein nach nur zu Frauen hinzog, sich in seiner Jugend auf Männerliebe einließ, so war das nichts Außergewöhnliches. Er teilte sich dieses triste Privileg mit den berühmtesten seiner Zeitgenossen. Sueton überliefert uns in diesem Zusammenhang ungeschminkte Tatsachen. So war Caesar, und alle Welt wußte es, in Bithynien der Favorit des Königs Nikomedes gewesen. Und selbst als er nach Beendigung des Gallischen Krieges seinen Triumph feierte, sangen seine Legionäre mit brutaler Unverblümtheit Spottlieder über ihn: „Caesar hat Gallien erobert, aber

Nikomedes hat sich Caesar geholt." In gleicher Weise mußte sich Octavian, der zukünftige Augustus, entehrende Anschuldigungen gefallen lassen: Sextus Pompejus beschimpfte ihn als Lustknaben, Antonius behauptete, Caesar habe seinen Großneffen erst als Erben eingesetzt, nachdem ihm dieser zu Willen gewesen war.

Andere unterstellten, Octavian habe nach Caesar selbst noch einen von dessen Unterfeldherren zum Liebhaber gehabt, nämlich Hirtius, der ihm als Lohn für seine Gefügigkeit eine hohe Summe bezahlt habe. All diese Klatschgeschichten vermitteln einen Eindruck von den Sitten, die damals unter den Herren der antiken Welt herrschten. Octavians Ruf stand in dieser Hinsicht jedenfalls fest: Die im Theater versammelte Menge brach in Beifall aus, als ein doppelsinniger Vers vorgetragen wurde, in dem sich das Wort Päderast auf den Sieger von Actium beziehen ließ. Die Beziehungen zwischen Antonius und Curio waren also nicht etwas, was im Rom dieser Zeit hätte Verwunderung hervorrufen können.

Antonius wurde nach dieser Affäre der Zutritt zum Hause Curios untersagt, ungeachtet dessen dauerte ihre Freundschaft fort, bis Curio im Jahr 49 in Afrika den Tod fand. Im Jahr zuvor war es Curio noch gelungen, durch seinen Einfluß Antonius zur Wahl in das Kollegium der Auguren zu verhelfen, priesterlichen Beamten, deren Aufgabe es war, den Vogelflug und andere Vorzeichen zu deuten. Antonius selbst hatte in der Zwischenzeit weitere Abenteuer gehabt. Seine stets lebhafte Neigung zu Frauen hatte sich schon durch eine öffentliche Liaison gezeigt, die er mit einer Frau niederen Standes eingegangen war. Sie hieß Fadia und war die Tochter eines Freigelassenen. Cicero spricht von einer Mesalliance und macht ihm zum Vorwurf, mit dieser Frau, die seiner unwürdig sei, Kinder zu haben. Von dieser Nachkommenschaft ist allerdings ausschließlich in diesen böswilligen Bemerkungen die Rede, die in den Philippiken mehrmals wiederholt werden. Eine erste, nunmehr völlig standesgemäße Ehe schloß

Antonius hingegen mit seiner Cousine Antonia, der Tochter seines Onkels M. Antonius Hybrida. Dessen Beinamen, das *cognomen*, war freilich nicht sehr schmeichelhaft, denn er bezeichnet das Ergebnis einer Kreuzung. So gebraucht Plinius der Ältere den Ausdruck *hybrida* für das Ferkel eines Hausschweins und eines Wildebers. Es ist allerdings nicht bekannt, warum der Bruder des Antonius Creticus diesen wenig ehrenvollen Namen bekommen hatte. Solche spaßhafte Bezeichnungen waren übrigens nicht selten und besagten auch nicht allzuviel. War das *cognomen* Cicero nicht aus *cicer*, der 'Kichererbse' abgeleitet? Und der Beiname eines anderen vornehmen Römers, des M. Fulvius Bambalio, dessen Tochter Antonius später in zweiter Ehe heiratete, bedeutete 'Stotterer', worüber zu ironisieren Cicero nicht versäumte. Hybrida hatte sich zur Zeit Sullas einen Namen gemacht, indem er bei dessen Triumph als Diktator sein Talent als Wagenlenker bei Zirkusspielen unter Beweis stellte. Das brachte ihm von seiten Ciceros einen weiteren, ebenfalls wenig schönen Beinamen ein: *quadrigarius*, also Lenker oder hier besser 'Kutscher' eines Viergespanns. Nicht ohne Hindernisse hatte er dann Karriere gemacht. Er verbündete sich mit Caesar und wurde neben Cicero für das Jahr 63 zum Konsul gewählt. Antonius war in diesem Jahr gerade zwanzig. Selbst noch zu jung, um sich für ein Amt zu bewerben, wurde er Zeuge der Ereignisse im Zusammenhang mit der Verschwörung Catilinas. Dieses Komplott wurde von dem energischen und entschlußfreudigen Cicero mit aller Härte niedergeschlagen, wobei ihm sein Amtskollege Hybrida nur sehr geringe Unterstützung gewährte. Zu den Mitverschwörern Catilinas, die Cicero verhaften und nach einem Eilverfahren hinrichten ließ, zählte auch P. Lentulus Sura, der zweite Gatte von Antonius' Mutter Julia. Der junge Mann hing sehr an seinem Stiefvater, in dessen Haus er großgeworden war. Suras Tod ging ihm sehr nah, und er verzieh Cicero niemals, auch wenn ihn in der Folgezeit politische Rücksichtnahmen dazu zwangen, zu dem großen Redner Beziehungen zu unterhalten. Wenn er Cicero zwanzig Jahre danach auf die Proskriptionsliste setzen ließ, so war der Wunsch, sich für diese schon weit zurückliegende Affäre endlich zu rächen, daran sicher nicht ganz unbeteiligt.

Was die nun folgenden Jahre 62 bis 58 betrifft, so wissen wir hier über das Leben des Marcus Antonius so gut wie nichts, außer daß er während dieser Zeit des Heranreifens zwischen dem zwanzigsten und dem fünfundzwanzigsten Lebensjahr Rom nicht verließ und, wenn auch nur als Zuschauer, manches wichtige Ereignis miterlebte. So die Rückkehr des Pompejus von seinen glorreichen Feldzügen im Orient; den Triumph, den der Feldherr im Jahr 61 „über den ganzen Erdkreis" *(de orbe terrarum universo)* feierte; das Entstehen des ersten Triumvirats, eines geheimen Übereinkommens, das 60 von drei großen Ehrgeizigen geschlossen wurde: dem im Glanz seiner Siege erstrahlenden Pompejus, dem reichen Crassus, der darauf aus war, sein Vermögen noch zu vergrößern, und Julius Caesar, der, nun vierzigjährig, ungeduldig darauf wartete, endlich in einem ihm angemessenen Amt seinen Tatendrang zu befriedigen; und schließlich, als unmittelbare Folge dieses Triumvirats, das Konsulat Caesars im Jahr 59 und die Reformen, durch die er es verstand, einige schwierige Probleme zu lösen, vor die sich der römische Staat gestellt sah: die Agrargesetze, der Kampf gegen den Machtmißbrauch der Provinzstatthalter, das Gesetz gegen Steuererpressung. Während dieser Zeitspanne hatte der junge Antonius Gelegenheit, über die Methoden nachzudenken, die erforderlich waren, um in einer von so vielen Konflikten gezeichneten Welt wirksam zu handeln. Seine Sympathie gehörte dabei sicherlich jenen, die sich selbst als *populares* bezeichneten und mit denen auch sein Stiefvater P. Lentulus Sura sympathisiert hatte. Jedenfalls sehen wir ihn im Jahr 58 – Caesar war kurz zuvor nach Gallien aufgebrochen – mit dem Führer der Volkspartei P. Clodius Pulcher Kontakte aufnehmen. Letzterer entstammte der berühmten Familie der Claudier, hatte jedoch ganz bewußt die Schreibung seines

Namens geändert, um so den Bruch mit der aristokratischen Tradition seiner Vorfahren zu unterstreichen. Clodius war noch jung, aber bereits für seine Kühnheit bekannt, die von seinen Gegnern als Frechheit bezeichnet wurde. Er war kurz zuvor mit Zustimmung Caesars zum Volkstribun gewählt worden und nutzte seine Amtszeit, um sich bei der Menge beliebt zu machen. Er traf Verfügungen zugunsten der städtischen Plebs und ließ an das Volk kostenlos Korn verteilen. Cicero hatte er wegen seines Vorgehens im Zusammenhang mit der Catilinarischen Verschwörung in die Verbannung schicken lassen. Antonius, der darauf brannte, den Tod seines Stiefvaters zu rächen, dürfte diese Maßnahme durchaus nicht mißfallen haben. Wollte man Cicero Glauben schenken, der Antonius als „Fackel bei allen Brandstiftungen des Clodius" (*ejus omnium incendiorum fax*)bezeichnet, so hätte hinter dessen gesamter Politik Antonius als der eigentliche Anstifter gestanden, eine sicherlich übertriebene Behauptung. Der junge Mann machte damals die Bekanntschaft Fulvias, der Gemahlin des Clodius, die er nach dem Tod ihres zweiten Gatten Curio heiraten sollte. Wahrscheinlich hat Cicero nicht unrecht, wenn er andeutet, daß zwischen ihr und Antonius schon zu diesem Zeitpunkt ein Verhältnis begann. Die Beziehungen zwischen Antonius und Clodius selbst waren jedoch nur von kurzer Dauer. Sei es, daß Antonius, wie Plutarch schreibt, dieser politischen Unternehmungen schnell müde wurde, weil sie ihm in ihrer Radikalität unvernünftig und von ihren Konsequenzen her zu gefährlich erschienen, sei es, daß er bloß von seinen Gläubigern allzu heftig bedrängt wurde, jedenfalls erachtete er es für angebracht, Italien zu verlassen und nach Griechenland zu gehen. Damit folgte er dem Beispiel zahlreicher anderer junger Männer aus vornehmen römischen Familien, die sich nach Athen oder Rhodos begaben, um dort ihre geistige Ausbildung bei den berühmten Lehrern der Rhetorik und der Philosophie zu vervollkommnen. Das hatten vor ihm unter vielen anderen auch schon Cicero und

Caesar getan. Sie alle fühlten sich von den Kunst- und Kulturzentren des Orients angezogen, deren Prestige nach wie vor groß war.

Dieser erste Aufenthalt in Griechenland, über den uns Plutarch nur mit wenigen Zeilen berichtet, war für Antonius von entscheidender Bedeutung. Sicherlich beherrschte er bereits das Griechische, so wie alle vornehmen jungen Römer, die von Kindheit an von griechischen Lehrern erzogen wurden. Die römische Gesellschaft dieser Zeit war völlig vom Griechentum durchdrungen, wie sich aus den Werken der großen Schriftsteller der Jahrhundertmitte ersehen läßt. Cicero ist durchtränkt mit den Gedanken griechischer Philosophen und Redner, der Historiker Sallust läßt sich von Thukydides inspirieren, der Dichter Catull übersetzt Kallimachos und wetteifert mit den alexandrinischen Lyrikern, Lukrez vertritt die Lehren Epikurs und ahmt die Lehrgedichte Aratos' und Nikanders nach. Diese erste Generation lateinischer Klassiker setzt in Rom das literarische Erbe der Griechen in lateinische Sprache um und läßt auf diese Weise eine neue Literatur aufblühen. Nicht anders verhält es sich auf dem Gebiet der bildenden Künste. Die aus Attika, dem hellenisierten Orient oder dem griechischen Unteritalien stammenden Bildhauer, wie etwa der berühmte Pasiteles, eröffnen in Rom und den anderen Städten Italiens prosperierende Ateliers, die sich regen Interesses erfreuen. Gleiches gilt für Maler und Mosaikbildner, wie die Ausgrabungen von Pompeji und Herculaneum zeigen. Die unzähligen Kunstwerke, die bei der Plünderung griechischer Städte geraubt und mit der Beute siegreiche Feldherren nach Italien geschafft wurden, die Masse der griechischsprachigen Sklaven, die im Verlauf der Kriege nach Rom verkauft wurden und unter denen sich zahlreiche Literaten befanden, erklären den umfassenden und tiefgreifenden Einfluß der griechischen Kultur auf die römische Gesellschaft. Die Römer waren sich dessen völlig bewußt und schämten sich keineswegs, ihre Schuld auf dem Gebiet der Kunst und des Geistes einzugestehen. Ihnen genügte es, die politische Herrschaft über die von ihren Legionen unterworfene Welt auszuüben. Horaz wird dies bald in einer lapidaren Aussage zusammenfassen: *Graecia capta ferum victorem cepit et artes intulit agresti Latio.* – „Schon besiegt, eroberte Griechenland seinen rauhen Besieger, durchdrang mit den Künsten das Bauernland Latium." Und Vergil wird seine Landsleute daran erinnern, für welche Aufgabe sie sich am besten eignen: „Anderen überlaß es, at'mende Formen aus Bronze zu gießen, aus Marmor lebenserfüllte Antlitze zu hauen, mit besserer Beredsamkeit zu glänzen, mit dem Zirkel Bahnen in den Himmel zu zeichnen und den aufgehenden Gestirnen ihre Namen zu geben! Vergiß nicht, Römer, daß du den Völkern befehlen mußt: Dir ist die Kunst vorbehalten, dem Frieden Gesetze zu geben, die Besiegten zu schonen, die Rebellen zu zerbrechen!" Literatur und Künste, die den Schmuck des Lebens bilden, aber nicht das Wesentliche sind, konnte man getrostet und ohne Schande den Griechen überlassen.

Womit beschäftigte sich Marcus Antonius während seines ersten Aufenthalts auf griechischem Boden? Plutarch berichtet darüber nur in wenigen, aber doch aufschlußreichen Sätzen: „Er widmete sich körperlichen Übungen, um sich auf den Kriegsdienst vorzubereiten, gleichzeitig bildete er sich in der Rhetorik aus. Er schulte sich besonders in dem Stil der Redekunst, den man als den asianischen bezeichnet und der zu jener Zeit sehr in Mode war. Dieser Stil zeigt große Ähnlichkeiten mit dem Lebensstil des Antonius: Er ist emphatisch und hochmütig, aufgeblasen, von übertriebenen Ansprüchen und ungezügeltem Ehrgeiz." Abgesehen von diesem kritischen Urteil und seiner etwas billigen Ironie, zeigt diese Textstelle deutlich, daß Antonius genau wußte, welche Voraussetzungen er angesichts der angestrebten Laufbahn erfüllen mußte und welche Anstrengungen ihm diese abverlangen würde. Zunächst galt es, eine militärische Karriere zu machen, wofür er aufgrund seiner körperlichen Vorzüge und seines kühnen Temperaments hervorragend geeignet war. Cicero wird ihn später mehrmals als 'Gladiator' beschimpfen: Antonius besaß sicherlich die entsprechende athletische Figur und die nötige Tapferkeit. Die Übungen im Gymnasion, wie sie sich bei den Griechen im Verlauf einer jahrhundertealten Tradition herausgebildet hatten, stellten eine ausgezeichnete Vorbereitung auf das Waffenhandwerk dar. Zu den verschiedenen sportlichen Übungen, durch die man die Körperkräfte entwickelte und es lernte, Anstrengungen und Schmerzen zu ertragen, kam der Umgang mit Waffen. Unter der Anleitung von erfahrenen Ausbildern wurden Fechten, Speerwerfen, Bogenschießen und sogar die Bedienung von Kriegsmaschinen geübt. In den griechischen Stadtstaaten maß man diesen im Gymnasion oder Stadion gelehrten Disziplinen entscheidende Bedeutung bei, da sie grundsätzlich dazu bestimmt waren, die jungen Männer auf den Kriegsdienst als erste Bürgerpflicht vorzubereiten. In Rom, wo die militärische Ausbildung direkt bei der Armee erfolgte, wurde einem angehenden Offizier nichts Gleichartiges geboten.

Neben dieser körperlichen und auch geistigen Vorbereitung auf das Waffenhandwerk erfuhr Antonius in Griechenland die Ausbildung zum Redner, die er für seine zukünftige Laufbahn als Politiker brauchte. Rhetorikunterricht hätte er freilich auch in seiner Heimat nehmen können. In Rom waren bereits die ersten Theoretiker der lateinischen Redekunst tätig, deren Lehren der Substanz nach in Ciceros Abhandlungen über Rhetorik oder etwa in der anonymen *Rhetorica ad Herennium* enthalten sind. Allerdings machten diese Lehrer kaum mehr, als die von den griechischen Rhetoren entwickelten Verfahren ins Lateinische zu transponieren. Antonius konnte also ebensogut gleich aus der Quelle schöpfen. Er fand dort die Schule vor, die seinem herzlichen und überschwenglichen Temperament entsprach, nämlich die asianische Redekunst, die so genannt wurde, weil man sie im ionischen Anatolien, in Ephesos und den anderen großen Städten Kleinasiens pflegte. Es war dies ein umschweifiger und blumiger Stil, der mehr das Gefühl als die kalte Vernunft ansprach, eine Redekunst, mit deren Hilfe es möglich war, große Volksmengen zu überzeugen und mitzureißen. Leider ist uns von Antonius selbst keine einzige Rede erhalten, und somit können wir uns von seiner Wortkunst kein unmittelbares Bild machen. Denn die Ansprache, die ihn Cassius Dio vor der Schlacht von Actium halten läßt, kann man schwerlich als authentisch ansehen. Es handelt sich um ein ebenso künstliches Gebilde wie die Reden, die der Historiker bei seinem Vorbild Thukydides vorfindet und die er nachzuahmen trachtet. Trotzdem soll ein Ausschnitt daraus gebracht werden, um in etwa eine Vorstellung davon zu vermitteln, wie man sich diesen kunstvollen Stil zu Beginn des 3. Jahrhunderts unserer Zeitrechnung dachte. Antonius will seine Soldaten davon überzeugen, daß sie seinen Qualitäten als Feldherr voll vertrauen können: „Aufgrund meiner angeborenen Anlagen und meiner Erziehung bin ich in der Lage, in jeder Situation die beste Entscheidung zu treffen und sie mühelos und klar zu formulieren. Was die Erfahrung betrifft, die es manchmal sogar Nichtwissern und Dummköpfen gestattet, zu einigem Ansehen zu kommen, so habe ich sie sowohl in der Politik als auch im Waffenhandwerk voll und ganz auf meiner Seite. Denn von meiner Jugend an bis heute habe ich nicht aufgehört, mich darin zu üben. Ich war lange Untergebener, ich bin lange Befehlshaber gewesen. Auf diese Weise habe ich gelernt, wie man die Dinge lenkt, aber auch wie man Befehle ausführt. Ich habe die Angst kennengelernt, und ich habe erfahren, welches Vertrauen der Mut einflößt. Dieser hat mich gelehrt, mich nicht zu schnell der Furcht zu überlassen, jene, mich nicht unüberlegt der Gefahr auszusetzen. Ich habe Siege errungen, ich habe Niederlagen erlitten. Die einen bewahren mich vor Entmutigung, die anderen vor Überheblichkeit." Diese kunstvolle Ausgewogenheit des Satzbaus, diese energischen Feststellungen und der direkte und selbstsichere Ton scheinen dem Charakter des Antonius und der Qualität seiner Sprache ziemlich genau zu entsprechen. Schon nach einigen Monaten konnte Antonius aus seinem Aufenthalt in Griechenland den erhofften Nutzen ziehen, denn gleich zu Beginn des Jahres 57 bot sich ihm die Gelegenheit, die Ausbildung, der er sich im Blick auf eine militärische Laufbahn unterzogen hatte, in einem Feldzug praktisch zu erproben. Ein hoher römischer Beamter, der Prokonsul A. Gabinius, war nach Ablauf seines Konsulats im Jahr zuvor zum Statthalter von Syrien ernannt worden, das Pompejus erst 64 als römische Provinz organisiert hatte, nachdem die hellenistische Dynastie der Seleukiden mit dem tragischen Tod ihres letzten Königs erloschen war. Syrien war eine große und reiche Provinz: Zwischen dem Lauf des Euphrat und dem Mittelmeer gelegen, reichte sie von den Grenzen Anatoliens im Norden bis zur ägyptischen Grenze im Süden und umfaßte damit die Länder, die heute Syrien, Libanon, Jordanien und Palästina entsprechen. Östlich der syrischen Wüste, am Euphrat, stieß die Provinz an das Barbarenreich der Parther, das durch seine Ausdehnung in den Iran und nach Mesopotamien hinein in weniger als einem Jahrhundert einen großen Teil der Eroberungen Alexanders zurückgewonnen hatte und eine potentielle Bedrohung für die römische Herrschaft im Orient darstellte. Das Amt eines Statthalters von Syrien war also eine wichtige und vielversprechende Aufgabe, die aber auch schwere Verantwortung mit sich brachte. Gabinius war während seines Konsulats oft mit Clodius zusammengetroffen und konnte auf diese Weise auch mit Antonius Bekanntschaft schließen. In der Folge hatte er sich Pompejus angenähert, der an seiner Berufung nach Syrien – zuerst hatte man Gabinius für das weniger attraktive Kilikien vorgesehen – nicht ganz unbeteiligt war. Auf dem Weg in seine Provinz machte der neuernannte Statthalter in Griechenland Station. Als er hier Antonius wieder begegnete, schlug er ihm vor, ihn nach Syrien zu begleiten. Der junge Mann, der sich seines Wertes wohl bewußt war, erklärte sich dazu nur unter der Bedingung bereit, daß ihm Gabinius ein Kommando übertrug. Dieser wußte, mit wem er es zu tun hatte, und ernannte ihn zum Führer seiner Reiterei (*praefectus equitum*). Es war keine Seltenheit, daß Statthalter oder Militärbefehlshaber sich von jungen Männern vornehmer Herkunft begleiten ließen, die mit dem Titel eines Legaten oder Militärtribunen ausgestattet wurden und sich unter ihrem Oberbefehl mit dem Kriegshandwerk vertraut machten. Im Fall des Antonius bewies Gabinius außerordentliches Vertrauen, da er ihm ein hohes Kommando übertrug, ohne daß er sich vorher bewährt hatte. Die Ereignisse sollten seine Wahl jedoch bald rechtfertigen.

Syrien hatte als römische Provinz die verwaltungsmäßige Komplexität behalten, die dieses Gebiet schon unter der Herrschaft der Seleukiden kennzeichnete. Neben den großen griechischen Städten wie der Hauptstadt Antiochia und ihrem Hafen Seleukia Pieria, Tripolis und Ptolemais Ake, die unter der römischen Herrschaft ihre Autonomie behielten, gab es auch Fürstentümer mit einheimischen Herrschern und schließlich das alte Königreich der Juden. Dieses hatte sich vierzig Jahre hindurch der Unabhängigkeit erfreut, bis Pompejus es im Jahr 63 eroberte und auflöste. Er war dazu gezwungen aufgrund eines Thronstreits zwischen Hyrkanos II. und Aristobulos II., der bereits vier Jahre andauerte. Nachdem die beiden verfeindeten Brüder auch nicht durch einen römischen Schiedsspruch zu einer Einigung zu bringen waren, belagerte Pompejus das von den Anhängern des Aristobulos verteidigte Jerusalem und nahm es ein. Anstelle der Monarchie erkannte Pompejus nur eine jüdische Volksgemeinschaft an und setzte an deren Spitze den zum Hohenpriester erhobenen Hyrkanos, der den griechischen Titel Ethnarch (Volksfürst) erhielt. Aristobulos wurde als Gefangener nach Rom gebracht, wo er im Triumphzug des Pompejus mitgeführt wurde, konnte jedoch im Jahr 56 wieder in sein Land zurückkehren. Hier hatten sich in der Zwischenzeit seine Anhänger auf Betreiben seines Sohnes Alexander erneut erhoben und seinen

Bruder Hyrkanos aus Jerusalem vertrieben. Einige Einzelheiten zu diesem Geschehen finden sich bei dem jüdischen Historiker Flavius Josephus, der am Ende des ersten Jahrhunderts nach Christi schrieb. Gabinius sah sich als Statthalter von Syrien vor die Aufgabe gestellt, diesen Aufstand niederzuschlagen. Er beauftragte Antonius, die befestigten Orte einzunehmen, die Aristobulos und Alexander vor Jerusalem besetzt hielten. Plutarch zufolge führte Antonius in vorderster Reihe kämpfend den Sturmangriff mit solchem Ungestüm, daß er den Feind aus allen seinen Stützpunkten jagte und ihn zwang, in der Heiligen Stadt Zuflucht zu suchen. Später griff er die Rebellen erneut an und schlug sie vernichtend, obwohl sie seinem Heer zahlenmäßig weit überlegen waren. Dabei fielen ihm sowohl Aristobulos als auch sein Sohn als Gefangene in die Hände. Flavius Josephus vermerkt, daß auf römischer Seite jüdische Hilfstruppen kämpften. Wahrscheinlich läßt sich darauf die Tatsache zurückführen, daß später in der Leibgarde von Antonius auch ituräische Bogenschützen dienten. Ituräa war eine gebirgige Gegend im Libanon, die Aristobulos I. ein halbes Jahrhundert zuvor erobert und dem jüdischen Königreich einverleibt hatte. Es ist anzunehmen, daß das von Gabinius aufgestellte Heer eine Abteilung Ituräer umfaßte. Vermutlich lernte Antonius während dieses Feldzugs ihre Treue und Kampfkraft schätzen und sicherte sich ihre Dienste durch eine persönliche Bindung, die zwölf Jahre später noch Bestand hatte.

Auf diese Weise begann die militärische Laufbahn des Antonius mit einem glänzenden Erfolg, an dem der junge Offizier durch seinen persönlichen Einsatz in vorderster Linie entscheidend beteiligt war. Er hatte bewiesen, daß er über den kämpferischen Mut und die Entschlußkraft verfügte, welche die römischen Legionäre, aber auch die Angehörigen der Hilfskontingente aus dem hellenistischen Orient in höchstem Maße schätzten. So wie in diesen Jahren Caesar in Gallien nicht zögerte, sich an die Spitze seiner Legionen zu stellen, um ihnen im entscheidenden

Augenblick den nötigen Schwung zu verleihen, so verstand es Antonius von Anfang an, der Gefahr ins Auge zu blicken und die Truppen durch sein Beispiel mitzureißen. Mit sechsundzwanzig Jahren war ihm ein wichtiges Kommando übertragen worden, und er hatte die in ihn gesetzten Erwartungen voll erfüllt. Weitere bedeutende Aufgaben sollten folgen.

Nachdem der jüdische Aufstand niedergeschlagen war, konnte sich Gabinius anderen Problemen zuwenden. Da er wußte, daß vom Partherreich potentiell eine Gefahr ausging, war er zunächst versucht, in einen dynastischen Konflikt einzugreifen, der das arsakidische Herrscherhaus zu dieser Zeit entzweite. Er rückte bis zum Euphrat vor, in der Absicht, überzusetzen und mit seinem Heer einem der rivalisierenden Thronanwärter zu Hilfe zu kommen. Die Unternehmung erforderte jedoch eine große Zahl von Truppen und durfte nicht ohne die Einwilligung des Senats begonnen werden. Dieser zeigte aber wenig Neigung, sich auf weitere Abenteuer außerhalb des römischen Herrschaftsbereichs einzulassen, während Caesar bereits in Gallien einen großen Eroberungskrieg führte. Dazu kam, daß der dritte Mann im Triumvirat, M. Licinius Crassus, sich selbst mit dem Gedanken trug, einen Feldzug gegen die Parther zu unternehmen. Er hoffte, damit den gleichen Kriegsruhm zu erlangen, den sich seine Amtskollegen Caesar und Pompejus durch ihre Siege in Gallien bzw. im Orient erworben hatten, ganz zu schweigen von der Kriegsbeute. So mußte Gabinius schließlich darauf verzichten, den Euphrat zu überqueren, was wahrscheinlich ein großer Glücksfall für ihn war, wenn man bedenkt, welches Desaster Crassus auf seinem Partherabenteuer erwartete. Vermutlich hatte Antonius den Prokonsul bei dessen Erkundungsritten entlang der Grenze zu Mesopotamien begleitet. Er sollte sich später an die Pläne von Gabinius erinnern und sie, freilich in größerem Maßstab, wieder aufgreifen.

Das andere Problem, mit dem sich der Statthalter von Syrien auseinandersetzen mußte, betraf das Königreich

Ägypten. Auch hier war seit Jahren ein Thronstreit im Gang, was im ptolemäischen Herrscherhaus keine Seltenheit war. Der legitime König Ptolemäus XII. Auletes, der 'Flötenspieler' (so genannt, weil er dieses Instrument selbst gern spielte, in den Augen der Griechen eine für einen Fürsten wenig passende Beschäftigung), war nach allerlei Mißgeschicken von Rom als Herrscher anerkannt worden. Diese Anerkennung erfolgte 59 unter dem Konsulat Caesars, der sich für den König eingesetzt hatte. Auletes hatte ihm dafür die beachtliche Summe von 6000 Talenten bezahlt, etwa die Hälfte des Betrags, die das Land Ägypten den königlichen Kassen alljährlich einbrachte. Doch schon im folgenden Jahr erwirkte der Tribun Clodius den Beschluß, die den Ptolemäern (Lagiden) gehörende und von einem jüngeren Bruder des Königs Auletes regierte Insel Zypern zu einer römischen Provinz zu machen. Diese Annexion erregte das Volk von Alexandrien so sehr, daß es sich gegen Auletes erhob und ihn aus Ägypten verjagte. Der Entthronte fand in Rom Zuflucht, wo er versuchte, mit Hilfe des römischen Financiers C. Rabirius Postumus und der gewaltigen Summen, die dieser ihm vorstreckte, durch Intrigen und Bestechungen sein Königreich zurückzuerlangen. Pompejus, der Auletes als Gast bei sich aufgenommen hatte, unterstützte diese Bemühungen und sandte ihn mit einem Empfehlungsschreiben zu Gabinius. Der König begab sich in Begleitung seines Financiers nach Syrien und versprach dort dem Statthalter die Summe von 10 000 Talenten (fast das Doppelte des bereits an Caesar bezahlten Betrags) für den Fall, daß er ihm wieder zu seinem Thron verhelfen würde. Rabirius und die anderen Geldgeber machten sich bereits Sorgen um die von ihnen vorgestreckten Beträge nebst den Zinsen, sie drängten deshalb zu militärischem Eingreifen. Gabinius aber, so sehr ihn die enorme Belohnung auch lockte, zögerte angesichts der Risiken, die ein so gewaltiges Unternehmen mit sich brachte und vor denen ihn die meisten seiner Generalstabsoffiziere warnten. Plutarch zufolge bestimmte ihn schließlich Antonius zum Handeln, und zwar sowohl aus dem Ehrgeiz heraus, große Taten zu vollbringen, als auch, um sich Auletes gefällig zu erweisen. Letzterer verstand sich auf Intrigen bestens und hatte sofort erkannt, welchen Wert der brillante junge Offizier für die Durchführung seiner Pläne haben konnte.

Das Unternehmen erschien auf den ersten Blick mehr als abenteuerlich. Ägypten war ein riesiges Territorium, das einzige im hellenistischen Orient, das sich noch nicht unter römischer Herrschaft befand. Obwohl Ptolemäus XI., der Onkel des Auletes, in seiner nur wenige Wochen währenden Regierungszeit im Jahr 80 ein Testament verfaßt hatte, in dem er das römische Volk zum Erben seines Königreichs, also Ägyptens und Zyperns bestimmte, hatte es der Senat in bezug auf Ägypten bisher verabsäumt, dieses Erbe anzutreten. Die Ausdehnung des Landes, seine riesige Bevölkerung, die lange Erfahrung in der Ausbeutung des Bodens, das komplexe System, das es der Zentralregierung ermöglichte, über die Erträge der Bergwerke und der Landwirtschaft zu verfügen, das alles hatte das Königreich der Lagiden zum reichsten unter allen hellenistischen Staaten gemacht. Gleichzeitig war es am leichtesten gegen Angriffe von außen zu verteidigen: Im Osten wie im Westen waren die Zugänge durch Wüsten geschützt, das Küstengebiet und das Nildelta wurden von der königlichen Flotte wirksam überwacht. Nach Ägypten einzudringen war keine Kleinigkeit, und seit der Eroberung des Landes durch Alexander den Großen war es auch keiner Armee mehr gelungen. Angesichts dessen wird verständlich, welcher Kühnheit und welchen Könnens es bedurfte, um das von Antonius befürwortete Unternehmen durchzuführen. Er stellte auf dem Feldzug sowohl das eine wie das andere unter Beweis.

Die Expedition fand im Laufe des Jahres 55 statt. Das Heer des Gabinius folgte dem alten Invasionsweg aus dem Osten, der zwischen Wüste und Meer von Gaza nach Pelusion führte. Südlich davon tiefer Wüstensand und eine

Senke mit den sogenannten Sirbonischen Sümpfen, von den Ägyptern als „Ausdünstungen des Typhon" bezeichnet, was den übelriechenden Atem des furchterregenden Gottes Seth meinte, der im östlichen Nildelta seit den Anfängen verehrt wurde. Eine lange Wegstrecke durch einen schmalen, wasserlosen Gebietsstreifen, der leicht zu verteidigen war. Antonius bemächtigte sich mit seiner Reitervorhut nicht nur des Passes, an dem der Feind die Möglichkeit gehabt hätte, die nachfolgende Hauptmacht aufzuhalten, sondern auch der Stadt Pelusion, die das Tor zum Nildelta und damit zu Ägypten darstellte. Nach einigen weiteren Gefechten war Alexandrien erreicht, wo seit der Vertreibung von Ptolemäus Auletes dessen Tochter Berenike zusammen mit ihrem Gemahl Archelaos regierte. Auch bei diesen Kämpfen trug Antonius entscheidend zum Erfolg bei, wie uns Plutarch berichtet: „Er lieferte zahlreiche Beweise seiner Tapferkeit und seiner taktischen Begabung. Seine glänzendste Tat war ein Einkreisungsmanöver, durch das er dem Feind in den Rücken fiel und den von vorn angreifenden Truppen zum Sieg verhalf. Diese Waffentaten brachten ihm die höchsten Belohnungen und verdiente Ehrungen ein." Als Befehlshaber, der im Angesicht des Feindes die richtigen Entscheidungen traf und durch seine Entschlußkraft und seinen Schwung die Truppe mitriß, bewies Antonius, daß er alle Voraussetzungen für eine große militärische Karriere mitbrachte. Seine Fähigkeiten standen nunmehr in aller Augen fest.

Plutarch weist noch auf eine andere hervorstechende Eigenschaft des Antonius hin, nämlich seine Großmut. So wollte Ptolemäus, der darauf brannte, seine rebellischen Untertanen zu bestrafen, gleich nach seinem Einzug in Pelusion sämtliche Gefangenen niedermetzeln lassen, was Antonius jedoch verhinderte. Nicht verhindern konnte er allerdings, daß der König nach der Eroberung Alexandriens, mit der die Kämpfe beendet waren, seine Tochter Berenike hinrichten ließ, weil sie während seines Exils den Thron bestiegen hatte: Die Ermordung von Familienmitgliedern war eine in der Lagidendynastie wohletablierte Tradition. Was hingegen Berenikes gefallenen Gatten und Mitregenten Archelaos betrifft, so bestand Antonius darauf, ihm die Ehren zu erweisen, die einem Fürsten gebührten. Er hatte mit Archelaos Bekanntschaft geschlossen, als dieser vor seiner Heirat mit Berenike in Syrien weilte. „Er ließ seinen Leichnam mit Grabgewändern bekleiden und in königlicher Pracht beisetzen. Das Volk von Alexandrien rechnete ihm diese Geste hoch an, aber auch die römischen Soldaten zollten ihm dafür Lob und Anerkennung." Jahre später wird Antonius nach der Schlacht von Philippi mit der gleichen Großmütigkeit darauf bedacht sein, seinem toten Gegner Brutus eine ehrenvolle Bestattung zuteil werden zu lassen.

Nachdem Ptolemäus Auletes wieder im Besitz seines Königreiches war, mußte er sich zunächst seiner Verpflichtungen Gabinius gegenüber entledigen. Dieser brach bald wieder nach Syrien auf, ließ aber, da es in Ägypten noch gärte, ein kleines Kontingent aus Römern und Galliern zurück, das unter dem Kommando eines römischen Offiziers die Sicherheit des Königs gewährleisten sollte. Der Financier Rabirius blieb in Alexandrien und wurde zum königlichen Finanzverwalter gemacht, was bedeutete, daß er die für die Begleichung seiner Forderungen nötigen Summen aus dem Land selbst herausholte. Er zerstritt sich jedoch bald mit dem König, der ihn zuerst ins Gefängnis werfen ließ, ihm dann aber gestattete, wieder nach Rom zurückzukehren. Als Auletes nicht lange danach im Jahr 51 starb, hinterließ er seinem Sohn und Nachfolger, dem erst zehnjährigen Ptolemäus XIII., und seiner siebzehnjährigen Tochter Kleopatra das Land in einem beklagenswerten Zustand. War Kleopatra Antonius schon im Jahr 55 begegnet? Appian berichtet von einer Überlieferung, der zufolge der im Glanz seines jungen Ruhmes erstrahlende achtundzwanzigjährige römische Offizier der damals erst dreizehnjährigen Prinzessin im königlichen Palast vorgestellt wurde, in den er ihren Vater kurze Zeit davor zurückgeführt hatte. Es mag sein, daß es zu dieser Begegnung tatsächlich gekommen ist, sie hinterließ jedenfalls in der Erinnerung der beiden keine Spuren. Sie sollten sich erst vierzehn Jahre später in Tarsos begegnen oder wiedersehen.

Gabinius mußte nach Ablauf seiner Amtszeit als Prokonsul nach Rom zurückkehren, wo er bereits im Jahr darauf, also 54, vor Gericht gestellt wurde. Man warf ihm vor, er habe Ptolemäus Auletes aus eigener Initiative auf den Thron zurückgeführt und sich dabei über eine Warnung hinweggesetzt, die in der Orakelsammlung der *Sibyllinischen Bücher* zu diesem Thema enthalten war. Das Volk maß diesen Weissagungen große Bedeutung bei, was die Gegner von Pompejus und Gabinius gebührend ausnutzten. So Cicero, der die ganze Sache betrieb und es nicht versäumte, die abergläubischen Ängste mit großer Beredsamkeit zu schüren. Gabinius aber bestach seine Richter und wurde mit der Unterstützung von Pompejus freigesprochen, was freilich nicht ohne Skandal abging. Daraufhin wurde ein weiterer Prozeß gegen ihn angestrengt, diesmal wegen der überhöhten Steuern, die er aus Syrien herausgepreßt hatte. Es kam zu einer kuriosen Umkehrung: Cicero übernahm dieses Mal seine Verteidigung. Dem Redner brachte das den Tadel der öffentlichen Meinung ein, die ihn als Überläufer bezeichnete, und Gabinius half es nichts. Er war mit seinen Bestechungsgeldern weniger großzügig gewesen als beim ersten Prozeß und wurde wegen seiner Erpressungen in die Verbannung geschickt.

Zum Statthalter von Syrien war mittlerweile Crassus ernannt worden, der mit den Vorbereitungen zu seinem Partherfeldzug begann. Für Antonius war an der Seite des Triumvirs kein Platz, da dieser mit einem bereits kompletten Generalstab angereist kam. Mit einer Wartestellung konnte sich sein Ehrgeiz aber nicht zufriedengeben, in Rom wiederum hatte er kein Zuhause mehr, sondern bloß Schulden. Daran erinnert voll Bosheit Cicero in seiner zweiten Philippika: „Unter welchen Umständen ist er denn heimgekehrt? Von Ägypten aus reiste er zuerst einmal geradewegs ins hinterste Gallien, bevor er sein Haus wieder betrat. Was für ein Haus übrigens? Jeder von uns hatte das seine, du aber hattest nirgendwo mehr ein richtiges Heim. Denn in welchem Winkel der Erde hättest du schon Zuflucht finden können, wenn man von jenem Landgut am Kap Misenum absieht, wo du einer unter vielen Mitbesitzern warst?" Aus diesen Anspielungen kann man schließen, daß Antonius nicht mit Gabinius zurückreiste, sondern von Alexandrien direkt nach Massilia (Marseille), um sich von dort zu dem in Gallien als Prokonsul amtierenden Caesar zu begeben. Da mit Beginn der schlechten Jahreszeit die Schiffahrt üblicherweise eingestellt wurde, kann diese Reise schwerlich vor dem Frühjahr 54 stattgefunden haben. Antonius hatte am Kriegshandwerk Gefallen gefunden und ging dorthin, wo gekämpft wurde. Er wollte seine Dienste einem Feldherrn anbieten, der sich bereits großen Ruhm erworben hatte und bereit war, ihn aufzunehmen. Ein entscheidender Wendepunkt in seiner Laufbahn, denn die Freundschaft mit Caesar wird künftighin von grundlegender Bedeutung für ihn sein.

Der nunmehr Neunundzwanzigjährige hat seine Lehrzeit abgeschlossen. Während seiner frühen Jugendzeit in Rom hat er sich die Hörner abgestoßen, war schädlichen Einflüssen ausgesetzt, hat sich Ausschweifungen hingegeben. Gleichzeitig aber hat er nützliche Freundschaften in den politischen Kreisen der Hauptstadt geschlossen, einem eng begrenzten Milieu, in dem persönliche Beziehungen ausschlaggebend sind. Er hat Gelegenheit gehabt, als interessierter Zuschauer das Spiel der Ambitionen und Machtgelüste zu beobachten, die Rivalitäten der Großen, die Geldgier der Reichen, die oft gewalttätigen Auseinandersetzungen der rivalisierenden Haufen auf dem Forum und in den Straßen. Er ist nach Griechenland gereist, um dort mehrere Monate lang die Ausbildung von Körper und Geist zu vervollkommnen. Er hat sich unter den Hellenen wohlgefühlt, deren Lebensart er schätzt und deren Sprache er fließend beherrscht. Auf seinen ersten Feldzügen schließlich hat er sich bei allen Kämpfen in glänzender Weise bewährt. Er hat seine Berufung zur militärischen Laufbahn erkannt, für die er sich geschaffen fühlt. Er liebt das harte Leben im Lager und unter den Soldaten, die ihm gleichermaßen Gehorsam und Sympathie entgegenbringen. Er hat auf dem Schlachtfeld seinen Wagemut und seine Gabe bewiesen, die Lage schnell und richtig zu erfassen. An der Seite des großen Feldherrn, dem er nun seine Dienste anbietet, wird er bald das ganze Maß seiner Begabung zeigen können.

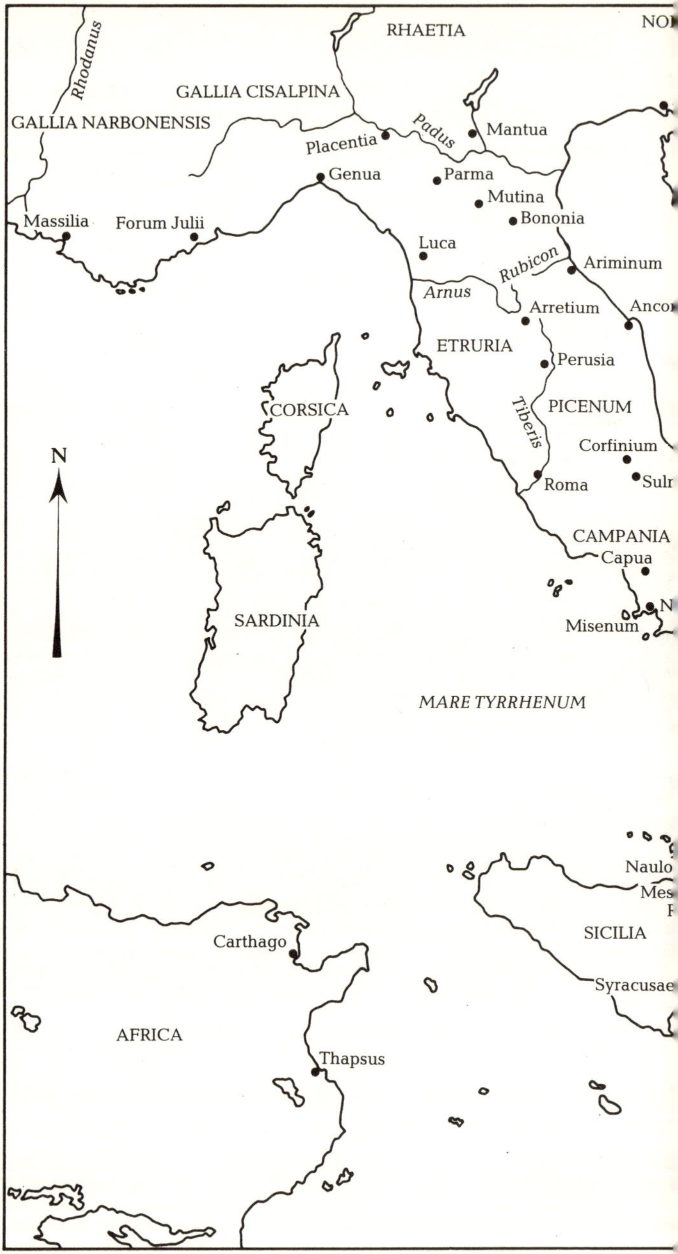
RHAETIA
NO
Rhodanus
GALLIA CISALPINA
GALLIA NARBONENSIS
Padus
Mantua
Placentia
Genua
Parma
Mutina
Bononia
Massilia
Forum Julii
Luca
Rubicon
Ariminum
Arnus
Arretium
Anco
ETRURIA
Perusia
CORSICA
Tiberis
PICENUM
Corfinium
N
Roma
Sulı
CAMPANIA
Capua
SARDINIA
Misenum
MARE TYRRHENUM
Naulo
Mes
SICILIA
Carthago
Syracusae
AFRICA
Thapsus

Italien und Griechenland
Savus
Danubius
ILLYRICUM
DALMATIA
HADRIATICUM
ontum
usia
ULIA
entum
Thurium
TIUM
Crotona
Brundisium
Scodra
Lissos
Dyrrhachium
Apollonia
Aoos
Axios
Strymon
Nestos
THRACIA
MACEDONIA
Philippi
Amphipolis
Thessalonice
Thasos
EPIRUS
Peneos
CORCYRA
MARE AEGAEUM
ACARNANIA
Pharsalus
Actium
Delphi
MARE IONIUM
CEPHALLENIA
Megara
Corinthos
Athenae
Aegina
PELOPONNESOS
Sparta
CRETA

II

Im Schatten Caesars (54 - 45)

Antonius traf im Frühjahr 54 bei Caesar in Gallien ein. Der Prokonsul befand sich zu dieser Zeit in seinem Hauptquartier in Samarobriva (Amiens), im nördlichen Teil des Landes, das man als Gallia Belgica bezeichnete. Die römischen Legionen hatten in den vergangenen vier Kriegsjahren zuerst der Bedrohung durch die Germanen Ariovists ein Ende gesetzt und anschließend die Aufstände mehrerer keltischer Völkerschaften niedergeschlagen, so etwa im Jahr 57 die Erhebung der Nervier im Norden oder 56 den Aufstand der Veneter im südlichen Teil der Bretagne. Im selben Jahr hatte ein Unterfeldherr Caesars die Aquitaner unterworfen. Caesar war sich der Lage in Gallien so sicher gewesen, daß er in eigener Person zwei Expeditionen nach Britannien geführt hatte. Die gallischen Städte samt ihren ausgedehnten Landgebieten hatten sich im ganzen gesehen der römischen Herrschaft ziemlich rasch gefügt. Caesars Legionen schützten sie nicht nur gegen die äußere Bedrohung durch die Germanen, sondern brachten ihnen auch anstelle der ständigen blutigen Stammesstreitigkeiten einen für die Prosperität des Landes äußerst förderlichen Frieden. Caesar stand bei den Galliern in hohem Ansehen, zum einen aufgrund seiner Qualitäten als Feldherr, zum anderen, weil er es als geschickter Politiker verstand, dem Land nicht zu große Lasten aufzubürden und die gallischen Vornehmen für sich zu gewinnen. Er hatte sich im Laufe der ersten Feldzüge eine ihm treu ergebene, disziplinierte und schlagkräftige Armee aufgebaut: Überlegen bewaffnete und bestens ausgebildete Fußtruppen, die von einer hervorragenden Reiterei unterstützt wurden. Letztere bestand zum Teil aus Barbaren, also Galliern und Germanen, die stolz darauf waren, unter seinem Befehl zu dienen. Für Antonius, der sich unter Gabinius in Syrien und Ägypten als Reiterführer ausgezeichnet hatte, bot sich hier die Gelegenheit, seine Erfahrung und seine Talente unter Beweis zu stellen.

Caesar erwähnt Antonius in seinem *Gallischen Krieg* eigentlich nur an einer einzigen Stelle, und zwar im Rahmen seines Berichts über die Belagerung von Alesia im Jahr 52. Er vermerkt hier nur kurz, daß in einer bedrohlichen Situation, als die römische Belagerungsarmee den Ansturm des gallischen Entsatzheers und zugleich einen Ausfall der Belagerten zurückschlagen mußte, die beiden Legaten Gaius Trebonius und Marcus Antonius durch ihr entschlossenes Handeln dazu beitrugen, die Lage wiederherzustellen. Antonius befand sich hier in guter Gesellschaft, denn Trebonius galt als einer der tüchtigsten Unterführer Caesars. Dieser spricht übrigens in seinem *Gallischen Krieg* überhaupt nur selten von seinen wichtigsten Mitarbeitern, da er in diesem geschickt präsentierten Bericht sehr darauf bedacht ist, die Dinge so darzustellen, daß er allein das ganze Gewicht der Verantwortung trägt. Als im Jahr 51 die Eroberung Galliens ihren Abschluß findet, genießt Antonius offenbar das Vertrauen seines Feldherrn, der ihm von nun an wichtige Aufgaben überträgt. Im achten Buch des *Gallischen Krieges*, das nicht mehr von Caesar selbst stammt, sondern von seinem Unterführer A. Hirtius (dem wir später als Konsul und Gegner von Antonius wieder begegnen werden), spielt Antonius eine bedeutende Rolle. Während Caesars Abwesenheit im Winter 52 / 51 befehligt er das in der Nähe der Stadt Bibracte (Autun) gelegene Lager, in dem eine große Anzahl von Truppen ihre Winterquartiere beziehen. Als Quästor übernimmt er anschließend das Kommando über die XII. Legion und begleitet Caesar, als dieser aufbricht, um das Gebiet der Eburonen zwischen Maas und Rhein zu verwüsten. Nach dieser Strafexpedition läßt Caesar ihn an der Spitze einer fünfzehn Kohorten (eineinhalb Legionen) starken

Streitmacht zurück, die im Gebiet der Bellovaker (des heutigen Beauvais) konzentriert ist und die Aufgabe hat, das ganze belgische Gallien zu überwachen. Und schließlich ist es Antonius, dem die Aufgabe übertragen wird, den letzten größeren Aufstand im Norden des Landes niederzuwerfen. Antonius steht hier dem Atrebaten Commius gegenüber, dem Fürsten eines in der Pikardie ansässigen Belgerstammes. Nachdem es diesem tapferen Krieger gelungen war, sich trotz aller gegen ihn gerichteten Unternehmungen der Gefangennahme zu entziehen, erklärte er sich bereit, mit Antonius zu verhandeln und wanderte schließlich mit einem Teil seines Volkes nach Britannien aus. Die römische Oberherrschaft wurde nun in ganz Gallien anerkannt. Ungeachtet seiner glänzenden Karriere als Offizier hatte Antonius nach wie vor politische Ambitionen, was für einen Mann seiner Geburt und seines Standes völlig legitim war. Caesar war weit davon entfernt, ihm hier irgendwelche Hindernisse in den Weg zu legen, ganz im Gegenteil. Er hatte ihm zu Amt und Würden verholfen, da er darauf bedacht war, in Rom die Männer auf den richtigen Platz zu setzen, die seinen Absichten förderlich waren. Er brauchte solche Leute um so eher, als das Einvernehmen unter den drei Mächtigen, also ihm selbst, Crassus und Pompejus, die als sogenannte Triumvirn die eigentliche Staatsführung bildeten, nach und nach geschwunden war. Die von ihnen im Jahr 60 getroffenen Vereinbarungen, aufgrund deren Caesar 59 das Konsulat und anschließend die Statthalterschaft in Gallien erhalten hatte, waren zwar 56 beim Treffen von Luca in Etrurien erneuert worden, doch herrschte unter den drei Führern bereits Mißtrauen und Rivalität. Um ihr Bündnis zu besiegeln, hatte Caesar Pompejus seine Tochter Julia zur Frau gegeben. Durch Julias Tod fiel diese Bindung zwischen den beiden Feldherren wieder weg. Was Crassus betrifft, so sollte er völlig unerwartet im Jahr 53 auf seinem Partherfeldzug umkommen, von dem er seit Jahren als einem sicheren Weg zu Ruhm und reicher Beute geträumt hatte.

Dieses folgenschwere Ereignis verdeutlicht, wie entscheidend die Persönlichkeit des Feldherrn für den Verlauf einer militärischen Expedition war: Im Vergleich zu der Art und Weise, mit der zur gleichen Zeit Caesar in Gallien Krieg führte, ist das Vorgehen von Crassus geradezu dilettantisch zu nennen. Kaum hatte er in Syrien Gabinius als Statthalter abgelöst, als er sich sogleich und ohne ausreichende Vorbereitungen in den Krieg gegen die Parther stürzte. In der Person des parthischen Heerführers Surena (was wahrscheinlich kein Name, sondern ein militärischer Rang ist) hatte er es jedoch mit einem gefährlichen Gegner zu tun. Die Parther, die unter dem strengen Regiment des Königs Orodes standen, waren fest entschlossen, ihr Land zu verteidigen. Cassius Dio überliefert uns einen dafür bezeichnenden Vorfall: Orodes hatte eine Gesandtschaft nach Syrien geschickt, um Crassus vor einem Angriff auf seinen Herrschaftsbereich zu warnen. Als der Römer vor den parthischen Abgesandten selbstsicher erklärte, er werde persönlich nach Seleukia kommen (eine tief im Partherreich, am Tigris in Mesopotamien gelegene Stadt), um dem König die Ursachen des Krieges zu erklären, schlug sich einer der Parther mit den Fingern der rechten in die linke Hand und erwiderte: „Eher werden mir hier Haupthaare wachsen, als daß du nach Seleukia kommst!"

Nach einem ersten Feldzug im Jahr 54, in dessen Verlauf er einen Teil des feindlichen Gebiets verwüsten ließ, war Crassus nach Syrien zurückgekehrt, um dort Winterquartiere zu beziehen. 53 überschritt er erneut den Euphrat, ließ sich aber dann von einem falschen Ratgeber leiten. Es handelte sich um einen einheimischen Fürsten namens Abgaros, der heimlich mit Surena paktierte. Abgaros führte die Römer in ein Waldgebiet in der Nähe von Carrhae im nördlichen Mesopotamien, wo sie in einen Hinterhalt gerieten. Die hinter den Bäumen versteckten Parther griffen zuerst die Reiterei an, die von Crassus' Sohn befehligt wurde. Dieser hatte bereits als Legat unter Caesar in

Gallien gedient. Nachdem sie die Reiter niedergemacht hatten, fielen sie über die Fußtruppen her, von denen ein großer Teil durch den Pfeilhagel der auf allen Seiten auftauchenden parthischen Bogenschützen getötet wurde. Einer Abteilung gelang es, sich unter dem Kommando des Quästors Cassius Longinus an den Euphrat zurückzuziehen und nach Syrien zurückzukehren. Ein anderer Teil des Heeres mit Crassus selbst fand in den Bergen nördlich von Carrhae Zuflucht, wo ihm die parthische Reiterei nichts mehr anhaben konnte. Crassus wollte von hier aus nach Armenien gelangen, einem mit Rom verbündeten Königreich. Er ließ sich dann aber auf ein Verhandlungsangebot Surenas ein und stieg wieder in die Ebene hinab, um mit seinem Gegner zusammenzutreffen. Im Verlauf der Unterredung kam es zu einem Streit, der rasch in einen Kampf ausartete. Crassus selbst wurde dabei getötet, der Mehrheit der Römer gelang es jedoch, sich auf befreundetes Gebiet zurückzuziehen. Dem toten Crassus gossen die Parther zum Spott Gold in die Kehle, um ihre Verachtung für die Unersättlichkeit dieses unendlich reichen Mannes auszudrücken, den die Gewinnsucht zu einem unsinnigen Unternehmen getrieben hatte, bei dem er ein schmähliches Ende fand. Im Jahr darauf versuchten die Parther ihrerseits, in Syrien einzufallen, wurden aber von Cassius Longinus wieder zurückgeschlagen. Cassius brachte ihnen 51 noch eine weitere Niederlage bei, worauf an der Euphratgrenze einige Jahre Frieden herrschte.

Das Debakel von Carrhae machte in Rom ungeheuren Eindruck. Nach einer langen Reihe von Siegen über die Barbarenvölker hatte Rom zum ersten Mal eine Niederlage auf dem flachen Land hinnehmen müssen, von einem Feind, dem man noch nie gegenübergestanden hatte und auf dessen Kampftaktik man nicht eingestellt war. Nicht nur, daß das Heer auf dem Schlachtfeld enorme Verluste erlitten hatte, ganz zu schweigen vom Tod des Oberbefehlshabers, die Parther hatten auch eine große Zahl von Gefangenen gemacht und in die Sklaverei geführt, während die Feldzeichen des Crassus, die man den Besiegten nebst Waffen und Ausrüstung abgenommen hatte, Trophäen der Sieger wurden. Welche Schande für die Legionen! Dreißig Jahre lang waren die Mächtigen Roms von dem Gedanken beherrscht, diese Schmach zu rächen. So erstellte Caesar, sobald seine Alleinherrschaft gesichert schien und seine Gegner tot waren, einen Plan für einen Partherfeldzug, dessen Ausführung nur durch seinen tragischen Tod verhindert wurde. Antonius griff diese Pläne wieder auf und organisierte mehrere Feldzüge gegen die Parther, deren Durchführung er seinen Unterführern übertrug oder persönlich übernahm. Er verdankte es nur seiner militärischen Tüchtigkeit, wenn ihn dabei nicht das Schicksal ereilte, das Crassus beschieden war. Dank einer vorübergehenden Schwäche des Partherkönigs Phraates IV. gelang es schließlich Augustus im Jahr 20 v. Chr., wieder in den Besitz der bei Carrhae verlorengegangenen Feldzeichen zu gelangen: Sie wurden seinem Stiefsohn Tiberius an der armenischen Grenze übergeben. Welche Bedeutung und welchen Symbolwert man in Rom diesem Ereignis beimaß, läßt sich daraus ersehen, daß es auf dem berühmten 'Augustus von Prima Porta', dem schönsten offiziellen Standbild, das man dem Kaiser während seiner Herrschaft errichtete, das zentrale Motiv der Reliefverzierung seines Brustpanzers darstellt. Wenn Tiberius die Feldadler des Crassus entgegennimmt, die ihm ein Krieger in Partherkleidung überreicht, so löscht er damit eine für die Römer unerträgliche Erinnerung.

Nach dem Tod von Crassus standen sich mit Pompejus und Caesar zwei Rivalen gegenüber, deren Ehrgeiz durch nichts mehr aufzuhalten war. Beide waren bestrebt, ihre Vertrauten und Strohmänner zu plazieren. Auf diese Weise kam Antonius nach Rom, um sich für die Quästur zu bewerben, das Amt eines Schatzmeisters, über das man gleichzeitig Mitglied des Senats wurde. Das dafür erforderliche Mindestalter waren dreißig Jahre. Es handelte sich also um die erste Etappe einer politischen Laufbahn. Um sich zu einem der jeweils ein Jahr amtierenden Quästoren wählen zu lassen, mußte man in Rom anwesend sein, über ausreichende Mittel zur Finanzierung der Wahlkampagne verfügen und von einflußreichen politischen Freunden unterstützt werden. Antonius konnte diese drei Voraussetzungen nicht ohne das Einverständnis seines militärischen Vorgesetzten erfüllen, dessen Klient und Schützling er nun war. Wenn Caesar ihn für die Zeit seiner Kandidatur vom Heeresdienst freistellte, dann natürlich deswegen, weil er seinen Legaten auf dem politischen Feld so wie auf dem Schlachtfeld einsetzen wollte. Er ließ es also an Unterstützung nicht fehlen. In Rom übte zu dieser Zeit Cicero großen Einfluß aus. Caesar hatte zu dem Redner ein zwiespältiges Verhältnis, das von Mißtrauen und Wertschätzung zugleich geprägt war. Wie schon erwähnt, unterhielt Antonius selbst keinerlei Beziehungen zu Cicero, auf dessen Betreiben sein Stiefvater Lentulus Sura zehn Jahre zuvor als Verschwörer hingerichtet worden war. Um die beiden zu versöhnen, sandte Caesar dem illustren Konsular ein Empfehlungsschreiben, da er wußte, daß dieser für schmeichelhafte Gesten stets empfänglich war. Antonius beeilte sich, gleich nach seiner Ankunft in Rom Cicero in aller Form einen Besuch abzustatten, um ihre langjährige Auseinandersetzung zu beenden. Cicero erinnert ihn daran in seiner 2. Philippika: „Als du gekommen bist, um dich für die Quästur zu bewerben, hast du mich sofort aufgesucht, noch bevor du zu deiner Mutter gegangen bist. Wage es, das Gegenteil zu behaupten! Nachdem Caesar mich schon brieflich gebeten hatte, deine Entschuldigungen entgegenzunehmen, ließ ich dir nicht einmal Zeit, deine Dankbarkeit auszudrücken. In der Folge warst du voller Aufmerksamkeiten für mich, und ich habe deine Wahlkampagne für die Quästur unterstützt." Wenn die Situation es erforderte, dann verstand es Antonius, das Spiel mitzuspielen.

Dank seines lebhaften Temperaments kam er aber auch

sehr gut mit den rauhen Sitten zurecht, die damals bei Auseinandersetzungen auf dem Forum üblich waren. Er stieß dort eines Tages mit seinem ehemaligen Freund, dem Demagogen P. Clodius zusammen, der seit seinem Tribunat im Jahr 58 mit seinen bewaffneten Banden die Herrschaft auf der Straße beanspruchte. Antonius ließ sich von ihm keine Vorschriften machen und zog das Schwert. Als Clodius sein Heil in der Flucht suchte, verfolgte er ihn, bis er im Haus eines Buchhändlers Schutz suchte und sich darin auf der Treppe verbarrikadierte. Cicero, den Clodius in die Verbannung geschickt hatte und der ihn deswegen gebührend haßte, war hocherfreut, daß dem Unruhestifter eine Lektion erteilt worden war. Die Wirkung hielt freilich nicht lange an. Clodius terrorisierte mit seiner Schlägertruppe weiterhin die Straßen, bis ihn im Januar 52 ein anderer Bandenführer umbringen ließ, als er ihm eines Tages auf der Via Appia südlich von Rom zufällig begegnete. Es handelte sich um T. Annius Milo, ebenfalls ein ehemaliger Volkstribun, der sich der gleichen Methoden bediente wie Clodius. Milo wurde wegen Mordes vor ein Sondergericht gestellt und, obwohl Cicero selbst die Verteidigung übernommen hatte, im April 52 verurteilt. Der Redner war bei seinem Plädoyer von der feindlich gesinnten Menge durch Zwischenrufe behindert worden und hatte so seinem Ruf nicht gerecht werden können. Später überarbeitete er seine Rede, um sie zu veröffentlichen. Sie ist unter dem Titel *Pro Milone* berühmt geworden. Ein Exemplar davon schickte er Milo, der nach seiner Verurteilung in Massilia (Marseille) im Exil lebte. Cassius Dio berichtet, daß Milo, nachdem er die überarbeitete Fassung der Rede gelesen hatte, dem Autor dafür mit folgenden Worten dankte: „Ein Glück", so schrieb er ihm, „daß du vor Gericht die Rede nicht in dieser Form gehalten hast. Dann wäre ich nämlich jetzt nicht hier in Massilia, wo man so guten Fisch ißt!" Was Antonius betrifft, so wurde er im Sommer 52 für das folgende Jahr zum Quästor gewählt und kehrte gleich danach wieder zu Caesar nach Gallien zurück, wo er gerade rechtzeitig eintraf, um an der Belagerung von Alesia im August und September teilzunehmen.

Er konnte nun miterleben, wie sich Vercingetorix seinem Besieger unterwarf. Caesar hebt in seinem *Gallischen Krieg* dieses Ereignis nicht besonders hervor, da er offenbar keinen Wert darauf legt, die Seelengröße des Besiegten ins Licht zu rücken. Erst der fast drei Jahrhunderte später von Cassius Dio verfaßte Text läßt uns diese Szene miterleben: „Vercingetorix hätte fliehen können, er war weder verwundet noch gefangen. Doch hoffte er in Anbetracht der Freundschaft, die ihn mit Caesar früher verbunden hatte, vor diesem Gnade zu finden. Er kam daher, ohne ihn vorher benachrichtigt zu haben, in das römische Lager. Caesar saß auf einer Tribüne, als plötzlich Vercingetorix in Waffen vor ihm erschien. Dies rief bei allen Umstehenden eine lebhafte Gemütsbewegung hervor, da seine hohe Gestalt und seine edle Erscheinung alle beeindruckten. Als wieder Stille herrschte, fiel er wortlos vor Caesar auf die Knie und faltete flehend die Hände. Angesichts dieser ergreifenden Geste wurden alle Anwesenden von tiefem Mitgefühl erfaßt, verglichen sie doch das frühere Schicksal dieses Menschen mit dem Anblick, den er jetzt bot. Caesar aber machte ihm genau das zum Vorwurf, worauf er zu seiner Rettung gezählt hatte: Angesichts ihrer einstigen Freundschaft stellte die Erhebung gegen ihn ein um so schlimmeres Verbrechen dar. Er zeigte daher keinerlei Mitleid, ließ ihn in Ketten legen und nach Rom bringen, wo er in seinem Triumphzug mitgeführt und dann hingerichtet wurde."

Die Unterwerfung des Vercingetorix stellte im Krieg gegen die Gallier die entscheidende Wende dar. Zwei Jahre später konnte Caesar nach Italien zurückkehren. Antonius, mit dessen Diensten er zufrieden war, hatte er in der Zwischenzeit weitere Ämter verschafft. So beschloß er, nachdem Antonius seine einjährige Amtszeit als Quästor im Jahr 51 beendet hatte, ihn zum Auguren wählen zu lassen und setzte sich für seine Wahl auch sehr ein, wie Hirtius im letzten Buch des *Gallischen Krieges* berichtet. Das Augurenkollegium umfaßte etwa fünfzehn Beamte mit Priesterstatus. Ihre Aufgabe bestand darin, Vorzeichen zu beobachten und als Äußerungen des göttlichen Willens zu deuten. Insbesondere oblag ihnen die Abhaltung von Auspizien, d.h. anhand des Verhaltens von Vögeln festzustellen, ob man in bezug auf eine geplante Ratsversammlung oder Zeremonie mit der Gunst der Götter rechnen durfte. Damit wird klar, wie wichtig diese Funktion war: Falls die Zeichen nach Meinung der Auguren nicht günstig standen, konnten sie erklären, daß sich der Wille der Götter dieser oder jener staatlichen Handlung oder Unternehmung widersetzte. Wie in der übrigen antiken Welt gibt es auch in Rom keine Trennung zwischen staatlich-politischem und religiösem Leben. Die gesamte Gesellschaft, von der Familie bis hinauf zur Gemeinschaft aller Bürger, ist eng mit der Religion und ihren Riten verbunden. Die Priester, denen die Aufgabe zufällt, die Befolgung des Ritus und der Vorschriften des Kultes zu überwachen, bilden keine eigene Kaste. Sie sind Bürger wie alle anderen, und so wie die übrigen Beamten üben sie ihre Funktion zum Wohl und Nutzen der Allgemeinheit aus. Aus diesem Grund werden sie oft durch Wahlen bestimmt, so auch die Auguren, wobei die Gewählten freilich einem Personenkreis entstammen, der sich durch Geburt und Ansehen auszeichnet. Aus der Achtung, die das Volk den Trägern eines Priesteramts entgegenbrachte, läßt sich erklären, warum diese Ämter so begehrt waren. So hatte Caesar selbst im Jahr 63 erreicht, daß man ihn zum *pontifex maximus* wählte, einem Amt von größter Bedeutung, das ihm bis zu seinem Tode eine hervorragende Stellung im kultischen Leben Roms sicherte. Caesar mußte daran gelegen sein, daß im römischen Augurenkollegium ihm ergebene Männer saßen, und er drängte Antonius zu kandidieren.

Antonius hatte bereits im Jahr 53, als er in Rom weilte, um sich für die Quästur zu bewerben, für das Augurat kandidiert, da durch den Tod von Crassus' Sohn bei Carrhae im

Kollegium ein Platz frei geworden war. Er hatte es dann aber zu Recht als klüger erachtet, seine Bewerbung wieder zurückzuziehen, da Cicero, mit dem er sich soeben ausgesöhnt hatte, sich selbst um die Stelle bewarb. Im Jahr 50 aber wurde durch den Tod des Redners Hortensius, eines langjährigen Freundes Ciceros, abermals ein Platz frei. Caesar befahl allen seinen Freunden und Gefolgsleuten, für Antonius zu stimmen. Dieser wurde außerdem recht wirksam von seinem alten Freund C. Scribonius Curio unterstützt, der in diesem Jahr Volkstribun war. Es scheint, daß Antonius ohne Schwierigkeiten gewählt wurde. Der nach der Befriedung Galliens nach Italien heimkehrende Caesar betrachtete diese Wahl als einen Beweis für sein persönliches Prestige.

Von der beträchtlichen Kriegsbeute, die Caesar im Verlauf seiner Feldzüge in Gallien in die Hände gefallen war, entfiel ein nicht unwesentlicher Teil auf seine Legaten. Auf diese Weise verfügte Antonius über die für seine politische Laufbahn erforderlichen Mittel. Mit Curios Hilfe ließ er sich nun für das Jahr 49 zum Volkstribunen wählen. Innerhalb der Laufbahn als Staatsbeamter stellte das Tribunat insofern etwas Besonderes dar, als die jeweiligen zehn Träger dieses Amtes mit beachtlichen Vorrechten und Befugnissen ausgestattet waren. Sie waren nicht nur unverletzlich (d.h. ein tätlicher Angriff gegen ihre Person stellte ein Sakrileg dar), sondern sie durften auch vor dem Senat sprechen, Plebiszite, also Volksentscheide mit Gesetzeskraft vorschlagen, und sie konnten gegen jede Verfügung eines Beamten und jeden Senatsbeschluß *(senatus consultum)* ein Veto einlegen. Daraus wird ersichtlich, welche Möglichkeiten einem kühnen und tatkräftigen Mann mit diesen Vollmachten gegeben waren, in das politische Leben Roms einzugreifen. Das Beispiel von P. Clodius Pulcher, dem Tribun des Jahres 58, hatte dies bereits deutlich gezeigt. So wie Curio im Jahr zuvor, verstand es nun auch Antonius, in diesem für die Geschichte Roms entscheidenden Moment sein Tribunenamt im Sinne der Interessen Caesars zu nutzen. Cicero wird ihm dies später als ein todeswürdiges Verbrechen vorwerfen: „Senatoren! Gerade in dem Augenblick, in dem ihr die schwankenden, dem Einsturz nahen Institutionen der Republik festigen wolltet, besaß dieser Mensch die Stirn, seine Autorität als Tribun, die er das Gesetz mißachtend verkauft hatte, euren Bemühungen entgegenzustellen. Damit hatte er den Tod durch das Beil verdient, mit dem schon so viele andere für weit geringere Verfehlungen bestraft worden waren... Solange es Menschen geben wird, solange der Name des römischen Volkes bestehen wird – und er wird, wenn du es gestattest, ewig Bestand haben – solange wird man dein verhängnisvolles Handeln im Gedächtnis behalten."

Was hatte Antonius im Jahr 49 getan, daß sich Cicero fünf Jahre später veranlaßt sah, ihn in dieser Weise zu beschuldigen? Noch am 10. Dezember 50, dem Tag, an dem er Curio als Tribun ablöste, begann er, dessen Politik fortzusetzen, das heißt, vor Senat und Volksversammlung die Interessen Caesars zu verteidigen. Caesar hatte eine mächtige Senatsfraktion gegen sich, die ihm andauernd Schwierigkeiten bereitete und Pompejus gegen ihn ausspielte. Antonius hatte somit keinen leichten Stand. Die beiden für das Jahr 49 gewählten Konsuln und der Jüngere Cato M. Porcius Cato Uticensis) waren entschiedene Gegner Caesars. Sie forderten, der Senat solle ihm die Befehlsgewalt in Gallien entziehen, wodurch er seine Truppen und der Senat die Angst vor ihm verloren hätte. Cicero, der am 4. Januar 49 von seiner einjährigen Statthalterschaft aus Kilikien zurückkehrte, unterstützte sie dabei mit seiner Autorität. Die Lage war somit äußerst gespannt. Wie sehr, zeigt ein von Plutarch überlieferter Vorfall. Ein von Caesar nach Rom entsandter Centurio erfuhr vor der Kurie, der Tagungsstätte des Senats, daß sich die Senatoren weigerten, das Kommando seines Befehlshabers zu verlängern: „Schon gut", rief er und schlug mit der Hand auf den Schwertknauf, „dann wird eben das hier es ihm verlängern!" Auf Betreiben Catos planten die Anhänger des

Pompejus, diesen zum alleinigen Konsul ernennen zu lassen und ihm gleichzeitig die Statthalterschaft in seinen Provinzen in Spanien und Afrika zu erhalten. Im Namen Caesars schlugen zuerst Curio vor der Volksversammlung und dann Antonius vor dem Senat vor, daß beide Rivalen ihre Ämter niederlegen sollten. Dieser Vorschlag stieß im Senat auf fast einhellige Zustimmung und wäre wohl auch angenommen worden, doch Caesars Gegner verhinderten mit Unterstützung der beiden Konsuln eine Abstimmung darüber. Am 7. Januar endlich beschloß der Senat, Caesar allein abzulösen und für Gallien einen neuen Statthalter zu ernennen. Seinem Recht als Volkstribun gemäß erhob Antonius gegen diese Entscheidung Einspruch. Diesem völlig legalen Vorgehen, der sogenannten tribunizischen Interzession, wie der terminus technicus lautete, begegnete der Senat mit einer Maßnahme, die man nur äußerst selten und nur unter außergewöhnlichen Umständen ergriff. Es handelte sich um das *senatus consultum ultimum*, das gleichbedeutend mit der Ausrufung des Staatsnotstands war und durch das die beiden Konsuln alle Vollmachten zur Rettung der Republik erhielten. Cicero stellte diese Maßnahme später in seinen Philippiken als Ächtung von Antonius und Caesars anderen Freunden dar. Wie uns Plutarch berichtet, nahm sie der Konsul Lentulus auch tatsächlich zum Anlaß, um Antonius aus dem Senat auszustoßen.

Der Tribun protestierte zwar auf das heftigste gegen diese Vorgehensweise, mußte aber erkennen, daß die Dinge in Rom nicht gut für ihn standen. Er mußte sogar um sein Leben oder zumindest um seine Freiheit fürchten und entschloß sich daher, die Stadt zu verlassen. Um nicht erkannt zu werden, legte er Sklavenkleidung an, bestieg mit seinem Freund und Amtskollegen, dem Tribun Q. Cassius, einen Mietwagen und verließ damit heimlich die Stadt, um sich in das Lager Caesars im diesseitigen Gallien (Gallia Cisalpina) zu begeben. Als die Legionäre die beiden Männer in diesem traurigen Gefährt ankommen sahen, wurden alle von großer Erregung erfaßt. Antonius nutzte die Gelegenheit und erklärte vor den Soldaten, daß man in Rom alle Regeln des Gesetzes mißachte und den Tribunen nicht einmal mehr Redefreiheit lasse. Caesar selbst nahm den Vorfall zum Anlaß, um zu handeln. Er tat dies mit der Entschlußkraft und Schnelligkeit, die man von ihm gewohnt war. Zunächst schickte er einen Teil seiner Truppen mit dem Auftrag voraus, die Stadt Ariminum (Rimini) ohne Blutvergießen zu besetzen. Er selbst setzte sich noch am Abend desselben Tages (10. Januar 49) in Marsch, um der Vorhut zu folgen. Wenn man das diesseitige Gallien in südlicher Richtung verließ, so war Ariminum die erste große Stadt Italiens und befand sich damit bereits außerhalb von Caesars Gerichtsbarkeit. Die Grenze zu seiner Provinz bildete der kleine Küstenfluß Rubicon. Überschritt ihn der Prokonsul, so begab er sich in die Illegalität und löste den Bürgerkrieg aus. Da Caesar sich der Konsequenzen seines Unternehmens genau bewußt war, ließ er vor dem Übersetzen haltmachen, um sich mit seinen Legaten ein letztes Mal zu beraten. Schließlich verkündete er seinen Entschluß mit dem berühmten, auf Griechisch gesprochenen Satz: „Die Würfel sind gefallen." Er ließ das Heer übersetzen und marschierte im Eiltempo auf Ariminum, das er noch vor Tagesanbruch erreichte und besetzte. Der Bürgerkrieg hatte begonnen.

Das sind die Tatsachen, die Cicero in einer heftigen Anklagerede mit viel Rhetorik gegen Antonius vorbringt, so als ob dieser die Hauptschuld daran trüge: „Du bist es, ich wiederhole es, du bist es, Marcus Antonius, der Caesar bei seinen Plänen zum Sturz der Republik den Vorwand lieferte, auf den er gewartet hatte, um das Schwert gegen sein Vaterland zu erheben... So wie aus dem Samenkorn Pflanzen und Bäume entstehen, so ist aus dir dieser Krieg entstanden, der uns so viel Leid gebracht hat. All das Unglück, das uns seither widerfahren ist – Ist uns denn auch nur ein einziges erspart geblieben? – verdanken wir, wenn man es recht bedenkt, nur Antonius und immer nur Antonius. Wie einst Helena bei den Trojanern, so ist in unserer Republik dieser Mann für die Kriege, für unser Unglück und für unseren Ruin verantwortlich." Cicero bauscht die Dinge auf und bekümmert sich wenig um Objektivität. Doch zeigt die Stelle, daß Antonius in den Augen seiner Zeitgenossen während dieser entscheidenden Phase an der Seite Caesars eine hervorragende Rolle spielte, und daran sollte sich noch lange Zeit nichts ändern.

Alle diese Senatoren, Magistrate, Konsuln und sogar Pompejus selbst, der in Italien zwei Legionen stehen hatte, scheinen angesichts von Caesars entschlossenem Handeln den Kopf verloren zu haben. Ihre ganze Großsprecherei verstummte mit einem Schlag. Hatte doch Pompejus eines Tages gegenüber dem Senat erklärt: „Falls Caesar sich zeigt, dann brauche ich nur auf den Boden zu stampfen, und Italien wird von meinen Waffen starren." Jetzt erinnerte man ihn vergebens an diese voreilige Äußerung. Amtsträger, Truppenführer und Honoratioren wurden von Angst erfaßt. Obwohl Caesars bester Legat, T. Labienus, der sich während der gallischen Feldzüge so oft ausgezeichnet hatte, seinen Feldherrn verließ und sich der Sache des Senats anschloß, kam es zu keinen ernsthaften Versuchen, seinen Truppen Widerstand zu leisten. Die beiden Konsuln verließen Rom fluchtartig, so daß sie vor dem Verlassen des Stadtgebiets nicht einmal die vorgeschriebenen Opfer darbringen konnten. Am 17. Januar brach dann auch Pompejus nach Capua auf. Nachdem er auch die letzten von Caesar übermittelten Vorschläge abgelehnt hatte, zog er sich nach Unteritalien zurück, ohne zu versuchen, den weiteren Vormarsch seines Gegners aufzuhalten. Anstatt Rom zu besetzen, rückte dieser in weniger als zwei Monaten bis Brundisium (Brindisi) vor, wo er am 9. März eintraf. Pompejus befand sich noch in der Stadt. Er war damit beschäftigt, die Verlegung seines Heeres in die östlichen Provinzen vorzubereiten. Ein großer Teil seiner Truppen hatte bereits mit den beiden Konsuln die Adria überquert. Bevor

Caesar den Hafen wirksam blockieren konnte, schiffte sich am 17. März auch Pompejus selbst ein und überließ damit die gesamte Apenninenhalbinsel seinem siegreichen Rivalen.

In diesen entscheidenden Monaten, in deren Verlauf Fortuna sich dem Lager Caesars zuneigte, hatte Antonius viel zu tun. Zunächst übertrug ihm der Feldherr die Aufgabe, sich mit nur fünf Kohorten (einer halben Legion) der etrurischen Stadt Arretium (Arezzo) zu bemächtigen, während er selbst in der Umgebung von Ariminum weitere Truppen aushob. Nachdem Antonius diesen Auftrag ausgeführt hatte, vereinigte er sich wieder mit der Hauptstreitmacht, die 150 Kilometer östlich von Rom die Apenninenstadt Corfinium belagerte. Hier leistete er ganze Arbeit und besetzte die in der Nähe gelegene Kleinstadt Sulmo ohne einen Schwertstreich: Obwohl sie zahlenmäßig überlegen war, öffnete ihm die Besatzung der Stadt die Tore und schloß sich den Truppen Caesars an. Es versteht sich, daß dieser über die Erfolge seines Unterführers erfreut war und ihn fortan als Mann seines Vertrauens betrachtete, dem er Aufgaben von höchster Wichtigkeit übertrug.

Da Pompejus und die Konsuln sämtliche verfügbaren Schiffe beschlagnahmt hatten und Caesar selbst über keine Flotte verfügte, konnte er nicht daran denken, seinen Gegner sofort über die Adria zu verfolgen. Er marschierte daher wieder nach Norden, besetzte die Stadt Rom und beschloß dann, den Krieg zuerst in die Pompejus unterstellten spanischen Provinzen zu tragen und die dort in seinem Namen regierenden Legaten zu vertreiben. Für die Dauer seiner Abwesenheit mußte Italien der Obhut eines fähigen und verläßlichen Mannes anvertraut werden. Die Wahl fiel auf Antonius, obwohl der erst vierunddreißigjährige Tribun in seiner regulären Ämterlaufbahn lediglich das bescheidene Amt eines Quästors bekleidet hatte. Dieser „kleine Quästor", über den sich Pompejus kurz zuvor Cicero gegenüber noch verächtlich geäußert hatte, übte nun ein hohes Kommando aus, daß eine außerordentliche

Verantwortung mit sich brachte. Um seine Stellung den anderen Beamten und Offizieren gegenüber zu stärken, verlieh Caesar ihm den Rang eines Proprätors. Daneben behielt Antonius seine Funktionen als Volkstribun. In dieser Eigenschaft hatte er am 1. April den Senat einberufen, da Caesar vor den Senatoren, die sich nicht Pompejus angeschlossen hatten, sein Vorgehen und seine Absichten rechtfertigen wollte. Eine Woche später brach Caesar nach Spanien auf, nachdem er zuvor noch einige Maßnahmen zur Beschwichtigung getroffen und sich selbst zum Konsul ernannt hatte. Antonius ließ er in Rom mit der Aufgabe zurück, Italien zu regieren und zu verteidigen.

Die militärischen Operationen in Spanien, die Caesar mit gewohnt sicherem Urteil und großer Entschlossenheit durchführte, sollten ihn bis zum Herbst 49 beschäftigen. Sie wurden von vollem Erfolg gekrönt. Auf seinem Marsch durch die Narbonensis vor Beginn des Feldzugs mußte Caesar zunächst die mächtige griechische Stadt Massilia (Marseille) einschließen, eine alte Verbündete Roms, die sich für Pompejus entschieden hatte. Er überließ seinen Unterführern die Belagerung der Stadt, die nach langem und tapferem Widerstand schließlich im Herbst kapitulierte, als er, nachdem er die letzten pompejanischen Legaten aus Spanien vertrieben hatte, sich bereits wieder auf dem Rückmarsch nach Italien befand. Er beließ den besiegten Massilioten eine nur mehr nominale Unabhängigkeit. Die Flotte Caesars stand während dieser Belagerung, bei der sie eine ganz wesentliche Rolle spielte, unter dem Befehl des Decimus Brutus. Wir werden ihm später als einem der Verschwörer der Iden des März und Hauptwidersacher des Antonius wiederbegegnen. Dessen alter Freund Curio hatte, nachdem er von Caesar zum Statthalter über das von Cato aufgegebene Sizilien ernannt worden war, den Versuch unternommen, das von den Pompejanern beherrschte Nordafrika zu erobern. Nach glänzenden Anfangserfolgen wurde er jedoch in Tunesien von den numidischen Berbern besiegt, die der einheimische König Juba dem pompejanischen Legaten zur Verstärkung herangeführt hatte. Curio fand dabei den Tod. Nach dieser Niederlage mußte Rom auf die umfangreichen Getreidelieferungen aus Afrika verzichten, die bis dahin regelmäßig eingegangen waren. Die persönliche Stellung von Antonius bei Caesar aber wurde durch den Tod Curios, zu dem der Feldherr großes Vertrauen gehabt hatte, noch mehr gestärkt.

Antonius hatte in diesen Sommer- und Herbstmonaten des Jahres 49 ständig an Bedeutung gewonnen. Es unterstand ihm jetzt ganz Italien mit Ausnahme der Stadt Rom, die Caesar dem Prätor M. Aemilius Lepidus unterstellt hatte, der später Mitglied des zweiten Triumvirats wurde. Antonius befehligte anstelle des abwesenden Caesar das Heer und sorgte für die Verwaltung und die Sicherheit der Halbinsel. Mit seiner angeborenen Herzlichkeit und körperlichen Leistungsfähigkeit, zu denen nun die in Syrien und Gallien erworbene Erfahrung hinzukam, war er zu einer Führungspersönlichkeit herangereift, und er verstand es, sich den Soldaten als einer der ihren zu zeigen. Er reiste durch ganz Italien von Garnison zu Garnison, um die Truppen zu besuchen. Er nahm an den Exerzier- und Gefechtsübungen teil, verteilte mit bekannter Großzügigkeit Belohnungen und Geschenke, und er teilte gerne das Lagerleben der Legionäre, wodurch er die Herzen der Männer für sich gewann. Bei den unvermeidlichen Konflikten mit der Zivilbevölkerung ergriff er in der Regel Partei für die Truppe und wies die Klagen der Bürger mißmutig ab. Sein Betragen war das eines großen Herren, der, großzügig und hochmütig zugleich, ohne Skrupel den Luxus und die Vergnügungen genoß, die ihm sein Amt und sein Reichtum nun ermöglichten, obwohl er auf den materiellen Komfort genausogut verzichten konnte, wenn es die militärische Pflicht erforderte. Cicero beschreibt voll Empörung den Zug, in dem sich Antonius und sein Gefolge über die Straßen Italiens bewegten: „Dieser Tribun des Volkes ließ sich in einem gallischen Reisewagen fahren, dem Liktoren mit lorbeerbekränzten Rutenbündeln voranschritten. In ihrer

Mitte trug man eine Sänfte mit offenen Vorhängen, in der eine Schauspielerin ruhte. Jedes Mal, wenn sich dieser Zug einer Stadt näherte, mußten ihre höchsten Beamten als ehrenwerte Bürger dieser Frau entgegenziehen, um sie zu begrüßen, und zwar nicht etwa mit ihrem Schauspielernamen, unter dem sie alle Welt kannte, sondern mit ihrem richtigen Namen Volumnia! Danach kam ein großes Gefährt mit einer ganzen Truppe schändlicher Gesellen, allesamt Bordellstammkunden. Am Ende dieses Zuges folgte schließlich die Mutter des Antonius, welche die Mätresse ihres schamlosen Sohnes begleitete, als sei diese ihre Schwiegertochter."

Auch wenn dieses Spektakel den Soldaten nicht mißfiel, so erregte es unter der Bevölkerung Italiens sicherlich wenig Gefallen. Die freien Sitten des Antonius, der nicht daran dachte, sich mit dem Mantel der Scheinheiligkeit zu bedecken, schockierten die römischen Bürger, denen die Traditionen der Ehe und der Familie heilig waren. Man tadelte ihn, weil er eine Schauspielerin der gemeinsten Art in aller Öffentlichkeit mit sich herumführte, eine Frau, die sich in Pantomimen schamlos zur Schau stellte und deren zweifelhafter Ruf überall feststand. Während seine Gemahlin Antonia in Rom zurückgeblieben war, ließ der Tribun seiner Neigung zu Zufallsabenteuern freien Lauf, ohne deswegen mit seiner festen Geliebten und Gefährtin seiner Ausschweifungen zu brechen. „Sein Ruf", so heißt es bei Plutarch, „erlitt schweren Schaden durch die Art, wie er sich gegenüber den Ehefrauen anderer verhielt." Dabei folgte er freilich nur dem Beispiel vieler illustrer Zeitgenossen in dieser verdorbenen Gesellschaft, allen voran dem Caesars selbst, den all sein Genie nicht vor einem lebhaften Hang zur Sinnenlust bewahrte. Der Vater Curios, im Unterschied zu seinem Sohn ein sehr sittenstrenger Mann, scheute sich nicht, Caesar in einer öffentlichen Rede als „Gatte aller Frauen und Frau aller Gatten" zu bezeichnen. Und die Veteranen der Gallienfeldzüge machten sich beim Triumphzug ihres Feldherrn über die sich am Straßenrand drängenden Zuschauer lustig, indem sie ihnen zuriefen: „Paßt auf eure Frauen auf, Römer! Wir bringen euch den glatzköpfigen Verführer!" Das Soldatenvolk hat es schon immer geschätzt, wenn seine Führer ein gewisses Maß an Männlichkeit zur Schau stellten.

Für Caesar war es vor allem wichtig, daß Antonius durch seine Autorität und sein Ansehen bei den von ihm befehligten Truppen Italien vor jedem Angriff bewahrt hatte, solange der Spanienfeldzug und die Belagerung von Massilia andauerten. Und es ist tatsächlich verwunderlich, daß Pompejus und seine Truppen das ganze Jahr 49 über völlig untätig blieben, während sein Gegner Caesar im Westen, weit weg von Rom, mit einem schwierigen Krieg beschäftigt war. Obwohl die pompejanische Flotte von den illyrischen und westgriechischen Häfen aus die Adria und das Ionische Meer kontrollierte, versuchte Pompejus nicht, an den Küsten Italiens Truppen anzulanden. Offenbar war für ihn der Ruf, den Antonius als Heerführer genoß, ein Grund zur Vorsicht, die den Absichten Caesars sehr zustatten kam.

Um den von seinem Rivalen beherrschten Staat eine Art Exilstaat entgegenzusetzen, hatte Pompejus in Thessalonike eine große Anzahl von Senatoren und bedeutenden Persönlichkeiten versammelt. Wie Sertorius bei Corneille hätte er gerne gesagt: „Rom ist nicht mehr in Rom, es ist zur Gänze, wo ich bin." Auch Cicero reiste nach wochenlangem Zögern schließlich zu Pompejus, obwohl ihn Antonius mit zwei Briefen davor gewarnt und aufgefordert hatte, in Italien zu bleiben. Einer dieser beiden Briefe ist uns erhalten geblieben. Er zeigt durch seinen gemäßigten und versöhnlichen Ton, daß der Tribun es verstand, seine Abneigung und seine Rachegefühle aus politischer Rücksichtnahme zu unterdrücken, wie er es bereits bei seiner Bewerbung um die Quästur getan hatte.

Der einzige nennenswerte, für die Caesarianer übrigens recht ärgerliche Vorfall ereignete sich jenseits der Adria, im nördlichen Illyrien. Caesar hatte den Befehl über diese

Region Antonius' jüngerem Bruder Gaius Antonius übertragen. Daran zeigt sich einmal mehr die wichtige Rolle, die verwandtschaftliche Bindungen und persönliche Beziehungen innerhalb der herrschenden Kreise Roms spielten. Gaius Antonius wurde während des Sommers auf der Insel Curicta (Krk) bei Istrien von einem pompejanischen Legaten überrascht und besiegt. Durch den Verrat eines Offiziers geriet er mit seinen zahlenmäßig nicht unbedeutenden Truppen (15 Kohorten, also eineinhalb Legionen) in Gefangenschaft. Einer in den Bürgerkriegen häufig geübten Gepflogenheit folgend erklärten sich diese Gefangenen mit Ausnahme ihres Anführers bereit, fortan auf seiten des Siegers zu kämpfen. Auf diese Weise konnte es geschehen, daß die Legionäre je nach Ausgang der Gefechte von einem in das andere Lager hinüberwechselten. Was C. Antonius betrifft, so wurde er nach der Schlacht von Pharsalus freigelassen, mußte jedoch 43 bei Apollonia in Illyrien erneut eine Niederlage hinnehmen und geriet dann abermals in Gefangenschaft. Auf Befehl von Brutus wurde er später umgebracht.

Als Caesar im Herbst 49 aus Spanien zurückkehrte, zeigte er sich befriedigt darüber, daß es Antonius gelungen war, alle Angriffe von Italien fernzuhalten. Er beteiligte ihn unverzüglich an den nun beginnenden Operationen gegen die Pompejaner, die Griechenland und die illyrischen Adriahäfen besetzt hielten. Mit der üblichen Schnelligkeit faßte er den Entschluß, das Adriatische Meer trotz der ungünstigen Jahreszeit ohne weiteres Zuwarten zu überqueren. Während er Antonius in Brundisium mit der Aufgabe zurückließ, für die Sicherheit des Hafens zu sorgen, schiffte er selbst sich mit so vielen Truppen ein, wie die verfügbaren Schiffe fassen konnten, und setzte nach Epirus über. Er landete etwas nördlich von Korfu an einem gebirgigen Küstenabschnitt. Da es keinerlei Hafenanlagen gab, war er gezwungen, in einer ungeschützten Bucht anzulegen. Nachdem er an Land gegangen war, schickte er die

Kriegs- und Transportschiffe sofort wieder zurück, mit dem Auftrag, aus Italien den Rest des Heeres herüberzuholen. Ein Teil dieser Schiffe wurde jedoch von der feindlichen Flotte abgefangen und zerstört. Deren Befehlshaber, Caesars ehemaliger Konsulatskollege M. Bibulus, errichtete anschließend vor der epirotischen Küste, von der aus Caesar die Stadt Apollonia nebst einigen kleineren Ortschaften besetzt hatte, eine äußerst wirksame Seeblokkade. Ein Konvoi, der versuchte, Caesar Verstärkung heranzuführen, mußte unverrichteterdinge wieder umkehren. Von den Strapazen dieses Winterfeldzugs erschöpft, erlag Bibulus wenig später einer Krankheit. An seiner Stelle übernahm der pompejanische Legat Libo den Befehl über das Geschwader. Dieser unternahm es nun, den Hafen von Brundisium zu blockieren, so daß die Schiffe Caesars nicht mehr auslaufen konnten. Dessen Situation in Epirus wurde dadurch äußerst schwierig. Er war von seinen Nachschubbasen abgeschnitten und wurde von der zahlenmäßig überlegenen Streitmacht des Pompejus, der im Hinterland über feste Stützpunkte verfügte, nun direkt bedroht.

In dieser Notlage führte Antonius durch sein entschlossenes Handeln eine entscheidende Wendung herbei und rechtfertigte damit voll und ganz das Vertrauen, das sein Feldherr in ihn gesetzt hatte. Er stellte den schweren Schiffen Libos eine Falle und lockte sie in die Hafeneinfahrt, wo sie von einer großen Anzahl mit Soldaten bemannter Boote so heftig angegriffen wurden, daß sie sich zurückziehen mußten. Gleichzeitig ließ er an der Küste sämtliche Wasserstellen besetzen, an denen sich die feindlichen Schiffe hätten mit Trinkwasser versorgen können. Von dieser lebenswichtigen Nachschubmöglichkeit abgeschnitten, mußte Libo die Blockade Brundisiums schließlich abbrechen.

Caesar, dessen Truppen während dieser Zeit in der Nähe von Apollonia im Zelt überwintern mußten, war über das Ausbleiben der Verstärkungen sehr beunruhigt. Da er der Meinung war, sein Erscheinen allein könne ihr Kommen beschleunigen, faßte er den Entschluß, die Adria zu überqueren, um sie selbst herüberzuführen. Als Sklave verkleidet bestieg er nachts in aller Heimlichkeit ein mit nur zwölf Ruderern bemanntes Boot, in der Hoffnung, auf diese Weise der Aufmerksamkeit des vor der Küste kreuzenden Feindes zu entgehen. An der Mündung des in den epirotischen Bergen entspringenden Flusses Aoos, der im Winter zu einem reißenden Strom anschwillt, blies dem Boot ein starker Wind entgegen, so daß es ihm nicht gelang, auf das offene Meer hinauszukommen. Als der Bootsführer nach langen und vergeblichen Versuchen den Befehl gab, umzukehren und zum Ufer zurückzurudern, gab sich Caesar zu erkennen, faßte ihn an der Hand und sprach die berühmten Worte: „Nur Mut, tapferer Mann, du brauchst nichts zu fürchten, mit dir fährt Caesar und sein Glück!" Doch auch dieses ungebrochene Vertrauen in seine Bestimmung vermochte nichts gegen die entfesselten Elemente. Nach einem letzten vergeblichen Versuch wurde das Vorhaben aufgegeben. Caesar ging wieder an Land und mußte sich damit abfinden, weiterhin auf Hilfe zu warten.

Wieder handelte Antonius kühn und entschlossen. Er schiffte sich mit vier Legionen und 800 Reitern ein und nützte einen für die Überfahrt günstigen Südwind, um innerhalb zweier Tage von Brundisium an die illyrische Küste zu gelangen. Der mit vollen Segeln fahrende Geleitzug konnte jedoch nicht vor Apollonia haltmachen, wo Caesar die Truppen erwartete, da es keine geeigneten Anlegeplätze gab. Die Schiffe wurden nach Norden getrieben und mußten an dem von Pompejus besetzten Dyrrhachium vorbeifahren. Sofort lief das aus rhodischen Schiffen bestehende feindliche Geschwader aus, um die Verfolgung aufzunehmen. Die hauptsächlich Transportschiffe umfassende Flotte des Antonius lief Gefahr, von den schnellen Kriegsschiffen eingeholt und vernichtet zu werden. Immer weiter nach Norden fahrend fand sie schließlich Zuflucht in einem Hafen nahe der von pompejanischen Truppen besetzten Stadt Lissos (Alessio). Antonius konnte hier an Land gehen, während die ihn verfolgenden rhodischen Schiffe durch einen plötzlich aufkommenden Sturm zerstreut und gegen die Klippen geworfen wurden. Die Stadt Lissos fiel kurz darauf in seine Hände. Er behielt nun einen Teil der Transportschiffe zurück, um gegebenenfalls nach Italien übersetzen zu können. Die übrigen Schiffe schickte er wieder nach Brundisium. Sie hatten den Auftrag, die dort noch verbliebenen Truppen herüberzuholen. Gleichzeitig entsandte er einen Boten zu Caesar, der immer noch 120 Kilometer weiter südlich bei Apollonia lagerte. Auf die Nachricht vom Eintreffen der Verstärkung hin ließ Caesar das Lager abbrechen und setzte seine Truppen in Marsch, um sich mit seinem Legaten zu vereinigen. Er wählte dafür jedoch einen Umweg durch das Landesinnere, da es dort Furte zum Durchqueren der Küstenflüsse gab und er damit gleichzeitig die Truppen des Pompejus umgehen konnte. Dieser wiederum rückte gegen Antonius vor, den er zu überraschen hoffte. Antonius aber hütete sich, übereilt vorzugehen. Seine griechischen Kundschafter unterrichteten ihn über alle Bewegungen des Feindes, über die er seinerseits Caesar in Kenntnis setzte. Durch diese Berichte bestens informiert, gelang es letzterem schon nach wenigen Tagen, sich mit Antonius zu vereinigen. Das Gleichgewicht der Kräfte war hergestellt. Pompejus erkannte dies sofort und marschierte nach Dyrrhachium zurück. Er bezog hier wieder Stellung, um den Beginn der milderen Jahreszeit abzuwarten, die sich für weitere Kampfhandlungen besser eignete. Diese sollten schließlich im August zur Schlacht von Pharsalus führen.

In keinem anderen Abschnitt seiner militärischen Laufbahn zeigt sich Antonius brillanter als in diesen ersten Monaten des Jahres 48, in deren Verlauf er sein ganzes Talent als Stratege und Taktiker entfaltet. In Brundisium legt er geschickt den Hinterhalt, durch den er das Vertrauen des pompejanischen Geschwaders in die eigene Überlegenheit erschüttert. Er nimmt der Flotte Libos die Möglichkeit, sich mit Trinkwasser zu versorgen und erzwingt dadurch die Aufhebung der Blockade. Er versteht es, mitten im Winter mit Gespür und Entschlossenheit den für die Überfahrt nach Illyrien richtigen Moment zu wählen. Er entzieht sich geschickt der Verfolgung durch die feindliche Flotte und ergreift die Gelegenheit, an der günstigsten Stelle an Land zu gehen. Er handelt blitzschnell, um sich in Lissos einen festen Stützpunkt zu verschaffen und Caesar von seinem Eintreffen zu unterrichten. Und er stimmt seine Truppenbewegungen mit denen seines Oberfeldherrn so gekonnt ab, daß die Vereinigung der beiden Heeresteile schnell gelingt. Kein einziger Fehler unterläuft ihm bei all diesen komplexen Operationen, die ebensoviel Urteilsvermögen wie Kühnheit erfordern. Es ist nicht verwunderlich, daß der mit Lob für seine Legaten sonst so sparsame Caesar ausdrücklich die Leistungen würdigt, die Antonius in diesem schwierigen Zeitabschnitt erbracht hat, während er selbst mangels entsprechender Verstärkungen seinem Gegner vorübergehend unterlegen war. Sicherlich, dieser hatte es nicht verstanden, die sich ihm bietenden Vorteile zu nutzen, und ebenso fehlte es ihm an Angriffslust angesichts eines durchaus in Reichweite befindlichen Gegners. Wenn es aber Caesar gelang, wieder die Initiative zu ergreifen, die ihn zum Enderfolg führte, so letztlich deswegen, weil er dank des Sinns für Taktik, der wohlbedachten Kühnheit und der Treue seines Legaten Antonius nach all den Wochen, in denen das Schlimmste zu befürchten stand, schließlich doch noch die für den Sieg erforderlichen Mittel erhielt. Er war sich dessen vollkommen bewußt und versäumte es nicht, Marcus Antonius in seinem objektiven Stil, den er so meisterhaft beherrscht, ein nüchternes und gerechtes Lob auszusprechen.

Von April bis Juli standen sich die beiden Heere im Raum von Dyrrhachium gegenüber. Bei den manchmal sehr heftigen Gefechten hatten die Caesarianer keineswegs immer die Oberhand, im Gegenteil. Antonius zeichnete sich zweimal besonders aus, indem er fliehende Abteilungen sammelte, neu ordnete und mit ihnen den nachdrängenden Feind wieder zurückschlug. Angesichts dieser glänzenden Beweise seiner Führungsgabe beschloß Caesar, als auf die Belagerung von Dyrrhachium wieder ein Bewegungskrieg folgte und sich bei Pharsalus die Gelegenheit zu einer Feldschlacht bot, den linken Flügel seiner Schlachtordnung Antonius anzuvertrauen. Damit stellte er ihn den besten Truppen des Feindes entgegen. Er selbst übernahm den Befehl über den rechten Flügel, auf dem er Pompejus gegenüberstand.

Während der Feldherr nach dem glücklichen Ende des Feldzugs (9. August 48) den in den Orient fliehenden Pompejus bis nach Ägypten verfolgte, kehrte Antonius nach Italien zurück und übernahm hier wieder seine Funktionen als Caesars Stellvertreter. Um die herausragende Bedeutung dieser Rolle aller Welt vor Augen zu führen, ließ Caesar, den der Konsul Servilius auf die Nachricht von seinem Sieg bei Pharsalus hin zum Diktator ernannt hatte, Antonius durch ebendiesen Konsul in aller gesetzlicher Form zum Befehlshaber der Reiterei *(magister equitum)* ernennen. Antonius war damit der zweite Mann nach dem Diktator und in dessen Abwesenheit sein offizieller Stellvertreter. Dieser außerordentliche Rang, den schon einer seiner Vorfahren fast drei Jahrhunderte zuvor bekleidet hatte, allerdings ohne sich dabei besonders auszuzeichnen, machte ihn zur ersten Persönlichkeit im Staat nach Caesar selbst. Er stellte die höchste Anerkennung für seine Verdienste dar. Was Caesar betrifft, so hatte es der Senat ihm gegenüber an Ergebenheitsbekundungen nicht fehlen lassen und seine Ernennung zum Diktator für die Dauer eines ganzen Jahres widerspruchslos akzeptiert, obwohl dieses außergewöhnliche Amt traditionsgemäß auf ein halbes Jahr beschränkt war. In der Folge wies jedoch das Augurenkollegium, dem Antonius selbst angehörte, darauf hin, daß ein *magister equitum* nur für ein halbes Jahr ernannt werden durfte. Diese unbedingte Gesetzestreue erheiterte die Öffentlichkeit, die genau wußte, woher der Wind blies, und Antonius übte das Amt bis zur Rückkehr des Diktators im Oktober 47 aus.

Diese zweite Periode seines Kommandos in Italien sollte sich, obwohl seine offizielle Position im Vergleich zum Jahr 49 dieses Mal wesentlich besser abgesichert war, als ungleich schwieriger und hindernisreicher erweisen. Das mag überraschen, da man annehmen könnte, nach Caesars Sieg bei Pharsalus und, kurz darauf, dem tragischen Tod des Pompejus (Ende September 48) sei jeder Widerstand gegen den Willen des Diktators und die Anordnungen seines Stellvertreters erloschen. Das Gegenteil war der Fall. Die Abwesenheit des siegreichen Feldherrn zog sich nach der Nachricht von seinem Erfolg über alles Erwarten in die Länge. Bei der Verfolgung des zuerst in Richtung Kleinasien und dann nach Ägypten flüchtenden Pompejus war Caesar schließlich bis Alexandrien gekommen. Hier mußte er erfahren, daß der junge König Ptolemäus XIII. auf Betreiben seiner Ratgeber, des Eunuchen Pothinus und des Heerführers Achillas, den besiegten Römer hatte hinterhältig umbringen lassen. Pompejus hatte um Asyl gebeten in der Hoffnung, aufgrund seiner Ptolemäus XII. Auletes erwiesenen Dienste werde sich dessen Sohn und Nachfolger nun ihm gegenüber dankbar zeigen. Statt dessen war man zynisch der Staatsräson gefolgt, hatte dabei aber die Großmut eines Caesar verkannt. Dieser brach in Tränen aus, als man ihm huldigend den Kopf des Pompejus und sein Löwe und Schwert darstellendes Siegel überbrachte. Er konnte es Ptolemäus nicht verzeihen, daß er ihm die Gelegenheit genommen hatte, seine Großherzigkeit unter Beweis zu stellen. Pothinus, der ihm nach dem Leben trachtete, ließ er bald darauf hinrichten, mußte dann aber mit den wenigen mitgeführten Truppen einem Aufstand des Volkes von Alexandrien und den Angriffen des von Achillas befehligten königlichen Heeres standhalten. Einmal mehr befand sich Caesars Glück in höchster Gefahr. Er blieb den ganzen Winter 48 / 47 über im königlichen Palast zu Alexandrien eingeschlossen, bis es ihm schließlich gelang, mit Hilfe von aus der Provinz Asien herangebrachten Verstärkungen den Belagerungsring zu durchbrechen und seine Feinde zu vernichten.

Caesar war während dieser dramatischen Monate nicht allein, sondern befand sich, ohne daß König Ptolemäus davon wußte, in Gesellschaft von dessen älterer Schwester Kleopatra, die gemäß der Sitte der Lagidendynastie zugleich seine offizielle Gemahlin war. Die junge Königin hatte sich einige Zeit zuvor mit ihrem Bruder und Gatten zerstritten und mußte daraufhin ins Exil gehen. Sie besaß jedoch noch Anhänger unter der griechischen Bevölkerung Alexandriens, die schon seit langem zu Unruhen und Aufständen neigte. Mit Hilfe eines Griechen aus Sizilien (die Beziehungen zwischen Syracus und dem lagidischen Ägypten waren eng) ging sie nachts in der Nähe des königlichen Palastes an Land, ließ sich in Decken rollen und so ins Innere des Palastes bis vor Caesar tragen. Der fünfzigjährige Diktator war überrascht und geschmeichelt, als die junge Frau wie durch Zauberei plötzlich vor ihm stand. Für weibliche Verführungskünste von jeher empfänglich, erlag er rasch den Reizen der Zwanzigjährigen, der die antiken Historiker unvergleichliche Schönheit bescheinigen, auch wenn ihre Porträts (die sie freilich in einem schon fortgeschritteneren Alter darstellen) ein Gesicht zeigen, das eher majestätisch denn schön zu nennen ist. Doch bewirkten ihre sanfte Stimme, ihre ausdrucksvollen Blicke, ihr lebhafter Geist, ihre vollendete Kunst zu gefallen, daß der Feldherr, der eine Frau ebensogut zu beurteilen verstand, wie er den Wert eines Mannes zu erkennen wußte, schon nach kürzester Zeit erobert war. Er machte es sich im folgenden zur Aufgabe, Kleopatra mit ihrem königlichen Gemahl zu versöhnen, der Alexandrinische Krieg setzte diesen Bemühungen jedoch bald ein Ende. Ptolemäus XIII. ertrank nach dem abschließenden Debakel seiner Armee auf der Flucht in einem Nilarm. Der Tradition ihrer Dynastie folgend heiratete Kleopatra nun ihren zweiten, noch jüngeren Bruder. Er regierte mit ihr zusammen unter dem Namen Ptolemäus XIV., blieb jedoch gänzlich unbedeutend. Er sollte der vorletzte männliche Vertreter seines Hauses sein. Arsinoe, eine jüngere Schwester Kleopatras, hatte sich den Aufständischen angeschlossen und trat als Rivalin ihrer Schwester auf. Auch sie mußte nach der Niederlage der königlichen Armee fliehen und fand in Ephesos Asyl. Auf diese Weise war die blutige Geschichte des Lagidengeschlechts bis zuletzt von den Thronstreitigkeiten rivalisierender Familienmitglieder geprägt.

Sobald in Alexandrien die Ordnung wiederhergestellt war, begaben sich Caesar und Kleopatra auf eine zweimonatige Nilkreuzfahrt. Nach ihrer Rückkehr im Frühsommer des Jahres 47 brach Caesar nach Syrien und Kleinasien auf, wo er gegen den rebellierenden König Pharnakes, den Sohn des großen Mithridates von Pontus, jenen Blitzfeldzug führte, dessen Verlauf er mit den berühmten Worten *veni, vidi, vici,* „ich kam, sah und siegte" zusammenfaßte. Kurz nach seiner Abreise brachte Kleopatra einen Knaben zur Welt, über dessen Vater niemand im Zweifel war. Man nannte ihn Caesarion, den 'kleinen Caesar'.

Während dieser einjährigen Abwesenheit kursierten in Rom und Italien immer wieder Gerüchte über die Schwierigkeiten, mit denen Caesar im Orient zu kämpfen hatte. Unruhestiftern und Gegnern des Diktators kam das sehr zustatten. Viele von ihnen hofften, der gefürchtete Herr und Meister werde nicht mehr zurückkehren und unterhielten ein Klima der Unzufriedenheit und Unsicherheit. Antonius, als Befehlshaber der Reiterei nun offizieller Machthaber, und der Konsul Servilius hatten alle Hände voll zu tun, um im Staat eine Art Ordnung aufrechtzuerhalten, was ihnen übrigens niemals vollständig gelang. Einzig und allein Caesar erfreute sich jener von allen spontan anerkannten Autorität, deren es bedurfte, um den Unruhen ein Ende zu setzen. So gesehen zeigen die Geschehnisse dieses bewegten Jahres, wie empfänglich die Bevölkerung des römischen Italien für die charismatische Ausstrahlung des Diktators war. Sein Erscheinen war notwendig, um selbstsüchtige Ambitionen zum Schweigen zu bringen, im Streit liegende soziale Gruppen zu besänftigen, Regelungen durchzusetzen für die Interessenkonflikte zwischen Schuldnern und Gläubigern, städtischer Plebs und Landbevölkerung, Kriegsveteranen, die ungeduldig auf die versprochenen Äcker warteten, und Landbesitzern, denen die Enteignung drohte. Angesichts all dieser ungelösten Probleme war jeder einzelne von Unsicherheit erfaßt. All den enttäuschten Ehrgeizigen, den Demagogen, die das Beispiel eines Catilina oder Clodius vor Augen hatten, den Abenteurern jeglicher Art, wie sie stets auftreten, wenn die traditionellen Institutionen zu wanken beginnen und nicht mehr den Erfordernissen des Augenblicks entsprechen, erwuchs nun eine große Versuchung: Man brauchte nur eine Gruppe Unzufriedener um sich zu scharen, den an der Zukunft Verzweifelnden eine gewaltsame Lösung vorzuschlagen und zur Waffe zu greifen, um als der mächtige Partner zu erscheinen, der nach dem Ende des Chaos das Sagen haben würde.

Der römische Staat, der dank seiner wirksamen Heeresorganisation die Mittelmeerländer erobert hatte, war ganz offensichtlich nicht mehr in der Lage, diese ausgedehnten und verschiedenartigen Gebiete entsprechend zu verwalten. Der traditionelle Ursprung der Staatsgewalt, die alljährliche Wahl von Magistraten durch eine im wesentlichen auf die Bürger der Hauptstadt und der umliegenden Landgebiete beschränkte Wählerschaft, war in den Augen der übrigen Einwohner Italiens und der zahlreichen tributpflichtigen Völker nicht länger eine ausreichende Grundlage für die Autorität dieser Beamten. Mit dem gehäuften Auftreten blutiger, bürgerkriegsartiger Auseinandersetzungen war auch das Ansehen des in sich zerstrittenen Senats zunichte geworden. So wie die griechische Polis war auch die römische Republik ihrem Wesen nach eine Gemeinde und eignete sich für die Verwaltung eines Großreichs nicht besser als erstere. Wie schon drei Jahrhunderte zuvor im hellenistischen Orient, mußte die Bildung eines heterogenen Imperiums im Interesse des Zusammenhalts seiner verschiedenartigen Elemente unausweichlich zum Entstehen einer starken Zentralgewalt führen, die nicht den Unsicherheiten des Wahlsystems unterworfen war, sondern Macht und zugleich Kontinuität besaß. Es war der tödliche Irrtum von Traditionsideologen wie Cicero oder Cato, daß sie diese Notwendigkeit nicht erkannten. Sie hatten offenbar aus der ihnen doch so vertrauten griechischen Geschichte nichts gelernt und verstanden es nicht, sich von den nutzlosen Spekulationen der Philosophen freizumachen. Während die einen noch ganz von den Phantasmen des platonischen Idealismus durchtränkt waren, schlossen sich die anderen weltfremd in die abstrakten Gewißheiten und eisigen Dogmen der Stoiker ein. Der naive Glaube, es genüge, den traditionellen Mechanismus der republikanischen Institutionen wiederherzustellen und den Bürgern wie durch ein Wunder den verlorengegangenen Sinn für moralische Werte zurückzugeben, verstellte diesen ehrenwerten Männern den Blick auf die Realitäten. So wie zur Zeit Alexanders und seiner Nachfolger war das monarchische System nun die einzige politische Formel, die den Erfordernissen der Stunde gerecht werden konnte.

Selbst wenn man sich dessen in Rom unterschwellig bewußt war, wollte man es sich jedenfalls nicht eingestehen. Die alten republikanischen Mythen, die nach dem Sturz des Tarquinius und der Monarchie viereinhalb Jahrhunderte zuvor entstanden waren, behielten für die Römer einen emotionalen Wert, den anzutasten gefährlich war. Kein einziger Staatstheoretiker stellte sie in Frage. Von den Mächtigen der Politik wiederum, wie etwa Pompejus, die in ihrem praktischen Handeln kaum jemals zögerten, sich über diese Prinzipien nach Belieben hinwegzusetzen, machte einigen schon allein der Gedanke Angst, ein anderes System einzuführen. Dieses lähmende Zögern besiegelte den Untergang des Pompejus, der trotz seiner militärischen Überlegenheit aus Respekt vor dem Boden des

Vaterlandes darauf verzichtete, den Krieg in Italien zu führen. „Er wollte", wie Cassius Dio sagt, „auf keinen Fall den Verdacht erwecken, er führe Krieg, um die Herrschaft über Italien zu erringen, und er legte Wert darauf, dem römischen Volk in keiner Weise als Bedrohung zu erscheinen." Caesar hatte diese Skrupel nicht, und der Erfolg gab ihm recht. Allerdings unterschätzte er die tiefsitzende Abneigung, die ein Teil der Intelligenzija und der herrschenden Klasse Roms noch gegen den Königstitel und erst recht gegen die Realität einer Monarchie hegte. Diese Fehleinschätzung sollte ihn das Leben kosten.

Der Anlaß für die Unruhen und Aufstände war vor allem das Schuldenproblem. Zahllose Bürger aller sozialen Schichten steckten bis zum Hals in Schulden und konnten sie nicht zurückzahlen. Die nicht minder zahlreichen Gläubiger bangten um ihr Geld. Während seiner ersten Diktatur im Jahr 49 verfügte Caesar Maßnahmen, um die Schuldner zu entlasten, ohne daß die Forderungen der Gläubiger deswegen erloschen. Diese Anordnungen fanden nicht ungeteilten Beifall, da die Schulden ja nicht erlassen waren. Der Prätor M. Caelius Rufus, ursprünglich ein entschiedener Anhänger Caesars, konnte es dem Diktator nicht verzeihen, daß er ihn nicht zum Stadtprätor ernannt hatte, der in Rom als oberster Richter fungierte. Aus diesem Grund bemühte er sich, sämtliche Gerichtsentscheide zu hintertreiben, die der amtierende Stadtprätor Trebonius hinsichtlich des Schuldenproblems getroffen hatte. Er stellte die Gültigkeit von Caesars diesbezüglichen Gesetzen mit dem Argument in Frage, daß derjenige, der sie erlassen hatte, aller Wahrscheinlichkeit nach im Orient den Tod gefunden habe. In diesem Sinn unterstützte er die von den Gläubigern verklagten Schuldner und die Mieter, die sich weigerten, ihre Mieten zu bezahlen. Damit machte er sich auf billige Weise beliebt, schürte gegen Trebonius einen Aufstand, bei dem dieser nur mit knapper Not davonkam, und erließ ein Gesetz, das alle Schulden für null und nichtig erklärte und es den Mietern gestattete, kostenlos zu wohnen.

Der Konsul Servilius rief daraufhin auf Beschluß des Senats die Streitkräfte zu Hilfe, annullierte dieses Gesetz wieder, schloß Rufus aus dem Senat aus und untersagte ihm, vor dem Volk zu sprechen. Rufus begab sich nun nach Kampanien, wo Clodius' ehemaliger Widersacher Milo Unruhen anstiftete. Obwohl Caesar diesem Experten des Bürgerkriegs untersagt hatte, aus seinem Exil in Massilia heimzukehren, war Milo nach Italien zurückgekommen und hatte Unzufriedene um sich geschart, mit denen er die reiche Provinz verheerte und sogar Capua bedrohte. Rufus versuchte, zu ihm zu gelangen, doch Milo wurde mittlerweile aus Kampanien vertrieben und mußte sich über den Apennin nach Apulien flüchten, wo er in einem Gefecht den Tod fand. Rufus floh nun in die Berge und zog sich nach Bruttium ans Ende des italienischen Stiefels zurück, wo er schließlich ebenfalls ums Leben kam.

Diese Abenteuer zeigen, wie unsicher die Verhältnisse in Italien zu dieser Zeit waren, denn, so heißt es bei Cassius Dio ausdrücklich, „der Tod von Rufus und Milo bedeutete keineswegs, daß die Unruhen in Rom nun zu Ende waren. Im Gegenteil, es kam zu einer Reihe schwerer Zwischenfälle, wie es die Vorzeichen deutlich angekündigt hatten." Der Geschichtsschreiber liefert dann eine lange Aufzählung unheilverkündender Erscheinungen, wie sie die Phantasie der Alten beschäftigten und von der Weisheit der Auguren gedeutet wurden. Die Öffentlichkeit war über diese Bekundungen des göttlichen Willens zutiefst beunruhigt, indessen „häuften sich in der Stadt Diebstähle, Überfälle und Mordanschläge". Antonius versuchte, das Volk wieder zu beruhigen, indem er im Namen und auf Kosten Caesars Spiele und Feste veranstaltete. Als Befehlshaber der Reiterei umgab er sich mit dem für dieses Amt üblichen Pomp. Er ließ sich von sechs Liktoren begleiten und trug den Purpurmantel des obersten Befehlshabers. Aus Vorsicht aber und um gleichzeitig den militärischen Charakter seines Amtes zu unterstreichen, trug er unter dieser Kleidung in völlig unüblicher Weise Waffengurt und

Schwert, selbst wenn er Senatssitzungen einberief. Er umgab sich mit einer starken Leibwache und „sein autoritäres Auftreten glich absolut dem eines Monarchen". Man geht wohl nicht fehl in der Annahme, daß Antonius schon in dieser Phase die politische Lage einer klaren Analyse unterzogen hatte, aus der er später beim Fest der Luperkalien die Konsequenzen ziehen sollte: Er hielt es für notwendig, das Volk an die monarchische Herrschaftsform zu gewöhnen.

Dabei vergaß er freilich nicht, aus der Situation persönliche Vorteile zu ziehen, und gab sich keine Mühe, seiner Lebenslust, seinem Hang zu Luxus und Vergnügen irgendwelche Zügel anzulegen. Wenn die Gewinne aus den gallischen Feldzügen, von denen ein beachtlicher Anteil ihm zugefallen war, seine finanzielle Situation wieder ins Gleichgewicht gebracht hatten, so strebte er jetzt nach mehr. Wollte er seine Karriere als Politiker sichern, in den Augen des Volkes würdig dastehen und seinen kostspieligen Neigungen nachgehen, so mußte er nun in den Besitz großer Reichtümer gelangen. Die Gelegenheit dazu bot sich, als die vom Staat eingezogenen Vermögenswerte des Pompejus versteigert wurden. Antonius wollte den Gesamtbesitz erwerben und bekam ihn auch zugeteilt. Es handelte sich um eines der größten Besitztümer Roms, das sowohl aus Immobilien (darunter einem prachtvollen Haus in der Stadt selbst) als auch aus beweglichen Gütern bestand. Cicero macht sich ein besonderes Vergnügen daraus, diese aufzuzählen, wenn er an Antonius den herben Vorwurf richtet, sich die Hinterlassenschaft des großen Mannes skrupellos angeeignet zu haben: „Ein riesiger Vorrat an Wein, eine große Menge wertvollen Silbergeschirrs, eine reiche Sammlung von Teppichen und Wandbespannungen, zahlreiche ebenso prachtvolle wie elegante Möbel." Alle diese Kostbarkeiten wurden, wollte man der 2. Philippika Glauben schenken, innerhalb weniger Wochen von der Verschwendungssucht des Antonius und der frechen Gier seiner Freunde verschlungen. Allerdings sind die in dieser Rede vorgebrachten Behauptungen ganz offensichtlich polemisch übertrieben. Zutreffend ist hingegen, daß Antonius sich nicht beeilte, der Staatskasse den Preis des von ihm ersteigerten Besitzes zu bezahlen. In seinen Augen stand ihm das Vermögen des Pompejus sozusagen als eine dem Sieger gehörige Beute zu. Der Präzedenzfall von Sullas Proskriptionen, die erst dreißig Jahre zurücklagen, berechtigte zu dieser Sehweise. Es gab also damals schon Möglichkeiten, sich über den Ankauf staatlich konfiszierten Besitzes zu bereichern.

Nicht ohne Grund prangert Cicero auch die Lebensweise des Antonius an, mit der dieser, wenn schon nicht die Menge, so doch die alteingesessenen Römer schockierte. Der Befehlshaber der Reiterei hatte gleich nach seiner Rückkehr seine aus Friedenszeiten her bekannten Gewohnheiten wieder aufgenommen: Prachtentfaltung, Vergnügungsfahrten, Zechgelage mit Tischgenossen zweifelhafter Herkunft. Gleich bei seiner Ankunft in Brundisium war er wieder mit seiner geliebten Mätresse, der Schauspielerin Cytheris zusammengetroffen, die eigens aus Rom herbeigeeilt war, um ihn zu empfangen: „Kaum angekommen, hast du dich dieser billigen Schauspielerin in die Arme geworfen. Nicht ein einziger deiner Soldaten, der nicht Zeuge ihrer Anwesenheit in Brundisium geworden wäre, der nicht gewußt hätte, daß sie diese lange Reise unternommen hatte, um dich zu beglückwünschen, der nicht darunter gelitten hätte, so spät zu erkennen, daß er einen Wüstling zum Befehlshaber hatte!" Man darf mit Recht bezweifeln, daß den Soldaten von Antonius diese Art von Bedauern in den Sinn gekommen ist. Auch Caesars Legionäre fanden an dessen Erfolgen bei der Weiblichkeit nichts auszusetzen. Es ergaben sich daraus wohl nicht mehr als einige anzügliche Bemerkungen und die üblichen Späße der Veteranen, die naturgemäß eher zu Beifall als zu Kritik neigten, wenn ihr Vorgesetzter es verstand, es sich gut gehen zu lassen.

Antonius machte aus seiner Vergnügungssucht keinen Hehl. Für Tafelfreuden und Zechgelage war er immer schon zu haben gewesen, und jetzt, wo er die Muße und die Mittel dazu hatte, legte er sich keinerlei Zurückhaltung auf. Plutarch macht sich hier zum Echo der empörten Äußerungen Ciceros und liefert dazu noch einige Details, die zeigen, daß die Nachwelt das Bild des Antonius mit kräftigen Farben malte. Dieser ließ es sich nicht nehmen, mit seinen alten Zechkumpanen, zu denen Schauspieler, Pantomimen und leichte Mädchen zählten, fröhlich zu tafeln, nächtelange Trinkgelage zu veranstalten, die Theater zu besuchen, ja sogar die Hochzeit eines Schauspielers mit seiner Anwesenheit zu beehren und sich dabei so zu betrinken, daß er sich nachher mitten auf dem Forum übergeben mußte. Diese skandalösen Vorfälle erzählte man sich natürlich weiter. Sie wurden von seinen Feinden aufgebauscht und später von den Propagandisten Octavians sorgfältig gesammelt. „Man erregte sich über den aggressiven Luxus, mit dem er sich auf seinen Reisen umgab. Wie bei religiösen Umzügen ließ er für alle sichtbar goldenes Tafelgeschirr herumtragen, entlang seiner Reisewege wurden Zelte errichtet, in denen er Rast hielt, für seine Mahlzeiten ließ er an Wasserläufen oder im Schatten heiliger Haine üppig gedeckte Tafeln aufstellen. Es geschah sogar das Unerhörte, daß er nach dem Vorbild der Göttermutter Cybele Löwen vor seinen Wagen spannen ließ. Bei ehrbaren Bürgern und sittsamen Frauen ließ er Freudenmädchen und Zitherspielerinnen aus Bordellen einquartieren." Noch eineinhalb Jahrhunderte danach spiegelt sich bei Plutarch die Überraschung und Entrüstung wider, die diese Sitten bei anständigen Leuten hervorriefen.

Zu dieser Unbekümmertheit um seinen guten Ruf gesellte sich bei Antonius eine große Freigebigkeit. Besaß er gerade Geld, so gab er es mit vollen Händen wieder aus, nicht nur um seine Launen und Wünsche zu befriedigen, sondern auch um seine Freunde mit Geschenken zu überhäufen. Seine Großzügigkeit kannte hier keine Grenzen. Ein von Plutarch überlieferter Vorfall zeigt ihn uns in seiner ganzen verschwenderischen Freigebigkeit: „Er hatte befohlen, für einen seiner Freunde eine Million Sesterzen als Geschenk vorzubereiten. Sein Verwalter war über die Höhe dieses Betrags befremdet und wollte ihm vor Augen führen, um wieviel es sich dabei eigentlich handelte. Er ließ daher das Geld in einem Raum ausbreiten. Als Antonius diesen betrat, fragte er den Verwalter, was das bedeute. Dieser antwortete: „Das ist das Geschenk, das zu übergeben du mir befohlen hast." Antonius durchschaute seine Absicht und erwiderte: „Und ich dachte, eine Million sei viel mehr! Lege noch einmal soviel hinzu!" Diese wie selbstverständliche Art, mit vollen Händen zu geben, sobald er die Mittel dazu hatte, brachte ihm unter seinen Freunden und seinen Soldaten viel Anhänglichkeit ein. Sie waren gerne bereit, dem großzügigen Befehlshaber die Fehler zu verzeihen, die er sonst haben mochte.

Das Schuldenproblem, das Caelius Rufus dazu benutzt hatte, um das Volk aufzuhetzen und Aufstände zu schüren, war mit dessen Flucht und späterem Tod selbstverständlich nicht gelöst. Der Konflikt zwischen Schuldnern und Gläubigern entbrannte auf Betreiben der beiden Volkstribunen L. Trebellius und P. Cornelius Dolabella bald aufs neue. Bei letzterem handelte es sich um einen Demagogen, eine mehr oder minder zwielichtige Erscheinung. Er hatte Ciceros Tochter Tullia geheiratet, ließ sich aber bald wieder von ihr scheiden, obwohl sie ein Kind von ihm erwartete. Da er selbst bis zum Hals in Schulden steckte, ergriff er die Partei der Schuldner und versuchte, wie zuvor Clodius, sich bei der Menge beliebt zu machen. Trebellius hingegen stützte sich auf die besitzende Klasse und machte sich für die Interessen der Gläubiger stark. Die Auseinandersetzungen zwischen Begüterten und Besitzlosen, zu denen es in Rom ebenso wie in einigen griechischen Städten in regelmäßigen Abständen kam, endeten wieder mit gewalttätigen Zusammenstößen und Blutvergießen. Rom wurde von neuem Schauplatz von Unruhen und war wieder bewaffneten Banden ausgeliefert.

Der Senat lehnte es ab, die Gesetze zur Regelung der

Schuldenfrage vor Caesars Rückkehr zu modifizieren, und Antonius mußte versuchen, Ruhe und Ordnung mit Waffengewalt wiederherzustellen. Er erließ ein Edikt, das es Privatpersonen untersagte, innerhalb der Stadt Waffen zu tragen. Da die Aufrührer beider Lager diesem Erlaß keine Beachtung schenkten, gestattete ihm der Senat, Truppen in die Stadt zu bringen. Er konnte aber nicht sofort persönlich gegen die Unruhestifter vorgehen, sondern mußte zuerst in die Provinz reisen, um eine Meuterei zu beenden. Sie war bei den Veteranen ausgebrochen, die er nach der Schlacht von Pharsalus nach Italien zurückgeführt hatte. Als er dann in das immer noch von Unruhen erschütterte Rom zurückkehrte, erachtete er es zunächst für klüger, mit Dolabella gemeinsame Sache gegen Trebellius zu machen. Nachdem er aber sah, daß das Volk ausschließlich auf Dolabella hörte, entzog er ihm seine Unterstützung wieder. Die Straßenkämpfe entbrannten nun heftiger denn je. Plünderungen und Brandstiftungen häuften sich so sehr, daß die Vestalinnen gezwungen waren, die heiligen Geräte aus dem mitten auf dem Forum gelegenen Vestatempel an einen sicheren Ort zu bringen. Der Senat übertrug dem Befehlshaber der Reiterei nun erneut die Aufgabe, Ruhe und Ordnung in der Stadt mit Hilfe der Streitkräfte wiederherzustellen. Dieses Mal griff Antonius zu wirksamen Mitteln. Dolabella hatte seine Anhänger mit neuen Versprechungen über Gesetze zum Schuldenerlaß aufgestachelt, sie hielten das Forum besetzt und hatten Barrikaden errichtet. Antonius stieg im Morgengrauen mit einer starken Abteilung vom Kapitol herab, vertrieb die Aufrührer, ließ die Tafeln mit Dolabellas Erlassen zerschlagen und einige der Unruhestifter zur Abschreckung vom Tarpejischen Felsen hinabstürzen. Durch diese energischen Maßnahmen wurden die Aufstände in der Stadt zwar nicht vollständig beendet, aber doch einigermaßen in Schranken gehalten, bis Caesar, nachdem er die Rebellion des Pharnakes niedergeschlagen und die römische Herrschaft in Kleinasien wiederhergestellt hatte, im Oktober 47 in Rom eintraf.

Caesars Rückkehr genügte, um in der Stadt wieder Ruhe einkehren zu lassen. Er traf erneut vernünftige und gerechte Maßnahmen, um das Schuldenproblem zu lösen und führte durch sein bloßes Erscheinen meuternde Heereseinheiten, die zwei hohe Beamte getötet hatten, wieder zum Gehorsam zurück. Dabei zeigte er den rebellierenden Veteranen gegenüber eine in der römischen Militärtradition ungewöhnliche Milde. Die Bestrafung bestand lediglich darin, daß er sie in seiner Ansprache nur mehr als Bürger und nicht als Waffengefährten anredete, um ihnen zu bedeuten, daß sie aus dem Dienst entlassen waren. Caesar kannte die Psyche seiner Soldaten nur zu gut. Sie fühlten sich durch diese kalkulierte Distanzierung gedemütigt und baten ihn augenblicklich um Verzeihung. Im Streit zwischen Antonius und Dolabella verhielt er sich neutral, da beide seine Freunde und Gefolgsleute gewesen waren. In bezug auf Dolabellas aufrührerische Unternehmungen drückte er ein Auge zu, wahrscheinlich erinnerte er sich daran, daß er zu Zeiten Catilinas selbst mit Demagogen sympathisiert hatte. Dolabella stand zwar zu Recht in einem üblen Ruf, Caesar neigte jedoch ihm gegenüber zur Nachsicht, da er ihm in der Vergangenheit einige Dienste erwiesen hatte. Später sollte er ihn sogar zum Konsul machen. Was Antonius betrifft, so scheint dieser bei Caesar für eine Zeitlang in Ungnade gefallen zu sein, offenbar weil es ihm nicht gelungen war, Rom und Italien während der Abwesenheit des Diktators von Unruhen freizuhalten. Er zwang ihn auch, dem Staat die Summe zu bezahlen, die er nach der Ersteigerung des Besitzes von Pompejus so lange schuldig geblieben war. Plutarch zufolge machte er ihm zudem Vorwürfe wegen seines ausschweifenden Lebenswandels, der allgemein als Skandal empfunden wurde. Antonius beherzigte sie und brach mit seiner Mätresse Cytheris. Interessant ist, daß Cicero, der sich später über die Beziehungen, die Antonius zu dieser Frau unterhielt, so entrüsten wird, sich zu dieser Zeit weniger sittenstreng gab. Er berichtet selbst, daß er im Jahr 46 an einem Bankett teilnahm, bei dem Cytheris den Ehrenplatz zur Rechten des Gastgebers innehatte.

Zwischen Antonius und dem als Frauenhelden bekannten Dolabella gab es noch einen anderen, schwerwiegenden Streitpunkt: Dolabella hatte Antonia, die Ehefrau von Antonius verführt. Daß auch Frauen die Ehe brachen, war in der vornehmen römischen Gesellschaft dieser Zeit keine Seltenheit: Caesar, Pompejus, Clodius und vielen anderen war dieses Schicksal widerfahren. Antonius, selbst nicht gerade das Muster eines treuen Ehemanns, nahm die Sache jedoch sehr übel und verstieß seine Gattin. Freilich war Ehescheidung in diesem Milieu etwas durchaus Übliches. Wie wir bald sehen werden, sollte Antonius seine Freiheit aber nicht lange behalten.

Nachdem Caesars zweite Diktatur und damit auch die Amtszeit seines Stellvertreters und Befehlshabers der Reiterei abgelaufen war, erhielt Antonius kein öffentliches Amt mehr. Caesar hatte sich für das Jahr 46 zum Konsul wählen lassen, machte aber nicht Antonius zu seinem Kollegen, obwohl der mit Recht erwarten durfte, endlich zu dieser Würde aufzusteigen. Seine Wahl fiel auf M. Aemilius Lepidus. Caesar schiffte sich dann unverzüglich nach Afrika ein, wo sich inzwischen die Anhänger von Pompejus unter dem Befehl seiner beiden Söhne Gnaeus und Sextus neu formiert hatten. Auch der Jüngere Cato war mit Truppen zu ihnen gestoßen, die er nach der Schlacht von Pharsalus um sich geschart und aus der Cyrenaika an den beiden Syrten entlang nach Tunesien geführt hatte. Dieser lange Marsch zwischen einem feindseligen Meer und den menschenleeren Weiten der Sahara beeindruckte das Denken der Zeitgenossen. Ein Jahrhundert danach spricht der Dichter Lukan lange darüber in seinem Epos über den Bürgerkrieg, das unter dem Namen *Pharsalia* bekannt ist. Caesar ließ sich auf seinem afrikanischen Feldzug, der mit seinem Sieg bei Thapsus (6. April 46) in Tunesien, der Einnahme von Utica bei Karthago und dem Selbstmord Catos endete, nicht von Antonius begleiten, sondern ließ ihn in Rom zurück. Wir wissen nicht, welche Rolle Antonius bei dem vierfachen Triumph spielte, den Caesar nach seiner Rückkehr im September 46 abhielt: Man feierte nacheinander seine Siege über Gallien (Hinrichtung des Vercingetorix), Ägypten (Arsinoe, Kleopatras Schwester, schmückte den Triumphzug, bevor man sie wieder freiließ), über Pharnakes, den König von Pontus, und schließlich über den mauretanischen König Juba, der einst Antonius' Freund Curio besiegt und getötet hatte. Juba hatte bei Thapsus auf Seiten der Pompejaner gekämpft und sich dann von Freunden töten lassen, um der Sklaverei zu entgehen. Sein Sohn, der gleichfalls den Namen Juba trug, war in Gefangenschaft geraten und wurde ebenfalls im Triumphzug mitgeführt. Er stand noch im zarten Kindesalter und seine Gefangenschaft, so meint Plutarch, war ein großes Glück für ihn, denn er wurde auf diese Weise in Rom erzogen und erhielt hier eine sorgfältige Ausbildung, die in ihm ein lebhaftes Interesse für Geschichte wachrief. So widmete er sich später auch der Geschichtsforschung und verfaßte zahlreiche Werke in griechischer Sprache, „die diesen numidischen Barbaren zu einem der gelehrtesten griechischen Historiker machten". Augustus stellte ihn später an die Spitze des von Rom abhängigen Königreichs Mauretanien, nachdem er ihm Antonius' und Kleopatras Tochter Kleopatra Selene zur Frau gegeben hatte. Ein seltsames Schicksal, das diesem Juba II. (wir wollen ihn so nennen, um ihn von seinem Vater zu unterscheiden) zuteil wurde: Es zeigt einerseits die Assimilationsfähigkeit Roms und andererseits die beherrschende Stellung, welche die griechische Kultur zu dieser Zeit im Mittelmeerraum innehatte.

Caesar wurde nach seiner Rückkehr aus Afrika das dritte Mal zum Diktator ernannt, und zwar mit dem ausdrücklichen Auftrag, die Republik zu reformieren. Dieses außergewöhnliche Amt wurde ihm für die Dauer von zehn Jahren verliehen. Zum Befehlshaber der Reiterei und Stellvertreter des Diktators wurde Lepidus ernannt, während

Antonius ohne Funktion blieb. Caesar vollbrachte nun innerhalb weniger Monate ein beachtliches Reformwerk, das alle Gebiete erfaßte. So reformierte er auch den Kalender, bei dem es durch die Nichtentsprechung zwischen den Mondmonaten und dem Sonnenjahr zu einer mehr als zweimonatigen Verschiebung im Verhältnis zu den natürlichen Jahreszeiten gekommen war. Durch das Einschieben von 67 zusätzlichen Tagen im Jahr 46 wurde die Übereinstimmung mit den Sonnenwenden und Tagundnachtgleichen wiederhergestellt. Eine neue Monatsberechnung, von dem griechischen Astronomen Sosigenes aus Alexandrien ausgearbeitet, ermöglichte es, diese Übereinstimmung einigermaßen aufrechtzuerhalten. Unser heutiger Kalender leitet sich direkt aus dem Julianischen Kalender her, der 1582 unter Papst Gregor XIII. eine leichte Berichtigung erfuhr und deswegen von uns als Gregorianischer Kalender bezeichnet wird.

In der Zwischenzeit hatten sich die Reste des pompejanischen Heeres unter dem Kommando von Pompejus' Söhnen und Caesars ehemaligem Legaten Labienus erneut vereinigt. Sie hatten in Spanien Zuflucht gefunden, wo das Ansehen von Pompejus immer noch groß war, während der von Caesar entsandte Statthalter sich durch seine Steuererpressungen verhaßt gemacht hatte. Nach seinen vier Triumphen mußte der Diktator erneut und zu einem letzten Feldzug aufbrechen, der ihn den ganzen Winter über beschäftigte und mit dem entscheidenden Sieg bei Munda (zwischen Malaga und Sevilla) am 17. März 45 endete. Dabei wurde eine große Anzahl von Feinden getötet, und der Sieger, der nun ein für alle Male Ruhe haben wollte, zeigte für die Anführer des Aufstands kein Mitleid. Der verwundete Cn. Pompejus wurde hingerichtet. Als man Caesar seinen Kopf überbrachte, empörte er sich nicht darüber, wie er es nach dem Tod des großen Pompejus getan hatte. Man brachte ihm auch die Köpfe von Labienus und anderen führenden Pompejanern, die bei der Verteidigung von Corduba gefallen waren. Nur Sextus Pompejus gelang es, über das Meer zu flüchten. Er sollte noch lange Jahre hindurch weiterkämpfen und nach Caesars Tod den Triumvirn Sorge bereiten.

Antonius nahm weder am Spanienfeldzug teil, noch hatte er währenddessen irgendeinen Anteil an der Verwaltung Italiens. Mit dieser Aufgabe war Lepidus als Befehlshaber der Reiterei betraut, dem dabei acht Stadtpräfekten zur Seite standen. Worauf ist es zurückzuführen, daß Antonius bei diesem schwierigen Feldzug kein Kommando erhielt? Hatte ihm Caesar wegen seiner unbefriedigenden Amtsführung vorübergehend das Vertrauen entzogen? Hatte Antonius sich freiwillig zurückgezogen, weil er verärgert war, daß Caesar ihn den Kaufpreis für den Besitz des Pompejus bezahlen ließ? Cicero wählt bei seinen in der zweiten Philippika erhobenen Anschuldigungen ausgerechnet die Erklärung, die auf diesen Kriegsmann, der im Kampf so viele Beweise seines persönlichen Einsatzes lieferte, am allerwenigsten zutreffen dürfte. Er beschuldigt ihn der Feigheit: „Seht, wie schnell der kühne Gladiator beurlaubt war!" Hingegen betont er ein Merkmal des Antonius, von dem auch bei Plutarch die Rede ist und das der historischen Wahrheit entsprechen muß, da es so ganz und gar zu seinem Temperament paßt: Die leidenschaftlichen Gefühle, die er seiner neuen Gattin entgegenbrachte. Nach seiner Scheidung hielt der nunmehr 37jährige den Augenblick für gekommen, mit seinem ausschweifenden Lebenswandel Schluß zu machen. Er wollte sich wieder verehelichen und erwählte Fulvia zur Gemahlin, die er bereits kannte, denn sie war einige Jahre zuvor als Gattin des Tribuns Clodius wahrscheinlich seine Geliebte gewesen. Sie hatte sich nach dem gewaltsamen Tod ihres ersten Mannes (im Jahr 52) mit Antonius' Freund Curio verheiratet, der 49 in Afrika den Tod fand.

Fulvia war ohne Zweifel eine außergewöhnliche Persönlichkeit. Sie übte auf Männer eine starke körperliche Anziehung aus, für die Antonius sich bereits empfänglich gezeigt hatte, daneben empfand sie Gefallen an der Macht.

„Sie war nicht die Frau," so sagt Plutarch, „die sich um Wollespinnen und Haushaltsführung kümmerte. Ihr Ehrgeiz bestand auch nicht darin, einen gewöhnlichen Privatmann herumzukommandieren, sie wollte vielmehr einen hohen Politiker und großen Feldherrn beherrschen. Sie erst gewöhnte Antonius daran, sich den Befehlen einer Frau zu fügen. Damit erwies sie Kleopatra den Dienst, Antonius zahm und gefügig für ihre weiblichen Wünsche zu machen." Sie entfachte in ihrem neuen Gatten eine anhaltende Leidenschaft, von der ein sowohl durch Cicero als auch durch Plutarch überlieferter Vorfall lebhaft Zeugnis gibt. Antonius hatte Rom verlassen, möglicherweise um sich dem Beispiel Dolabellas folgend zu Caesar nach Spanien zu begeben. Auf seiner Reise durch Südgallien gelangte er bis Narbo (Narbonne), reiste dann aber nicht weiter, da das Gerücht umging, Caesar sei tot und seine Feinde bedrohten Italien. Er kehrte wieder um und begab sich in aller Eile nach Rom zurück. Als er sich der Stadt bis auf 15 Kilometer genähert hatte, stieg er an einem *Saxa Ruba* (Rote Felsen) genannten Ort in einer Herberge ab, obwohl es erst um die Mitte des Nachmittags war. Er verbrachte hier die Zeit mit Trinken, bis der Abend anbrach, bestieg dann als Hausskave verkleidet wieder seinen Reisewagen und setzte die Fahrt fort. Als er vor seinem Haus ankommt, ist es bereits Nacht. Der Türsteher erkennt ihn nicht: „Wer bis du?" – „Ich überbringe einen Brief von Marcus." Augenblicklich wird er zu Fulvia geführt. Er übergibt ihr das Schreiben, sie öffnet es hastig: Es ist eine leidenschaftliche Liebeserklärung, in der Antonius ihr seine ganze Zuneigung gesteht und schwört, daß er mit seiner früheren Geliebten, der Schauspielerin Cytheris, endgültig gebrochen hat und jetzt nur mehr an seine Frau denkt. Beim Lesen dieser Zeilen bricht Fulvia vor dem Boten, der sein Gesicht unter dem Mantel verbirgt, in Tränen aus. Antonius gibt sich daraufhin zu erkennen, schließt sie in seine Arme und bedeckt sie mit Küssen. Cicero, der diese Szene mit gewohnter Darstellungskunst schildert, macht sich darüber lustig und sieht darin nichts als eine kindische Albernheit. Plutarch, der sie wiedererzählt, fügt treffender hinzu: „Ich glaubte, von vielen ähnlichen Vorfällen diesen erzählen zu müssen, weil er Aufschluß über den Charakter des Antonius gibt."

Antonius blieb bei Caesar nicht lange in Ungnade. Als der Diktator nach seinem Sieg bei Munda Spanien im Sommer 45 verließ, reiste ihm Antonius bis Narbo entgegen. Er unternahm diese Reise in Gesellschaft eines anderen Freundes von Caesar, C. Trebonius. Dieser nahm einige Monate später an der Ermordung Caesars teil und erklärte dann, er habe die Reise nach Narbo benutzt, um Antonius über die sich anbahnende Verschwörung zu unterrichten. Antonius war damals auf seine Aufforderungen zwar nicht eingegangen, hatte es aber auch nicht für angebracht gehalten, Caesar darüber zu informieren, sei es, daß er die Pläne der Verschwörer nicht ernst nahm, sei es, daß er das ihm von Trebonius bezeigte Vertrauen nicht mißbrauchen wollte. Cicero, der seinen Widersacher stets auf perfide Weise attackiert, beschuldigt Antonius in aller Form, an der Vorbereitung des Komplotts mitgewirkt zu haben. Plutarch, der sich auf die Aussagen der Verschwörer selbst stützt, wäscht Antonius von diesem Verdacht rein, der durch sein ganzes späteres Verhalten in der Tat unbegründet erscheint. Sicher ist hingegen, daß die Begegnung in Narbo die völlige Aussöhnung zwischen Caesar und Antonius brachte. Der Diktator ließ seinen ehemaligen Stellvertreter in seinem Wagen Platz nehmen und an seiner Seite bis nach Rom zurückreisen. Hingegen mußte sein Großneffe Octavian, der ihn nach Spanien begleitet hatte, in einem anderen Reisewagen folgen. Um zu zeigen, daß er seinem Legaten nun wieder sein volles Vertrauen schenkte, designierte ihn Caesar als seinen Amtskollegen für das Konsulat des folgenden Jahres. Antonius erreichte damit im Januar 44, in dem er 39 Jahre alt wurde, das höchste Amt der Republik.

III

Der Konsul Marcus Antonius (44)

Das Jahr 44 v.Chr. ist in der Geschichte Roms ein Entscheidungsjahr: Die Ermordung Caesars am 15. März unterbrach die schnelle Entwicklung, welche die politischen Institutionen der Republik unter seinem Einfluß erfuhren, eine Entwicklung, in deren Verlauf er die Instrumente eines zentralistischen Regimes monarchischen Charakters schuf, das allein geeignet war, das riesige und komplexe, aus den Eroberungen Roms entstandene Mittelmeerreich zu verwalten. Kraft seiner Autorität, kraft seines Ansehens beim römischen Volk, bei den unterworfenen Völkern und deren Führern, dank seines scharfen Realitätssinns und seiner Entschlußkraft konnte Caesar solide Grundlagen für eine neue Herrschaftsform legen, bei der die Macht in den Händen eines einzigen Mannes liegen sollte, wie es in den Monarchien des griechischen Orients der Fall war, die dem Beispiel des großen Alexander folgten. Den Mächtigen Roms stellten sich nun hinsichtlich der politischen Organisation die gleichen Probleme, vor die sich schon die hellenistischen Fürsten gestellt sahen, als sie die Regierung heterogener Großstaaten übernehmen mußten. Diesen Problemen konnte man in dieser Zeit kaum andere als die von der Monarchie angebotenen Lösungen entgegensetzen. Die Logik der Geschichte führte unausweichlich dazu.

Aufgrund seiner außergewöhnlichen Eigenschaften, seiner Tatkraft und seiner beherrschenden Intelligenz war Caesar dazu bestimmt, die unumgänglichen Veränderungen wirksam und ohne Säumen durchzuführen. Er war sich dessen klar bewußt und zögerte nicht, seinem Weg zu folgen. Dabei beging er einen einzigen, dafür aber verhängnisvollen Fehler. Als Tatmensch, der er vor allem war, verkannte er, daß in einer Republik die Wörter oft wichtiger als die Dinge sind und daß die politische Sensibilität der Menschen sich oft lieber der Wahrung der Formen zuwendet als der Betrachtung der Fakten. Unter den gegen ihn Verschworenen, die durch seine Ermordung die Zukunft des Staates selbst in äußerste Gefahr brachten, gab es sicherlich solche, die sich von der Rückkehr zum traditionellen Spiel der Institutionen persönliche Vorteile für ihr Vermögen oder ihre Karriere erhofften. Andere empfanden wahrscheinlich eine tiefe Abneigung oder sogar Haßgefühle gegen die Person Caesars. In ihrer Mehrheit aber konnten sie, so wie M. Brutus und C. Cassius, die beiden Häupter der Verschwörung, den Gedanken an eine Rückkehr zur Monarchie nicht ertragen, mit der man in Rom die Erinnerung an die verhaßte Herrschaft des Tarquinius Superbus verband, von der die Stadt 509 v.Chr. durch die heldenhafte Tat des L. Junius Brutus, eines angeblichen Vorfahren von M. Brutus, befreit worden war.

Selbst ein gemäßigter Geist wie Cicero, der von Natur aus wenig zu radikalen Entscheidungen neigte, versäumte es nicht, in seinen Briefen auf alles hinzuweisen, was in Caesars Verhalten an einen Monarchen erinnerte. Er nennt ihn gelegentlich König oder sogar Tyrann, ein dem Griechischen entlehntes Wort, das seit Plato innerhalb des politischen Vokabulars einen stark abwertenden Klang besaß. Wenn er nach der Ermordung Caesars in seiner 2. Philippika rückblickend jede Beteiligung an der Verschwörung in Abrede stellt, so verkündet er dessenungeachtet: „Alle ehrbaren Bürger haben im Rahmen ihrer Möglichkeiten an der Ermordung Caesars teilgenommen: Wenn den einen die Klarsicht fehlte, den anderen der Mut, wieder anderen die passende Gelegenheit, so hat es doch niemandem am guten Willen gefehlt." Wenn er dann im weiteren unterstellt, Antonius habe in Narbo mit Trebonius zusammen den Anschlag gegen Caesar erwogen, so fügt er mit perfider Ironie hinzu: „Was mich betrifft – du siehst, daß ich weit davon entfernt bin, dich als Feind zu betrachten – so lobe ich dich, wenigstens ein einziges Mal eine vernünftige Idee gehabt zu haben. Ich sage dir Dank dafür, daß du das Unternehmen nicht verraten hast. Ich entschuldige, daß du nicht daran teilgenommen hast: Dazu mußte man ein Mann sein!" Schließlich erinnert er daran, daß Caesar zu Jahresbeginn angeordnet hatte, Dolabella zum Konsul zu wählen, und ruft aus: „Es gibt Leute, die zögern, einen Mann, der unablässig in dieser Weise sprach und handelte, einen König zu heißen!" Der Königstitel allein, auf dem in Rom ein historischer Fluch lastete und der um so verhaßter war, als sich Roms große Gegner im griechischen Orient alle damit geschmückt hatten, blieb vielen Ohren unerträglich, zumindest in der Oberschicht, wenn vielleicht auch nicht im Volk, das andere Sorgen hatte.

In dieser Atmosphäre trat Antonius zu Beginn des Jahres 44 sein Amt als Konsul an. Das Ansehen, das er bei Caesar genoß, zeigte sich gleich am ersten Tag im Zusammenhang mit Dolabella. Caesar, mit dem Antonius das Konsulat gemeinsam innehatte, beabsichtigte, das Amt niederzulegen, das er nun schon zum fünften Mal bekleidete. An seiner Statt wollte er Dolabella wählen lassen, dem er, wie gesagt, günstig gesinnt war. Der Diktator selbst hatte es nicht mehr nötig, seine Machtposition noch durch das Prestige der Konsulwürde zu verstärken. Antonius aber haßte Dolabella und akzeptierte es nicht, ihn an Stelle Caesars zum Amtskollegen zu bekommen. Er griff ihn vor versammeltem Senat und in Gegenwart des Diktators heftig an, worauf ihm Dolabella im gleichen Ton erwiderte, bis Caesar aus Entrüstung über diesen Streit die Versammlung verließ. Am Tag der Wahl ließ Antonius, dem als Augur die Deutung der Vorzeichen oblag, den Wahlvorgang unter dem Vorwand abbrechen, daß die Auspizien nicht günstig seien. Dolabella konnte auf diese Weise nicht rechtmäßig gewählt werden. Des Streites müde ließ Caesar nun sein Vorhaben fallen. Er nahm jedoch Antonius sein Vorgehen in keiner Weise übel, Dolabella hingegen war tief verletzt.

Antonius stand nun auf dem Höhepunkt seiner Gunst.

Cicero stellt ihn als den Mann hin, der beim Diktator ständig als Fürbitter und Vermittler auftritt, „der unterwürfig den Türsteher spielt", neben Caesars Sänfte einhergeht und sich dabei ständig zu ihm beugt, um Vergünstigungen zu erbitten, aus denen er nachher Gewinn für sich selbst schlägt. Diese Darstellung ist ebenso böswillig wie suggestiv. Aber sie zeigt zumindest, welche Position Antonius beim Beherrscher des Staates innehatte. Die Vertrautheit zwischen den beiden Männern berechtigt zu der Annahme, daß Antonius schon zu dieser Zeit Kleopatra begegnet ist, die Caesar nach Rom geholt und zur Empörung aller konservativen Bürger in seinem eigenen Haus beherbergt hatte. Man unterstellte dem Diktator Pläne, die angesichts seiner allen ersichtlichen Liebe zur ägyptischen Königin durchaus glaubhaft erschienen. Sueton hat diese Gerüchte aufgezeichnet: „Da und dort erzählte man, Caesar trage sich mit der Absicht, aus Rom fortzugehen und die Reichtümer des Imperiums mit sich zu nehmen, um sich in Ilion oder Alexandrien niederzulassen, nachdem er Italien durch die ständigen Truppenaushebungen erschöpft hatte. Die Aufgabe, Rom zu verwalten, wolle er hingegen seinen Freunden überlassen." Unter diesen stand natürlich Antonius in vorderster Reihe. Er dachte damals noch nicht an den Orient, wo er sich später den Traum zu eigen machen sollte, den man nun Caesar nachsagte.

Während dieser ersten Monate des Jahres 44 verstärkte sich in Rom allgemein der Eindruck, Caesar werde die Republik ganz offiziell in eine Monarchie umwandeln. Der Aussage eines Zeitgenossen zufolge soll er einmal erklärt haben: „Die Republik stellt überhaupt nichts dar: Es handelt sich dabei um ein bloßes Wort, dem keine fühlbare Realität entspricht. Wie naiv Sulla doch war, als er die Diktatur wieder niederlegte! Es ist an der Zeit, daß die Leute mehr Ehrerbietung zeigen, wenn sie zu mir kommen. Sie müssen sich darüber klar werden, daß meine Worte Gesetzeskraft haben." In einer Senatssitzung erklärte ein Mitglied des Kollegiums, dessen Aufgabe es war, die Sibyllinischen Bücher, eine besonders geschätzte Orakelsammlung, aufzubewahren und zu Rate zu ziehen, daß diesen Büchern zufolge die Parther, gegen die Caesar einen Feldzug vorbereitete, um Crassus zu rächen, nur durch einen König besiegt werden könnten. Er schlug daher vor, Caesar den Königstitel zu verleihen. Am 14. Februar schließlich wurde Caesar zum Diktator auf Lebenszeit ernannt, was soviel wie die Königswürde bedeutete. Es besteht Grund zur Annahme, daß es nun sein Wunsch war, die Institutionen den Tatsachen anzugleichen. Die zahlreichen Ehrungen, die man ihm zuteil werden ließ und die er gerne entgegennahm, erhoben ihn unwiderruflich über die anderen Menschen. Nach Sueton bringt auch Cassius Dio eine Aufzählung davon: „Man verlieh ihm das Recht, auf einem goldenen Sessel zu sitzen, das Kleid zu tragen, das einst die Könige trugen, und sich mit einer Leibwache aus Rittern und Senatoren zu umgeben. Man beschloß, alljährlich Gebete für sein Heil abzuhalten, daß man künftighin bei Eidesleistungen auf das Glück Caesars schwören durfte und daß alle seine Anordnungen Gesetzeskraft haben sollten. Des weiteren richtete man ihm zu Ehren ein alle vier Jahre abzuhaltendes Fest ein und gründete innerhalb der Priestergilde, welche die Aufgabe hatte, das Luperkalienfest zu veranstalten, ein drittes Kollegium, das den Namen Julianisches Kollegium erhielt. Auch verfügte man, daß bei allen Festen, bei denen Gladiatorenkämpfe abgehalten wurden, sei es in Rom selbst oder im übrigen Italien, ein bestimmter Tag stets Caesar geweiht sein würde. Und da man sah, daß ihn diese Ehrungen freuten, faßte man durch Abstimmung den Beschluß, daß bei allen Theatervorstellungen sein goldener Sessel und sein mit Gold und Edelsteinen verzierter Kranz dem Publikum gezeigt werden sollten, wie man es zu Ehren der Götter tat, und ebenso, daß bei Wagenrennen sein Wagen feierlich in das Hippodrom geführt werden sollte. Schließlich machte man es sich zur Gewohnheit, ihn als Jupiter Julius anzusprechen, und beschloß die Errichtung eines Tempels, der Caesar und seiner

Milde geweiht war. Zum Priester dieses Kults wählte man Antonius nach dem Beispiel des Flamen Jupiters", das heißt des Hohenpriesters der römischen Hauptgottheit, der Caesar in gewisser Weise anverwandelt war. Die Gleichsetzung des Fürsten mit einem Gott war ein Wesenszug der hellenistischen Monarchie gewesen. Sie war in Rom im Fall Caesars schon gegeben, auch wenn dieser offiziell noch gar nicht als Fürst anerkannt war, aber sie machte ihn natürlich zu einem Fürsten. Wenn Antonius mit der Einrichtung dieses Kults eng verbunden war, so wird daraus verständlicher, daß er sich später dem Beispiel Caesars folgend selbst gern über die Masse der Sterblichen erheben ließ.

In diesem Gesamtzusammenhang muß man den berühmten Vorfall sehen, zu dem es während der Luperkalien am 15. Februar 44 kam. Man beging an diesem Tag ein uraltes Fest bäuerlichen Ursprungs mit Reinigungs- und Fruchtbarkeitsriten. Schon der Name des Monats, der sich aus dem alten lateinischen Wort *februus,* der 'Reinigende', ableitet, erinnert an diese uralten Traditionen, die im Volk stark verwurzelt waren. Veranstaltet wurde das Fest von der Gilde der *luperci.* Einer ihrer Riten bestand nun darin, um den Palatinischen Hügel zu laufen und zu Ehren des Gottes Faunus zu tanzen. Die Läufer waren bloß mit einem Lendenschurz bekleidet, wie es in Rom bei den athletischen Spielen üblich war, und schwangen Peitschen aus Ziegenfellstreifen, mit denen sie auf die Schaulustigen einschlugen. Dahinter steckte der in der griechischen und der römischen Religion weitverbreitete Glaube, daß das Auspeitschen Reinigung und Fruchtbarkeit mit sich bringe. Das Fest erfreute sich im Volk großer Beliebtheit. Caesar verfolgte das Treiben von seinem goldenen Sessel auf der Rednertribüne, die sich über dem Forum erhob und die man die 'Rostren' nannte, da sie mit Schiffsschnäbeln (*rostra*) geschmückt war, die von den Siegen der römischen Geschwader über die feindlichen Flotten zeugten.

Als Angehöriger des Luperci-Kollegiums nahm auch

Antonius an dem Lauf um den Palatin teil. Cicero macht ihm heftige Vorwürfe, sich in aller Öffentlichkeit nackt gezeigt zu haben, ein mit der Würde eines Konsuls unvereinbares Verhalten! Als er auf das Forum gelaufen kam, hielt er einen Lorbeerkranz in den Händen, um den ein Diadem gewunden war, das heißt eine lange weiße Binde, in der hellenistischen Tradition seit Alexander das Zeichen der Königswürde schlechthin. Sich mit dem Diadem zu schmücken bedeutete, sich zum König auszurufen: Auf den Münzen, die die Herrscher prägen ließen, erkannte man am Diadem, daß es sich um die Abbildung eines Königs handelte. Es konnte sich also niemand über die Bedeutung des Symbols im unklaren sein. Als Antonius unter den Rostren angekommen war, wurde er von den anderen *luperci* emporgehoben, so daß er auf die Tribüne steigen konnte. Er ging nun auf Caesar zu und wollte ihm den diademumwundenen Lorbeerkranz auf das Haupt setzen, doch der Diktator machte Miene, diese Krönung zurückzuweisen. Als das Volk seine Geste sah, brach es in Beifall aus. Von einigen Zuschauern angefeuert, versuchte es Antonius noch einige Male, doch Caesar wies unter dem Beifall der Mehrheit der Anwesenden das Diadem jedesmal aufs neue zurück. „Wie verwunderlich", heißt es dazu bei Plutarch, „daß diese Leute, die es hinnahmen, wie Untertanen eines Monarchen behandelt zu werden, das Wort 'König' nicht duldeten. Als ob es dieses Wort gewesen wäre, das ihnen die Freiheit nahm!" Caesar befahl schließlich, den Lorbeerkranz mit dem Diadem auf das Kapitol zu tragen und ihn dort Jupiter darzubringen. Auf diese Weise vermied er es, die Gefühle des Volkes zu verletzen. Es ist aber durchaus möglich, daß die Sache mit Antonius abgesprochen war und der Diktator das Diadem nur deshalb zurückwies, weil er gezwungen werden wollte, es entgegenzunehmen. Dafür spricht nicht zuletzt, daß Antonius in die Fasten, den offiziellen Staatskalender, unter dem Datum 15. Februar unverzüglich eintragen ließ, der Konsul Marcus Antonius habe während der Luperkalien dem Willen des Volkes stattgebend dem Diktator auf Lebenszeit C. Caesar die Königswürde angetragen, die dieser jedoch abgelehnt habe.

Wenn Caesar unter dem Beifall der Menge das Diadem zurückgewiesen hatte, so glaubten doch viele, daß seine Erhebung zum König nur noch eine Frage der Zeit war. Die Vorbereitungen für seine nächste Abreise in den Orient (sie war für den 18. März vorgesehen), wo gleichzeitig zu Feldzügen gegen die Geten und Daker südlich der Donau und gegen die Parther in Asien gerüstet wurde, beunruhigten die Anhänger einer zumindest der Form nach aufrechterhaltenen Republik: Wer würde sich nach erneuten militärischen Erfolgen den Wünschen des Siegers schon widersetzen können? Der Gedanke eines Attentats, das mit dem Leben Caesars auch der Bedrohung der republikanischen Staatsform ein Ende setzen würde, machte auf diese Weise schnelle Fortschritte. Caesar war sicherlich nicht völlig ahnungslos in bezug auf das, was gegen ihn im Gang war. Die Denunziation, die immer blüht, wenn alles vom Gutdünken eines einzelnen abhängt, verschonte niemanden aus der Umgebung des Diktators. Man riet ihm sogar, sich vor Antonius und Dolabella in acht zu nehmen. Hellsichtig antwortete er darauf: „Vor Leuten mit schönem Haar und frischem Teint habe ich keine Angst. Ich fürchte mich vor den Blassen und Dürren." Damit meinte er, so glaubte man, Fanatiker wie Brutus und Cassius, die in der Tat zu seinen Mördern wurden.

Die Verschwörer standen unter Zeitdruck, sie mußten noch vor Caesars Abreise in den Orient handeln. Das Attentat wurde für den 15. März festgesetzt, den Tag des Monats, der im römischen Kalender als 'Iden' bezeichnet wurde. An dem Komplott waren mehr als sechzig Personen beteiligt, die Anführer waren M. Brutus und C. Cassius. Beide waren mit Caesar eng verbunden. Brutus' Mutter Servilia war einst Caesars Geliebte gewesen, und man raunte, daß die liebevolle Nachsicht, die der Diktator Brutus gegenüber zeigte, sich aus seinen väterlichen Gefühlen heraus erklären ließ. Wie noch zu sehen sein wird, verleihen Caesars letzte Worte diesem Gerücht eine gewisse Glaubwürdigkeit. Der Bruder Servilias und Onkel des Brutus war der Jüngere Cato, der mit Pompejus verbündete, unbeugsame Gegner Caesars, der Stoiker, der durch seinen Selbstmord in Utica den letzten Anhängern der Republik zum Leitbild geworden war. Lukan und Plutarch haben diese heldenhafte Erscheinung der Nachwelt erhalten als ein Symbol der Treue zum Ideal und der bis zum Selbstopfer gehenden Weigerung, seine Niederlage einzugestehen und irgendwelche Kompromisse zu schließen. Dieses noch frisch im Gedächtnis haftende Beispiel Catos verband sich in Brutus' Denken mit der überlieferten Erinnerung an seinen entfernten Vorfahren, den greisen L. Junius Brutus, den die republikanische Tugend verkörpernden Befreier, der auf die Vergewaltigung Lucretias hin Roms letzten König Tarquinius Superbus vertrieben und die Republik gegründet hatte. In einem von Jugend auf zu philosophischem Denken erzogenen Menschen, der die Helden Spartas lebhaft bewunderte und in seiner Sprechweise ihre sentenzhaft knappen Formulierungen nachzuahmen trachtete, die so ganz im Gegensatz zur Wortfülle der zeitgenössischen Redner standen, in diesem leidenschaftlichen, unruhigen, von moralischen Skrupeln verzehrten Geist, der ängstlich bedacht war, die Hoffnungen, die andere in ihn setzten, ebenso zu erfüllen wie die Forderungen, die er selbst an sich stellte, sollten die wiederholten und inständigen Vorstellungen der ihn zum Handeln drängenden Mitverschworenen dazu führen, daß das Gefühl der Dankbarkeit und Verbundenheit erlosch, das die Wohltaten Caesars anfangs in ihm erweckten.

Sein Schwager C. Cassius hatte bereits mehrere wichtige Ämter bekleidet. Er war unter Crassus Quästor gewesen und hatte sich während des Partherfeldzugs ausgezeichnet. Caesar hatte ihn zugleich mit Brutus zum Prätor ernannt, aber letzterem den Vorrang eingeräumt, was Cassius schlecht aufgenommen hatte und dem Diktator sehr verübelte. Es hieß deswegen auch allgemein, „Brutus hasse die von einer Einzelperson ausgeübte Macht, Cassius hingegen den, der diese Macht ausübte." Auch eine Geschichte war im Umlauf, mit der man die heftige Abneigung erklären wollte, die Cassius gegen Caesar empfand. Letzterer hatte eine Herde Löwen in Besitz genommen, um sie bei den in seinem Namen veranstalteten Zirkusspielen dem Volk Roms vorzuführen. Nun war es aber Cassius gewesen, der diese Löwen unter großem Kostenaufwand beschafft hatte, da er selbst Spiele abhalten wollte, sobald er das Amt eines Ädils, das heißt eines Stadtverwalters, bekleiden würde. Um die Früchte seiner Bemühungen und die davon erhoffte Popularität gebracht, habe Cassius Caesar diesen Machtmißbrauch niemals verziehen. Hieraus wird ersichtlich, welche Bedeutung die römischen Beamten den Spielen beimaßen, die sie traditionsgemäß veranstalten mußten, um sich die Gunst der Öffentlichkeit zu sichern. Diese Löwen hatten übrigens schon ein anderes, schreckliches und blutiges Drama verursacht. Cassius hatte sie vor der Schlacht von Pharsalus in Megara, einer Nachbarstadt Athens, zusammenbringen lassen, als er sich gleich seinem Freund Brutus dem Lager der Pompejaner angeschlossen hatte. Caesars Legat Calenus schloß die Stadt ein und nahm sie im Sturm. In dieser Notlage hielten es die Megarer für angebracht, den Löwenkäfig zu öffnen, da sie hofften, die Tiere würden sich auf die in die Stadt eindringenden Römer stürzen. Tatsächlich aber fielen sie über die unbewaffneten und völlig überraschten Stadtbewohner her und verursachten unter ihnen vor den Augen der entsetzten Sieger ein schreckliches Blutbad. Caesar mochte diese Bestien mit Recht als eine von seinen Soldaten eroberte Beute betrachten. Cassius aber, der sich dann durch die Vermittlung des Brutus mit dem Diktator versöhnte, konnte den Verlust seiner Löwen nicht vergessen.

Um Brutus und Cassius als Häupter der Verschwörung scharten sich die Vertrauten Caesars, die hohe militärische

Positionen bekleidet hatten, so C. Trebonius, der auf der Reise nach Narbo versucht hatte, Antonius in das Komplott hineinzuziehen, oder Decimus Brutus (D. Junius Brutus Albinus), der sich bei der Belagerung von Massilia hervorgetan hatte und den Caesar für das Jahr 42 zum Konsul wählen lassen wollte. Er war es, der Caesar am Morgen des 15. März dazu überredete, ungeachtet der beschwörenden Bitten seiner Gattin Calpurnia, die nach einem Traum voll schlimmer Ahnungen war, wie vorgesehen an der Senatsversammlung teilzunehmen, auf der ihn die Verschwörer erwarteten. Ungünstige Vorzeichen, so erzählte man sich später, hätten den Diktator eigentlich von seinem Plan abbringen müssen: Ein Seher, der Haruspex Spurinna, hatte ihn gewarnt, daß ihm „spätestens an den Iden des März eine große Gefahr drohe". Caesar setzte sich darüber hinweg, vielleicht in dem Bemühen, den Senatoren angesichts ihres guten Willens entgegenzukommen. Sie wollten ihm, wie Decimus Brutus ihm versicherte, dieses Mal das Privileg verleihen, das königliche Diadem, wenn schon nicht in Rom, so doch überall außerhalb Italiens tragen zu dürfen. Außerdem vertraute er dem Schwur, seine Person und sein Leben zu achten, den sämtliche Senatsmitglieder geleistet hatten, als sie ihm den Status der Unverletzlichkeit zuerkannten, der den Volkstribunen traditionsgemäß zukam. Diese „tribunizische Macht" wird später die beste Garantie der kaiserlichen Autorität sein. Im Vertrauen auf diesen Eid hatte Caesar auch auf den Schutz der iberischen Garde verzichtet, die bisher über seine Sicherheit gewacht hatte. Er begab sich also ohne irgendwelche Vorsichtsmaßnahmen und ohne Mißtrauen gegen zehn Uhr morgens zur Kurie des Pompejus, wo der Senat an diesem Tag zusammentrat.

Es handelte sich um einen Saal, der an ein von Pompejus im Jahr 55 errichtetes Theater angebaut war. Im Inneren befand sich immer noch eine Statue des bei Pharsalus Besiegten, die Caesar mit bekannter Großzügigkeit nicht angetastet hatte. In seiner Eigenschaft als amtierender Konsul begleitete Antonius den Diktator. Da die Verschwörer seinen Mut, seine Stärke und seine Tatkraft fürchteten, beabsichtigten sie ursprünglich, auch ihn zu ermorden. Brutus widersetzte sich diesem Plan aus moralischen Gründen, er war streng darauf bedacht, einzig und allein den die Republik bedrohenden Tyrannen zu beseitigen, aber auch aus politischem Kalkül, denn er hoffte, nach Caesars Tod Antonius für die eigene Sache zu gewinnen und seine Fähigkeiten und sein Ansehen zum Wohl des Staates einzusetzen. Daraus wird ersichtlich, welches Prestige Antonius damals in der römischen Führungsschicht genoß. Um aber zu verhindern, daß er durch sein Eingreifen ihren Plan durchkreuzte, beschlossen die Verschwörer, den Konsul am Eingang zur Kurie zurückzuhalten und ihn so von Caesar zu trennen. Mit dieser Aufgabe wurde C. Trebonius betraut, anderen zufolge Decimus Brutus, vielleicht waren es auch beide. Unter dem Vorwand, mit ihm eine wichtige Angelegenheit besprechen zu müssen, verwickelten sie ihn vor dem Eingang in ein Gespräch. Währenddessen umringten die anderen Verschwörer Caesar im Inneren des Saales und stachen mit den Dolchen, die sie unter der Toga verborgen gehalten hatten, von allen Seiten auf ihn ein: Auf dem Körper des Ermordeten wurden später 23 Stichwunden festgestellt. Caesar hatte zunächst getrachtet, sich gegen die Angreifer zur Wehr zu setzen. Als er aber M. Brutus in ihrer Mitte erblickte, der ein Schwert schwang und ihm einen Stich in den Unterleib versetzte, sagte er auf Griechisch: „Auch du, mein Sohn!" und versuchte nun nicht länger, sich zu wehren, sondern verhüllte sein Gesicht und starb ohne einen Schmerzenslaut. Sein Blut hatte das Standbild des Pompejus bespritzt, zu dessen Füßen er zusammengebrochen war.

Von Schrecken ergriffen, flohen die nicht am Komplott beteiligten Senatoren in alle Richtungen und verbreiteten die unglaubliche Neuigkeit in der Stadt. Da Antonius sich der Gefährlichkeit seiner Lage bewußt war, legte er sein Prunkgewand ab, kleidete sich als Sklave, um unerkannt zu bleiben, und suchte im Haus eines Freundes Zuflucht.

Etwas später begab er sich in sein eigenes Haus zurück, um von hier aus den Gang der Ereignisse zu verfolgen. Die Verschwörer, die offenbar nach keinem festen Plan handelten, zerstreuten sich indessen in alle Teile der Stadt und bemühten sich, inmitten des Tumults und des allgemeinen Durcheinanders, die durch die Angst und die Emotionen entstanden waren, die Geister wieder zu beruhigen. Sie verfügten über Gladiatorenverbände, die sie schon am Morgen versammelt hatten, um ihr Unternehmen zu sichern. Da sie aber befürchteten, das Volk werde auf die Ermordung des Diktators mit Gewalttätigkeiten reagieren, hielten sie es doch für besser, sich auf eine leicht zu verteidigende Position zurückzuziehen. Sie versammelten sich daher auf dem kapitolinischen Hügel im Zentrum der Stadt unter dem Vorwand, den Göttern Dank sagen zu wollen. Hier richteten sie sich auch für die Nacht ein, während Lepidus, der als Befehlshaber der Reiterei nach Caesars Tod als einziger Amtsträger Befehlsgewalt über die Streitkräfte hatte, das am Fuß des Hügels gelegene Forum von Truppen besetzen ließ. Zahlreiche Persönlichkeiten, die an der Verschwörung selbst nicht beteiligt gewesen waren, unter ihnen Cicero, solidarisierten sich jetzt mit den Mördern und begaben sich zu ihnen auf das Kapitol. Diese hatten jedoch keineswegs die Massen hinter sich, und die Haltung des Lepidus und seiner Soldaten gab zu denken. Würde in den Straßen Roms ein Bürgerkrieg ausbrechen? Brutus wandte sich mit einer Rede an das Volk, es gelang ihm aber nicht, die aufgebrachte Menge zu beruhigen. Einer seiner Parteigänger wurde mit Beschimpfungen überhäuft, und sie mußten sich wieder auf dem Heiligen Hügel in Sicherheit bringen. Schon am Tag nach dem Mord zeichnete sich deutlich die Gefahr eines bewaffneten Konflikts ab.

In dieser Situation bewies Antonius vollendetes politisches Geschick und bewahrte Rom vor einem drohenden Bürgerkrieg. Anders als Lepidus verfügte er nicht über reguläre Truppen. Er war aber seit dem Tod des Diktators alleiniger Konsul, da Caesars designierter Konsulatsnachfolger Dolabella aufgrund der Auspizienaffäre sein Amt nicht hatte antreten können. Letzterer brannte übrigens darauf, aus dem entstehenden Konflikt Profit zu schlagen, und hatte sich bereits zu den auf dem Kapitol versammelten Verschwörern begeben. Antonius mußte also das höchste Staatsamt, das er nun bekleidete, mit niemandem teilen, und Lepidus, kraft seines Amtes Stellvertreter des ermordeten Diktators, machte ihm seine Autorität nicht streitig. In seiner Eigenschaft als Konsul berief Antonius den Senat für den 17. März in den Tempel der Erdgöttin Tellus ein. Es war durchaus keine Seltenheit, daß Senatsversammlungen in Heiligtümern stattfanden. Der Tellustempel lag nicht weit vom Haus des Antonius, doch in genügender Entfernung zum Kapitol, so daß man sich nicht von den im Dienst der Verschwörer stehenden Gladiatoren bedroht fühlte. Brutus und Cassius hatten mit dem Konsul bereits Fühlung aufgenommen, da sie hofften, ihn von allen radikalen Maßnahmen gegen sie abzuhalten. Antonius war geschickt genug, sich dieser Annäherung nicht zu verschließen, verhehlte jedoch nicht, daß die Ermordung Caesars in seinen Augen nach wie vor einen Bruch geschworener Eide darstellte. Es ging ihm aber vor allem darum, der Stadt den Frieden zu erhalten, und er vertraute dabei auf die Weisheit des Senats. Er verpflichtete sich, die Sicherheit der Caesarmörder zu gewährleisten, und um seinen guten Willen zu zeigen, verbürgte er sich dafür, indem er ihnen seinen erst einjährigen Sohn als Geisel überließ. Diese Geste besänftigte die Unruhe der Verschwörer und trug auch dazu bei, die allgemeine Ruhe wiederherzustellen. Gleichzeitig traf Antonius aber auch Maßnahmen, mit denen er sich die Möglichkeit zum Handeln sicherte: Er ließ das von Caesar hinterlassene Geld und seine Archive zu sich schaffen. Caesars Witwe Calpurnia hatte sich bereit erklärt, sie ihm anzuvertrauen, da sie der Auffassung war, daß diese kostbare Hinterlassenschaft in der Obhut des Konsuls am sichersten sei. Im Einverständnis mit Lepidus ließ er während der Nacht Truppen durch die Stadt patrouillieren und zahlreiche Feuer entzünden, um Straßen und Plätze zu erleuchten. Auf diese Weise gab er der Bevölkerung ein Gefühl der Sicherheit und bekam die Situation schnell unter Kontrolle.

Die Senatssitzung, die am 17. März schon in den frühen Morgenstunden begann, stellte einen entscheidenden Wendepunkt dar. Appian zufolge kam es zu lebhaften Debatten, bei denen äußerst unterschiedliche Meinungen vorgebracht wurden. Cicero hielt eine lange, auf Ausgleich bedachte Rede, die Cassius Dio vollständig wiedergibt, dabei aber einiges hinzudichtet. Andere Senatoren lobten den Mord als eine für die Republik nützliche Tat und forderten die Annullierung von Caesars Anordnungen. Wieder andere wollten den Tod Caesars gerächt sehen und seine Mörder bestrafen. Antonius als Vorsitzender ließ jeden seine Meinung sagen und ergriff dann selbst das Wort. Er erinnerte daran, daß Caesars Entscheidungen sich für das Wohl des Staates als günstig erwiesen hatten, daß er zahlreichen Anwesenden Ämter verliehen hatte und daß, wenn man die Gesetzmäßigkeit seiner Verfügungen in Frage stellte, dies bedeuten würde, daß die Inhaber dieser Ämter der Ehren verlustig gehen würden, auf die sie ein Anrecht besaßen, daß die Veteranen, denen Caesar nach Beendigung ihres Dienstes Land zugewiesen hatte, es nicht tatenlos hinnehmen würden, wenn man es ihnen nun wieder wegnähme, und daß diese ehemaligen Soldaten, die auf die Nachricht von der Ermordung ihres Feldherrn hin in großer Zahl nach Rom gekommen waren, eine gefährliche Bedrohung darstellten. Er empfahl aus all diesen Gründen, die Anordnungen Caesars nicht zu widerrufen. Um aber den inneren Frieden zu wahren, riet er dazu, die Verschwörer für ihre Gewalttat selbstverständlich nicht zu loben, sie aber in Anbetracht ihrer Person, ihrer Angehörigen und Freunde auch nicht zu bestrafen. Um diese Amnestie zu besiegeln, schlug er vor, sie kraft ihrer Ämter zu Statthaltern bestimmter Provinzen zu machen. Ein geschickter Schachzug, mit dem ihnen ermöglicht wurde, sich durch ihren Weggang aus Rom der öffentlichen Rachsucht zu entziehen.

Diese Vorschläge waren geeignet, alle Welt zufriedenzustellen und die Wogen der Erregung wieder zu glätten. Sie fanden deshalb auch die einhellige Zustimmung des Senats, der den Beschluß faßte, „gegen die Mörder Caesars keine Ermittlungen einzuleiten und alle von ihm getroffenen Anordnungen zu bestätigen, da sie den Interessen der Republik dienten". Antonius konnte nach dieser Sitzung mit sich zufrieden sein: „Er hatte den drohenden Bürgerkrieg verhindert und mit dem Geschick eines großen Politikers eine äußerst schwierige Angelegenheit geregelt, die dem Staat Unruhe und Zwietracht gebracht hatte."

Dieses Urteil Plutarchs, der Antonius gegenüber im allgemeinen wenig Nachsicht zeigt, wird den diplomatischen Fähigkeiten des Konsuls voll gerecht. Die Römer erkannten sofort, was sie ihm verdankten, und seine Popularität erreichte ihren Höhepunkt. Die Aussöhnung zwischen den beiden feindlichen Lagern schlug sich in symbolischen Gesten nieder: Brutus speiste im Haus des Lepidus, Cassius bei Antonius, die anderen Verschwörer bei Freunden, die an dem Komplott nicht beteiligt gewesen waren. Sie vertrauten einander aber keineswegs so sehr, daß sie die Vorsicht aus der Acht gelassen hätten. Während des Gastmahls im Haus des Antonius fragte der Gastgeber, nachdem er mit Cassius, wie auf einem Bankett üblich, über alles Mögliche gesprochen hatte, diesen ganz unvermittelt: „Trägst du vielleicht zufällig immer noch einen Dolch unter der linken Achsel?" – „Freilich", antwortete Cassius, „noch dazu einen großen, für den Fall, daß auch dich das Verlangen erfaßt, einen Tyrannei zu errichten!" Es blieb also jeder bei seinen Überzeugungen.

Am folgenden Tag fand erneut eine Senatssitzung statt, auf der die Versammelten Antonius ihre Dankbarkeit zum Ausdruck brachten und seinem Vorschlag folgend die Führer der Verschwörung zu Statthaltern ernannten: M. Brutus erhielt Kreta, Cassius die Cyrenaika, Trebonius die reiche Provinz Asien und Decimus Brutus das diesseitige Gallien. Diese letztere Zuweisung sollte, wie noch zu sehen sein wird, bald zu ernsthaften Problemen führen.

Nun blieb noch die diffizile Frage zu regeln, wie der ermordete Diktator bestattet werden sollte. Die Verschwörer hatten nach dem Mord den Plan gefaßt, die Leiche Caesars schmachvoll zum Tiber zu schleifen und sie dort als die eines Landesverräters in den Fluß zu werfen. Die Furcht vor Antonius und Lepidus hatte sie jedoch von diesem Vorhaben abgebracht, das bei einem großen Teil des Volkes und der Armee Abscheu und Empörung hervorgerufen hätte. Da der Senat nun entschieden hatte, Caesars Anordnungen gutzuheißen, war es unmöglich, seiner sterblichen Hülle die Bestattung zu verweigern. Es wurde daher auf Antrag von Antonius beschlossen, auf Staatskosten ein feierliches Leichenbegängnis abzuhalten. Zuvor schritt man jedoch auf gleichzeitiges Verlangen von Antonius und Caesars Schwiegervater L. Calpurnius Piso zur Eröffnung des Testaments. Caesar hatte es im September des Vorjahrs abgefaßt und dem Schutz der Vestalinnen anvertraut (so wie es später auch Antonius mit seinem Testament machen sollte). Es wurde in das Haus des Konsuls gebracht, geöffnet und vor Zeugen verlesen: Auch dieses Verfahren, kurz nach der Übergabe von Caesars Geldschatz und seinen Archiven an Antonius, zeigt mit großer Deutlichkeit, wie sehr Calpurnia und ihre Angehörigen dem Konsul vertrauten. Antonius mußte durch diese Geste den Römern als der einzige politische Erbe des toten Diktators erscheinen.

Der Inhalt des Testaments entsprach nun aber keineswegs seinen Erwartungen. Caesar hatte sein Vermögen im wesentlichen seinen beiden Neffen und seinem Großneffen vermacht. Erstere, die Söhne von Caesars älterer Schwester, erhielten zusammen ein Viertel der Erbschaft, die anderen drei Viertel fielen an Gaius Octavius, den Sohn der Atia, der Tochter von Atius Balbus und Caesars anderer Schwester Julia. Der junge Mann war 63 unter dem Konsulat Ciceros geboren worden und folglich beim Tod seines Großonkels erst achtzehn Jahre alt. Da Caesar zu seinem Leid ohne männlichen Erben geblieben war, hatte er während des Spanienfeldzugs seinen Großneffen ins Feldlager bringen lassen, um ihn mit dem Kriegshandwerk vertraut zu machen. Anschließend hatte er ihn über die Adria in das illyrische Apollonia geschickt, den Ausgangspunkt der *via Egnatia*, die über die Balkanhalbinsel nach Thessalonike und Thrakien führte. Dort sollte Octavius ihn erwarten, um ihn anschließend auf dem geplanten Feldzug gegen die Daker und später gegen die Parther zu begleiten. Das Testament verband seine Einsetzung zum Haupterben mit einer Verfügung von ganz entscheidender Bedeutung: Caesar adoptierte seinen Großneffen, der seinen Vater schon lange zuvor verloren hatte. Auf diese Weise war die Position des jungen Mannes gegenüber den übrigen Erben besonders gestärkt, was er sofort dadurch betonte, daß er anstelle seines Namens den Namen Caesar annahm. Um jede Verwechslung zu vermeiden, wollen wir ihn jedoch mit dem für ihn üblichen Namen Octavian bezeichnen. Die Zeitgenossen fügten sich der Namensänderung ohne Schwierigkeiten, und Octavian wußte daraus sofort Profit zu ziehen. Antonius erschien in dem Testament lediglich als Nacherbe, und zwar in Gesellschaft des Caesarmörders Decimus Brutus Albinus. Dem römischen Recht zufolge hatten die Nacherben erst dann einen Anspruch, wenn die an erster Stelle genannten Erben ihr Erbe nicht antreten wollten oder konnten. Für den Fall, daß ihm vor oder nach seinem Tod doch noch ein Sohn geboren werden sollte, hatte Caesar Vertrauenspersonen ausgewählt, die dem Kind als Vormunde dienen sollten. Zu ihnen zählten neben Antonius auch einige der Verschwörer. Die Tatsache nun, daß die Männer, denen der Diktator auf solche Weise sein Vertrauen bezeigt hatte, ihn dann ermordeten, rief in der Öffentlichkeit Empörung hervor, und Antonius ließ es sich nicht nehmen, diese gegen die Caesarmörder zu nutzen. Andere testamentarische Bestimmungen bewiesen dem

Volk die Großzügigkeit Caesars und machten ihm sein Andenken teuer. So vermachte er dem Staat seine herrlichen Gärten am Ufer des Tiber und verfügte, daß aus seiner Privatschatulle an jeden einzelnen Bürger ein nicht unbedeutender Betrag (300 Sesterzen) ausbezahlt werden sollte. Auf diese Weise waren alle Römer an seiner Erbschaft beteiligt. Es verbreitete sich der Eindruck, daß Rom mit ihm den wahren Vater des Vaterlandes verloren hatte.

Das Leichenbegängnis fand am 20. März statt. Es war Anlaß erstaunlicher Szenen, die Sueton lebhaft und in allen Einzelheiten schildert: „Als der Tag der Bestattung feststand, errichtete man auf dem Marsfeld in der Nähe des Grabes der Julia (der Tochter Caesars und Gemahlin des Pompejus) einen Scheiterhaufen. Auf dem Forum errichtete man vor den Rostren einen goldenen Tempel, der das von Caesar nach der Schlacht von Pharsalus der Venus Genitrix erbaute Heiligtum nachahmte. In das Innere stellte man ein Bett aus Elfenbein und breitete eine Decke aus Gold und Purpur darüber. Zu Häupten des Bettes stand eine Säule, auf der das Gewand ausgestellt war, das Caesar bei seiner Ermordung getragen hatte. Da vorauszusehen war, daß ein einziger Tag nicht genügen würde, um alle Totenopfer entgegenzunehmen, wurde angeordnet, sie nicht in einer Prozession zum Marsfeld zu bringen, sondern es sollte jeder seinen eigenen Weg durch die Stadt wählen. Während der Bestattungsfeierlichkeiten wurde Texte gesungen, die geeignet waren, Mitleid mit dem Toten und Zorn über seine Mörder zu erregen. So etwa folgende Stelle aus der Tragödie *Armorum iudicium* des Dichters Pacuvius: „Habe ich sie denn nur errettet, damit sich Menschen fanden, die mich vernichten wollten?" Auch aus der *Elektra* des Atilius wählte man eine Textstelle, die in diese Richtung ging. An Stelle einer Totenrede ließ Antonius durch einen Herold das Senatsdekret verlesen, das Caesar alle menschlichen und göttlichen Ehren zugleich verlieh. Anschließend wurde der feierliche Eid vorgelesen, durch den sich alle Senatoren verpflichtet hatten, Leben und

Wohlergehen des Diktators zu achten. Antonius begnügte sich nun damit, noch einige Worte hinzuzufügen. Dann wurde die Totenbahre von Beamten und Würdenträgern vor die Rostren getragen. Ein Teil des Volkes wollte den Leichnam im Tempel des Kapitolinischen Jupiter verbrennen, andere in der Kurie des Pompejus. Plötzlich setzten zwei Männer, die mit dem Schwert gegürtet waren und zwei Wurfspeere trugen, das Totenbett mit zwei brennenden Kerzen in Brand. Augenblicklich begann die Menge, trockenes Gestrüpp, Bretter und Bänke von den benachbarten Estraden sowie sämtliche herbeigebrachten Totengaben ins Feuer zu werfen. Die Flötenspieler und Schauspieler, die dem toten Caesar zu Ehren die Kleider angelegt hatten, die sie schon bei seinen Triumphzügen getragen hatten, rissen sich diese vom Leib und warfen sie in die Flammen. Das gleiche taten die Veteranen mit den Waffen, die sie während der Bestattungszeremonie trugen. Zahlreiche Frauen warfen ihre Zierbänder, ihren Schmuck und die Kleider ihrer Kinder ins Feuer. Die tiefe Trauer der Römer wurde auch von zahlreichen Angehörigen fremder Völker geteilt. Nach Ländern geordnet und jeweils nach Art ihrer Sitten nahmen auch sie an den Feierlichkeiten teil, insbesondere die Juden, die mehrere Nächte hintereinander an die Stelle zurückkehrten, an der sich der Scheiterhaufen befunden hatte."

Während dieser Zeremonien, die im Volk so heftige Bewegung auslösten, spielte Antonius nach übereinstimmendem Urteil der antiken Historiker eine entscheidende Rolle. Die wenigen Worte, von denen Sueton spricht, werden bei Cassius Dio und Appian als fiktive Ansprachen in direkter Rede wiedergegeben. Gestützt auf die überlieferten Ereignisse rekonstruieren sie seine Äußerungen in dem grandiosen Stil mit allen Künstlichkeiten, die man von einem Schüler griechischer Rhetoren, als der Antonius galt, erwarten durfte. Weder die lange, von Cassius Dio überlieferte Rede, in der Taten und Verdienste Caesars als Vater des Vaterlandes detailliert aufgeführt werden, noch die kürzeren Passagen, die Appian in die lose Schilderung einstreut, in der er das Verhalten des Konsuls während der Leichenfeier beschreibt, können als dessen authentische Worte angesehen werden. Es wird jedoch daraus genau ersichtlich, wie sich Antonius vor dem versammelten Volk verhielt, welche Art von Sprache er zu gebrauchen verstand, um die Trauer zu verstärken und den Zorn anzuheizen, mit welchen Gesten er seine Rede begleitete, um deren Wirkung zu erhöhen. Es war eine Redekunst, die dem Anlaß und dem vom Redner verfolgten Zweck durchaus entsprach: Er zielte darauf ab, seine Zuhörerschaft zu überzeugen und mitzureißen, um sie für seine Absichten zu gewinnen. „Bei jedem Satz", so heißt es bei Appian, „wandte Antonius sich zur Leiche Caesars hin, wies mit der Hand darauf, um seine Worte mit der Geste zu unterstreichen... Dann schürzte er sein Gewand wie einer, der von göttlicher Eingebung erfaßt ist, und gürtete sich damit, um sich freier bewegen zu können. Er agierte vor der Totenbahre wie auf einer Bühne; bald beugte er sich darüber, bald richtete er sich wieder auf; er stimmte zum Lobe Caesars Lieder wie zu Ehren einer Gottheit an und bezeugte mit zum Himmel gestreckten Händen, daß nun ein neuer Gott geboren war... Nachdem er ihn lange Zeit so verherrlicht hatte, wechselte er das Register, vertauschte die Lobgesänge gegen Klagelieder, beweinte den Freund, der als Opfer eines schändlichen Anschlags gefallen war, vergoß Tränen und beschwor die Götter, anstelle von Caesars Leben sein eigenes hinzunehmen." Antonius erwies sich hier als ein großer Schauspieler, der mit den Gefühlen seines Publikums virtuos spielte. In der heftigen Abneigung, die ihm Cicero entgegenbrachte, war wahrscheinlich ein Gutteil Eifersucht dabei, die der berühmte Redner gegenüber einem Rivalen empfand, der es verstand, solche Wirkungen zu erzielen.

Nach dem Ende seiner Rede hob Antonius für alle sichtbar Caesars blutbeflecktes und von Dolchstichen durchbohrtes Gewand empor, wobei er die Attentäter als feige Mörder bezeichnete. Diese Worte entfachten den Zorn der

Menge und trugen dazu bei, sie zu unüberlegten Handlungen aufzustacheln, wie sie Sueton beschreibt. Als nämlich der improvisierte Scheiterhaufen auf dem Forum niedergebrannt war, ergriffen viele die noch glühenden Holzteile und liefen damit zu den Häusern der Hauptverschwörer, um sie in Brand zu stecken. Um diesen Anschlägen, durch die ganze Stadtviertel eingeäschert werden konnten, Einhalt zu gebieten, mußten Truppen zu Hilfe gerufen werden. Unterwegs waren die Unruhestifter dem Volkstribun Helvius Cinna begegnet: Sie verwechselten ihn mit seinem Namensvetter, dem Prätor Cornelius Cinna, der zu den Caesarmördern zählte. Aufgrund dieses tragischen Irrtums wurde der Unglückliche augenblicklich massakriert. Ein anderer Tribun, Gaius Casca, der von dieser tragischen Verwechslung erfuhr und befürchtete, für den Verschwörer Publius Servilius Casca gehalten zu werden und das gleiche Schicksal zu erleiden, hielt es für notwendig, eine Erklärung zu veröffentlichen, in der er betonte, daß er mit seinem Namensvetter wirklich nur den Namen gemeinsam habe, seine Ansichten aber in keiner Weise teile. Dieses Vorgehen, so bemerkt Cassius Dio ironisch, brachte diesem Mann, von dem zuvor kaum jemand gesprochen hatte, einen gewissen Grad an Bekanntheit ein.

Tatsächlich geschah dann aber weder dem einen noch dem anderen etwas. Die Volkswut hatte sich angesichts der festen Haltung der Konsuln rasch wieder gelegt. Antonius, der nach dem Sturm nun Ruhe wollte, hatte sich kompromißbereit gezeigt und seinen Widerstand gegen den Amtsantritt Dolabellas endlich aufgegeben. Wenn er auf diese Weise dessen Prestigebedürfnis befriedigte, so beschwichtigte er damit einen machtgierigen und skrupellosen Intriganten, der ihm Schwierigkeiten bereiten konnte. Davon abgesehen bekam Antonius bald freies Spiel zur Ausführung der Pläne, mit denen er sich seit dem Tod des Diktators trug. Die Häupter der Verschwörung hatten es angesichts der heftigen Reaktionen des Volkes für besser gehalten, die Stadt Rom zu verlassen. Einige waren bereits in die entfernten Provinzen abgereist, die man ihnen zugeteilt hatte. Nun gab es niemanden mehr, der sich im Senat oder in der Volksversammlung der Autorität des Mannes entgegenstellen konnte, der es in den bewegten Tagen nach Caesars Tod verstanden hatte, das Schlimmste zu verhindern und die Ordnung im Staat wiederherzustellen.

Seine erste Sorge war es, die Handlungsfreiheit auszuschöpfen, über die er seit der Aushändigung von Caesars Aufzeichnungen verfügte. Da der Senat alle Anordnungen des Toten bestätigt hatte, genügte es, alle Unterlagen durchzusehen und diese oder jene bereits abgefaßte Verfügung herauszuziehen, um sie zum Gesetz erheben zu lassen. Antonius nutzte die Gelegenheit und wählte unter den kostbaren Akten, die sich in seiner Obhut befanden, alle jene Texte aus, die seinen Absichten entgegenkamen. Die Versuchung, auch einige eigene Beschlüsse darunterzumischen, war groß, und es ist ziemlich wahrscheinlich, daß er dieser Versuchung nicht widerstand. Zumindest behaupten dies alle unsere Quellen, deren Zeugnis freilich mit Vorsicht aufzunehmen ist. So wie in vielen anderen Punkten hat die Propaganda Octavians auch in diesem die Taten seines Widersachers systematisch angeschwärzt. Wie auch immer, Antonius machte von der Möglichkeit, Rom mit Hilfe von Caesars Willen zu regieren, reichlich Gebrauch, gleich ob dieser Wille nun echt oder fingiert war. „Sobald er im Besitz von Caesars Dokumenten war", heißt es bei Cassius Dio, „ließ er zahlreiche Verfügungen verschwinden und ersetzte sie durch andere. Auf diese Weise mischte er auf allen möglichen Gebieten mit, sogar bei Gesetzestexten." Eine große Anzahl dieser Anordnungen betraf bestimmte Personen. Es handelte sich um die Ernennung von Beamten, um die Aufnahme von neuen Namen in die Liste der Senatoren, die Rückkehr von aus politischen Gründen Verbannten, die Freilassung von Gefangenen. Diese Maßnahmen waren dazu bestimmt, Ambitionen zu befriedigen, Rachegelüste zu beschwichtigen und die Geister zu beruhigen. Gleichzeitig schuf sich Antonius damit eine Klientel, die in den Genuß angeblich von Caesar gewährter Vergünstigungen kam, die ihnen tatsächlich aber der Konsul verschaffte. Das Volk machte sich das witzige Wort eines Spötters zu eigen und bezeichnete diese Leute als Charoniten, das heißt „Fahrgäste im Nachen Charons", denn, so Plutarch, „sie mußten die Rechtfertigung ihrer Titel in den Aufzeichnungen eines Toten suchen gehen" und deswegen in die Unterwelt hinabsteigen. Sueton spricht von ihnen als *orcinii senatores*, den Senatoren aus dem Totenreich, eine andere Version desselben Spottworts. Wie auch immer, sie waren durch Antonius zu ihrer Würde gekommen.

Bei diesen diskreten Eingriffen konnte sich der Konsul der nützlichen Mitarbeit von Caesars Geheimschreiber bedienen, eines gewissen Faberius, der ihm völlig ergeben war; schon Caesar hatte ihn unter Antonius arbeiten lassen, wenn er selbst in Rom nicht anwesend sein konnte. Die Mithilfe dieses Mannes, der die Register führte und die Diktate niederschrieb, erleichterte die Dinge natürlich. Sie ermöglichte es dem Konsul, nicht nur Einzelpersonen Begünstigungen zukommen zu lassen, sondern auch griechischen Städten, mit Rom verbündeten orientalischen Fürsten und nicht zuletzt den Soldaten der Leibgarde, die ihm vom Senat bewilligt worden war, nachdem er bei Straßenunruhen hart durchgegriffen hatte. Diese sechstausend Mann starke Garde setzte sich aus caesarianischen Veteranen zusammen, die sämtlich im Rang eines Centurios standen und Antonius, den sie von den Feldzügen her kannten, bedingungslos ergeben waren. Sie wurden von auserlesenen Offizieren befehligt, die von Antonius mit besonderer Achtung behandelt und gern zu Beratungen hinzugezogen wurden. Die in den Feldlagern Syriens, Galliens und Illyriens gewonnenen Erfahrungen begannen nun, ihre Früchte zu tragen. Der Konsul hatte eine Truppe zur Verfügung, auf die er sich verlassen konnte. Dazu leisteten ihm bei der Administration der Stadt seine beiden jüngeren Brüder Unterstützung: Gaius war Prätor, Lucius Volkstribun. Es waren alle Elemente gegeben, die ihm die Kontrolle über den Staat sicherten. Er brauchte dazu aber auch Geld.

Die Geschehnisse in der zu Ende gehenden Republik lehrten, daß Macht Geld in Hülle und Fülle bedeutete. Caesar selbst hatte seine Stellung dazu benutzt, um ein ungeheures Vermögen zusammenzutragen, von dem die noch während seiner Diktatur verfügten Schenkungen und später sein Testament ein beredtes Zeugnis ablegen. Es steht fest, daß Antonius es sich nicht versagte, wie sein einstiger Gebieter zu handeln. Cicero beschuldigt ihn, 700 Millionen Sesterzen aus dem Staatsschatz vergeudet zu haben, liefert aber keinen Beweis für diese Behauptung, bei der es sich auch um eine bloße Verleumdung handeln kann. Er nennt aber auch ein Faktum, an dem sich nicht rütteln läßt: An den Iden des März hatte Antonius noch Schulden in der Höhe von 40 Millionen Sesterzen, am 1. April waren diese Schulden voll und ganz beglichen. Dieses Geld mußte von irgendwoher gekommen sein. Wenn es nicht aus den Staatskassen stammte, so vielleicht aus den 'Geschenken', welche die einflußreichen Persönlichkeiten Roms einem festen Brauch folgend von jenen erhielten, die sich zwecks Erlangung irgendwelcher politischer Vorteile ihre Unterstützung sichern wollten. Man erinnere sich der riesigen Summen, die Ptolemäus Auletes sogar führenden Persönlichkeiten wie Caesar und Pompejus ausbezahlt oder versprochen hatte! Auch hier wird Antonius von Cicero wieder beschuldigt, die Herrschern, Städten, ganzen Provinzen oder auch Privatpersonen als Anordnungen Caesars gewährten Vergünstigungen an den jeweils Meistbietenden verkauft zu haben. Als Beispiel nennt er König Deiotaros, den Tetrarchen von Galatien, der seinen kleinen Staat im Herzen von Kleinasien zurückerhielt. Dieses Entgegenkommen wurde ihm angeblich für 10 Millionen Sesterzen in den Gemächern Fulvias gewährt, Antonius' Gattin, die bei zahlreichen Transaktionen dieser Art den Vorsitz führte. Auch wenn der Redner seine gegen

Antonius gerichteten Beschuldigungen maßlos übertreibt, ist doch anzunehmen, daß dieser keine Hemmungen hatte, dem Beispiel so zahlreicher illustrer Vorgänger zu folgen, wenn er die Möglichkeit dazu hatte. Cicero prangert diese Praktiken mit einer eingängigen, aber natürlich überzogenen Formulierung an: „Es gab niemanden, aber auch schon niemanden, der, wenn er sich irgendein Privileg erkaufen wollte, diesen Menschen nicht bereit fand, es ihm zu verschachern!"

Neben diesen einträglichen Geschäften verabsäumte es Antonius nicht, notwendige politische Entscheidungen zu treffen. Um sich bei der Senatsmehrheit beliebt zu machen, brachte er einen Antrag zur Abstimmung, der die Abschaffung der Diktatur vorsah, was ihm das einhellige Lob der ganzen Versammlung einbrachte. Wie Cicero selbst erwähnt, traf der Konsul auch noch einige andere für den Staat nützliche Maßnahmen. Er bestrafte mit äußerster Härte die Verwegenheit eines ehemaligen Sklaven namens Amatius, der sich als Enkel des großen Marius ausgab und das Ansehen dieses berühmten Namens ausnutzte, um die römische Plebs zu Unruhen aufzuwiegeln. Auch gestattete er es den Centurionen, das Richteramt auszuüben, was eine große Befriedigung für ihr Prestigebedürfnis darstellte. Dieses Privileg gewährte er auch den Angehörigen der *Alaudae* (Lerchen) genannten gallischen Elitelegion, denen Caesar als Anerkennung für ihre Tapferkeit das römische Bürgerrecht verliehen hatte. Schließlich erreichte er vom Senat, daß den beiden amtierenden Konsuln bereits Anfang April die Provinzen zugeteilt wurden, in denen sie nach Ablauf ihrer Amtszeit die Statthalterschaft ausüben sollten: Antonius ließ sich Makedonien zuweisen, Dolabella hingegen Syrien. Der eine würde die Aufgabe übernehmen, die Thraker zu überwachen, der andere sollte gegen die Parther ins Feld ziehen. Damit wurden Caesars Pläne für einen zweifachen Feldzug wieder aufgegriffen, deren Ausführung sich die beiden Amtskollegen nun teilen wollten.

Andere Maßnahmen betrafen Italien. Dem Beispiel Caesars folgend gründete Antonius eine Militärkolonie in den reichen, dem römischen Volk gehörenden Landgebieten um Capua. Diese Landzuweisungen in Kampanien und auch anderen Regionen ermöglichten es ihm, wie Cicero empört feststellt, sich seinen Freunden gegenüber großzügig zu erweisen. So etwa seinem Arzt gegenüber, seinem Rhetoriklehrer, seinen Zech- und Spielkumpanen und den Mimen und Schauspielerinnen, deren Umgang er schon immer gesucht hatte. Gelegentlich führten ihn seine Reisen in ein Landhaus, das er in der Nähe von Casinum (Cassino) besaß. Es war vorher Eigentum eines berühmten Römers gewesen, des bekannten Gelehrten M. Terentius Varro. Dieser hatte sich Pompejus angeschlossen und diese unglückliche politische Entscheidung mit seinem Landgut bezahlen müssen, das eingezogen und zugunsten des Staates veräußert wurde. Cicero empfindet es als einen Skandal, daß dieser schöne Besitz, in dem Varro früher seine umfangreiche Bibliothek aufbewahrt hatte, von seinem neuen Eigentümer nur mehr zur Veranstaltung von Orgien benutzt wurde: „M. Varro hatte sich dieses Haus eingerichtet, um der Wissenschaft nachzugehen, und nicht, damit es ein Ort der Ausschweifung werde! Zu seiner Zeit hörte man dort nur ernste Gespräche, es wurden tiefgehende Überlegungen angestellt und wissenschaftliche Abhandlungen verfaßt: Man befaßte sich mit dem römischen Recht, der Geschichte unserer Väter, den Grundlagen aller Weisheit und allen Wissens. Als du dich aber dort widerrechtlich eingenistet hast, denn als rechtmäßigen Besitzer kann man dich wahrlich nicht bezeichnen, da hallten die Räume vom Geschrei der Trunkenen wider, der Boden war mit Wein überschwemmt und die Wände waren davon bespritzt, freigeborene Kinder mußten den Anblick schändlicher Wüstlinge ertragen und ehrbare Frauen die Gegenwart von Dirnen... Dieser Schandkerl entehrte die Insignien der Konsularwürde." Wenn man von den verbalen Exzessen absieht, zu denen sich der Redner so gern hinreißen läßt, so erfährt man aus dieser Textstelle, daß Antonius seine Neigung zum leichten Leben und zum Vergnügen auch nicht unterdrückte, als er an die Spitze des Staates gelangt war.

Hatte Antonius damals irgendein genaues politisches Ziel? Es gibt dafür keinerlei Anhaltspunkte. Gewiß beweist die Art, wie er die Dinge nach Caesars Ermordung lenkte, daß er das Kräfteverhältnis richtig einzuschätzen wußte und ein beachtliches Maß an Entschlußkraft besaß. Er hatte auf etwas Unerwartetes mit Scharfblick und Entschlossenheit reagiert. Er hatte drohende Umsturzversuche gemeistert und sich ohne allzu große Skrupel die Mittel verschafft, den Staat während der ihm noch verbleibenden Amtszeit als Konsul nach Gutdünken zu regieren. Das von ihm initiierte Gesetz zur Abschaffung der Diktatur beweist, daß er nicht im Sinn hatte, unmittelbar und zu seinen Gunsten die im wesentlichen monarchische Herrschaftsform wieder einzuführen, die Caesar nach und nach eingerichtet hatte. Die Lehren aus den Geschehnissen hatte er jedoch gezogen: Er hatte erkannt, daß die Grundlage der Macht nunmehr militärischer Natur war und daß die Autorität des Befehlshabers, gleich über welches Amt er diese Funktion ausübte, vor allem auf der Tapferkeit und Treue seiner Legionen beruhte. Daher die bei Appian erwähnte Elitetruppe, mit der sich der Konsul umgab und in die er, um über willige, ihm ganz allein ergebene Einheiten zu verfügen, bald auch Barbarenkontingente eingliederte, wie jene ituräischen Bogenschützen aus dem Libanon, über deren Indienststellung sich Cicero so empört; daher die Maßnahmen zur Zufriedenstellung der Veteranen und, wie wir noch sehen werden, die Sorge, unter den in Italien stehenden Truppen streng auf Disziplin zu achten. Es wird aber aus alledem kein abgestimmter Plan ersichtlich, den Antonius zu Lebzeiten Caesars auch schwerlich gefaßt haben konnte. Es ist vielmehr wahrscheinlich, daß er seit den Iden des März den Umständen entsprechend handelte und dabei vor allem darauf bedacht war, die Staatsführung fest im Griff zu behalten und sich eine Position für die Zukunft zu sichern, ohne darüber die Annehmlichkeiten zu vernachlässigen, die sich dem Mächtigen im täglichen Leben bieten.

Dieses Vorhaben wurde Punkt für Punkt verwirklicht, als zu Beginn des Monats Mai plötzlich ein Störfaktor auftrat und seine Ausführung unterbrach. Der junge Octavian, Caesars Adoptivsohn, traf in Rom ein, um die Erbschaft seines Großonkels anzutreten und zu zeigen, daß man künftig mit ihm rechnen müsse. Die Nachricht von dem Mord hatte ihn in Illyrien erreicht, wo er in Apollonia auf die Ankunft Caesars wartete, um ihn in den Orient zu begleiten. Seinem Charakter entsprechend verhielt er sich während der ersten Tage vorsichtig, da er nicht wußte, inwieweit die Haßgefühle, die den Tod des Diktators verursacht hatten, auch ihm galten. Seine Mutter und sein Stiefvater Philippus schrieben ihm aus Rom, er möge sich reserviert verhalten. Als er aber erfuhr, daß Caesar ihn testamentarisch adoptiert hatte, zögerte er nicht länger und schiffte sich nach Italien ein. Aus Vorsicht ging er nicht in Brundisium an Land, sondern in einem kleinen, weiter südlich gelegenen Hafen, um dann in einer kleinen Ortschaft die Entwicklung der Dinge abzuwarten. Nachdem er sich ein Bild von der Lage gemacht hatte, begab er sich nach Brundisium. Die dort stationierten Truppen waren dem Erben ihres Feldherrn günstig gesinnt und empfingen ihn freundlich. Octavian nahm nun den Namen Caesar an, was ihm viele Sympathien einbrachte, und reiste nach Rom. Seiner Mutter und ihren Freunden, die ihn beschworen, sich nun gegen die Caesarmörder nicht etwa auf einen Kampf einzulassen, welchen die diesen gewährte Amnestie verbot und der ihm nichts als Feindschaften einbringen konnte, antwortete er mit einem Vers Homers. Darin entgegnet Achill seiner Mutter Thetis, daß er gewillt sei, den Tod seines Freundes Patroklos zu rächen, was es ihn auch kosten möge: „Eher will ich augenblicklich sterben, als darauf verzichten, den Tod meines Freundes zu rächen!" Mit sicherem politischen

Instinkt zeigte sich Octavian den Veteranen und Freunden Caesars als der einzige unter den Erben, der dem Andenken des Diktators wirklich treu blieb.

Antonius beobachtete den Auftritt dieses unerwarteten Konkurrenten in dem bisher von ihm beherrschten Spiel mit Mißvergnügen. Er empfing ihn hochmütig und herablassend: Was wollte dieser Achtzehnjährige, der kaum dem Jünglingsalter entwachsen war und über keinerlei politische und militärische Erfahrung verfügte? Octavian ließ sich durch den kühlen Empfang nicht aus der Fassung bringen. Als Haupterbe forderte er die Herausgabe von Caesars Geldern, die Antonius nach dem Mordanschlag hatte zu sich schaffen lassen. Außerdem warf er ihm vor, die Mörder nicht bestraft zu haben. Die Gefühle der beiden kommen in den fiktiven Reden zum Ausdruck, die Appian verfaßt hat, um ihr Zusammentreffen anschaulich werden zu lassen. Das feste Vertrauen des jungen Mannes in sein gutes Recht und seine Sendung steht im Kontrast zu der autoritären, hochfahrenden Entgegnung des Konsuls, der sein Vater sein könnte und ihn unmißverständlich auffordert, auf sein Vorhaben zu verzichten. Diese Gegenüberstellung wirkt freilich künstlich. Es ist offensichtlich, daß hier eine Darstellung vorliegt, die der octavianischen Propaganda verpflichtet ist, so wie sie in abgeschwächter Form auch bei Plutarch und Cassius Dio spürbar wird. Sicher ist jedoch, daß die beiden Männer schon bei diesem ersten Zusammentreffen aneinandergerieten und sich von Anfang an als Rivalen empfanden.

Auf den ersten Blick standen die Chancen keineswegs gleich. Neben den Vorteilen, über die Antonius aufgrund seines Alters und seiner Erfahrung als Politiker und Truppenführer verfügte, hatte er eine Stellung inne, durch die er die wichtigsten Hebel der staatlichen Macht in den Händen hielt. Es war ihm aber keinesfalls entgangen, daß sein junger Konkurrent unter den Soldaten eine gewisse Anhängerschaft besaß, da diese für das Prestige des Namens Caesar unverändert empfänglich waren. Er wußte auch, daß sich seine Gegner im Senat nur zum Schein ruhig verhielten und sich jederzeit um den Neuling scharen konnten. Aus diesen Gründen bemühte er sich, seine gegenwärtige und seine zukünftige Stellung noch mehr zu festigen. So brachte er ein Agrargesetz durch, aufgrund dessen die Veteranen Äcker erhielten und somit zufriedengestellt waren. Er wollte sich seine Macht aber auch für die Jahre nach dem Konsulat sichern, wie es vor ihm schon Caesar getan hatte. Letzterer hatte seinen Einfluß im wesentlichen seinem Amt als Statthalter Galliens verdankt, insbesondere seiner Herrschaft über das reiche und dichtbesiedelte diesseitige Gallien, das heißt die Poebene in Oberitalien. Diese Provinz lag Rom am nächsten und eröffnete unvergleichliche Möglichkeiten, Truppen auszuheben. Wie schon erwähnt, war sie dem Caesarmörder Decimus Brutus Albinus zugewiesen worden, während Antonius sich Makedonien vorbehalten hatte, wo die Armee versammelt war, die gegen die Thraker und die Parther ins Feld ziehen sollte. Antonius überließ nun die Ausführung dieser Kriegszüge im Osten zur Gänze seinem Amtskollegen Dolabella. Was ihn selbst anbetraf, so erachtete er es für besser, sich mittels eines Gesetzes über die Neuverteilung der Provinzen das diesseitige und das transalpine Gallien zuweisen zu lassen. Gleichzeitig wurde er ermächtigt, fünf der sechs auf dem Balkan für den Partherfeldzug bereitstehenden Legionen nach Gallien zu verlegen. Sein Amt als Statthalter hatte eine Laufzeit von fünf Jahren. Das entsprechende Gesetz wurde von der Volksversammlung im Juni beschlossen. Auf diese Weise verschaffte sich Antonius für einen langen Zeitraum eine außergewöhnliche Stellung, die ihm bedeutende Machtmittel in die Hand gab. Für die Provinz Makedonien wurde später sein jüngerer Bruder, der Prätor Gaius Antonius zum Statthalter ernannt.

Andere Maßnahmen hatten zum Ziel, Brutus und Cassius endgültig aus Rom zu entfernen. Diese hatten die Stadt schon vor Monaten verlassen, um nicht der Rache von Caesars Veteranen zum Opfer zu fallen. Sie wurden nun durch einen Senatsbeschluß beauftragt, sich um die Getreideversorgung Roms zu kümmern, der eine in Asien, der andere auf Sizilien. Auf diese Weise wurden sie von ihrem Prätoramt in Rom entbunden. Beide erkannten sehr schnell, daß dieses Exil der Auftakt zu Schlimmerem war, und sie begannen, für den Bürgerkrieg zu rüsten, den sie als unvermeidlich ansahen. Brutus verließ Italien im August, nachdem er in der Stadt Velia, wo er sich nach Griechenland einschiffte, mit Cicero zusammengetroffen war. In Velia nahm er auch von seiner Gattin Porcia, Catos Tochter, Abschied. Plutarch überliefert uns folgende pathetische Szene: Die junge Frau wollte sich der stoischen Seelenstärke ihres Gatten würdig erweisen und suchte ihre Gefühle zu verbergen, obwohl sie ahnte, daß es sich um eine lange, wenn nicht endgültige Trennung handelte. Doch konnte sie den Blick nicht vom Bild eines griechischen Malers lösen, das ihr Haus schmückte. Es stellte den Abschied Hektors und Andromaches aus dem VI. Gesang der *Ilias* dar, eine berühmte Stelle, die jeder gebildete Römer auswendig wußte. Schließlich konnte sie nicht mehr an sich halten und brach in Tränen aus, während einer der Anwesenden die Verse Homers zitierte, die so sehr ihren Gefühlen entsprachen: „Hektor, du bist mein alles, mein Vater und meine Mutter, mein Bruder auch, denn du bist meine Kraft und mein Gemahl!" Brutus lächelte. Um sie zu trösten, zitierte er einen anderen Vers aus dieser Textstelle. Nach seiner Ankunft in Griechenland begann er damit, die ehemaligen Soldaten des Pompejus zusammenzuführen, die noch auf der Balkanhalbinsel stationiert waren. Er erhob Steuern und unternahm es, eine Flotte zusammenzuziehen. Zahlreiche junge Römer, die sich in Griechenland aufhielten, schlossen sich ihm an, so auch Ciceros Sohn. Die Athener, stets bereit, sich gegen die Tyrannei zu empören, errichteten Brutus und Cassius auf der Agora Standbilder, und zwar zu seiten der Statuen, die vier Jahrhunderte zuvor den berühmten Tyrannenmördern Harmodios und Aristogiton zu Ehren aufgestellt worden waren. Sie hatten den Sohn des Pisistratos, den Tyrannen Hipparchos, erdolcht. Diese Vorzeichen eines blutigen Konflikts zeigten sich jedoch erst nach und nach. In Rom hatte man einstweilen andere, unmittelbarere Sorgen.

Die Spannungen zwischen Antonius und Octavian traten jetzt offen zutage. Der junge Mann ließ systematisch Caesars Immobilienbesitz verkaufen. Er benötigte Geld, um den ihm aus dem Testament erwachsenen Verpflichtungen nachzukommen, aber auch für die angestrebte politische Karriere. Diese Verkäufe gaben Anlaß zu zahlreichen Gerichtsverfahren, denn die ehemaligen Besitzer oder ihre Erben erhoben dagegen mit dem Argument Einspruch, es handle sich um ungesetzliche Konfiskationen aus der Zeit nach dem Bürgerkrieg. Sie wandten sich an den Konsul, der ihre Klagen gegen Octavian unterstützte, um auf diese Weise seinem jungen Konkurrenten das Geschäft zu erschweren. Ein weiterer Konflikt ergab sich aus den Spielen zu Ehren von Caesars Sieg, die Octavian als sein Erbe während der *Parilia*, eines während der letzten Junitage veranstalteten Festes, abhalten wollte. Caesar hatte diese alljährlich abzuhaltenden Spiele im Jahr 45 zum Andenken an seine Triumphe ins Leben gerufen. Octavian wollte die Gelegenheit nutzen, um sich beim Volk durch großen Aufwand beliebt zu machen. Einem noch zu Lebzeiten des Diktators gefaßten Senatsbeschluß gemäß sollte im Verlauf der Zeremonie Caesars goldener Ehrensessel und sein edelsteinbesetzter Kranz dem Volk gezeigt werden. Der Konsul widersetzte sich dem jedoch, wahrscheinlich, weil er die Ansicht vertrat, daß diese Ehrung nur zu Lebzeiten des Diktators sinnvoll gewesen war, ganz sicher aber auch deswegen, weil ihm nicht daran gelegen war, Octavian aus dieser Veranstaltung Kapital für dessen eigene Popularität schlagen zu lassen. Das Volk empfand dieses Verbot als eine Beleidigung von Caesars Andenken und nahm es Antonius sehr übel. Dieses Andenken wurde nun noch dadurch verstärkt, daß ein Komet am Himmel erschien, den die öffentliche Meinung in Zusammenhang mit Caesars Tod brachte, so daß man ihn das *sidus Julium*, das Julianische Gestirn, nannte. Octavian benutzte das Ereignis, um im Tempel der Venus, von der die Julier ihre Herkunft ableiteten, eine bronzene Caesarstatue zu errichten, über der ein Stern angebracht war. Auch Münzen wurden geprägt, auf denen der Diktator, verjüngt und idealisiert, mit einem Stern auf der Stirne abgebildet war. Die Apotheose wurde auf diese Weise auch vom Volk anerkannt. „Deswegen", so schreibt Cassius Dio, „ergriffen die Soldaten bereitwillig die Partei Octavians, und dies um so mehr, als einige von ihnen schon Geldzuwendungen erhalten hatten."

Der Erbe Caesars war bestrebt, unverzüglich die Ämterlaufbahn zu beginnen, obwohl seine Jugend einer regulären Bewerbung für öffentliche Funktionen entgegenstand. Freilich stellte eine ordnungsgemäße Kandidatur in diesen Krisenzeiten keine unabdingbare Notwendigkeit dar. Durch den tragischen Tod des Helvius Cinna, der infolge der Namensverwechslung vom Pöbel getötet worden war, stand das Amt eines Volkstribuns zur Verfügung. Octavian bewarb sich darum, Antonius widersetzte sich. Er konnte dabei die besten juristischen Argumente vorbringen, und es gelang ihm, dem Gesetz Respekt zu verschaffen. Dennoch schaffte es Octavian, die Angelegenheit in seinem Sinne zu nutzen. Er ließ sich durch einen befreundeten Tribun der Volksversammlung vorstellen und hielt vor dieser eine mit demagogischen Versprechungen gespickte Rede. Daneben beklagte er sich unaufhörlich über die Demütigungen, die er durch den Konsul erfuhr, während letzterer lebhaft seinem Ärger über den lästigen Rivalen Ausdruck verlieh. Beide warben um die Gunst der in zwei Lager gespaltenen Öffentlichkeit. Schließlich schalteten sich Freunde von Antonius ein, Offiziere seiner Garde, ehemalige Mitstreiter Caesars wie er selbst. Sie wollten eine Aussöhnung erwirken, die angesichts der Aktivitäten von Brutus und Cassius im Osten dringend erforderlich wurde. Antonius und Octavian trafen nun im Beisein ihrer gemeinsamen Freunde auf dem Kapitol zusammen, wo sie eine Übereinkunft trafen, die sich allerdings als wenig haltbar erweisen sollte.

Cicero, der Rom vorübergehend verlassen hatte und enge Beziehungen zu den Caesarmördern unterhielt, sah nun in dem jungen Octavian, den er leicht zu beherrschen glaubte, den Mann, der die Absichten des Antonius, dem er schon von jeher mißtraute, durchkreuzen konnte. Als er im Laufe des Sommers wieder in die Hauptstadt zurückkehrte, begann er, im Senat, in dem er nach wie vor über beträchtlichen Einfluß verfügte, zu intrigieren. Gleich bei seiner Ankunft am 1. September hatte er mit Antonius eine heftige Auseinandersetzung, weil er nicht an der Senatsversammlung teilnehmen wollte, die für diesen Tag einberufen war und bei der es darum ging, außerordentliche religiöse Ehrungen für Caesar zu beschließen. War es Müdigkeit? War es Vorsicht? Oder weigerte er sich, bei einer Schmeichelei mitzumachen, die ihm widerwärtig war? Dieses letzte Motiv brachte er schon am folgenden Tag vor: „Ich könnte mich nicht überreden lassen, einem Sterblichen, wer er auch immer sei, die gleichen religiösen Ehren zu gewähren, wie sie den unsterblichen Göttern zuteil werden." Dieses Mal war er im Senat erschienen, der unter dem Vorsitz Dolabellas zusammengetreten war. Antonius hatte anderwärts Verpflichtungen. Cicero hielt auf dieser Sitzung eine Rede, die uns unter der Bezeichnung 1. Philippika erhalten ist. In lebhaftem, aber würdigem Ton und darauf bedacht, Beleidigungen zu vermeiden, äußerte der Redner heftige Kritik an Antonius' gesamter Politik und beschwor den Senat, dieser nicht weiterhin Vorschub zu leisten. Er stellte alle wichtigen Maßnahmen des Konsuls in Frage, die Gesetze, die er hatte beschließen lassen, die Privilegien, die er verliehen hatte. Er stellte sie als schädlich, als unnütz oder als unvereinbar mit den vom Senat bestätigten Verfügungen Caesars hin. Schließlich beschuldigte er Antonius, sich mit einem ungerechtfertigten militärischen Apparat zu umgeben, der lediglich dazu bestimmt sei, den Senat und die Öffentlichkeit zu beeindrucken. Er griff das berühmte Wort des Tragödiendichters Accius auf – „Sollen sie mich ruhig hassen, solang sie mich nur fürchten" *oderint dum metuant* – und wandte es auf den Konsul an: „Ich fürchte sehr, daß du es lieber siehst, wenn deine Mitbürger Angst vor dir haben, als wenn sie dir Zuneigung entgegenbringen." Es war dies alles eine regelrechte, wenn auch noch in höfliche Formen gekleidete Kriegserklärung an die Adresse des Mannes, der Rom seit fast einem halben Jahr nach seinem Willen regierte.

Antonius war von dieser so direkt geführten Attacke zutiefst getroffen und beantwortete sie am 19. September vor dem Senat mit einer Rede, die er in einer Villa in Tibur (dem heutigen Tivoli) in siebzehntägiger Zurückgezogenheit sorgfältig vorbereitet hatte und kurze Zeit danach auch veröffentlichte. Es ist mehr als bedauerlich, daß uns dieses Zeugnis seiner Redekunst nicht erhalten ist: Es fiel der Verurteilung bzw. Verwerfung des Andenkens (*damnatio memoriae*) zum Opfer, die vom Senat posthum über Antonius verhängt wurde. Es wäre äußerst interessant und lehrreich, sie mit den ersten beiden Philippiken zu vergleichen. Es würde daraus ersichtlich werden, wie zwei Rednertemperamente, die aus zwei verschiedenen Schulen kamen, die beide von Leidenschaft und dem Wunsch beseelt waren, ihr Können voll auszuspielen, in ein und derselben Angelegenheit aneinandergerieten und ein und dieselben Fakten in einem jeweils anderen Licht darstellten. Es wäre dies ein schönes Beispiel einer Antilogie, das heißt zweier gegensätzlicher Darstellungen, wie sie uns Demosthenes und Aischines im Zusammenhang mit der *Gesandtschaft* und dem *Kranz* hinterlassen haben und wofür die klassische lateinische Literatur nichts Gleichwertiges bietet. Wie auch immer, die 2. Philippika, die eine direkte Erwiderung auf die von Antonius gehaltene Rede darstellt, gibt den Ton des Zusammenstoßes wieder. Es handelt sich um eine Verteidigung und eine Anklage zugleich, aus denen nun allerdings jede Zurückhaltung verbannt ist. In dieser langen

Streitschrift, die vor keinem verbalen Exzeß zurückschreckt und in der das Wort Krieg, *bellum*, gleich im ersten Satz erscheint, bezeichnet Cicero Antonius als den Todfeind der Republik, als den Nacheiferer Caesars, dessen Talente er zwar nicht besitzt, aber dessen Machthunger er dafür teilt, als das einzige Hindernis, das es zu beseitigen gilt, um die Freiheit im Staat zu retten. Er zieht ihn in den Schmutz, indem er lang und breit Episoden aus seinem Leben seit seiner Kindheit bringt. Er stellt ihn als den schändlichsten Leidenschaften verfallen dar, als Trinker, Fresser und Weiberhelden. Er prangert seine Prunksucht an, seine Geldgier, seine Skrupellosigkeit, und, der Höhepunkt in bezug auf einen Soldaten, der so eklatante Beweise seines Mutes geliefert hat, er beschuldigt ihn der Feigheit. Schließlich verherrlicht er die Ermordung Caesars als eine Ruhmestat, die er allen Mutigen als Beispiel hinstellt, und bezeichnet Antonius unmißverständlich als den, der beseitigt werden muß: „Verstehst du denn nicht, daß die Beherzten nun erkannt haben, welchen Dienst man dem Staat mit der Tötung eines Tyrannen erweist, welchen Ruhm man sich dadurch erwirbt? Glaubst du etwa, daß jene, die Caesars Herrschaft nicht ertrugen, die deine hinnehmen werden? Ich kann dir versichern, daß man sich beeilen wird, diese Aufgabe auszuführen, daß man sich nicht mehr begnügen wird, lange zu warten, bis sich die Gelegenheit zum Handeln bietet!"

Diese von glühender Polemik geprägte Angriffsrede wurde allerdings niemals gehalten. Cicero hatte aus Gründen der Vorsicht schon an jener Senatsversammlung nicht mehr teilgenommen, bei der ihm Antonius auf die erste Philippische Rede antwortete. Obwohl es keinerlei Anzeichen dafür gibt, daß Antonius damals an eine so extreme Maßnahme gegen einen in der herrschenden Klasse hochangesehenen Mann dachte, hatte der Redner aus Furcht vor einem Anschlag Rom im Oktober wieder verlassen und sich in der Nähe Neapels ans Meer zurückgezogen. Er vermied also die persönliche Konfrontation und attackierte seinen Gegner schriftlich: Die 2. Philippika ist eine fiktive Rede, die in aller Ruhe abgefaßt wurde und in der die verbalen Ausfälle ganz gezielt gesetzt werden. Cicero hatte sich durch seinen alten Freund T. Pomponius Atticus mit Ratschlägen bei der Redaktion dieses explosiven Textes helfen lassen. Er wurde der Öffentlichkeit erst im November oder Dezember 44 in Form eines Pamphlets bekannt. Elemente davon sollten aber im Verlauf des folgenden Jahres in den weiteren Philippiken wiederkehren, und zwar vonder dritten bis zur vierzehnten, die dann vor dem Senat oder der Volksversammlung tatsächlich gehalten wurden, die dritte bereits am 20. Dezember vor dem Senat. Die Antonius feindlich gesinnte Partei hatte in Cicero ihren ebenso beredten wie leidenschaftlichen Sprecher gefunden. Es waren aber nicht die Reden, vor denen Antonius sich fürchten mußte. Die rhetorische Gewandtheit seines alten Feindes war für ihn weit weniger gefährlich als die Wirkung, die sein junger Widersacher Octavian unter den Soldaten Caesars und bei einem großen Teil der Öffentlichkeit hervorrief. Aus dieser Richtung erwuchsen ihm seit Monaten unablässig Schwierigkeiten.

Der junge Mann verfolgte sein Ziel, ohne sich durch die verdeckte oder offene Feindschaft des Konsuls beirren zu lassen. Dieses Ziel bestand darin, sich eine Partei zu schaffen, die sich auf ihm ergeben Truppen stützen konnte. Seine Vorgehensweise war die gleiche geblieben. Er verteilte Geld, das ihm durch das von Caesar geerbte Vermögen zur Verfügung stand, das er aber auch aus seinem eigenen Vermögen, dem seiner Mutter Atia und seines Stiefvaters Philippus schöpfte, die ihn rückhaltslos unterstützten. Er wies vor den Veteranen immer wieder darauf hin, daß er Caesars Adoptivsohn sei und versprach, die ihnen von ihrem Feldherrn verliehenen Privilegien zu schützen und zu erweitern. Er wurde nicht müde, vor den Soldaten und in der Öffentlichkeit zu betonen, daß es seine erste Pflicht sei, den ermordeten Diktator zu rächen. Auf diese Weise konnte er hoffen, Antonius in bezug auf demagogische Versprechungen vor Caesars Anhängerschaft zu überflügeln und sich gleichzeitig die Unterstützung der Persönlichkeiten des öffentlichen Lebens zu sichern, die gleich Cicero die Aktivitäten des Konsuls mit Eifersucht und Furcht verfolgten. Den einen wie den anderen erschien er als der unerwartete Helfer, der im Vergleich zu Antonius aufgrund seiner Jugend und Unerfahrenheit kaum gefährlich werden konnte. Er umgab sich aber bereits mit scharfsichtigen Beratern wie Maecenas und Agrippa, die ihm halfen, seine Vorgehensweise festzulegen, ohne ihn deswegen in seinen Grundsatzentscheidungen zu beeinflussen.

Anfang Oktober unterlief ihm allerdings ein taktischer Fehler. Auf Anraten gewisser Freunde bestach er Mitglieder der Leibgarde des Antonius, die diesen ermorden sollten. Antonius erfuhr von dem Komplott und ließ die Schuldigen verhaften. Die Angelegenheit wurde zum Skandal, und Octavian wehrte sich gegen die Beschuldigung, der Anstifter gewesen zu sein. Es ist bezeichnend für die Wirkung der Propaganda des Augustus, daß die modernen Historiker unter dem Einfluß von dessen Prestige fast einhellig die Tatsache dieses Komplotts bestreiten. Plutarch und Appian legen sich nicht fest. Sueton hingegen, der im allgemeinen gut informiert ist, und vor ihm schon Seneca erklären übereinstimmend, daß Octavian sich tatsächlich dieses prompt wirkenden Mittels bedienen wollte, um seinen Gegner auszuschalten. Daß er dann nach der Aufdekkung des Komplotts bestritt, es angestiftet zu haben, ist verständlich. Die Skrupellosigkeit und kalte Entschlossenheit aber, die Octavian in seinem ganzen Verhalten zeigte, lassen es kaum glaubhaft erscheinen, daß er vor einem Mord zurückgeschreckt sein sollte, wenn er ihn als nützlich ansah.

Dieser Vorfall machte die kurz zuvor auf dem Kapitol vollzogene Aussöhnung hinfällig und schuf zwischen den beiden Rivalen eine Atmosphäre des Argwohns und der offenen Feindschaft. Beide hatten nun nichts anderes mehr im Sinn, als so viele Truppen wie möglich unter ihrem Befehl zu versammeln, da jeder von ihnen wußte, daß die politische von der militärischen Macht abhing. Antonius ließ die fünf Legionen aus Makedonien nach Italien kommen, wozu ihm das vor kurzem verabschiedete Gesetz über die Neuverteilung der Provinzen das Recht gab. Vier davon waren bereits in Brundisium an Land gegangen, das den Ausgangs- und Endpunkt für alle Unternehmungen auf der Balkanhalbinsel bildete. Doch die Abgesandten Octavians waren bereits tätig geworden und schürten die Unzufriedenheit. Es kam zu Gehorsamsverweigerungen. Als Antonius davon Nachricht erhielt, begab er sich unverzüglich an Ort und Stelle, um mit harter Hand Ordnung zu schaffen. Dem römischen Militärstrafrecht folgend ließ er die Rädelsführer der Meuterei, 300 an der Zahl, verhaften und hinrichten. Seine Frau Fulvia, die ihn begleitete, wohnte mit ihm zusammen den Exekutionen bei. Cicero behauptet, sie sei dabei mit dem Blut der Hingerichteten bespritzt worden. Anschließend kündigte Antonius an, er werde jedem Soldaten 400 Sesterzen ausbezahlen lassen, mehr als Caesar in seinem Testament jedem einzelnen Bürger vermacht hatte. Doch das Wetteifern um die Gunst der Männer zeigte bereits seine Wirkung. Angesichts der schillernden Versprechungen, die man ihnen im Namen Octavians gemacht hatte, empfanden die Legionäre die Geste des Konsuls als Knauserei.

Die Legionen wurden nun in Richtung auf das diesseitige Gallien in Marsch gesetzt, die Antonius zugeteilte Provinz, in der er seine Truppen konzentrieren wollte. Auf ihrem Marsch nach Norden gingen jedoch zwei davon, nämlich die vierte und die sogenannte Marslegion (*legio Martia*) nacheinander zu Octavian über. Antonius, der bereits wieder in Rom war, begab sich auf diese Nachricht hin zur Marslegion, die in der Apenninenstadt Alba Fucens östlich von Rom haltgemacht hatte. Es gelang ihm jedoch nicht, die Abtrünnigen zum Gehorsam zurückzuführen, und er begab sich wieder nach Rom, wo ihn der Rest seines Heeres erwartete. Er ließ nun jedem Soldaten eine Zuwendung von 2 000 Sesterzen ausbezahlen und führte das Heer in Schlachtordnung in die nahe bei Rom gelegene Landstadt Tibur (Tivoli). Hier fanden sich fast der gesamte Senat, die Mehrheit der römischen Ritter und die wichtigsten Volksvertreter ein, um ihm ihre Ergebenheit zu bekunden. Sie trafen den Konsul an, als er gerade den Treueid seiner Truppen entgegennahm, denen sich spontan zahlreiche Veteranen angeschlossen hatten, die wieder in die Armee aufgenommen werden wollten. Von ihrem Beispiel mitgerissen, schworen viele der anwesenden Römer Antonius Gehorsam und Unterstützung für seine Partei. „Und dabei waren doch viele von ihnen", wie Appian boshaft bemerkt, „noch kurz zuvor auf Octavians Aufforderung hin zusammengekommen und hatten Antonius mit Flüchen überhäuft!" Die Masse und ihre Anführer waren unbeständig und wankelmütig. Nach dieser erhebenden Zeremonie ließ Antonius das Lager abbrechen und setzte sich mit großem Pomp in Marsch mit Richtung auf das an der Grenze zum diesseitigen Gallien gelegene Ariminum (Rimini), um von seiner Provinz Besitz zu ergreifen.

Diese Vorgänge fielen in die letzten Tage des Monats November. Octavian hatte sich mittlerweile nicht weniger aktiv gezeigt. Er war nach Kampanien gereist, wo zahlreiche Veteranen Caesars angesiedelt waren, und hatte dort unter großzügiger Verteilung von Geldern die ersten Elemente eines Heeres zusammengestellt. Er unternahm dies als Privatperson, da er noch keinerlei Amt bekleiden durfte. Daran zeigt sich, wie ungesetzlich sein Vorgehen war und welche Bedrohung es für die Ordnung im Staat darstellte. Aber gerade Verteidiger der striktesten republikanischen Tradition wie Cicero verfolgten seine Unternehmungen mit Wohlwollen, da sie bestrebt waren, der Autorität des Antonius ein Gegengewicht entgegenzusetzen. Mit Unterstützung eines Volkstribuns kehrte Octavian in Abwesenheit von Antonius nach Rom zurück und sprach am

10. November vor der Volksversammlung, von der er Beifall erhielt. Dann führte er seine Truppen nach Arretium (Arezzo) in Etrurien, wo er weitere Truppen aushob und sich damit ganz offen auf einen Bürgerkrieg vorbereitete. Seine Streitkräfte vereinigten sich bald darauf mit der IV. und der Marslegion, die von Antonius abgefallen waren, und wurden dadurch ganz beträchtlich verstärkt. Gleichzeitig machte ihn das öffentliche Eintreten Ciceros und einiger anderer einflußreicher Persönlichkeiten für seine Sache zu einem wichtigen politischen Faktor.

Cassius Dio charakterisiert treffend die schnelle Entwicklung der Dinge, die noch ein halbes Jahr zuvor niemand voraussehen konnte: „In den öffentlichen Angelegenheiten herrschte damals ein völliges Durcheinander. Man befand sich noch im Frieden, aber es war schon der Krieg ausgebrochen. Die Freiheit blieb dem Schein nach erhalten, tatsächlich aber war man daran, eine Einzelherrschaft zu errichten. Auf den ersten Blick hatte Antonius als Konsul die Oberhand, doch die Gunst des Volkes gehörte eher Octavian, teils durch das Andenken seines Adoptivvaters, teils aufgrund der Hoffnungen, die er mit seinen Versprechungen erweckte, vor allem aber, weil die außerordentlichen Befugnisse des Antonius Haß erregten, wohingegen Octavian seine Macht noch nicht gefestigt hatte. Der Zuneigung der Römer aber erfreute sich weder der eine noch der andere, denn diese waren auf unablässigen Wechsel bedacht. Es lag in ihrer Natur, jeweils die Autorität des Stärkeren zu zerstören, indem sie sich auf die Seite des Schwächeren schlugen. Sie verhielten sich den beiden Männern gegenüber so, wie es ihren gewohnten Gefühlen entsprach. Zuerst bedienten sie sich Octavians, um Antonius zu schwächen, dann versuchten sie, Octavian seinerseits auszuschalten. Da sie keine beständige Autorität ertragen konnten, unterstützten sie zuerst die schwächere Partei, um die an der Macht Stehenden zu stürzen, danach wandten sie sich gegen die Sieger, deren Verbündete sie soeben noch gewesen waren. Diese Art des Handelns bewirkte, daß sich die Politiker einer nach dem anderen einer stets feindlich gesinnten Öffentlichkeit gegenübersahen, von der sie bald gepriesen, bald gehaßt, bald an die Macht gebracht und bald wieder verjagt wurden."

Der Historiker erinnert sich hier der Bemerkungen des Aristoteles, die dieser in seiner *Politik* über die Schwächen des vom Volk regierten Staates macht. Sie treffen ziemlich genau die Situation Roms in dieser Periode der Unsicherheit, in der Volk und Amtsträger vergeblich versuchten, eine Schaukelpolitik zwischen den beiden Ehrgeizigen zu betreiben, die, gestützt auf ihre Streitkräfte, die effektive Macht im Staat ausübten.

Im Verlauf dieser letzten Monate war ein weiterer Wettkämpfer auf den Plan getreten. Er sollte mehrere Jahre hindurch eine Nebenrolle spielen, die jedoch keineswegs unbedeutend war. Es handelte sich um Sextus Pompejus, den jüngeren Sohn des bei Pharsalus Unterlegenen. Im Gegensatz zu seinem älteren Bruder hatte er das Debakel in Spanien und das anschließende Massaker unter den Pompejanern überlebt. Mit Hilfe der einheimischen Bevölkerung war es ihm geglückt, nach der Schlacht von Munda zu entkommen. Als Caesar dann wieder nach Italien zurückgekehrt war, hatte er seine Position allmählich wieder gefestigt, ein Heer aufgestellt und damit den von Caesar eingesetzten Statthalter besiegt. Lepidus, dem das übrige Spanien unterstellt worden war, hatte mit ihm ein Abkommen geschlossen, durch das ihm die Rückerstattung des Vermögens seines Vaters, des großen Pompejus, zugesagt wurde. Aus Sorge über den wachsenden Einfluß Octavians hatte Antonius dieses Arrangement unterstützt und vom Senat ein Gesetz beschließen lassen, das Sextus Pompejus wieder in den Besitz seines väterlichen Erbes setzte, dessen Gegenwert ihm aus der Staatskasse ausbezahlt wurde. Außerdem übertrug man ihm den Befehl über sämtliche Geschwader der römischen Mittelmeerflotte, ein Kommando, bei dessen Ausübung sich sein Vater einst großen Ruhm erworben hatte. Diese Maßnahmen waren von den

Senatoren gut aufgenommen worden, aber auch in der Öffentlichkeit, die dem Triumphator ein vom Glanz seiner Siege verklärtes Andenken bewahrte. Sextus war zunächst nach Massilia gereist, um die Ergebnisse dieser Verhandlungen abzuwarten. Er kehrte dann jedoch nicht nach Rom zurück, sondern vereinigte seine aus Spanien mitgeführten Schiffe mit den in verschiedenen Häfen vorgefundenen zu einer Flotte, mit der er die Küste der Gallia Narbonensis entlangfuhr und da und dort vor Anker ging, um den Gang der Ereignisse zu beobachten. Von nun an war mit ihm zu rechnen.

Im letzten Monat dieses Schicksaljahrs 44, das die Ermordung Caesars gesehen hatte, den Aufstieg des Antonius zum höchsten Staatsamt und das unvermittelte Auftreten des jungen Octavian und späteren Augustus auf der politischen Bühne, wurde die Lage in Rom derart verworren, daß der Bürgerkrieg kaum mehr vermeidbar erschien. Nachdem Antonius Ende November mit seinem Heer nach Ariminum aufgebrochen war, hatten seine Gegner in Rom freie Hand. Cicero entschloß sich nach langem Zögern, wieder nach Rom zu kommen. Er kehrte am 9. Dezember zurück, voll Begeisterung für die Sache Octavians, die er zur Sache der Republik machte, so wie er sie sich vorstellte. Die für das Jahr 43 designierten Konsuln A. Hirtius und C. Vibius Pansa waren Caesarianer. Hirtius hatte es unternommen, Caesars *Gallischen Krieg* zu vollenden, dessen VIII. Buch von ihm verfaßt wurde. Cicero drängte sie, schon vor ihrem Amtsantritt aktiv zu werden, wozu sie sich allerdings nicht bringen ließen. Die neuen Tribunen hingegen, die ihre Funktion bereits am 10. Dezember und nicht wie die Konsuln am 1. Januar antraten, zeigten sich den eindringlichen Appellen des Redners gegenüber zugänglicher und beriefen den Senat für den 24. Dezember zu einer Sitzung ein, an der die zukünftigen Konsuln nicht teilnahmen.

In seiner Rede, die wir die 3. Philippika nennen, wiederholte Cicero die Anschuldigungen gegen Antonius, die er schon im Monat zuvor in seinem Pamphlet erhoben hatte. Er lobte auf das lebhafteste den „Jüngling" Octavian (er war am 23. September 19 Jahre alt geworden), der aus eigenem Antrieb eine Privatarmee aufgestellt und durch diese Initiative „die Republik von dieser Pest befreit hatte", die Antonius darstellte. Er sprach den beiden zu Octavian übergegangenen Legionen Lob aus und forderte den Senat auf, letzterem gesetzliche Vollmachten zu übertragen, um ihn ganz offiziell mit der Verteidigung der Republik zu betrauen. Gegen Antonius rief er mit äußerst scharfen Worten zum Kampf auf: „Wer könnte dieses Scheusal dulden? Wie sollte man es auch können, ist er doch nichts als Ausschweifung, Grausamkeit, Frechheit und Unverschämtheit! Aus nichts als diesen Lastern besteht er, an ihm ist keine Spur von Duldsamkeit, von Mäßigung, von Rücksicht oder Scham! ...Müssen wir die blutige Schandherrschaft dieses gottlosen Räubers noch weiter hinnehmen?" Ohne den geringsten Beweis dafür zu erbringen, beschuldigt er den Konsul in aller Form, er habe die Absicht gehabt, ihn, Cicero, durch seine Garde umbringen zu lassen, falls er die Unvorsichtigkeit besessen hätte, am 19. September im Senat zu erscheinen, an dem Tag, an dem Antonius mit seiner Rede auf die erste Philippika antwortete. Diese Bedrohung seines Lebens sei der Grund gewesen, weshalb er sich außerhalb Roms zurückgezogen habe und erst in den vergangenen Tagen wieder heimgekehrt sei. Schließlich beantragte er einen Senatsbeschluß, der, ohne das Wort Krieg zu nennen, den Krieg unvermeidlich machte. Ungeachtet des im Juni erfolgten Volksbeschlusses wurde Antonius nämlich die Statthalterschaft über die beiden gallischen Provinzen entzogen. An seiner Stelle sollten Decimus Brutus Albinus im diesseitigen und L. Munatius Plancus im jenseitigen (dem „langhaarigen") Gallien weiterhin im Amt bleiben, statt ihm dieses, wie ursprünglich vorgesehen, am 1. Januar zu übergeben. Antonius befand sich zu diesem Zeitpunkt bereits in Ariminum, in der Nähe des Flusses Rubicon, der die Grenze zum diesseitigen Gallien bildete. War es denn denkbar, daß er von dieser ihm durch Beschluß der Volksversammlung zugeteilten Provinz nicht Besitz ergreifen würde, wie es sein Recht war? Wenn der Senat nun Decimus Brutus zum Widerstand aufrief, dann erklärte er Antonius de facto den Krieg.

Decimus Brutus machte bei diesem verhängnisvollen Manöver nur allzugerne mit. Er war einer der wichtigsten Unterführer Caesars gewesen, der ihn, wie schon erwähnt, in seinem Testament neben Antonius als einen seiner Nacherben eingesetzt hatte. Ungeachtet dessen hatte er bei der Verschwörung gegen den Diktator eine ganz wesentliche Rolle gespielt. Er war es gewesen, der an den Iden des März den zögernden Caesar dazu bestimmte, an der Senatssitzung teilzunehmen. Als Statthalter des diesseitigen Gallien verfügte er über drei Legionen, die durch eine aus zahlreichen Gladiatoren gebildete Söldnertruppe verstärkt wurden. Als er von dem in Ariminum wartenden Antonius ein Schreiben erhielt, mit dem ihn dieser aufforderte, ihm den Platz zu überlassen und stattdessen sein neues Statthalteramt in Makedonien anzutreten, übersandte er ihm den Brief, mit dem ihm der Senat auftrug, in der Gallia Cisalpina zu verbleiben, und antwortete, „es gebe keinen Grund dafür, daß er, Brutus, sich eher dem Willen des Volkes unterwerfen müsse als Antonius dem des Senats". Das war der Bruch. Wie Appian sagt: „Der offene Krieg brach in dem Moment aus, in dem D. Brutus sich weigerte, die Cisalpina herauszugeben."

Da er aber wußte, daß die Streitkräfte des Antonius den seinen zahlenmäßig überlegen waren, und er deswegen ein Treffen auf dem flachen Land vermeiden wollte, nahm Brutus zu einer List Zuflucht. Er ließ die Nachricht verbreiten, daß er vom Senat erneut ein Schreiben erhalten habe, das ihn nach Rom zurückrief. Dann zog er seine Truppen zusammen und marschierte in Richtung Süden, während Antonius die großen Städte der Provinz in Besitz nahm, die ihm bereitwillig ihre Tore öffneten. Als Brutus aber Mutina erreicht hatte, besetzte er diese reiche und gut befestigte Stadt (das heutige Modena), schloß sich darin ein und beschlagnahmte alle Lebensmittel, deren er habhaft werden konnte. Er opferte alle Zug- und Tragtiere und ließ ihr Fleisch in Erwartung einer Belagerung einpökeln. Antonius erkannte nun, daß man ihn überlistet hatte, und zog vor die Stadt, um sie einzuschließen. Auf diese Weise entbrannte der durch Caesars Siege unterbrochene Bürgerkrieg in den letzten Tagen des Jahres 44 aufs neue, wieder standen römische Legionen einander gegenüber. Der sogenannte Mutinensische Krieg eröffnete eine lange Reihe blutiger Konflikte.

Das Jahr seines Konsulats stellt in der Karriere des Antonius einen entscheidenden Wendepunkt dar. In dem Augenblick, in dem er den Gipfel der Amtsehren erreicht hat, stellt ihn Caesars tragischer Tod vor eine ebenso unerwartete wie dramatische Situation. Festigkeit und Diplomatie geschickt verbindend, beweist er, daß er fähig ist, sie zu meistern. Er erspart den Römern die Schrecken eines Bürgerkriegs, die Straßenkämpfe, Plünderungen und Massaker. Im Glanz des jungen Ruhmes, den er in der Öffentlichkeit als Retter von Frieden und Eintracht genießt, nimmt er das Schicksal der Stadt in die Hand. Doch diese Zeit der Gnade ist nicht von Dauer. Sein Auftreten, seine hochfahrende Art, sein unverhüllt zur Schau getragener aufwendiger Lebensstil erregen die Kritik seiner zahlreichen Feinde, die sich noch nicht geschlagen geben. Als er unter der durchsichtigen Berufung auf Caesars Willen alle Regierungsverantwortung übernommen hat, beleidigt er all jene, denen er nicht die von ihnen erwarteten Vergünstigungen gewährt. Die Mehrheit der politischen Führungsschicht trauert der Vergangenheit nach und beobachtet ihn mit Mißtrauen, ja Feindseligkeit, auch wenn sie aus Furcht unterwürfig seinen Willen erfüllt. Solange niemand versucht, ihm seine Legionen abzuwerben, übt er eine nahezu uneingeschränkte Macht aus. Da tritt plötzlich ein unerwarteter Konkurrent auf, der, kaum der Kindheit und den Studien entwachsen, schon die Gabe zum Politiker hat, einen unerschütterlichen Glauben an seine Bestimmung mitbringt und jene kalte Hellsichtigkeit besitzt, die sich von keinerlei Skrupeln plagen läßt. Gleichzeitig verfügt er über den Vorteil, der Adoptivsohn des Diktators zu sein, wodurch er von Anfang an eine herausragende Stellung einnimmt. Obwohl der junge Octavian über keinerlei politische Erfahrung verfügt, festigt er innerhalb weniger Monate mit verblüffender Kühnheit und Zähigkeit seine Position und findet, da er keinen Aufwand scheut, die benötigten Hilfestellungen. Er schafft sich eine Privatarmee, indem er das Prestige seines Adoptivvaters und gleichzeitig das Gewinnstreben der Veteranen ausnutzt, die er mit Geld und Versprechungen auf seine Seite zieht. Die altgedienten Politiker, die ehemaligen Konsuln wie Cicero, die nostalgischen, der idealen Republik vergangener Jahrhunderte nachtrauernden Geister wenden sich von Anfang an dem neuen Mann zu. Er kann als einziger ein Gegengewicht zur Autorität des Antonius bilden und erscheint ihnen aufgrund seiner Jugend wenig gefährlich, da sie die feste Absicht haben, sein politisches Verhalten zu beeinflussen und zu lenken. Ohne gesetzliche Basis provozieren sie eine Rebellion gegen den amtierenden Konsul, obwohl sie wissen, daß diese zum offenen Krieg führen muß. Auf diese Weise stürzen der Haß gegen Antonius und der naive Glaube, man könne antiquierte Institutionen wieder funktionsfähig machen, den römischen Staat erneut in ein Chaos, und dies zu einem Zeitpunkt, zu dem Caesars Genie bereits die Grundlagen zu einer neuen Herrschaftsform geschaffen hatte, die den Bedürfnissen der Zeit besser entsprach und deren Errungenschaften Antonius kraft seiner Autorität wenigstens teilweise zu erhalten im Begriff war. Von nun an wird der Konflikt zwischen zwei vom Alter, vom Temperament und vom Charakter her völlig verschiedenen, jedoch gleichermaßen vom Ehrgeiz besessenen Männern dreizehn Jahre lang das Schicksal des Mittelmeerraums bestimmen.

IV.

Caesars Erben (43)

Gegen Ende des an unerwarteten Ereignissen so reichen Jahres 44 sah sich Antonius ernstlichen Schwierigkeiten gegenüber. Die Rebellion des Decimus Brutus zwang ihn zu einer großangelegten militärischen Operation vor Mutina, während in Rom die Partei seiner Gegner Oberhand gewann und eine Reihe gegen ihn gerichteter Maßnahmen traf, die ihn zum Staatsfeind stempelten. Die Rivalität mit dem jungen Octavian entwickelte sich zum Konflikt zwischen zwei Heerführern, in dem der jüngere trotz oder vielmehr wegen seiner jugendlichen Unerfahrenheit vom Senat offiziell unterstützt wurde. Eine eigenartige Situation für den aus dem Amt scheidenden Konsul, der als höchster Beamter der Republik soeben die schwierigsten Situationen bewältigt hatte! Es war wieder alles in Frage gestellt, der von Cicero und seinen Parteigängern in blinder Leidenschaft geschürte Bürgerkrieg bedrohte abermals den inneren Frieden.

Die beiden nun folgenden Jahre 43 und 42 zeigen, wie verworren die innenpolitische Situation und wie ungewiß die Zukunft war. Das Jahr 43 erlebt eine Reihe blutiger Kämpfe, aber auch spektakuläre Umschwünge und Wendungen: den mit einer Niederlage des Antonius endenden Mutinensischen Krieg, die wunderbare Wiederherstellung seiner bedrohlich gewordenen Situation und sein Übereinkommen mit Lepidus, die Abkühlung der Beziehungen zwischen Octavian und dem Senat, und schließlich die Aussöhnung zwischen Antonius und Octavian, die mit Lepidus zusammen das zweite Triumvirat bilden und in Italien und dem gesamten Westen die Staatsführung übernehmen. Im darauffolgenden Jahr 42 rechnen die Triumvirn als Erben Caesars mit dessen Mördern M. Brutus und C. Cassius ab, die die verworrene Lage in Italien dazu benutzt haben, um ihre Herrschaft im östlichen Mittelmeerraum auszubauen. Die militärischen Operationen gegen sie führen schließlich zu den zwei aufeinanderfolgenden Schlachten von Philippi in Thrakien und zum Sieg der Triumvirn, an dem Antonius den Hauptanteil hat. Lepidus ist in Italien zurückgeblieben und spielt in diesem Krieg nur eine passive Rolle. Die beiden Sieger teilen sich von nun an ihre Aufgabe. Octavian kehrt in den Westen zurück, Antonius bleibt in Griechenland und in Asien, um den griechischen Orient zu regieren, der nun zehn Jahre lang sein Herrschaftsgebiet sein wird. Die wichtigsten Geschehnisse dieser beiden Jahre sollen im folgenden dargestellt werden.

Bis April 43 spielten sich die Ereignisse auf zwei verschiedenen Schauplätzen ab. Im Feld waren die Truppen von Antonius die Wintermonate über, die sich für großangelegte Unternehmungen nicht eigneten, mit der Belagerung Mutinas beschäftigt, der Stadt, in der sich Decimus Brutus eingeschlossen und damit den offenen Krieg ausgelöst hatte. Wie schon die Belagerungen von Gergovia und Alesia während des Gallischen Krieges und vor kurzem erst die Belagerung Massilias gezeigt hatten, war es kaum möglich, eine befestigte und gut verteidigte Stadt im Sturm zu nehmen. Antonius mußte sich damit zufriedengeben, Mutina durch einen Ring von Feldbefestigungen einzuschließen, auf deren Errichtung sich Caesars Legionäre meisterlich verstanden. Decimus Brutus, der über reichliche Lebensmittel verfügte, machte jedoch keinerlei Anstalten, den Platz zu übergeben. Es gelang ihm auch, die Leute ausfindig zu machen, die sich im Auftrag von Antonius in die Stadt eingeschlichen hatten und dort versuchten, die Moral der Belagerten zu untergraben. Die Sache begann, sich in die Länge zu ziehen, und die Bevölkerung der Provinz, die für den Unterhalt des Heeres aufzukommen hatte, litt bereits unter den Auswirkungen des Konflikts. Im Blick auf eine Ausweitung des Krieges hatte Antonius einen seiner besten Legaten, P. Ventidius Bassus, der auch schon unter Caesar gedient hatte, damit beauftragt, unter den vom Diktator in Italien angesiedelten Veteranen weitere Truppen auszuheben. Ventidius Bassus stellte drei neue Legionen auf, die er in der Landschaft Picenum südlich von Ancona konzentrierte, um sie seinem Feldherrn zuzuführen.

In Rom spielte man indessen ein kompliziertes politisches Spiel. Im Senat stand die Partei Ciceros den Anhängern von Antonius gegenüber, die einen zähen Kampf führten, um zu verhindern, daß Antonius offiziell zum Staatsfeind erklärt wurde. Cicero nahm jede Sitzung erneut zum Anlaß, um die Ächtung seines Gegners zu verlangen, gegen den er eine nie versiegende Polemik entfesselte. Zwischen dem 1. Januar, an dem er die fünfte, und dem 21. April, an dem er die vierzehnte Philippika hielt, die letzte uns erhaltene Rede dieser Serie, sprach er insgesamt achtmal vor dem Senat und einmal (am 4. Januar) vor der Volksversammlung. Dabei griff er unermüdlich die stets gleichen Themen auf, die gleichen Beschimpfungen und Verleumdungen. Neben Marcus Antonius attackierte er auch Lucius Antonius, den jüngsten der drei Brüder, der sich zu seinem ältesten Bruder begeben hatte, während Gaius, der zweitälteste, in Makedonien weilte. Von Lucius malt uns der Redner ein schockierendes Bild in den schlimmsten Farben, das stark dem Porträt des Marcus ähnelt. Ein brutaler, blutrünstiger, gieriger Mensch, der sein Amt als Volkstribun dazu benutzt, um das Vermögen ehrbarer Bürger zu beschlagnahmen, ein Bandit, dem das römische Volk und die Ritterschaft noch dazu Standbilder errichtet haben! Das Allerschlimmste aber war, daß sich dieser römische Bürger die Unverschämtheit geleistet hatte, in der karischen Stadt Mylasa in Kleinasien an einem Gladiatorenkampf teilzunehmen, bei dem er seinen besiegten Gegner tötete. Cicero empört sich über diesen krassen Verstoß gegen die Sitten, denen zufolge nur Berufskämpfer oder Ausländer in die Arena steigen durften. „Was für eine Fackel der Zwietracht, unsterbliche Götter! Er ist die Gewalttat und das Verbrechen selbst! Ein Abgrund unersättlicher Gier!" Das ist der Ton der Reden, die sich gegen einen kurz zuvor mit großen Ehren aus dem Amt geschiedenen Magistraten richten, der, wie allgemein bekannt war, seine Kandidatur für das Konsulat eines der folgenden Jahre vorbereitete.

Allen seinen Anstrengungen zum Trotz gelang es dem großen Redner aber nicht, sein Ziel voll und ganz zu erreichen, das heißt Antonius offiziell zum Staatsfeind erklären zu lassen. Es fehlte diesem nicht an treuen Freunden, die seine Sache energisch und geschickt vertraten. Unter ihnen zeichneten sich Caesars Schwiegervater L. Calpurnius Piso und Q. Fufius Calenus aus, die beide im Senat den Philippiken brillante Reden entgegensetzten. Wir kennen letztere nur in Form der griechischen Übersetzungen, die uns die Historiker überliefern, Appian Pisos Rede, Cassius Dio die des Calenus. In beiden Fällen handelt es sich um prachtvolle Zeugnisse antiker Redekunst, die im Ton äußerst verschieden gehalten sind. Piso weist in seiner Rede Ciceros Behauptungen Punkt für Punkt zurück. Er legt dar, daß Antonius im Auftrag des Volkes und damit völlig legal handelte und daß die gegen ihn entfesselte Kampagne auf keinen stichfesten Anklagepunkten beruht. Diese klar argumentierende Verteidigungsrede, die auf emphatische Effekte und persönliche Attacken verzichtet, wirkt völlig überzeugend. Ganz anderer Art ist die Rede des Calenus: Cassius Dio hat sie ganz offensichtlich als Antwort auf jene verfaßt, die er Cicero in der Senatsversammlung vom 1. Januar 43 halten läßt und in der er die Substanz der diversen Philippiken auf seine Weise kondensiert. Es handelt sich um eine Stilübung, in der sich Cassius Dio darin gefällt, Cicero gegenüber dieselbe lebhafte Sprache zu gebrauchen, deren sich der Redner so gern bediente. „Dieser Mann", läßt er Calenus sagen, „ist von Natur aus ein perfider und lästiger Unruhestifter. Sein

Geist ist nichts als Wirrnis, er ist ständig damit beschäftigt, alles zu stören und überall Unordnung hervorzurufen. Wie die Strömungen der Meerenge von Euboea, an die er sich geflüchtet hatte, wendet er sich unaufhörlich in alle Richtungen, weswegen er auch völlig zu Recht den Spitznamen 'Windfahne' bekommen hat. Er möchte von euch, daß ihr die Leute zu euren Freunden oder zu euren Feinden macht, die er dazu bestimmt hat!" Die gesamte Rede ist von der gleichen Aggressivität geprägt, und sie steht den Philippiken an Beleidigungen kaum nach. Cassius Dio schließt nicht ohne Spott: „Cicero fand es unerträglich, daß Calenus sich ihm gegenüber einer solchen Sprache bediente. Denn auch wenn er selbst alle Welt mit der gleichen freien Ausdrucksweise traktierte, der jedes Maß und jede Zurückhaltung fehlte, so konnte er es doch nicht ertragen, daß andere es ihm mit gleicher Münze heimzahlten." Appian und Cassius Dio haben die Argumente und Wendungen, die sie den Freunden des Antonius in den Mund legen, sicherlich nicht erfunden. Sie fanden sie der Substanz nach in später verlorengegangenen Texten vor, selbst wenn sie dann die Zusammenstellung besorgten, wie es anhand der fiktiven Reden deutlich wird, die sie Cicero zuschreiben und deren Originale uns mit den Philippiken erhalten sind. Wie auch immer, Piso, Calenus und ihre Freunde konnten durch ihr Engagement bis zum 26. April verhindern, daß der Senat den Beschluß faßte, Antonius mit allen Konsequenzen, die dies nach sich zog, zum Staatsfeind zu erklären. Es gelang ihnen jedoch nicht, eine Reihe von militärischen Maßnahmen zu verhindern, aufgrund deren die Kampfhandlungen in der Cisalpina einen ganz anderen Charakter annahmen.

Zwischendurch versuchte man aber auch, Verhandlungen zu führen. So begab sich im Januar eine Abordnung von drei Senatoren, darunter Piso, zu Antonius, um ihn zu veranlassen, die Belagerung von Mutina abzubrechen und das diesseitige Gallien zu räumen. Gleichzeitig hatten die beiden neuen Konsuln Aufträge erhalten: der eine, Pansa, neue Truppen auszuheben, der andere, Hirtius, die bereits verfügbaren Legionen in die Cisalpina zu führen und dort nötigenfalls in die Kämpfe einzugreifen. Piso kehrte am 1. Februar mit einem der Abgesandten wieder nach Rom zurück, der andere war auf der Reise verstorben. Mit ihm war aber auch ein Freund von Antonius gekommen, Varius Cotyla. Er überbrachte Gegenvorschläge, deren Inhalt nicht im einzelnen bekannt ist, aber positiv war: Antonius erklärte sich bereit, auf das diesseitige Gallien zu verzichten, wenn man ihm die von Caesar eroberte Gallia Comata, das 'langhaarige' Gallien überlasse. Des weiteren verlangte er für seine Soldaten die gleichen materiellen Vorteile, die man Octavians Legionären gewährt hatte. Calenus verteidigte diesen Kompromißvorschlag vor dem Senat, doch Cicero erwirkte, daß er verworfen wurde. Am Tag darauf erhielt der unter dem Vorsitz Pansas erneut versammelte Senat von Hirtius die Nachricht, daß er, nachdem er mit seinen Truppen in die Cisalpina einmarschiert sei, die kleine Stadt Claterna unweit von Bononia (Bologna) besetzt habe. Claterna lag an der Via Aemilia, die nach Mutina führte. Die von Antonius in Claterna zurückgelassene Besatzung hatte ein Gefecht geliefert und anschließend den Platz geräumt. Die Kampfhandlungen hatten also bereits begonnen. Cicero hielt daraufhin mit gewohnter Heftigkeit und Leidenschaft die 8. Philippika, in der er auch den anwesenden Cotyla beschimpfte, und schloß mit einem regelrechten Aufruf zum Mord: „Wenn einer der Gefährten des Antonius eine Tat begehen sollte, die eine Ehrung oder Belohnung rechtfertigt, dann sollen die Konsuln Pansa und Hirtius dem Senat darüber unverzüglich Bericht erstatten." Im Klartext bedeutete das, man solle auf den Kopf des Antonius einen Preis aussetzen. Der Vorschlag wurde angenommen. Es ist verständlich, daß Antonius später im Rahmen der Proskriptionen Cicero auf die Todesliste setzen ließ.

Auf dem Kriegsschauplatz wurden indessen die Truppenbewegungen durch den Winter behindert, so daß Hirtius seinen Vormarsch erst am 15. März fortsetzen konnte. Diese ungewollte Unterbrechung der Kampfhandlungen ermöglichte es Piso und Calenus, mit Zustimmung Pansas erneut die Entsendung einer Abordnung an Antonius vorzuschlagen, der diesmal Cicero selbst angehören sollte. Der Redner verhehlte jedoch nicht seine Angst, daß sein Gegner blutige Rache an ihm nehmen könnte, falls er seiner habhaft würde. Er entzog sich daher der Aufgabe und brachte damit den Plan zu Fall. Antonius, der von Hirtius und Octavian in einem Schreiben über den neuerlichen Verhandlungsversuch informiert worden war, teilte dem Senat mit, daß er seine Abgesandten empfangen wolle, bezweifelte aber die Erfolgsaussichten dieses Unternehmens angesichts der Tatsache, daß man alle seine bisherigen Vorschläge zurückgewiesen hatte. Er erklärte sich zwar bereit, den in Mutina eingeschlossenen Truppen freien Abzug zu gewähren, nicht aber Decimus Brutus selbst, den er als *venefica*, als Giftmischerin, bezeichnete, und der wie alle übrigen Caesarmörder seiner Meinung nach für sein Verbrechen bestraft werden mußte. Cicero warf er vor, zwei aus römischen Mitbürgern bestehende Heere gegeneinander aufzuhetzen, als ob er einen Kampf in der Arena veranstalten wollte, und bezeichnete ihn als *lanista*, als Gladiatorenführer, eine Beschimpfung, durch die der Redner tief getroffen war. Wir kennen diesen Brief aus den daraus stammenden Zitaten, welche die 13. Philippika schmücken. Er ist ein gutes Beispiel für den bildhaften und doch direkten, schneidenden Briefstil von Antonius. Mit Ciceros Weigerung, sich als Abgesandter zur Verfügung zu stellen, war jedoch der letzte Versuch gescheitert, den Krieg durch einen Kompromiß zu beenden. Mit Beginn des Frühjahrs wurden die Kämpfe wiederaufgenommen.

Am 15. März rückte Hirtius mit den ihm unterstellten Truppen Octavians von Claterna aus weiter vor. Er besetzte nacheinander Bononia (Bologna) und Forum Gallorum (Castelfranco), mußte jedoch an einem Nebenfluß des Po, am Scultenna (Panaro),haltmachen, über den die Straße zu dem nur fünf Kilometer entfernten Mutina führte. Antonius hatte alle Brücken zerstören lassen und hielt die Übergänge besetzt. Als ehemaliger Legat Caesars verfügte Hirtius über große Erfahrung und hatte sich bisher sehr geschickt und vorsichtig verhalten. Auch jetzt hielt er es für besser, die Verstärkungen abzuwarten, die ihm Pansa zuführte. Er sandte ihm die Marslegion entgegen, die im Vorjahr von Antonius abgefallen war und als kriegserprobt und kampftüchtig galt. Antonius war über seinen Plan unterrichtet und wollte es zum Kampf kommen lassen, noch bevor sich die feindlichen Streitkräfte vereinigen konnten. Von Hirtius unbemerkt, unternahm er während der Nacht ein ebenso kühnes wie geschicktes Umgehungsmanöver und rückte an der Spitze einer aus zwei Legionen bestehenden Kolonne bis in die Nähe von Forum Gallorum vor, um beiderseits der Via Aemilia einen Hinterhalt zu legen. Als Pansa mit seinen vier Rekrutenlegionen ankam, überraschte ihn Antonius und brachte ihm trotz der eigenen zahlenmäßigen Unterlegenheit eine schwere Niederlage bei. Appians genauer Bericht über dieses Gefecht läßt die taktische Meisterschaft des Feldherrn ersichtlich werden. Pansa wurde bei den Kämpfen durch einen Wurfspieß schwer verwundet und von seinen Leuten nach Bononia gebracht, während sich das Gros seiner Truppen auf der Flucht befand. Einem Teil der Fliehenden gelang es, in Pansas Lager Zuflucht zu finden, das von der kriegsgewohnten Marslegion erfolgreich verteidigt wurde. Am späten Nachmittag dieses 15. April 43 konnte sich Antonius mit Recht in dem Gefühl wiegen, einen entscheidenden Vorteil errungen zu haben.

Es sollte jedoch ganz anders kommen. Wie Cicero mit einem bei Homer entlehnten Wort immer wieder sagt: *Mars communis*, „der Kriegsgott hat für niemanden eine Vorliebe." Mitten im Sieg wurden die Legionen des Antonius, deren Verbände im Verlauf des Kampfes und bei der Verfolgung des fliehenden Feindes in Unordnung geraten waren, durch den plötzlich eintreffenden Hirtius überrascht, der auf die Nachricht von den Kämpfen hin mit der IV. Legion und anderen Eliteeinheiten herbeigeeilt war. Durch sein Erscheinen auf dem Kampfplatz wandte sich noch am Abend dieses Tages das Kriegsglück. Die abgekämpften Soldaten des Antonius mußten nun vor dem überraschenden und mit frischen Truppen geführten Angriff zurückweichen. Obwohl Antonius die ganze Nacht hindurch seine Reiterei eingesetzt hatte, um die in die umliegenden Sumpfgebiete Versprengten wieder zu sammeln, waren die Verluste hoch. Die Überlebenden, die sich, dem Beispiel ihres Feldherrn folgend, tapfer geschlagen hatten, formierten sich in dem unbefestigten Forum Gallorum neu und konnten sich am folgenden Tag ohne weitere Verluste zum übrigen Heer zurückziehen, das noch vor Mutina lag. Beide Seiten hatten bei diesen Kämpfen einen hohen Blutzoll entrichten müssen: Was Antonius betrifft, so hatte er die Hälfte seiner Truppen eingebüßt.

Während dieser Ereignisse waren auch im Umkreis der belagerten Stadt die Kampfhandlungen nicht zum Stillstand gekommen. Antonius' Bruder Lucius hatte versucht, das Lager des Hirtius zu erstürmen, während dieser auf Forum Gallorum zumarschierte. Es gelang ihm jedoch nicht, den Widerstand der Truppen zu brechen, die unter dem Befehl Octavians zum Schutz des Lagers zurückgeblieben waren. Aufgrund dieses eher bescheidenen Abwehrerfolgs wurde Octavian von seinen Soldaten zum *imperator*, das heißt zum 'siegreichen Feldherrn' ausgerufen. Auf diese Weise erhielt der zukünftige Augustus im Alter von neunzehn Jahren einen Titel, der später Teil der Titulatur der römischen Caesaren wurde. Hirtius, bei dem dieser Titel schon eher gerechtfertigt war, und Pansa, trotz seiner Niederlage und seiner schweren Verwundung, wurden von ihren Männern in der gleichen Weise geehrt.

Die beiden Heere standen sich weiterhin gegenüber. Das eine belagerte Mutina, wo die Lebensmittel allmählich knapp wurden, das andere versuchte, den Belagerungsring zu sprengen. Antonius vermied die offene Feldschlacht, da er sich des Sieges nicht mehr sicher sein konnte. Vielmehr setzte er geschickt seine Reiterei ein, in der auch hervorragende gallische Abteilungen kämpften, um die Bewegungen des Feindes zu behindern. Auch hatte er von Lepidus, dem Statthalter der Gallia Narbonensis, Verstärkungen erhalten, was ihn dazu veranlaßte, sich auf größere Gefechte einzulassen. Am 21. April kam es nach einem Reiterscharmützel zu einer regelrechten Schlacht, in der die Truppen von Antonius unterlagen. Hirtius stürmte mit seinen Soldaten das gegnerische Lager, als er jedoch in die Nähe des Feldherrnzelts vorgedrungen war, fiel er im Kampf. Octavian gelang es, den Toten zu bergen, er konnte aber das Lager angesichts des heftigen Gegenangriffs von Antonius nicht halten. Mit Einbruch der Nacht stellten die beiden Heere den Kampf ein, um sich gegenseitig mit großer Wachsamkeit zu beobachten.

Antonius berief einen Kriegsrat ein, um die Lage zu besprechen. Seine Unterführer wiesen darauf hin, daß der Gegner durch den Tod von Hirtius und die Kampfunfähigkeit Pansas (der bald darauf an den Folgen seiner Verwundung sterben sollte) geschwächt war; daß die erlittenen Niederlagen nicht entscheidend waren und die eigene Reiterei der Octavians überlegen war; und schließlich, daß das durch die Belagerung geschwächte Mutina sich nicht mehr lange halten würde. Kurz, sie waren dafür, die Belagerung fortzusetzen. Die Lage klar erkennend, brachte Antonius nun seine Argumente. Das Kräfteverhältnis stand nicht mehr zu seinen Gunsten, Octavian konnte mit seinen zahlenmäßig überlegenen Streitkräften den Belagerungsring durchbrechen und Verstärkungen in die Stadt führen oder auch um das Belagerungsheer herum Befestigungen errichten und es seinerseits einschließen; im letzteren Fall wäre ihm seine Reiterei nur eine schwache Hilfe; eine neuerliche Niederlage würde ihn in den Augen der Statthalter der Narbonensis und der Comata, Lepidus und Munatius Plancus, zu denen er freundschaftliche Beziehungen unterhielt, als Verlierer erscheinen lassen, so daß sie versucht wären, in das andere Lager überzuwechseln; für den Fall aber, daß es ihm glücken sollte, zu ihnen zu gelangen, rechnete er auf ihre Unterstützung, und dies um so mehr, als Ventidius Bassus ihm bis dahin unter Umgehung von Octavians Armee die drei im Picenum ausgehobenen Legionen zuführen konnte. Aus all diesen Gründen erachtete er es für besser, die Belagerung abzubrechen und sich nach Westen zurückzuziehen, um den Apennin zu überschreiten und nach Südgallien zu marschieren, wo ihn Lepidus erwartete. Bei einem Heerführer, der durch seine taktischen Entscheidungen und seinen persönlichen Einsatz im Kampf schon so viele Male sein Draufgängertum bewiesen hatte, zeugte diese klare Analyse der Lage von einer außergewöhnlichen strategischen Intelligenz. Auf die Früchte einer viermonatigen Belagerung in dem Moment zu verzichten, in dem diese lange Anstrengung vielleicht endlich zu einem Erfolg führen würde, war angesichts des einhelligen Widerspruchs seiner Berater ein äußerst schwieriger Entschluß. Die Ereignisse sollten zeigen, daß es die richtige Entscheidung war, eine Entscheidung durch die Antonius sich als Führungspersönlichkeit erwies, die ihrer Verantwortung voll gerecht wurde.

Sobald der Plan feststand, machte man sich an seine Ausführung. Ein Rückzug im Angesicht des Feindes ist stets ein abenteuerliches Unternehmen. Es war von größter Wichtigkeit, daß der Gegner nicht zur Verfolgung bereit war und so den Abziehenden einen kostbaren Zeitvorsprung ließ. Antonius hob deswegen gleich am Tag nach der Schlacht, am 22. April, die Belagerung auf, um in den Westen aufzubrechen. Zunächst marschierte er über die Via Aemilia in Richtung auf Parma und Placentia (Piacenza). Er vermied es, den Po zu überschreiten und durch die Alpentäler zu ziehen, von wo aus er unter großen Strapazen über einen der zu dieser Jahreszeit verschneiten Pässe hätte nach Südgallien gelangen können. Stattdessen überquerte er den ligurischen Apennin, um die Küstenstraße am Golf von Genua zu erreichen. Nach vielen Mühen gelangte das Heer bei Vada Sabata, etwas westlich des heutigen Savona, ans Meer. Es vereinigte sich hier am 3. Mai mit den drei Legionen, die Ventidius Bassus aus dem Picenum über Umbrien und Etrurien herangeführt hatte, wobei es ihm mit Hilfe einer ausgeklügelten Marschroute gelungen war, jede Berührung mit den immer noch in der Cisalpina beschäftigten Truppen Octavians zu vermeiden. Durch diese Vereinigung wurden die bei Mutina erlittenen Verluste wieder ausgeglichen, so daß die Streitkräfte von Antonius nun wieder die alte Kampfstärke besaßen. Sie stellte einen großen taktischen Erfolg dar und war nur mit Hilfe des hervorragenden Kurierdiensts zustandegekommen, der die Verbindung zwischen Antonius und Ventidius Bassus aufrechterhalten hatte. Letzterer hatte seine Marschkolonnen mit sicherem Entscheidungsvermögen geführt. Sein Feldherr sollte das nicht vergessen und ihm später in Asien wichtige Aufgaben übertragen.

Die vereinigte Armee bewegte sich nun die Küste entlang auf Südgallien zu. Man marschierte in mehreren Kolonnen in Abständen von jeweils mehreren Tagen, um die Versorgung mit Lebensmitteln in dieser kargen und dünnbesiedelten Gegend zu erleichtern. Lepidus hatte sein Lager in der Gegend von Forum Julii (Fréjus) errichtet und einen seiner Unterführer, Q. Terentius Culleo, damit beauftragt, die Alpenübergänge zu sichern. Letzterer setzte dem Vormarsch von Antonius' Truppen keine Hindernisse entgegen. Die von dessen Bruder Lucius Antonius befehligte Vorhut erreichte Forum Julii am 7. Mai. Am 15. Mai traf Antonius mit der Hauptmacht ein, drei Tage darauf, am 18. Mai, kam Ventidius Bassus nach. Die vor Mutina beschlossene Operation war durchgeführt worden. Alles übrige war nun eine Sache der Diplomatie und der Soldatenpsychologie, auf die sich Antonius bestens verstand.

Im Verlauf dieses langen und abenteuerlichen Marsches hatte das Heer zahllose Schwierigkeiten überwinden müssen. Diese waren nicht etwa auf den Feind zurückzuführen, der den Vormarsch niemals behindern konnte, sondern auf das Gelände, die Jahreszeit und den Mangel an Lebensmitteln. „Am meisten litt das Heer unter dem Hunger", heißt es bei Plutarch. Und weiter: „Antonius hatte jedoch die Eigenschaft, in Not und widrigen Umständen sein bestes Selbst zu zeigen. Unter den Schlägen des Schicksals wuchs er über sich hinaus. Er, der so sehr den Luxus und das Vergnügen liebte, begann nun, ohne Widerwillen faulig schmeckendes Wasser zu trinken und sich von Wildfrüchten und Wurzeln zu nähren. Es heißt sogar, daß die Legionäre beim Zug über das Gebirge Baumrinde aßen und das Fleisch von Tieren verzehrten, die noch nie zuvor einem Menschen zur Speise gedient hatten." Durch seine Fähigkeit, ohne Klagen und ohne viel Aufhebens Strapazen, Müdigkeit und Leiden zu ertragen, wie sie dem Soldaten im Feld so oft beschieden sind, gewann er alle Herzen für sich. Die Männer schätzten es, daß er sich mit den gleichen Hungerrationen zufriedengab, mit denen auch sie sich begnügen mußten, und daß er den Annehmlichkeiten des leichten Lebens, die er vorher genossen hatte, niemals nachtrauerte. Mit diesem Verhalten erinnerte er sie an seinen Lehrmeister Caesar, ihren ehemaligen Feldherrn, und er erweckte dadurch in ihnen die gleiche spontane Ergebenheit, die sie einst diesem entgegengebracht hatten.

Das Ansehen und die Sympathie, deren er sich erfreute, zeigten auch ihre Wirkung, als er mit den Soldaten des Lepidus zusammentraf. Antonius war bis zu dessen Lager vorgerückt, weil er gute Beziehungen zu ihm unterhielt, seitdem sie zusammen Caesars Vertraute gewesen waren, der eine als sein Befehlshaber der Reiterei, der andere als sein Amtskollege im Konsulat. Lepidus war nur um wenige Jahre älter als Antonius. Als Statthalter der Gallia Narbonensis gebot er über sieben Legionen, was eine beachtliche Streitmacht darstellte. Während der Belagerung von Mutina hatte Antonius wertvolle Verstärkungen von ihm erhalten, auch wenn nicht klar ist, ob das betreffende Kontingent sich ihm auf Befehl des Lepidus angeschlossen oder ob dessen Legat aus eigenem Antrieb gehandelt hatte. Wie auch immer, wenn Lepidus dessen Initiative kritisierte, so tat er es der Form halber. Schließlich hatte auch Culleo nichts unternommen, um Antonius den Einmarsch in die Narbonensis zu verwehren. All das ließ eine Übereinkunft zwischen den beiden Heerführern erreichbar erscheinen. Antonius bemühte sich nun, sie zu verwirklichen.

Das Lager des Lepidus befand sich 30 Kilometer westlich von Forum Julii unweit des heutigen Vidauban im Tal des Argens. Durch den Flußlauf gesichert, blockierten seine Truppen die Straße nach Massilia. Antonius ließ bei seinem Eintreffen kein befestigtes Lager errichten, um zu zeigen, daß er als Freund zu Freunden kam. Er übermittelte Lepidus zunächst eine Reihe von Botschaften, in denen er ihm ein Abkommen vorschlug und unterstrich, daß sie zusammen Mitarbeiter Caesars gewesen und ihre Schicksale dadurch miteinander verbunden waren. Lepidus, der vom Senat die Anweisung hatte, sich gegen Antonius zu stellen, antwortete zurückhaltend, um sich nicht zu kompromittieren. Er versicherte jedoch, er werde nicht als erster die Feindseligkeiten eröffnen. Antonius appellierte nun an die Gefühle der Soldaten, um ihren zaudernden Befehlshaber zum Handeln zu zwingen. Der Sitte der Alten folgend hatte er seit der Niederlage vor Mutina sein Haupthaar nicht mehr gekämmt und den Bart wachsen lassen, was ein Zeichen der Besorgnis oder der Trauer war. Er tauschte den Purpurmantel des Feldherrn gegen einen schwarzen Umhang und begab sich in diesem mitleiderregenden Aufzug vor den Wall von Lepidus' Lager, um an dessen Legionäre eine Ansprache zu richten. Da sein Anblick viele von ihnen tief bewegte, ließ Lepidus alle Trompeten blasen, um so seine Stimme zu übertönen. Diese Maßnahme zeitigte eine ungewollte und gegenteilige Wirkung: Die Legionäre empfanden nun erst recht Mitleid und nahmen unverzüglich Verbindung mit ihren Kameraden im Lager von Antonius auf. Viele von ihnen bekundeten ihre Bereitschaft, sie freundschaftlich aufzunehmen und Lepidus notfalls zu töten, falls er versuchen sollte, sich zu widersetzen. Antonius forderte sie auf, ihren Befehlshaber nicht anzutasten, nutzte aber ihre Stimmung aus, um gleich am nächsten Tag seine Truppen über den Fluß zu führen, den er selbst als erster überquerte. Die Soldaten des Lepidus rissen daraufhin die Schanzpfähle aus ihrem Lagerwall und empfingen ihn mit großem Jubel. Durch sein persönliches Ansehen, seinen Sinn für bewegende Gesten und seine ruhige Beherztheit hatte er sie für sich gewonnen.

Antonius war nun klug genug, Lepidus nicht in seinem Stolz zu verletzen, und beließ ihm deshalb formell den Befehl über seine Truppen, die soeben zu ihm übergegangen waren. Er begegnete ihm voll Achtung, grüßte ihn, wie man es Älteren gegenüber aus Respekt zu tun pflegte, mit 'Vater' und stellte so das alte Vertrauensverhältnis wieder her. Diese großzügige Haltung hatte äußerst vorteilhafte politische Folgen: L. Munatius Plancus, der Statthalter der Gallia Comata, der über fünf Legionen verfügte, und C. Asinius Pollio, der zwei Legionen in Spanien befehligte, vereinigten sich mit Antonius und Lepidus. Aufgrund dieses Zuzugs verfügten letztere von September an über eine gewaltige Streitmacht: 23 hervorragende Legionen, eine zahlreiche Reiterei und, als Rückhalt, das gewaltige Menschenreservoir, das Gallien und Spanien zusammen darstellten. Seit seinen Niederlagen bei Mutina hatte sich das Blatt für Antonius völlig gewendet. Durch seine Entschlußkraft, sein Urteilsvermögen und seine persönliche Ausstrahlung hatte er die Lage in einer Weise wiederhergestellt, die alle seine Hoffnungen übertraf.

Wenn die Bewegungen seiner Truppen im Verlauf ihres schwierigen Marsches vom Gegner nicht behindert worden waren, so war das in erster Linie auf die Führungsgabe ihres Feldherrn und seines Legaten Ventidius Bassus zurückzuführen. Beide hatten es verstanden, das Gelände und die Umstände optimal zu nutzen, um ihre Männer ebenso schnell wie sicher an ihr Marschziel zu bringen. Das

Unternehmen wurde aber auch durch die Laschheit und Unentschlossenheit des Feindes begünstigt. Im Lager Octavians war Uneinigkeit entstanden. Der aus dem belagerten Mutina befreite Decimus Brutus mißtraute dem jungen Octavian, der nun als einziger das Entsatzheer befehligte, nachdem Hirtius gefallen und Pansa so schwer verletzt war, daß er seiner Verwundung bald darauf erlag. Es ging sogar das Gerücht um, das Sueton und nach ihm Tacitus überliefern, Octavian habe Pansas griechischen Arzt bestochen, damit er Gift auf die Wunde streiche. Wie sehr der Tod des Konsuls verdächtig erschien, geht aus der Tatsache hervor, daß dieser Arzt ins Gefängnis geworfen wurde. Einem weiteren, ebenfalls von Sueton überlieferten Gerücht zufolge hatte Octavian die im Kampf entstandene Unordnung dazu benutzt, um Hirtius eigenhändig zu töten. Es ist dies allerdings ziemlich unwahrscheinlich, da Octavian kaum dazu neigte, in vorderster Reihe zu kämpfen, wie es Hirtius und Caesars andere Legaten gewohnt waren. Auch das erste Gerücht muß man wohl auf eine Verleumdung zurückführen. Appian überliefert uns, freilich in fiktivem Wortlaut, die Ratschläge, die Pansa auf seinem Totenbett an Octavian richtete. Sie zeigen die Sympathie und das Vertrauen, die der sterbende Konsul seinem jungen Waffengefährten entgegenbrachte. Er riet ihm, sich im Interesse der Caesarianer mit Antonius wieder zu versöhnen. Seine Gefühle passen gut zu dem Bild, das man sich von Pansa machen kann, der seit seinem Amtsantritt als Konsul niemals zum Krieg gehetzt hatte.

Wie dem auch sei, diese obschon verleumderischen Gerüchte spiegeln das Mißtrauen und die Meinungsverschiedenheiten wider, die im Lager der Sieger von Mutina herrschten. Decimus Brutus, einer der Anführer der Verschwörung gegen Caesar, wußte nur zu gut, daß Octavian wiederholt den Wunsch verkündet hatte, seinen Adoptivvater zu rächen. Er wurde nun auf Betreiben Ciceros zum Dank für die tapfere Verteidigung Mutinas mit Ehren überhäuft und in der Nachfolge der beiden toten Konsuln mit dem Oberbefehl über die Senatstruppen betraut. Octavian wurde übergangen. Man befand ihn für zu jung; außerdem begann sein Ehrgeiz, die Senatsmehrheit zu beunruhigen, die nun glaubte, Antonius losgeworden zu sein, und kein Interesse daran hatte, sich mit einem neuen Anwärter auf die höchste Macht auseinandersetzen zu müssen. Octavian empfand diesen Beschluß als eine persönliche Kränkung. Zuerst verhehlte er seinen Zorn und verlangte, man möge ihn einen Triumph abhalten lassen. Diese Forderung wurde mit dem Hinweis abgelehnt, daß er für eine solche Ehrung noch zu jung sei. Er wußte nun, woran er war und faßte eingedenk der Ratschläge, die ihm der sterbende Pansa erteilt hatte, eine Übereinkunft mit Antonius ins Auge. In diesem Sinn unternahm er nichts, um den Marsch der Truppen des Ventidius Bassus zu behindern, als diese aus dem Picenum nach Ligurien zogen. Wie Appian berichtet, nahm er vielmehr Verbindung zu ihm auf und beauftragte ihn, falls er sich ihm, Octavian, nicht anschließen, sondern sich immer noch mit Antonius vereinigen wollte, diesem mitzuteilen, er tue Unrecht daran, ihre gemeinsamen Interessen nicht zu erkennen. Nachher ließ er ihn seinen Marsch fortsetzen und versuchte nicht weiter, ihn von seinem Vorhaben abzuhalten. Außerdem schenkte er einem vor Mutina in Gefangenschaft geratenen Offizier des Antonius die Freiheit und sandte ihn zu seinem Feldherrn zurück. Als dieser Mann ihn fragte, welche Gefühle er gegenüber Antonius hege, antwortete er, daß er diese zu wiederholten Malen in einer für einen klugen Kopf erkennbaren Weise gezeigt habe und es zwecklos sei, sie noch mehr zu zeigen, wenn der andere sie nicht erkennen wolle. Damit waren schon unmittelbar nach den Kämpfen um Mutina die ersten Grundlagen für ein Übereinkommen gelegt.

Decimus Brutus, der nunmehr den Befehl über die Legionen von Hirtius und Pansa, nicht aber über die von Octavian führte, entschloß sich schließlich, Antonius zu verfolgen. Er war aber von dem unerwarteten Rückzugsmanöver seines Gegners überrascht worden und hatte zuviel Zeit verloren. Seine Kundschafter waren zu spät aufgebrochen, so daß es ihnen nicht mehr gelang, die Spuren dieses so plötzlich verschwundenen Heeres aufzufinden. Er blieb lange Zeit in dem Glauben, Antonius habe sich in die Hochalpentäler zurückgezogen, um über einen der Pässe, die heute Kleiner Sankt Bernhard, Mont Cenis und Mont Genèvre genannt werden, in Richtung Valentia (Valence) ins Rhônetal zu ziehen. Er entsandte eine Abteilung in diese Richtung, die die Alpen überquerte und Cularo (Grenoble) erreichte, wo sich Munatius Plancus, der Statthalter der Gallia Comata aufhielt. Nachdem Decimus Brutus diese Verbindung hergestellt hatte, glaubte er, dem Senat melden zu können, Antonius suche vergeblich eine Zufluchtsstätte und werde ihm alsbald in die Hände fallen. Diese Aussicht erfüllte die Antonius feindlich gesinnten Senatoren mit Hochstimmung. Sie hatten schon die Meldungen von den Siegen bei Mutina mit Erleichterung entgegengenommen. Die von Cicero am 21. April gehaltene 14. Philippika legt davon Zeugnis ab. Wir sind nicht im Besitz der letzten Reden dieser Serie, deren Gesamtzahl nicht bekannt ist (es handelt sich um siebzehn oder achtzehn) und von denen uns nur die ersten vierzehn erhalten sind. Jedenfalls hatte Cicero am 26. April, nach der Meldung über den zweiten Sieg, das erreicht, was er seit Monaten vergeblich angestrebt hatte: Antonius wurde zum Staatsfeind erklärt. Eine Zehnmännerkommission wurde damit beauftragt, sämtliche Anordnungen zu überprüfen, die er als Konsul erlassen hatte. Um Lepidus und Munatius Plancus davon abzuhalten, mit ihm zusammenzugehen, erteilte ihnen der Senat den Auftrag, am Zusammenfluß von Rhodanus (Rhône) und Arar (Saône) eine Kolonie zu gründen. Auf diese Weise entstand die Stadt Lugdunum, das heutige Lyon. Doch all das waren vergebliche Bemühungen. Sie hinderten Antonius nicht daran, mit Lepidus die Übereinkunft zu treffen, die es ihm ermöglichte, seine Machtposition wiederherzustellen.

Durch dieses Abkommen, auf das noch der Übertritt von Munatius Plancus folgte, war das Schicksal von Decimus Brutus innerhalb weniger Wochen besiegelt. Wie noch zu sehen sein wird, wurden die Caesarmörder durch die in Rom auf Betreiben Octavians erlassene *lex Pedia* geächtet, und Decimus Brutus konnte in Gallien nicht mehr Zuflucht suchen, wie er es eine Zeitlang gehofft hatte. Er faßte daher den Entschluß, sich über den langen und schwierigen Landweg nach Makedonien zu seinen Gefährten M. Brutus und C. Cassius zu begeben, die sich im östlichen Mittelmeergebiet ein provisorisches Refugium geschaffen hatten. Antonius war jedoch entschlossen, ihn zu verfolgen und zu bestrafen. Da seine Legionen nicht mehr in der Lage waren, Widerstand zu leisten, versuchte Decimus Brutus, sie über die Alpen nach Oberitalien in Richtung auf Aquileia zu führen. Sie verließen ihn aber bald und lösten sich auf oder gingen zu Octavian über. Als ihm nur noch einige gallische Reiter verblieben waren, legte auch er gallische Kleidung an und gab sich, da er ihre Sprache beherrschte, als einer der Ihren aus. Auf diese Weise wollte er über den Oberrhein nach Rätien und Noricum gelangen, um sich dann über Pannonien nach Illyrien zu begeben. Er sollte aber nicht weit kommen. Von Wegelagerern gefangen, wurde er einem gallischen Häuptling ausgeliefert, der sofort Antonius benachrichtigte. Obwohl dieser, wie Appian schreibt, angesichts eines solchen Glückswandels seine Bewegung nicht verbergen konnte, erteilte er den Befehl, ihn zu töten. Als der Augenblick der Hinrichtung gekommen war, erging sich Decimus Brutus, wie Cassius Dio berichtet, in lauten Wehklagen und heftigen Protesten, bis einer seiner Gefährten, der ihm durch die gemeinsamen Feldzüge verbunden war, vor seinen Augen Selbstmord beging. Das Haupt des Decimus Brutus wurde Antonius überbracht, der es, nachdem er sich versichert hatte, daß es sich wirklich um das seines Feindes handelte, ehrenvoll bestatten ließ. Seit Caesars Tod waren nun eineinhalb Jahre vergangen.

Decimus Brutus war nicht der erste, der für den Mord an Caesar büßen mußte. Schon einige Monate zuvor hatte ein weiterer Anführer der Verschwörer, C. Trebonius, ein tragisches Ende gefunden. Bekanntlich hatte Dolabella, Antonius' Konsulatskollege von 44, die Statthalterschaft von Syrien erhalten und war gegen Ende des Jahres in den Orient abgereist. Unterwegs machte er in der Provinz Asien Station, wo Trebonius seit Caesars Tod als Statthalter regierte. Da Brutus und Cassius im Begriff waren, sämtliche östliche Provinzen des Reiches unter ihre Kontrolle zu bringen, insbesondere Syrien, wo sich Cassius aufhielt, empfing Trebonius, der mit ihnen gemeinsame Sache machte, Dolabella äußerst ungnädig. Er untersagte ihm das Betreten der wichtigsten Städte seiner Provinz, insbesondere Pergamons und Smyrnas. Angesichts der heftigen Proteste und Drohungen Dolabellas versprach er diesem schließlich, ihn in Ephesos einzulassen. Dolabella tat nun so, als wollte er sich dorthin begeben, täuschte jedoch die von Trebonius mit seiner Überwachung beauftragten Abteilungen und kehrte nachts heimlich nach Smyrna zurück, wo der Statthalter residierte. Er überrumpelte die nichtsahnende Garnison, ließ seine Soldaten mit Leitern über die Mauern steigen und bemächtigte sich der Stadt. Trebonius wurde in seinem Bett gefangengenommen. Er verlangte, vor den Konsul geführt zu werden. „Geh, wohin du willst", erwiderte der Centurio, der ihn verhaftet hatte, „aber ohne deinen Kopf. Denn wir haben Befehl, deinen Kopf zu bringen, nicht dich." Darauf schlug er ihm den Kopf ab, den Dolabella auf der Tribüne zur Schau stellen ließ, auf der Trebonius als Statthalter zu Gericht gesessen hatte. Dolabellas Soldaten, die den Mord an Caesar nicht vergessen hatten, bemächtigten sich der blutigen Trophäe, um damit in den Straßen der Stadt Ball zu spielen. Als dieses barbarische Treiben zu Ende war, hatte der Kopf des Trebonius keine menschliche Form mehr. Dolabella zeigte sich den sterblichen Überresten seiner Feinde gegenüber nicht so respektvoll wie Antonius.

Diese Unmenschlichkeit sollte ihm kein Glück bringen. Während in Italien noch der Kampf um Mutina die Geister beschäftigte, entwickelten sich die Dinge im Orient sehr schnell. M. Brutus und C. Cassius Longinus, die beiden Anführer der Caesarmörder, waren bestrebt, sich ein Herrschaftsgebiet zu schaffen, von dem aus sie den Erben des ermordeten Diktators die Stirn bieten konnten. Weder der eine noch der andere hatte sich mit der ihm vom Senat zugewiesenen Provinz zufriedengeben wollen, das heißt Brutus mit Kreta und Cassius mit der Cyrenaika. Sie wußten, daß ihnen diese weder die Truppen noch die finanziellen Mittel liefern konnten, die sie brauchten, um ihre Gegner von einem Angriff abzuhalten. Sie ließen sich daher beide unter Mißachtung der ihnen erteilten Aufträge in Gebieten nieder, die für die Verwirklichung ihrer Absichten geeigneter waren. Brutus begab sich nach Griechenland und Makedonien, wo er, um über ihm ergebene Legionen zu verfügen, sämtliche Veteranen des Pompejus zu den Waffen rief, die nach der Schlacht von Pharsalus nicht nach Italien zurückgekehrt waren. Cassius ging nach Syrien, wo er zehn Jahre zuvor unter Crassus die Quästur bekleidet hatte und wo die Erinnerung an seine Taten noch lebendig war: Nachdem er einen Teil des Heeres aus dem Debakel von Carrhae herausgeführt hatte, war es ihm zweimal hintereinander gelungen, die Parther zurückzuschlagen, die mit ihren Einfällen die Region bedrohten. Er zögerte also nicht, nach Syrien zu kommen, obwohl diese Provinz Dolabella zugeteilt war. Caesar hatte übrigens vor seinem Tod Brutus Makedonien und Cassius Syrien versprochen. Seine Mörder konnten sich nun paradoxerweise darauf berufen, von ihm in die Ämter eingesetzt worden zu sein, die sie für sich in Anspruch nahmen.

Cassius traf noch vor Dolabella in Asien ein, ließ sich von seinem Freund und Mitverschwörer, dem Statthalter Trebonius, Geld geben, zog ein Heer zusammen und marschierte damit in Syrien ein, wo ihm sämtliche Städte die Tore öffneten und sämtliche in dieser Provinz stehenden

Legionen sich ihm anschlossen. Der Senat, der mittlerweile mit Antonius gebrochen hatte, nahm die Meldungen über diese Ereignisse mit Befriedigung entgegen, widerrief die von Antonius als Konsul getroffenen Anordnungen und übertrug nun Cassius offiziell die Statthalterschaft. Da man in Rom auch vom Tod des Trebonius und dem Verhalten Dolabellas erfahren hatte, wurde dieser geächtet. Cassius erhielt den Auftrag, Krieg gegen ihn zu führen. Auf diese Weise waren die Rollen wider alles Erwarten vertauscht. Dolabella begann nun eine Offensive, scheiterte aber vor Antiochia und wurde nach einem unglücklichen Gefecht in der Stadt Laodikeia an der nordsyrischen Küste eingeschlossen. Kleopatra, die mit diesem Freund Caesars noch gute Beziehungen unterhielt, sandte ihm Verstärkungen übers Meer. Das Geschwader des Cassius gewann jedoch die Oberhand und die Blockade war nunmehr vollständig. Als die Lebensmittelvorräte zur Neige gingen, unternahm Dolabella einen erfolglosen Ausbruchsversuch. Jeglicher Hoffnung auf Rettung beraubt, nahm er sich das Leben. Menschlicher als Dolabella sich Trebonius gegenüber gezeigt hatte, gewährte ihm Cassius eine würdige Bestattung. So endete der ehemalige Schwiegersohn Ciceros und Mitkonsul des Antonius, eine markante und schillernde Persönlichkeit, die weder Taktgefühl noch Skrupel kannte und der es trotz oder vielleicht gerade wegen ihrer offenkundigen Fehler gelang, im dramatischen Auf und Ab dieser Geschichte eine gewisse Rolle zu spielen.

Was Brutus betrifft, so schuf er in Griechenland und Makedonien nach und nach vollendete Tatsachen, um seine Machtstellung auszubauen, die der Senat bereits im Februar 43 auf Ciceros leidenschaftliche 10. Philippika hin in eine legale Herrschaft verwandelte. Cicero ließ später seinen langjährigen Freund die Rede lesen. Brutus dankte ihm herzlich für seine Unterstützung in einem Brief, in dem er auch die Bezeichnung 'Philippiken' für diese Reden guthieß. Die beiden Männer fühlten sich noch mehr verbunden, seitdem Brutus Ciceros Sohn unter seine wichtigsten

Legaten aufgenommen hatte. In Griechenland kam es schon in den ersten Monaten des Jahres 43 zu militärischen Auseinandersetzungen. Antonius' jüngerer Bruder Gaius war Ende November 44 zum Statthalter Makedoniens ernannt worden, nachdem sich ersterer statt dessen das diesseitige Gallien hatte zuteilen lassen. Gaius war bereits aufgebrochen, um seine Provinz in Besitz zu nehmen, als der scheidende Statthalter Q. Hortensius, ein Verwandter des Brutus, für letzteren Partei ergriff und ihm seine Truppen zur Verfügung stellte. C. Antonius ging in Illyrien an Land, konnte aber nicht sehr weit ins Landesinnere vordringen, da sich die dort stationierten Legionen Brutus anschlossen. Er sah sich sehr bald gezwungen, mit einer kleinen Anzahl von Truppen in Apollonia Zuflucht zu suchen, mußte die Stadt jedoch wieder verlassen, da er sich der Ergebenheit ihrer Einwohner nicht sicher sein konnte. Nachdem ihn Ciceros Sohn in einer Feldschlacht geschlagen hatte, wurde er schließlich von Brutus selbst in einem Sumpfgebiet eingeschlossen. Von seinen letzten Getreuen verlassen, geriet er in Gefangenschaft. Brutus behandelte ihn lange Zeit mit Milde, obwohl er von Cicero in mehreren Briefen dazu gedrängt wurde, ihn hinrichten zu lassen. Schließlich verdächtigte er Gaius, mit einigen römischen Offizieren seiner Umgebung ein Komplott zu schmieden, um die Lage zu seinen Gunsten zu wenden. Von nun an ließ er ihn auf einem seiner Schiffe unter der Aufsicht des Hortensius, des ehemaligen Statthalters von Makedonien, in strengem Gewahrsam halten. Als Brutus später von der Bildung des zweiten Triumvirats und dem Ende Ciceros erfuhr, der auf Geheiß des Antonius getötet worden war, gab er Hortensius den Befehl, Gaius Antonius zur Vergeltung hinzurichten. Eine endlose Kette von blutigen Racheakten.

Die Nachrichten über die von Brutus und Cassius entfalteten Aktivitäten wurden in Italien von Cicero und der Senatsmehrheit mit Genugtuung aufgenommen, da diese darin ein wirkungsvolles Gegengewicht zu den Unternehmungen von Antonius sahen. Daraus erklärt sich die offizielle Anerkennung ihrer Herrschaft. Als sich aber nach dem Mutinensischen Krieg das Verhältnis zwischen Octavian und dem Senat verschlechtert hatte, kam es zu einem raschen Umschwung. Der junge Octavian war es leid geworden, seine ehrgeizigen Pläne von jenen durchkreuzt zu sehen, die ihn kurz vorher, als sie ihn brauchten, noch umschmeichelt hatten. Er hatte den Ton und die Methode geändert: Nachdem man ihm den Triumph und das Konsulat mit der Begründung verweigert hatte, daß er nicht das gesetzlich vorgeschriebene Alter habe, war er, während er gleichzeitig mit Antonius und Lepidus Verbindung aufgenommen hatte, an der Spitze seiner Legionen auf Rom marschiert. Er besetzte die Stadt kampflos, und nun beugten sich alle seinen Forderungen. Er wurde zum Konsul gewählt, noch bevor er sein zwanzigstes Lebensjahr vollendet hatte, wessen er sich später in seiner selbstverfaßten Lebensbeschreibung ausdrücklich rühmte. Entscheidend war der Druck der Armee gewesen. Ein Centurio, der mit einer Anzahl Soldaten bei den Senatoren vorstellig wurde, um sie aufzufordern, seinem Befehlshaber das Konsulat zu übertragen, äußerte die gleiche Drohung, die sechs Jahre zuvor schon ein Offizier Caesars ausgesprochen hatte. Er wies auf den Griff seines Schwertes und sagte: „Wenn ihr ihn nicht zum Konsul machen wollt, dann wird ihn das hier dazu machen."

Sobald er seine Autorität dem Volk und dem Senat gegenüber gesichert und den Soldaten die versprochenen Zuwendungen ausbezahlt hatte, machte er sich unverzüglich daran, den Mord an seinem Adoptivvater zu rächen. Es war dies von Anfang an seine erklärte Absicht gewesen, ein Punkt, über den er sich mit Antonius einig wußte. Um die Bestrafung der Mörder nicht als eine Befriedigung privater Rachegelüste erscheinen zu lassen, legte er Wert darauf, so weit wie nur möglich auf legaler Basis vorzugehen. Der als Octavians Amtskollege gewählte Konsul war sein Vetter Q. Pedius. Er wurde damit beauftragt, ein Gesetz einzubringen, die sogenannte *lex Pedia*, mit dem das aufzunehmende Verfahren geregelt werden sollte. Es wurden gegen jeden einzelnen der Mörder Ermittlungen eingeleitet, und da die meisten von ihnen geflüchtet waren, fand der Prozeß in ihrer Abwesenheit statt. Ihre Verurteilung bereitete keine Schwierigkeiten, da die Richter kaum Wert darauf legten, den Zorn Octavians auf sich zu ziehen. Trotzdem wagte es einer von ihnen, für den Freispruch von M. Brutus zu stimmen. Es war dies ein Senator namens Silicius Corona. Sein Mut brachte ihm augenblicklich den Ruf großer Unabhängigkeit und die heimliche Wertschätzung seiner Amtskollegen ein, die anders gestimmt hatten. Man wunderte sich, daß Octavian ihn nicht umgehend beseitigen ließ, und rühmte den jungen Konsul wegen seiner Milde. Bei dieser handelte sich aber lediglich um ein politisches Kalkül. Wenige Wochen später wurde Corona ihm Rahmen der Proskriptionen auf die Todesliste gesetzt und zusammen mit den anderen Geächteten hingerichtet.

Die aus dem Orient eintreffenden Nachrichten gaben Octavian Anlaß zur Sorge. Es hieß, Brutus und Cassius hätten eine beachtliche Streitmacht aufgestellt, die über zwanzig Legionen umfaßte, mehr als dem jungen Konsul selbst zur Verfügung standen. Sich ihnen mit zahlenmäßig unterlegenen Kräften entgegenzustellen kam nicht in Frage, um so weniger, als Sextus Pompejus, der vom Senat den Oberbefehl über die Flotte erhalten und sich auf Sizilien niedergelassen hatte, von neuem in der Position des Rebellen war: Man hatte ihn völlig ungerechtfertigt der Beteiligung an der Ermordung Caesars angeklagt und verurteilt. Octavian war folglich zu einer Übereinkunft mit seinem ehemaligen Gegner Antonius gezwungen, der als einziger in der Lage war, mit ihm zusammen den unmittelbar bevorstehenden Krieg gegen Brutus, Cassius und ihre Verbündeten zu führen. Die bereits im Sommer angeknüpften Beziehungen sollten jetzt ihre Früchte tragen. Antonius und Lepidus hatten ihre Streitkräfte reorganisiert und waren für einen Feldzug bereit. Sie reagierten auf Octavians Avancen ebenso positiv wie auf das Ersuchen des Senats, der auf Vorschlag des Konsuls Pedius ihre Mithilfe bei den geplanten militärischen Operationen erbat. Nachdem die Verfolgung des Decimus Brutus beendet war, brach Antonius in Begleitung von Lepidus im Oktober 43 mit siebzehn Legionen und 10 000 Reitern nach Italien auf. In der Gallia Narbonensis ließ er sechs Legionen unter dem Kommando seines Freundes L. Varius Cotyla zurück, der sich ihm während des Mutinensischen Krieges als Gesandter an den Senat zur Verfügung gestellt hatte. Wie Plutarch schreibt, war er einer von Antonius' Zechgenossen und ebenso trinkfest wie sein Oberbefehlshaber. Wenn nun auch das griechische Wort *cotyle* ein Trinkgefäß bezeichnet, so darf man den Beinamen *Cotyla* (oder *Cotylon*) nicht zu wörtlich verstehen und ihn als einen Hinweis auf die Trinkfreudigkeit seines Trägers auffassen. Diese Spottnamen, die ursprünglich mit gutem Grund gegeben wurden, waren zumeist vererbt, und man war sich ihrer eigentlichen Bedeutung kaum noch bewußt. Der bei Plutarch übrigens recht diskret erfolgende Hinweis – von modernen Historikern nicht ungern aufgegriffen – ist lediglich ein Spiel mit der Etymologie des Namens, das den Einfluß der gegen Antonius und seine Vertrauten gerichteten Propaganda widerspiegelt.

Antonius und Lepidus marschierten nun auf der gleichen Via Aemilia, die ein halbes Jahr zuvor für den Rückzug gedient hatte, diese Mal in umgekehrter Richtung, nämlich auf Mutina zu. An ebendieser Via Aemilia hatte Octavian bei Bononia eine siebzehn Legionen umfassende Streitmacht zusammengezogen, die also zahlenmäßig gleich stark war wie die seiner zukünftigen Verhandlungspartner. Man hatte durch Vorgespräche alles genauestens geregelt. Die Begegnung der drei Befehlshaber fand Ende Oktober auf einem sorgfältig ausgewählten Terrain statt, und zwar auf einer kleinen Flußinsel, die der Lavinius, ein Nebenfluß des Po (wahrscheinlich der heutige Reno), zwischen Mutina und Bononia bildete. Antonius und Octavian führten je fünf Legionen (ungefähr 25 000 Mann) heran und stellten sie beiderseits des Flusses und in einiger Entfernung davon auf. Dann begaben sich beide mit einer je dreihundert Mann starken Garde zu den Brücken, über die man die Insel von den beiden Ufern aus erreichte. Lepidus spielte die Rolle des Vermittlers und schritt daher als erster über die Brücke, um die Insel auf einen möglichen Hinterhalt abzusuchen. Nachdem er nichts Verdächtiges feststellen konnte, schwenkte er wie vereinbart seinen purpurnen Feldherrnmantel. Daraufhin betraten die beiden anderen Befehlshaber ohne jede Eskorte die Insel. Sie verhandelten hier zwei Tage lang von der Morgenröte bis zum Einbruch der Nacht. Octavian als amtierender Konsul führte den Vorsitz.

Dieser große Aufwand an Vorsichtsmaßnahmen macht deutlich, wie sehr die Teilnehmer dieser außergewöhnlichen Konferenz einander mißtrauten. Cassius Dio behauptet sogar, sie hätten sich gegenseitig durchsucht, um sicher zu sein, daß nicht einer von ihnen einen Dolch unter seinen Kleidern verbarg. Dann begannen sie mit der Erörterung sämtlicher aktueller Probleme, um gemeinsam die Bedingungen festzulegen, die es ihnen ermöglichen sollten, den Staat ihrer Herrschaft zu unterstellen, ihre Gegner auszuschalten und die von jedem einzelnen erstrebten Ziele zu erreichen. Dabei diente ihnen das Abkommen als Vorbild, das siebzehn Jahre zuvor Pompejus, Caesar und Crassus geschlossen hatten. Diese Übereinkunft, von der jedermann wußte, auch wenn sie niemals offiziell bekanntgegeben worden war, hatte den Beteiligten, vor allem aber Caesar, der daraus den größten Nutzen zu ziehen verstand, neue Wege zu Macht und Reichtum eröffnet. Dieses Mal hatten die Teilnehmer hingegen die Absicht, ihre Abmachung von allen politischen Kräften des Staates anerkennen zu lassen und ihr eine juristische Basis zu geben, die ihren Fortbestand gewährleisten sollte. Sie verwarfen den Gedanken, die Diktatur wieder einzurichten, die durch ein von Antonius eingebrachtes Gesetz ein Jahr zuvor feierlich abgeschafft worden war. Hingegen konstituierten sie sich als „Dreimännerkommission zur Reform der Republik", *tresviri rei publicae constituendae*. Aus diesem Grund gab man ihnen sofort den Namen Triumvirn, der in die Geschichte einging.

Wenn das erste Triumvirat lediglich ein Bündnis zwischen drei führenden Politikern dargestellt hatte, die entschlossen waren, sich zur Erreichung ihrer Ziele innerhalb der bestehenden Institutionen gegenseitig zu unterstützen, aber diese Institutionen zu diesem Zeitpunkt nicht verändern wollten, so übernahmen die Mitglieder des zweiten Triumvirats ganz offiziell eine neue und außergewöhnliche Verantwortung. Sie beschlossen, den Staat nach ihren Plänen umzugestalten, und das aufgrund eines selbsterteilten Auftrags, dessen einzige Rechtfertigung die Militärmacht war, auf die sie sich stützten. Sie zogen dabei lediglich die Lehren aus sechs Jahren Bürgerkrieg und dem kurzlebigen Versuch Caesars, eine neue Herrschaftsform zu schaffen, die den Bedürfnissen der Zeit besser angepaßt war als die hergebrachte Verfassung. Da sie die Möglichkeit zum Handeln hatten, wollten sie diese voll ausnützen und dort erfolgreich sein, wo Caesar gescheitert war. Niemand weiß, welche genauen Pläne sie in bezug auf die Verfassung hatten oder ob sie zu dieser Zeit überhaupt schon klare Pläne entwickelten. Lepidus, eine ziemlich farblose Erscheinung, dürfte kaum welche gehabt haben. Antonius und Octavian waren beide Pragmatiker, keine Theoretiker. Wahrscheinlich hatten sie in erster Linie die Probleme im Sinn, die sie lösen mußten, wenn sie die Mechanismen des Staates endgültig unter ihre Kontrolle bringen wollten. Sie verschoben eine Neudefinition der Institutionen im Sinne einer gleichmäßigen und dauerhaften Machtausübung auf einen späteren Zeitpunkt, wahrscheinlich weil sie sich bewußt waren, daß sich ihr künftiges Zusammenwirken an der Spitze des Staates schwierig gestalten würde, und setzten zunächst einmal die Dauer ihres neugeschaffenen Amtskollegiums auf fünf Jahre fest. Im Grunde brachte also genau dieser Tag das Ende der alten, schon seit Jahrzehnten dahinsiechenden Republik. Da, wie von Anfang an zu erwarten, das Einvernehmen zwischen den dreien nicht von langer Dauer sein sollte, wird Octavian, der jüngste von ihnen, ihr noch vages revolutionäres Programm zu Ende führen und mit einer außergewöhnlichen politischen Intelligenz für Jahrhunderte die neue Herrschaftsform des Prinzipats einrichten.

Abgesehen von dieser Grundsatzentscheidung über ihre Amtsdauer einigten sich die Triumvirn über eine Reihe von Einzelmaßnahmen. Octavian verzichtete für den Rest seiner Amtszeit auf das Konsulat, statt seiner wurde Ventidius Bassus, der Legat des Antonius, für die verbleibenden zwei Monate damit betraut. Es handelte sich hier ganz offensichtlich um ein Entgegenkommen Antonius gegenüber, der auf diese Weise einem seiner besten Offiziere das höchste Staatsamt übertragen konnte. Octavian wiederum bezeigte mit diesem Verzicht seinen Respekt gegenüber seinen beiden Kollegen, die höflich genug gewesen waren, ihn während der Verhandlungen in seiner Eigenschaft als Konsul ungeachtet seiner Jugend als den Ranghöchsten zu betrachten. Hier zeigt sich deutlich, welches Prestige diese Männer, die sich der Republik bemächtigt hatten, dem Amt des Konsuls nach wie vor beimaßen: Octavian, noch nicht zwanzig, war amtierender Konsul; Antonius, vierzigjährig, war das Jahr zuvor Konsul gewesen; Lepidus war 46 Jahre alt und sollte am 1. Januar 42 sein zweites Konsulat antreten. Die neuen Machtpositionen wurden in die Formen der alten gegossen. Auch der spätere Augustus wird dieses Verfahren mit Erfolg anwenden.

Des weiteren teilten die drei Befehlshaber die Provinzen neu unter sich auf, da sich gezeigt hatte, daß hier die Ressourcen an Menschen und die finanziellen Mittel zu finden waren, welche die Realität der Macht darstellten. Antonius erhielt die beiden gallischen Provinzen: Die Cisalpina, die auch *Gallia togata* genannt wurde, weil man hier die Toga trug, also weitgehend römische Sitten angenommen hatte, und die Transalpina, auch *Gallia comata* genannt, das erst vor kurzem von Caesar unterworfene „langhaarige Gallien", dessen Bewohner nach gallischer Sitte noch langes Haar trugen. Diese Zuteilung hatte keine Probleme verursacht: Decimus Brutus, der Statthalter der Cisalpina, war tot, und Munatius Plancus, dem die Transalpina unterstellt war, erhielt zum Ausgleich das Konsulat für das Jahr 42 als Amtskollege von Lepidus. Antonius konnte zufrieden sein. Er verfügte über die Provinzen, deren Besitz einst die Macht Caesars begründet hatte. Lepidus behielt weiterhin die Narbonensis und Hispania Citerior (letztere umfaßte den nördlichen und den östlichen Teil der iberischen Halbinsel), dazu bekam er noch das restliche Spanien. Octavian schließlich erhielt die Provinz Afrika (sie entsprach dem heutigen Tunesien und dem daran angrenzenden Teil Algeriens), sowie Sizilien und Sardinien. Er beherrschte damit die Gebiete, die für die Getreideversorgung Roms eine ganz wesentliche Rolle spielten. Auf diese Weise „teilten sie das Reich", um es mit Plutarchs kräftigen Worten zu sagen, „wie eine väterliche Erbschaft untereinander auf." Die östlichen Provinzen, also Griechenland, Makedonien, Asien, Syrien und die Cyrenaika, befanden sich unter der Kontrolle von Brutus und Cassius und wurden deswegen bei dieser Aufteilung vorläufig nicht berücksichtigt. Man wollte das später tun, wenn die Rebellen niedergeworfen waren.

Nun mußten noch die politischen Gegner ausgeschaltet werden, die versucht sein konnten, die Herrschaft der Triumvirn in Rom oder anderswo in Frage zu stellen. Die drei Männer wollten keine halben Maßnahmen ergreifen. Man hatte unruhige Zeiten hinter sich, in denen deutlich geworden war, daß die Persönlichkeiten des öffentlichen Lebens kaum jemals zögerten, je nach den Umständen die Meinung und die Partei zu wechseln. Caesars so oft bewiesene Milde hatte sich gegen Ende seiner Diktatur in eine unnachsichtige Härte verwandelt, wie die Ereignisse des Spanienfeldzugs zeigen. Seit seiner Ermordung war es üblich, von einem Menschenleben nicht mehr viel Aufhebens zu machen. Man rief zur Ermordung der politischen Gegner auf und lebte selbst in ständiger Furcht vor einem Attentat, das Verhalten Ciceros ist das beste Beispiel dafür. Die allgemeine Stimmung tendierte nicht zu Milde und Vergebung. Brutus und Cassius stellten mit ihren im Osten zusammengezogenen Streitkräften eine sehr konkrete Bedrohung dar, und es war mit Recht zu befürchten, daß ihre Anhänger, die sich schon während und nach dem Mutinensischen Krieg äußerst aktiv gezeigt hatten, nach einem neuerlichen Ausbruch von Kämpfen den Triumvirn in Rom und Italien gefährlich werden konnten. Diese entschlossen sich daher zu radikalen Schritten, die sie, da sie sich selbst mit dem Staat identifizierten, als Maßnahmen darstellen konnten, die dem öffentlichen Interesse dienten: Es handelte sich um die Proskriptionen.

Dieses Wort hat einen unheilvollen Klang, es läßt an Geldgier und Blutvergießen denken und entspricht damit nur allzusehr den Tatsachen. Das Vorbild hatte vierzig Jahre zuvor Sulla geliefert, als er nach seinem Sieg über die Marianer jede Opposition ersticken wollte, indem er die willkürlichen und zufälligen Hinrichtungen, wie sie die Anhänger von Marius und dessen Freund Cinna so oft praktiziert hatten, mit einer systematischen Ausrottung beantwortete. Sulla ging bei seinen politisch motivierten Morden folglich methodisch vor: Er ließ Listen mit den Namen von „Proskribierten", das heißt Geächteten, zusammenstellen. Nicht nur, daß diese von jedermann getötet werden durften, die Mörder erhielten für jedes ihrer Opfer ein Kopfgeld. Das Vermögen dieser Unglücklichen wurde vom Staat eingezogen. Unter Sulla hatten diese Proskriptionen zu wiederholten Malen stattgefunden und Tausende von Opfern gefordert. Dem Diktator war es dadurch möglich gewesen, seine Amtszeit ungestört zu Ende zu führen.

Die Triumvirn ließen sich von diesem blutigen und praktischen Vorbild anregen und stellten eine lange Liste von Proskribierten auf. Als erste setzten sie die persönlichen

Feinde jedes einzelnen darauf, ebenso die Senatoren, auf deren Vorschlag hin Antonius und Lepidus zu Staatsfeinden erklärt worden waren. Es handelte sich um L. Julius Caesar, Antonius' Onkel mütterlicherseits, und L. Paullus Lepidus, den Bruder des Lepidus. Blutsverwandtschaft und Freundschaft galten angesichts der politischen Erfordernisse nicht mehr, und die antiken Historiker prangern dieses menschenverachtende Feilschen an, bei dem es nicht darum ging, Leben gegen Leben, sondern Tod gegen Tod einzuhandeln. So schreibt Plutarch: „Ich glaube nicht, daß man in der Geschichte etwas Grausameres und Unmenschlicheres finden kann, als diese Tauschgeschäfte. Indem sie einander Mord gegen Mord genehmigten, zeigten sie sich gegenüber denjenigen, deren Tod sie den anderen zugestanden, ebenso grausam wie gegenüber denjenigen, deren Tod sie selbst forderten. Aber empörender war ihr Verhalten ersteren gegenüber, ihren Freunden oder Bekannten, die sie auf diese Weise zum Tod verurteilten, ohne sich auf ihren Haß gegen sie berufen zu können."

Zuletzt teilten sich die drei Männer die nächsten Aufgaben: Antonius und Octavian sollten im Osten die äußerst dringenden militärischen Operationen gegen Brutus und Cassius übernehmen, Lepidus als für das Jahr 42 designierter Konsul sollte mit seinem Amtskollegen Munatius Plancus in Italien bleiben, um Rom und den gesamten Westen zu kontrollieren. Alle diese Beschlüsse wurden mit feierlichen Eiden besiegelt, so daß sie mit einer religiösen Garantie versehen waren. Außerdem wurde auf Verlangen der Soldaten des Antonius die Tochter seiner Frau Fulvia, die sie von ihrem ersten Gatten, dem Tribun Clodius, hatte, Octavian zur Vermählung angetragen. Obwohl dieser schon mit einer anderen verlobt war, stimmte er dem Vorschlag zu. „Denn", wie Cassius Dio bemerkt, „er war der Ansicht, daß diese Verbindung kein Hindernis für die gegen Antonius gerichteten Pläne darstellte, die er bereits für die Zukunft gefaßt hatte." Ob man nun an die Existenz dieses machiavellistischen Kalküls, das zur Durchtriebenheit des zukünftigen Augustus ziemlich gut passen würde, glaubt oder nicht glaubt, eine derartige Verbindung schien geeignet, das Einvernehmen zwischen diesen rivalisierenden Ehrgeizigen zumindest dem Schein nach zu wahren. Hatte in der Vergangenheit nicht schon Pompejus aus dem gleichen politischen Kalkül heraus Caesars Tochter zur Frau genommen, und wird später der verwitwete Antonius nicht Octavians Schwester zur Frau nehmen? In der Geschichte der hellenistischen Monarchien findet man zahlreiche Beispiele für diese politisch motivierten Eheschließungen zwischen Mitgliedern verschiedener Herrscherhäuser. Die römischen Machthaber nahmen sich hier die Fürsten des griechischen Orients zum Vorbild.

Nach Abschluß ihrer Gespräche marschierten die Triumvirn mit ihren Heeren nach Rom und hielten an drei aufeinanderfolgenden Tagen einzeln Einzug in die Stadt, Octavian als amtierender Konsul zuerst. Jeder von ihnen führte drei Legionen mit sich, so daß die Stadt militärisch besetzt wurde. Sie sorgten nun dafür, daß ihre Beschlüsse eine gesetzliche Form bekamen. Der Tribun P. Titius schlug der Volksversammlung ein Gesetz zur Abstimmung vor, mit dem das Amt der Triumvirn den Beschlüssen der drei Befehlshaber entsprechend geschaffen wurde. Auf diese Weise hatten ihre späteren Anordnungen eine gesetzliche Grundlage. Das galt auch für die Proskriptionen, da die offiziell mit der Konsularmacht ausgestatteten Triumvirn ermächtigt waren, nötigenfalls die Todesstrafe zu verhängen. Das Gesetz, nach dem Namen seines Verfassers *lex Titia* genannt, wurde am 27. November 43 verabschiedet. Man hat nicht ohne Grund geschrieben, daß dieses Datum das Ende der römischen Republik darstellt. In der Tat war das schon seit langem gefährdete Gleichgewicht der politischen Institutionen nun endgültig zerstört und wird danach niemals mehr wiederhergestellt werden. Weil sie eine Monarchie mit Caesar abgelehnt hatten, mußten die Mitglieder der römischen Oberschicht nun eine Monarchie mit drei Herrschern und all den Risiken hinnehmen, die mit dieser Pluralität verbunden waren. Sie sollten dafür teuer bezahlen.

Die Proskriptionen begannen bereits am nächsten Tag. Ein im Namen der Triumvirn (Lepidus, Antonius und Octavian waren in der Reihenfolge ihres Alters genannt) veröffentlichtes Edikt rechtfertigte in einer langen Präambel die Notwendigkeit dieser Maßnahme. Der Text ist uns durch Appian in griechischer Übersetzung erhalten. Er schließt wie folgt: „Zum Wohle des Staates also! Niemand darf einer der auf der beigegebenen Liste genannten Personen Zuflucht gewähren, sie verstecken, ihre Flucht begünstigen oder Geld von ihr entgegennehmen. Jeder, der überführt wird, einer dieser Personen geholfen zu haben oder ihr Komplize gewesen zu sein, wird von uns selbst auf die Liste der Geächteten gesetzt, welche Gründe oder Vorwände er auch immer anführen mag. Diejenigen, die Geächtete getötet haben, müssen uns die Köpfe bringen. Für jeden Kopf werden einem freien Mann 100 000 Sesterzen ausbezahlt (der griechische Text spricht von 25 000 attischen Drachmen), einem Sklaven 40 000 Sesterzen (10 000 attische Drachmen), außerdem erhält er das Bürgerrecht, das sein Herr besaß. Die gleichen Belohnungen werden Personen gewährt, deren Angaben zur Auffindung der Geächteten führen. Damit das Anonymat gewahrt bleibt, wird der Name derjenigen, die eine Belohnung erhalten, in keinem Fall in einem offiziellen Schriftstück erscheinen."

Eine erste, auf zwölf (oder siebzehn) Namen beschränkte Liste wurde mit dem Edikt zusammen angeschlagen. In der folgenden Nacht erschien eine zweite Liste, die bereits 130 Namen umfaßte, darunter hervorragende Persönlichkeiten des politischen Lebens. In Rom entstand eine ungeheure Aufregung. Der solchen Maßnahmen abgeneigte Konsul Pedius zog unablässig durch die Straßen, um die Leute zu beruhigen, indem er die Hoffnung erweckte, daß es bei diesen Listen bleiben würde. Er brach jedoch am nächsten Tag infolge der nervlichen Anspannung und des Mangels an Schlaf zusammen und starb plötzlich. Bald darauf kam eine dritte Liste heraus. Sie umfaßte 150 Namen und sollte nicht die letzte sein. Appian, von dem alle diese Zahlen stammen, schätzt die Gesamtzahl der Proskribierten auf 300 Senatoren und 2 000 Ritter. Plutarch, der auf diese dramatischen Ereignisse mehrmals zu sprechen kommt, nennt bescheidenere Zahlen: Es habe sich insgesamt um 200 bis 300 Opfer gehandelt. Daß die Zahlenangaben in unseren beiden Quellen so stark voneinander abweichen, läßt sich wohl dadurch erklären, daß die Geheimhaltung offenbar funktionierte. Wie auch immer, in Rom herrschten Angst und Schrecken; niemand wußte, was ihm der nächste Tag bringen würde. So wie immer, wenn Recht und Sitte nicht mehr gelten und den Menschen keinen Schutz mehr gewähren, sah man Verwandte ihre Verwandten verlassen, Freunde ihre Freunde denunzieren, Sklaven ihre Herren verraten. Zur Angst gesellte sich die Geldgier als Motiv für alle möglichen Niedrigkeiten. Da die Vermögen der Opfer eingezogen wurden, kamen die Triumvirn, die dringend Geld brauchten, um die durch die Ereignisse der vergangenen Monate leergewordenen Staatskassen wieder zu füllen, auf den Gedanken, diese außergewöhnliche Maßnahme, durch die man so leicht Geld schöpfen konnte, auf die Besitzer großer Vermögen auszudehnen. „Es gab Leute", schreibt Appian, „die proskribiert wurden, weil sie ein schönes Haus oder ein stattliches Landgut besaßen."

Die Erinnerung an diesen organisierten Terror, der ein ganzes Volk wochenlang in Furcht versetzte, wird von der schriftlichen Überlieferung bewahrt. Freilich haben die um den Ruhm des Augustus bemühten Schriftsteller getrachtet, die Verantwortung für die meisten dieser Morde Antonius anzulasten. Das gilt auch für Cassius Dio. Er schreibt: „Octavian rettete so viele Menschen, wie in seiner Macht stand. Lepidus ermöglichte es seinem Bruder Paullus, nach Milet zu fliehen, und zeigte sich auch anderen Proskribierten gegenüber nicht unnachgiebig. Antonius hingegen war grausam und ohne Mitleid. Er ließ nicht nur die Geächteten töten, sondern alle, die versuchten, irgendeinem dieser Unglücklichen zu helfen." Der Text des Edikts, das von den drei Befehlshabern gemeinsam verfaßt wurde, zeigt jedoch, daß sie alle zusammen hinter diesen unmenschlichen Maßnahmen standen. Daß die im Dienst des Augustus stehende Propaganda später darauf aus war, sein Andenken von diesem Blut wieder reinzuwaschen, ist nicht verwunderlich, darf aber nicht das Zeugnis Suetons vergessen machen, der von der kalten Grausamkeit spricht, die Octavian so oft bewiesen hat. Er selbst rühmt sich in seinem offiziellen Tatenbericht, der uns auf der Inschriftentafel von Ancyra erhalten ist, an den Mördern seines Adoptivvaters Rache geübt zu haben. Corneille, der die antiken Autoren gelesen und verstanden hat, gibt die Tatsachen richtig wieder, wenn er Augustus folgende Worte sprechen läßt:

Geh in dich, Octavian, und klage nicht länger!
Willst du etwa Schonung, der du niemanden schontest?
Gedenke der Ströme von Blut, in die dein Arm tauchte!

Und kurz darauf erinnert der Dichter daran, daß Octavian es zuließ, daß man seinen ehemaligen Vormund C. Thoranius auf die Proskriptionsliste setzte.

Den Sitten der Zeit entsprechend war man, wie schon das Ende von Decimus Brutus und Trebonius zeigte, in bezug auf Leiden und Tod nicht gerade zimperlich. Die grausamen Gladiatorenkämpfe hatten das Volk an den Anblick von Blut und Verwundungen gewöhnt. Die auf dem Forum an den Rostren zur Schau gestellten Köpfe erweckten die allgemeine Kritik nicht mehr als in Europa die bis zu Beginn unseres Jahrhunderts öffentlich vorgenommenen Hinrichtungen. Was die Öffentlichkeit schockierte, war die große Zahl der Opfer und die Tatsache, daß sie in Schnellverfahren abgeurteilt wurden. Auch empörte man sich darüber, daß Fulvia, die Gattin von Antonius, mit einem zu ihrem Geschlecht so gar nicht passenden Eifer bei dieser Schlächterei mitmachte. Sie ließ ihre persönlichen Feinde auf die Todeslisten setzen, darunter auch ihren Hausnachbarn, einen gewissen Rufus, der sich geweigert hatte, ihr sein Haus zu verkaufen. Als man Antonius den Kopf des Rufus überbrachte, sagte er: „Ich kannte diesen Mann nicht." Er sandte die schreckliche Trophäe seiner Frau, die sie nicht auf dem Forum, sondern an der Tür des Hauses ausstellen ließ, das dem Unglücklichen gehört hatte.

Von den zahlreichen Opfern der Proskriptionen blieb der Nachwelt vor allem der Name Ciceros im Gedächtnis, aufgrund seines Talents als Redner, seines umfangreichen Werks und seiner Rolle als Politiker während dieser dramatischen Jahre. Er war Antonius' geschworener Feind gewesen, er hatte ihn mit seinem Haß und seinen Sarkasmen verfolgt, ihn schließlich ächten lassen und, das Ende Caesars vor Augen, zu seiner Ermordung aufgerufen. Es ist klar, daß er von den Triumvirn keine besondere Milde erwarten durfte. Er hatte um sein Leben zu einer Zeit gefürchtet, als keineswegs feststand, daß es in Gefahr war. Nunmehr waren seine Ängste berechtigt, und er versuchte, über das Meer zu entkommen. Da dafür aber die Jahreszeit nicht günstig war, mußte er sich in seine Villa bei Capua in Kampanien flüchten. Am 7. Dezember 43, er schlief gerade, während die Häscher bereits auf dem Weg zu ihm waren, flogen Raben in sein Schlafgemach und weckten ihn. Seine Sklaven, die in dem Eindringen der Vögel ein Zeichen der Götter erblickten, setzten ihn in seine Sänfte, um ihn über einen einsamen Waldweg zum Meer zu bringen. Die zu seiner Ergreifung ausgesandten Soldaten konnten ihm nur folgen, weil ihn ein Schuster verriet. Er hatte früher im Dienst des Tribuns Clodius gestanden und war dem Gegner seines ehemaligen Brotgebers feindlich gesinnt. Der Centurio Popilius Laenas setzte den Flüchtenden mit einer kleinen Gruppe von Soldaten nach und holte die Sänfte ein. Als die den Soldaten zahlenmäßig weit überlegenen Sklaven Ciceros Anstalten machten, ihren Herrn zu verteidigen, rief der Centurio geistesgegenwärtig: „Die Centurionen der Nachhut zu mir!" Aus Furcht vor dieser imaginären Verstärkung ergaben sich die anderen. Popilius Laenas schritt geradewegs zur Sänfte und tötete Cicero. Beim dritten Versuch erst schaffte er es, ihm den Kopf abzuschlagen. Er schlug ihm auch die Hand ab, mit der er die Philippiken geschrieben hatte, und überbrachte beides Antonius, der auf dem Forum weilte. Der Triumvir brach bei diesem Anblick in Freude aus, bekränzte den Centurio wie für eine Waffentat und gewährte ihm außer dem vorgesehenen Kopfgeld noch eine zusätzliche, zehnmal höhere Belohnung, „weil er den wichtigsten seiner Feinde vernichtet hatte, den, der ihn am heftigsten bekämpft hatte." Als Begebenheit, die ein Schlaglicht auf die Dramatik dieses Ereignisses wirft, ist uns überliefert, daß Popilius Laenas, als er einmal einen Verteidiger vor Gericht benötigte, sich an Cicero wandte und mit dessen Hilfe den Prozeß gewann. Appians Bericht ergänzend, überlieferte uns Cassius Dio noch einige schreckliche Einzelheiten, die aber möglicherweise auf das Konto von Octavians Schreiberlingen gehen: „Bevor Ciceros Haupt weggebracht wurde, legte es Fulvia auf ihre Knie, beschimpfte es heftig und bespuckte es. Sie öffnete ihm den Mund, zog ihm die Zunge heraus und durchbohrte sie mit ihren Haarnadeln, wobei sie es erneut mit abscheulichen Beschimpfungen und Spottnamen bedachte." Wenn diese Szene nicht wirklich stattgefunden hat, dann ist sie gut ausgedacht und bezeichnend für den unbezähmbaren und gewalttätigen Charakter dieser eigenartigen Frau.

Neben dem Ende Ciceros, über das er in allen Einzelheiten berichtet, bringt Appian zahlreiche weitere Beispiele. Sie umfassen 25 Kapitel seines Werks und zeigen den Verlauf dieser Menschenjagd mit all den Begierden, Niederträchtigkeiten und Denunzierungen, aber auch bewundernswerten Zeugnissen der Aufopferung von Verwandten, Freunden und Sklaven. L. Julius Caesar, der Onkel von Antonius, der wegen seiner Haltung im Senat auf die Todesliste gesetzt worden war, fand bei seiner Schwester Julia Zuflucht, Antonius' Mutter, die daraus kein Geheimnis machte. Als die Soldaten kamen, um ihn zu verhaften, und mit Gewalt bei ihr eindringen wollten, stellte sich die alte Frau ihnen entgegen und verwehrte ihnen mit folgenden Worten den Zutritt: „Ihr werdet Lucius Caesar nicht töten, bevor ihr nicht mich getötet habt, die Mutter eures Imperators!" Danach eilte sie zum Forum, wo sich ihr Sohn mit den beiden anderen Triumvirn aufhielt. „Ich komme, um mich deinem Gericht zu stellen, Imperator", sagte sie zu Antonius, „denn ich habe Lucius Zuflucht gewährt und werde sie ihm weiterhin gewähren, bis du uns zusammen töten läßt. Sagt das Edikt nicht, daß diejenigen, die den Geächteten Schutz bieten, dieselbe Strafe wie sie erhalten?" Worauf Antonius entgegnete: „Mutter, du hast wie eine großherzige Schwester gehandelt, aber auch wie eine unweise Mutter. Nicht jetzt hättest du über die Sicherheit von Lucius wachen sollen, sondern damals, als du ihn daran hindern konntest, deinen Sohn zum Staatsfeind erklären zu lassen!" Dennoch gab er ihren Bitten um das Leben seines Onkels statt und beauftragte den Konsul Munatius Plancus, eine Amnestie für Lucius beschließen zu lassen. Ein authentisches Zeugnis berichtet uns von der aufopfernden Liebe einer Gattin zu ihrem Mann: In einem Grabspruch, der sogenannten *Laudatio Turiae*, dem „Lob der Turia", erinnert deren Gatte, ein ehemaliger Proskribierter, in ergreifenden Worten daran, daß sie ihm einst das Leben rettete.

Als man ihm das Haupt und die Hand Ciceros überbrachte, soll Antonius gesagt haben: „Es ist nun an der Zeit, die Proskriptionen zu beenden." Ob dieser Ausspruch nun authentisch oder erfunden ist, er gibt mit ziemlicher Sicherheit die wahren Gefühle des Triumvirn wieder. Dieser war viel zu lebenslustig und von Natur aus zu großzügig, als daß ihn gleichzeitig hätte nach Blut dürsten können. Aber die Lage war weiterhin angespannt. Die Bedrohung durch Brutus und Cassius war noch nicht beseitigt und rechtfertigte so politisch gesehen eine strenge Wachsamkeit gegenüber ihren Parteigängern. Zudem benötigte man gewaltige Summen für den Krieg, der im Orient auszubrechen drohte, und die konfiszierten Vermögenswerte der Proskribierten stellten eine praktische Einnahmequelle dar, auch wenn diese, wie das in solchen Fällen meistens ist, für die Geschäftemacher einträglicher war als für den Staatsschatz. Die Proskriptionen gingen daher bis zum Sieg von Philippi Ende Oktober 42 weiter, und sogar darüber hinaus, wenn auch in geringerem Ausmaß, bis zu dem Zeitpunkt, als Sextus Pompejus, der selbst auf der Liste stand, im Jahr 39 in seinen mit den Triumvirn abgeschlossenen Versöhnungspakt eine Klausel aufnehmen ließ, aufgrund deren diese Verfolgungen eingestellt wurden. Ausgenommen blieben davon lediglich die Caesarmörder.

Die Tragödie der Proskriptionen hatte in den Gemütern einen viel zu starken Eindruck hinterlassen, als daß die zutiefst abergläubischen Römer nicht nachträglich auf allerlei Zeichen aufmerksam geworden wären und diese nun als Ankündigungen der grausamen Prüfungen interpretierten, die ihrer Stadt widerfahren waren. Sowohl Appian als auch Cassius Dio haben eine genaue Liste der in den Chroniken vermerkten Vorzeichen und wundersamen Geschehnisse zusammengestellt, mittels deren die Götter versteckte Warnungen an die Menschen richteten: Hunde begannen plötzlich alle zusammen wie Wölfe zu heulen; Wölfe erschienen mitten auf dem Forum, ein für eine Stadt wie Rom unerhörtes Ereignis; ein Ochse redete mit menschlicher Stimme; ein Neugeborenes konnte bereits sprechen; Götterstatuen brachen in Schweiß aus und begannen zu bluten; man vernahm Geschrei, Waffengeklirr und donnernde Hufe, ohne daß jemand zu sehen war; um die Sonne herum erschienen drohende Meteore, es regnete Steine und in Tempel und Götterbilder schlugen Blitze ein. Wie Appian nach der Aufzählung dieser beunruhigenden Vorfälle sagt, habe „der Senat zu ihrer Deutung Seher aus Etrurien kommen lassen, deren ältester erklärte, daß man wieder der Königsherrschaft vergangener Zeiten entgegengehe und daß alle Römer bis auf einen einzigen der

Knechtschaft verfallen würden. Dann schloß dieser Seher den Mund und atmete nicht mehr, bis er seinen Geist aufgab." Cassius Dio berichtet, daß die Feldzeichen der römischen Garnison sich mit Spinnweben bedeckten; daß Schilde sich von selbst gen Himmel erhoben und in der Luft krachend zusammenstießen; daß Bienen in großer Zahl in den Äskulaptempel eindrangen und sich in mehreren Schwärmen unter dem Dach einnisteten; und schließlich, daß sich auf dem Heiligtum der Concordia und dem Tempel, der dem Genius des römischen Volkes geweiht war, Scharen von Geiern niederließen, um dort ihre Nester zu bauen.

Es wäre falsch, diese Äußerungen naiven Volksglaubens mit Herablassung zu betrachten. Diese Ausprägungen des Aberglaubens waren Teil des kollektiven Denkens, das den Göttern und den von ihnen gesandten Zeichen um so mehr Bedeutung beimaß, als es von der Furcht vor gegenwärtigen oder zukünftigen Gefahren geprägt war. Die gesamte antike Welt, selbst die vernünftigsten und feinsinnigsten Köpfe, achtete auf die Zeichen, welche die Natur an den Menschen zu richten schien und erblickte darin Botschaften. Als der Dichter Vergil einige Jahre später das erste Buch der *Georgica* verfaßte, kam er auf diese wunderbaren Ereignisse zu sprechen, die das Volk so sehr in Unruhe und Furcht versetzt hatten. Er erinnert daran, als er von den Jahren der Angst und des Leides spricht: „Ja, oft kündet die Sonne das Kommen zügelloser Wirren, die Herrschaft des Trugs, den Kampf unter Bürgern. Auch beim Tod Caesars verbarg ihre leuchtende Stirn sie in undurchdringlich bleierner Wolke, und Furcht ergriff die gottlose Menge vor ewiger Nacht. Doch gewahrte man in jenen Zeiten auch andere Zeichen: Der Erde entsprangen sie und den Wellen des Meeres, unheilbringende Hündinnen erschienen und ekelerregende Geier. Der Himmel Germaniens hallte vom Waffenlärm wider... So manches Mal erklang wundersam eine Stimme in der Stille der Wälder, fahl leuchtend erhoben sich seltsame Geister inmitten der dunkelsten Nacht, Tiere begannen, gleich Menschen zu reden, oh schreckliches Wunder!... In den Tempeln bedeckte voll Schmerz sich das Elfenbein mit Tränen, das Erz brach in Schweiß aus... Und nachts ertönten die hohen Burgen vom Geheule der Wölfe." Dieses Thema, das nachher von Horaz und Tibull, später von Ovid und Lukan wiederaufgenommen wurde, ist zu einem Gemeinplatz der Dichtung geworden, da diese Geschehnisse, gleich ob real oder fiktiv, die Öffentlichkeit aufgewühlt hatten und das Andenken daran noch lange im Gedächtnis der Römer haftete.

In politischer Hinsicht waren die Proskriptionen in bezug auf das angestrebte Ergebnis ein voller Erfolg. Zahlreichen Geächteten gelang es zwar zu fliehen oder sich zu verstekken, auch fanden viele bei Sextus Pompejus Zuflucht, der mit seiner Flotte vor den Küsten Unteritaliens kreuzte, andere schlossen sich Brutus und Cassius in Griechenland und im Orient an. Doch in Italien selbst erhob sich keinerlei Widerstand gegen die Herrschaft der Triumvirn, die mit Lob und Ehren überhäuft wurden. Der Senat verlieh ihnen die Bürgerkrone, die sonst nur Personen erhielten, die römischen Bürgern das Leben gerettet hatten. Man feierte sie wegen ihrer Milde, da sie die Zahl der Geächteten begrenzt hatten. Man wählte diejenigen zu Beamten, die sie vorschlugen. Rom und ganz Italien verhielt sich ihnen gegenüber unterwürfig und gefügig. Die Kriegsvorbereitungen konnten ungestört vor sich gehen.

Schwierigkeiten bereitete hingegen nach wie vor die Finanzierung der Rüstung. Um dieses Problem zu lösen, griffen die drei Machthaber zu verschiedenen Mitteln. Abgesehen davon, daß das Vermögen der Proskribierten eingezogen wurde, mußten die Bürger hohe Steuern und Abgaben entrichten, wovon sie schon seit langem befreit gewesen waren, da der Staat seine Einkünfte aus den Provinzen bezog. Die Triumvirn gingen sogar so weit, die Gelder zu beschlagnahmen, die ihre Eigentümer bei den Vestalinnen hinterlegt hatten. Als Beispiel für die Besteuerung nennt Appian das Edikt, durch das 1 400 Frauen, die als die reichsten von Rom galten, gezwungen wurden, den Triumvirn eine Aufstellung ihres Vermögens vorzulegen, damit diese ihnen eine Kriegssteuer auferlegen konnten. Während sich die Männer allen Anordnungen widerspruchslos beugten, zeigten sich die Frauen weniger fügsam. Es gelang ihnen, Antonius' Mutter und Octavians Schwester für ihre Sache zu gewinnen, Fulvia hingegen verschloß ihnen die Tür. Unter der Führung Hortensias, der Tochter des berühmten Redners Hortensius, begaben sie sich auf das Forum, um den Triumvirn ihre Klagen vorzutragen. Diese wiesen sie zwar zurecht, machten ihnen aber trotzdem die bedeutende Konzession, die Zahl der Steuerpflichtigen unter ihnen auf 400 herabzusetzen.

Um sich die nicht uneigennützige Ergebenheit ihrer Soldaten zu sichern, verschlossen sie die Augen vor zahlreichen Übergriffen, Erpressungen und Plünderungen, die ihre Truppen auf dem Marsch oder bei der Verfolgung von Proskribierten begingen. Sie ließen ihnen nicht nur ihren Sold und die bereits fälligen Prämien auszahlen, sondern stellten ihnen außer den für den Fall eines Sieges versprochenen Belohnungen noch eine Landverteilung in Aussicht. Die Veteranen sollten demnach in den in Italien neu gegründeten Kolonien Grund und Boden zum vollen Besitz erhalten. Achtzehn der reichsten Städte Italiens sollten sie aufnehmen und ihnen ihre Ländereien überlassen. Die Zuweisungen sollten unter der Aufsicht eigens dazu bestellter Beamter erfolgen. Zu den betroffenen Städten gehörten unter anderen Capua, Rhegion, Venusa, Beneventum und Ariminum. Das Verfahren war nicht neu, Caesar hatte es bereits angewandt, und schon seit dem Ende des 2. Jahrhunderts war es üblich, aus dem Dienst scheidenden Soldaten Land zuzuweisen. Übrigens handelte es sich auch dabei um eine von den Armeen der hellenistischen Staaten übernommene Einrichtung: Vor allem im lagidischen Ägypten gab es diese Kleruchen (Besitzer eines Stück Landes) in großer Zahl. Dieses Mal überstieg der Umfang der vorgesehenen Landverteilung allerdings das gewohnte Maß, so daß es in der ländlichen Welt der Apenninenhalbinsel zu wahren Tragödien kommen sollte. Auch der junge Vergil zählte zu den Opfern, ihm wurde sein Landgut in Andes bei Mantua weggenommen. Er wird dieses Thema der Enteignung in seinem 1. Hirtengedicht zur Sprache bringen. Wie auch immer, bei ihren Truppen brachte diese Politik den Triumvirn natürlich einen vollen Erfolg, so wie es auch schon unter Caesar der Fall gewesen war.

Es war offensichtlich, daß die Maßnahmen der drei Machthaber von der noch frischen Erinnerung an Caesar bestimmt waren. Nicht nur, daß sie ihren Willen bekundeten, ihn zu rächen und seine Mörder zu bestrafen, sie lieferten auch zahlreiche und außergewöhnliche Beweise der Verehrung, die sie seinem Andenken entgegenbrachten. So leisteten sie am ersten Tag des Jahres den feierlichen Schwur, den sie auch alle anderen ablegen ließen, sämtliche Anordnungen Caesars als gültig anzuerkennen. Auch beschlossen sie, ihm zu Ehren auf dem Forum einen Heroentempel zu errichten, und zwar an der Stelle, wo man seinen Leichnam verbrannt hatte. Sie ordneten an, daß bei Zirkusspielen sein Bildnis mit dem der Göttin Venus zusammen herumzutragen sei; daß sein Name künftighin mit allen Siegesfeiern verbunden sein sollte; daß sein Geburtstag von allen mit Lorbeerkränzen feierlich begangen werden mußte, diejenigen, die es unterließen, sollten den Fluch Jupiters und Caesars selbst auf sich ziehen und, falls es sich bei den Betreffenden um Senatoren oder deren Söhne handelte, eine enorme Geldstrafe (eine Million Sesterzen) bezahlen. Der Tag von Caesars Ermordung wurde zu einem Tag des Unheils erklärt. Schließlich untersagte man, bei Leichenbegängnissen sein Bild zusammen mit den Bildnissen von Familienangehörigen in der Prozession mitzutragen, da es als Frevel galt, das Bildnis einer Gottheit darunter einzureihen. Mittels dieser außergewöhnlichen öffentlichen Ehrungen stellten sich die Triumvirn vor der Öffentlichkeit als die Erben und Nachfolger des Diktators dar. Es blieb ihnen nun noch die Aufgabe, an den Anführern des Mordkomplotts Vergeltung zu üben, ein Vorhaben, dem sich Antonius und Octavian im Jahr 42 mit Erfolg widmeten.

Während sich das Triumvirat als neue Herrschaftsform etablierte und gleichzeitig die Vorbereitungen für den Entscheidungskampf liefen, verachtete Antonius nicht die Annehmlichkeiten, die ihm die Macht und das Geld nun wieder verschafften. Seine natürliche Veranlagung zum Genießen trieb ihn dazu, ohne Zögern und Skrupel das Leben voll auszukosten, sobald die Umstände es erlaubten. In dem prachtvollen Haus, das einst Pompejus gehörte und in dem er sich nun niedergelassen hatte, folgten Fest auf Fest und Bankett auf Bankett. Antonius' alte Freunde und Zechgenossen, Gaukler und Komödianten waren hier häufiger anzutreffen als Beamte, Heerführer oder Gesandte. Diese leichte Lebensart schockierte manche angesichts der Schwierigkeiten, die es zu bewältigen galt. Sie hinderte den Triumvirn jedoch nicht, mit der Kompetenz des kriegserfahrenen Heerführers die Pläne auszuarbeiten und die Mittel zu organisieren, die für den Kampf gegen Brutus und Cassius benötigt wurden. Der Feldzug, der zum Sieg von Philippi führen sollte, wurde zur Gänze von Antonius geplant und vorbereitet.

V.

Die Rächer: Philippi (42)

Während im Westen die Triumvirn den römischen Staat unter ihre Kontrolle brachten, unterwarfen sich die östlichen Provinzen und die mit Rom verbündeten Staaten der Ägäis und Asiens freiwillig oder gezwungenermaßen nach und nach der Herrschaft von Brutus und Cassius, die auf diese Weise, so wie vor ihnen Pompejus, eine Art Staat errichteten, der seine eigene Verwaltung, seine eigenen Finanzen und seine eigenen Streitkräfte hatte. Wie einst Pompejus verkündeten sie laut, daß allein sie die Republik repräsentierten. Die beiden Anführer der Verschwörung gegen Caesar folgten somit weiterhin der Logik ihres Handelns. Nachdem Antonius während seines Konsulats sie dank seiner Entschlossenheit und seines politischen Spürsinns daran gehindert hatte, Rom und Italien für ihre Sache zu gewinnen, war ihnen klar geworden, daß ihnen und ihrer Partei nur ein Ausweg blieb, nämlich die Gewalt. Infolge der Unentschlossenheit und der Meinungsänderungen des Senats während des Mutinensischen Krieges war ihrer Position eine gewisse Legalität verliehen worden: Man bestätigte sie offiziell als Statthalter der Provinzen, die sie sich selbst zugeteilt hatten, Brutus Makedonien und Cassius Syrien. Gleichzeitig erhielten sie den Auftrag, gegen C. Antonius beziehungsweise Dolabella Krieg zu führen. Das moralische und geistige Prestige des Brutus, der ein naher Freund Ciceros und Catos Neffe und Schwiegersohn war, brachte zahlreiche von Idealen beseelte junge Männer dazu, sich ihm anzuschließen, so etwa Q. Horatius Flaccus, den späteren Dichter Horaz. Er weilte in Athen, um dort sein Studium abzuschließen, und folgte nun dem Beispiel von Ciceros Sohn und zahlreichen anderen gebildeten Römern, indem er dem von ihm bewunderten Stoiker seine Dienste anbot. Was den älteren und kriegserfahreneren Cassius betrifft, so hatten ihm die militärischen Erfolge gegen Dolabella in Syrien innerhalb weniger Monate eine solide territoriale Basis verschafft und bedeutende militärische Mittel an die Hand gegeben. Wie im Bürgerkrieg üblich, hatte er die Truppen des Besiegten in sein Heer eingegliedert, ebenso die vier Legionen, die Dolabella von Ägypten nach Palästina beordert hatte, denen es jedoch nicht mehr gelungen war, sich mit ihm zu vereinigen. Damit hatte Cassius nicht weniger als zwölf Legionen unter seinem Befehl stehen, zu denen noch ein Kontingent parthische Reiter kamen, die er als Hilfstruppen angeworben hatte. Sein Plan war nun, mit dieser Streitmacht Ägypten zu besetzen, um Kleopatra dafür zu bestrafen, daß sie Dolabella Verstärkungen gesandt hatte. Gleichzeitig wollte er dadurch verhindern, daß sie ihre Flotte den Triumvirn zu Hilfe schickte, mit denen sie Verbindung aufgenommen hatte. In Kleopatras Reich herrschte damals eine Hungersnot, doch Cassius, der genau wußte, über welche Ressourcen die östlichen Mittelmeerländer verfügten, reizte diese letzte Eroberungsmöglichkeit, die sich der Machtgier Roms in dieser Region noch bot. Erst Brutus brachte ihn von diesem Plan ab, als er ihn angesichts der Bedrohung zu Hilfe rief, die Antonius mit seinen Streitkräften für die Küsten von Illyrien und Epirus darstellte.

Brutus und Cassius, die ihre Operationen bisher getrennt durchgeführt hatten, trafen Ende 43 oder Anfang 42 in Smyrna zusammen, um gemeinsam die Probleme zu regeln, die sich im Zusammenhang mit der Verwaltung ihrer Provinzen und den Beziehungen zu den Fürsten und Städten der Region ergaben. Vor allem ging es darum, die für den Unterhalt ihrer Truppen benötigten finanziellen Mittel zu beschaffen. Beide hatten den ihnen unterstellten Gebieten schon viel abverlangt. Brutus hatte den größten Teil der erhobenen Abgaben dazu verwendet, auf den Schiffswerften von Cyzicum am Marmarameer und in der benachbarten Provinz Bithynien eine gewaltige Flotte zu bauen. Aber der Geldbedarf war weiterhin groß. Um seinen Legionären den Sold auszubezahlen, ließ er Münzen mit seinem Porträt prägen: Auf der Kopfseite war sein Profil zu sehen und abgekürzt die Inschrift *Brutus imperator*; die Rückseite zeigte zwischen zwei blanken Dolchen die Mütze eines Freigelassenen, womit an die Ermordung Caesars erinnert wurde, durch die Rom wieder die Freiheit erlangen sollte; die Inschrift dazu lautete „Iden des März". Zur gleichen Zeit ließen in Rom die Triumvirn eine ganze Reihe von Münzen prägen, die auf der Kopfseite Abbildungen von Antonius, Octavian oder Lepidus zeigten, auf der Rückseite verschiedene, jeweils andere Motive. Die Konzentration der Macht in bestimmten Personen fand so in den Münzprägungen ihren Niederschlag, so wie einst unter Caesar, und selbst dessen Mörder war nun soweit, daß er sich diese vom Diktator geübte Praxis zu eigen machte. Am Tod der Republik war nicht zu zweifeln, wenn sogar ihr glühendster Verfechter sich nicht scheute, die Münze, die Domäne des Staates, zu benutzen, um seinen Namen und sein Bildnis zu verbreiten, im Bewußtsein, daß das damit verbundene persönliche Prestige ein für die Verwirklichung seiner Absichten unverzichtbares Instrument war.

Die Triumvirn mußten auch mit Sextus Pompejus rechnen, der sich auf Sizilien eine solide Machtbasis aufgebaut hatte. Zu ihm hatten sich zahlreiche Proskribierte geflüchtet, die seine Schiffe an den Küsten Italiens aufgenommen hatten. Vom Senat mit dem Oberbefehl über die römische Flotte betraut, hatte er sich bedeutende Schiffsverbände unterstellt, den Statthalter von Sizilien gezwungen, ihm seinen Platz zu überlassen, und im Schutz seiner das Meer beherrschenden Geschwader eine große Zahl von Truppen auf der Insel zusammengezogen. Darunter befanden sich neben seinen alten Anhängern, welche die Kämpfe gegen Caesar überlebt hatten, auch Gegner der Triumvirn und Flüchtlinge aus den italienischen Landstädten, deren Ländereien die drei Machthaber ihren Veteranen zugeteilt hatten. Die Bedrohung, die von ihm ausging, war nicht mit der Gefahr zu vergleichen, die Brutus und Cassius darstellten, durfte aber aufgrund der Nähe seiner Operationsbasen nicht unterschätzt werden. Während Antonius damit beschäftigt war, den auf der Balkanhalbinsel geplanten Feldzug vorzubereiten, übernahm Octavian den Kampf gegen Sextus Pompejus. Er entsandte eine Flotte in die Meerenge von Messina, wohingegen er selbst sich auf dem Landweg nach Rhegion begab. Es kam zu einer Seeschlacht, in deren Verlauf die schnelleren und wendigeren Schiffe des Pompejus den großen und schweren Einheiten ihres Gegners schwer zu schaffen machten. Octavians Flotte mußte sich unter Verlusten und Beschädigungen zurückziehen. Er sollte diese Lektion nicht vergessen. Seinen Sieg bei Actium wird er den Lehren verdanken, die er aus dieser Niederlage zog. Er gab den von Enteignung bedrohten Einwohnern Rhegions nun die Garantie, sie im Besitz ihrer Ländereien zu belassen. Dann ließ er die Dinge an dieser Front, so wie sie waren, da er den Eindruck hatte, daß die Anwesenheit von Lepidus in Italien ausreichen würde, um Sextus Pompejus vom Festland fernzuhalten, und begab sich zu Antonius nach Brundisium, wo man alle verfügbaren Schiffe zusammenziehen mußte, um die Adria zu überqueren.

Brutus und Cassius waren indessen nicht untätig gewesen. Sie hatten sich die Aufgabe geteilt, im Orient alle jene zu unterwerfen, die wenig Lust zeigten, ihren Aufrufen Folge zu leisten. Cassius hatte Ariobarzanes, den König von Kappadokien, im östlichen Kleinasien geschlagen und getötet. Dies gab allen Vasallen Roms zu denken, die auf sein Verlangen hin Hilfstruppen, vor allem Reiter stellen sollten. Dann griff er das reiche und mächtige Rhodos an, das über eine starke Flotte verfügte, ihm aber die Unterstützung versagte. Nachdem er die rhodische Flotte besiegt hatte, belagerte er die Stadt, obwohl er sich hier einst, wie viele junge Römer, mit der griechischen Literatur vertraut gemacht hatte. Durch Verrat gelang es ihm, in die Stadt einzudringen. Den Besiegten wurde ein hartes Los zuteil: Fünfzig Würdenträger wurden hingerichtet, andere in die Verbannung geschickt; das gesamte Gold und Silber der Tempel, des Staatsschatzes und der Privatpersonen wurde beschlagnahmt, auf das Verheimlichen oder Verstecken von Reichtümern stand die Todesstrafe. Brutus wiederum unternahm einen Feldzug gegen die Lykier, ein alteingesessenes, aber völlig hellenisiertes Volk im Südwesten Kleinasiens, das als griechischer Städtebund organisiert war. Er unterwarf zuerst Xanthos, die größte unter diesen Städten, die durch ihren Letotempel bekannt war, wo einer lokalen Überlieferung zufolge Apollo und Artemis geboren waren. Die Bürger von Xanthos waren stolz auf ihre Geschichte und ihre Götter. Sie leisteten den Römern hartnäkkig Widerstand. Nach erbitterten Kämpfen wurde die Stadt schließlich gestürmt. Die Einwohner hatten alle ihnen von Brutus übermittelten Vorschläge bezüglich einer Übergabe der Stadt zurückgewiesen und kämpften bis zum letzten Augenblick. Schließlich zündeten sie ihre Häuser an und sprangen mit Frauen und Kindern in die Flammen. Appian zufolge blieben von der gesamten Einwohnerschaft nur Sklaven, eine kleine Anzahl freier Frauen und etwa 150 männliche Bürger am Leben. Die grausamen Gesetze des Krieges brachten den eroberten Städten im Altertum nur allzuoft das Schicksal, das die siegreichen Achäer einst Troja bereiteten. Durch die Eroberung von Xanthos wurden die anderen lykischen Städte bewogen, sich der Herrschaft von Brutus rasch zu unterwerfen.

Nachdem sie auf diese Weise die letzten Unabhängigkeitsbestrebungen erstickt hatten, trafen sich die beiden Befehlshaber gegen Anfang des Sommers 42 in Sardis im Herzen Westkleinasiens wieder. Brutus hatte Cassius zu diesem Zusammentreffen aufgefordert, da aber er der jüngere war, reiste er ihm entgegen, um ihm dadurch seine Achtung zu bezeigen. Die beiden Männer führten ihre Gespräche unter vier Augen. Dabei ging es äußerst lebhaft zu. Ihre Temperamente waren in vielerlei Hinsicht verschieden: Der eine war Stoiker, der andere Epikureer, der eine war streng auf Moral, Gerechtigkeit und Gesetzmäßigkeit bedacht, den anderen in seiner Machtgier berührten solche Skrupel wenig; der eine hatte sich Nüchternheit und Strenge zur Lebensregel gemacht, er schlief wenig, las viel und verdankte sein Ansehen seinen unbeugsamen Prinzipien; der andere, Staatsmann und Feldherr, war ein durch Handeln und Erfahrung geformter Pragmatiker. Doch ihre verwandtschaftliche Bindung (Cassius war mit Brutus' Schwester verheiratet) und die durch die Ermordung Caesars besiegelte Verbundenheit ihrer Schicksale brachten sie dazu, ihre Meinungsverschiedenheiten beizulegen. Auch gaben die von der Balkanhalbinsel eintreffenden Nachrichten Anlaß zur Besorgnis. Die schon seit Monaten erwartete Offensive der Triumvirn hatte begonnen. Diese Bedrohung genügte, um ihnen in Erinnerung zu rufen, wie notwendig Einigkeit für sie war. Wie uns Plutarch berichtet, hat bei der Beilegung ihrer Meinungsverschiedenheiten auch der römische Senator Favonius eine gewisse Rolle gespielt. Bei diesem Mann handelte es sich um eine Art Original mit philosophischen Ambitionen, der sich in seinen Äußerungen gern der provozierenden Wortfreiheit der Zyniker bediente. Es heißt, daß er gerade in dem Moment, als die beiden am ärgsten miteinander stritten, die Tür aufbrach, in den Raum eindrang und dabei auf Griechisch und voll Emphase die berühmte Passage aus dem ersten Gesang von Homers *Ilias* deklamierte, in welcher der alte Nestor sich bemüht, den Streit zwischen Achilles und Agamemnon zu schlichten: „So hört doch auf mich! Bin ich denn nicht älter als jeder von euch?" und so fort. Der unvermutete Eindringling erregte bei Cassius Heiterkeit, während Brutus ihn empört hinauswies und ihn als bloßen Pseudozyniker und ganz gewöhnlichen Hund beschimpfte (kynikos = hündisch, bissig, Anm. des Übersetzers). Sein Ziel hatte er jedenfalls erreicht, denn die beiden beendeten ihre Auseinandersetzung. Sie begannen nun damit, ihre Truppen zusammenzuziehen, und marschierten nach Abydos auf der asiatischen Seite des Hellespont (der Dardanellen), wo sie sich darauf vorbereiteten, nach Europa überzusetzen, um sich dem Heer des Antonius entgegenzustellen.

Die Truppenbewegungen der Triumvirn waren von einem Geschwader genau beobachtet worden, das Cassius zu diesem Zweck unter L. Staius Murcus in die Gewässer des Ionischen und des Adriatischen Meeres entsandt hatte. Dessen erster Auftrag hatte gelautet, südlich und westlich des Peloponnes zu operieren und so Kleopatras Flotte den Weg nach Italien zu versperren, die, wie gerüchteweise verlautete, ausgelaufen war, um die Geschwader der Triumvirn zu verstärken. Murcus erhielt dann die Nachricht, daß die Lagidenflotte in einem Sturm mehrere Schiffe eingebüßt hatte, deren Wracks bis an die Küste Lakoniens getrieben wurden, und daß die Königin krank und entmutigt wieder nach Ägypten zurückgekehrt war. Er verlegte daraufhin sein Geschwader in die Adria, um gegen die Transportschiffe von Antonius die gleichen Blockaden einzurichten, die Bibulus und Libo vor der Schlacht von Pharsalus im Winter 49 / 48 lange Zeit mit Erfolg gegen die Nachschubverbindungen Caesars durchgeführt hatten. Mit seinen sechzig Kriegsschiffen, weit mehr als Antonius zur Verfügung standen, war seine Vorherrschaft auf dem Meer gesichert. Wie einst Libo errichtete auch er einen Stützpunkt auf einer kleinen Insel vor dem Hafen von Brundisium, wo die gegnerischen Streitkräfte lagen, um auf diese Weise die Entsendung von Schiffskonvois nach Griechenland und Illyrien zu verhindern. Es ergab sich also die gleiche Situation wie sechs Jahre zuvor.

Antonius verfügte nur über eine kleine Anzahl von Kriegsschiffen, die er bestenfalls zum Schutz der Truppentransporter einsetzen konnte, sobald der Westwind diesen das Auslaufen ermöglichte. Da die Lastschiffe sich ausschließlich mit Hilfe von Segeln fortbewegten, benötigten sie eine starke Brise, um den Kriegsschiffen zu entkommen, die vor allem mit Ruderkraft angetrieben wurden und über weniger Segelfläche verfügten. Um die Hafenausfahrt zu verteidigen, ergänzte er dieses kleine Kampfgeschwader durch mit Türmen bestückte Flöße, von denen aus Bogenschützen und Wurfmaschinen die schweren Schiffe des Gegners mit Geschoßen überschütten konnten. Diese Improvisation reichte allerdings nicht aus, um sich aus der Umklammerung des Feindes zu befreien. Um die Blockade wirklich brechen zu können, mußte man ihm weitere Kriegsschiffe entgegenstellen, daher der Hilferuf an Octavian, dessen Flotte im Kampf mit Sextus Pompejus lag. Nachdem Octavian sich entschlossen hatte, Sizilien dessen Herrschaft zu überlassen, und seine Flotte nach der Umschiffung Süditaliens vor Brundisium erschien, kehrte sich das Kräfteverhältnis um. Murcus mußte sein Geschwader zurückziehen und sich darauf beschränken, die Überfahrt der Truppentransporter über die Adria zu beobachten. Nachdem das gesamte Heer in den illyrischen Häfen Apollonia und Dyrrhachium an Land gegangen war, unternahm Murcus, der diese Anlandungen nicht hatte verhindern können, Angriffe gegen die Schiffe, die Nachschub und Verstärkungen heranbrachten. Brutus und Cassius waren sich bewußt, wie wichtig diese Nachschubwege für ihre Gegner waren, und entsandten deswegen ein weiteres Geschwader in die Adria. Es umfaßte fünfzig Schiffe, die mit einer Legion und einem Kontingent Bogenschützen bemannt waren und von Cn. Domitius Ahenobarbus befehligt wurden, der später ein Freund von Antonius werden sollte. Trotz aller Anstrengungen gelang es Murcus und Ahenobarbus aber niemals, die Schiffahrt zwischen Brundisium und Illyrien so zu stören, daß die Legionen der Triumvirn bei ihren Operationen in Griechenland und Makedonien ernstlich behindert wurden. Octavians Flotte, die in den Gefechten mit Sextus Pompejus Kampferfahrung erworben hatte, war bereits die Beherrscherin des Meeres. Ihr Befehlshaber sollte sich vor Actium daran erinnern.

Noch bevor Murcus mit seinem Geschwader vor Brundisium eingetroffen war, hatte eine erste Abteilung von Antonius' Streitkräften unter dem Kommando von C. Norbanus Flaccus und L. Decidius Saxa die Adria überquert, um die nachfolgenden ersten Truppenanlandungen zu sichern. Dieses Unternehmen war freilich durch die Strategie von Brutus und Cassius erleichtert worden. Letztere waren nicht dem Beispiel von Pompejus gefolgt, der einst Caesar durch die Besetzung der Häfen in Illyrien und Epirus so große Schwierigkeiten bereitet hatte. Da sie im Orient mit ihren Operationen gegen die Rhodier und Lykier beschäftigt waren, hatten sie es verabsäumt, die Adriaküste zu besetzen, und es völlig ihrer Flotte überlassen, die Invasion zu verhindern. Antonius nutzte diesen taktischen Fehler und sandte zum frühestmöglichen Zeitpunkt eine Vorhut nach Osten, um jedem feindlichen Versuch zuvorzukommen, seinen Vormarsch an den Engpässen des Pindosgebirges, das vorzügliche Verteidigungsmöglichkeiten bot, zum Stehen zu bringen. Auch hier verstanden es Brutus und Cassius nicht, das Terrain auszunutzen, und ließen dem Gegner freie Hand. Norbanus und Saxa rückten mit dieser acht Legionen, also mehr als 30 000 Mann starken Vorhut auf der Straße vor, die direkt über das Gebirge führte. Es handelte sich um die Via Egnatia, die von den Römern nach der Eroberung Makedoniens im Jahrhundert zuvor erbaut worden war und Dyrrhachium und Apollonia mit Thessalonike und der Nordküste der Ägäis verband. Sie überwanden alle natürlichen Hindernisse, ohne auf Widerstand zu stoßen, und gelangten nach der Durchquerung Makedoniens nach Thrakien, wo sie erst jenseits des Nestosflusses haltmachten. Da sie sich hier in Feindesnähe wußten, besetzten sie in den südlichen Vorgebirgen der Rhodopen die Engpässe der Korpiler und Sapäer, die auf dem Weg vom Hellespont nach Thessalonike unumgängliche Durchgangspunkte darstellten. Auf diese Weise blockierten sie den Weg, den der Gegner vermutlich nehmen wollte, und sicherten damit den Vormarsch ihrer Hauptmacht. Die Schnelligkeit und Sicherheit dieser Truppenbewegung, in deren Verlauf die Vorhut rund 500 Kilometer quer durch die Balkanhalbinsel und Makedonien zurücklegte, gereichte Antonius, der sie mit einer seinem Lehrer Caesar würdigen Kühnheit geplant hatte, ebenso zur Ehre wie seinen Legaten, die er mit der Ausführung betraut hatte. So wie später einmal Napoleons Soldaten hatten auch seine Legionäre den Sieg mit ihren Füßen vorbereitet.

In auffallendem Kontrast dazu steht die Langsamkeit von Brutus und Cassius, die von dem schnellen Vormarsch des Gegners offenbar völlig überrascht wurden. Als Ausdruck ihrer Besorgnis kann man ein Geschehnis ansehen, das die Alten so stark beeindruckt hat, daß es sowohl von Appian als auch von Plutarch überliefert wird, von letzterem gleich zweimal, nämlich in der Lebensbeschreibung Caesars und der von Brutus. In letzterer wird es wie folgt berichtet: „Bevor Brutus mit seinen Truppen über die Meerenge von Asien nach Europa übersetzte, wachte er des Nachts in seinem schwach erleuchteten Zelt. Im ganzen Lager herrschte Stille. Er war in tiefes Nachdenken versunken, als er plötzlich das Gefühl hatte, daß jemand eingetreten war. Er wandte den Blick zum Eingang des Zeltes und gewahrte eine seltsame, furchterregende Erscheinung, die schweigend dastand. Er faßte Mut und richtete das Wort an sie: „Was bist du, ein Mensch oder ein Gott? Was führt dich zu mir?" Mit dumpfer Stimme antwortete die Erscheinung: „Ich bin dein Dämon, Brutus, der dich in den Untergang treibt. Du wirst mich bei Philippi wiedersehen." – „Ich werde dich wiedersehen", erwiderte Brutus ohne Furcht, worauf die Erscheinung verschwand. Da ihm seine Sklaven versicherten, daß sie niemanden gehört oder gesehen hatten, berichtete er Cassius von dieser Vision, der als guter Epikureer und Anhänger von Lukrez eine rationale Erklärung dafür lieferte, indem er sie als Traum oder Folge allzu großer Müdigkeit hinstellte. Doch das Geschehnis wurde bekannt und geriet nicht in Vergessenheit.

In Lysimacheia, einer griechischen Stadt auf der Halbinsel Gallipoli (von den Alten als Thrakischer Chersones bezeichnet), wurde das Heer zunächst umgruppiert, dann setzte es sich nach Westen in Marsch. Es folgte dabei der Küstenstraße, die über die Städte Ainos und Maroneia zu den vom Feind besetzten Engpässen der Sapäer und Korpiler führte. Zuvor hatten Brutus und Cassius aber noch Heerschau gehalten. Sie verfügten zusammen über neunzehn Legionen, deren Einheiten freilich nicht alle die vorgesehene Stärke hatten. Die Gesamtzahl der Legionäre betrug 80 000. Dazu kamen noch Hilfskontingente, die von Roms Verbündeten oder unterworfenen Völkern gestellt wurden: Thraker, Illyrer, Griechen, Galater aus dem Zentrum Kleinasiens, berittene arabische, medische und parthische Bogenschützen, ja selbst Gallier, Iberer und Lusitaner. Damit umfaßte die Streitmacht der Republikaner insgesamt 100 000 Mann. Als älterer der beiden Befehlshaber hielt Cassius eine Rede an die Truppen, die Appian in aller Ausführlichkeit wiedergibt. Sie schließt mit einem flammenden Appell: „Vorwärts, Kampfgefährten! Denken wir in unwandelbarer Treue und bedingungsloser Hingabe an nichts anderes als das Heil des Senats und des römischen Volkes, und kämpfen wir für die Freiheit!" Das Landheer wurde auf seinem Vormarsch von einem Schiffsverband begleitet, der die Küste entlangfuhr. Er transportierte eine Legion und Leichtbewaffnete, die später an Land gesetzt werden sollten. Angriffe gegen diese Schiffe brauchte man nicht zu befürchten, die Flotte der Triumvirn war in der Adria konzentriert und nicht bis in die Ägäis vorgedrungen.

Dieses südliche Thrakien, eine stark gebirgige Gegend, befand sich unter der Herrschaft zweier einheimischer Fürsten. Obwohl sie Brüder waren, hatte sich jeder von ihnen für ein anderes Lager entschieden: Rhascupolis hatte sich Brutus und Cassius angeschlossen, Rhascos für Antonius Partei ergriffen. Jeder der beiden gebot über dreitausend Reiter. Ihre Kenntnis des Geländes spielte beim Ablauf der Operationen eine wichtige Rolle, bei denen es sich zunächst um ein kombiniertes Vorgehen von See- und Landstreitkräften handelte. Als letztere vor dem von Saxa und seinen Leuten gehaltenen Engpaß der Korpiler zum Stehen kamen, umschiffte die Flotte diese Stellungen und setzte weiter westlich Truppen an Land. Um nicht den Feind im Rücken zu haben, zog sich Saxa nun zum Engpaß der Sapäer zurück, wo ihn Norbanus erwartete. Auf dieser neuen Verteidigungslinie boten sie den Truppen von Brutus gemeinsam die Stirn. Diesmal ermöglichte es König Rhascupolis seinen Verbündeten, den Sperriegel zu überwinden. Er riet ihnen zu einem Umgehungsmarsch über weiter nördlich gelegene, schwer begehbare Bergwege, die sie in die Ebene von Philippi im Rücken des Sapäerpasses führen würden. Das gesamte Heer bewältigte unter großen Strapazen diese Route, auf der man drei Tagesmärsche zurücklegen mußte, ohne Trinkwasser vorzufinden. Norbanus und Saxa erhielten nun von Rhascos die Warnung, daß man sie aus dem Rücken angreifen könnte. Sie gaben daher ihre Stellungen auf und zogen sich nachts nach Amphipolis an die Mündung des Flusses Strymon zurück, um hier die Ankunft von Antonius abzuwarten, dessen Vorrücken sie durch die Verzögerung des feindlichen Vormarsches so wirksam gesichert hatten.

Die Ebene von Philippi erstreckt sich unweit des Meeres östlich des Berges Pangaion (Pangaeus), dessen hohe und massige Silhouette die ganze Landschaft beherrscht. Im Süden wurde sie damals von einem weiten Sumpfgebiet begrenzt, im Norden von dichten Bergwäldern. Im Osten erhob sich am Fuße einiger stark abschüssiger Berge die drei Jahrhunderte zuvor von Philipp II. von Makedonien gegründete Stadt. Zwischen der Ebene und dem Meer zieht sich, die Küste verdeckend, eine Hügelkette hin, die Philippi von der Hafenstadt Kavala (damals Neapolis) trennt, der in einer Entfernung von etwa fünfzehn Meilen die bewaldete Kuppe der Insel Thasos vorgelagert ist, die der Dichter Archilochos mit einem haarigen Eselsrücken verglichen hat. So sah der genau abgegrenzte Schauplatz aus, auf dem es im Herbst 42 zum Entscheidungskampf kommen sollte.

Nach ihrem Eintreffen in der Ebene hatten Brutus und Cassius ihre Lager gegenüber dem von Amphipolis anrükkenden Feind auf zwei westlich der Stadt Philippi gelegenen Hügeln errichtet. Die Schnelligkeit, mit der Antonius seiner Vorhut nachgefolgt war, hatte sie überrascht. Sie waren deshalb nicht weiter vorgerückt, sondern hatten es vorgezogen, sich ein Terrain zu wählen, auf dem sie unter für sie vorteilhaften Bedingungen eine Schlacht liefern konnten. Ihre beiden Lager befanden sich in einer Entfernung von etwa 1 500 Metern zueinander beiderseits der Via Egnatia; das von Brutus lag nördlich davon, das von Cassius südlich, es war an seiner linken Flanke durch das Sumpfgebiet geschützt. Der Raum zwischen den beiden Lagern war durch einen Erdwall abgesperrt, in dessen Mitte sich ein Tor befand, durch das die Straße führte. Da das Gelände gegen Norden hin steil und unwegsam wurde, bot diese Verteidigungsstellung viele Vorteile, noch dazu, wo die Ebene nach Westen hin leicht abfiel. Ein kleiner Fluß vor den beiden Lagerfronten diente als Graben. Die Republikaner hatten außerdem den Vorteil einer günstigen Verbindung zum Meer. Über die Hügelkette entlang der Küste führte ein Weg zu dem nur zwölf Kilometer entfernten Neapolis, auf dem man Verstärkungen und Versorgungsgüter heranschaffte, die ihre Flotte aus den benachbarten Städten und insbesondere von der reichen Insel Thasos holte. Der mit Fragen der Taktik vertraute Cassius hatte ein wahres Meisterstück vollbracht. Durch die vorteilhafte Position und Anordnung der beiden Lager waren die strategischen Irrtümer der vergangenen Monate wieder wettgemacht.

Für die Dauer von etwa zehn Tagen stand ihnen zunächst Antonius allein gegenüber. Octavian, ernstlich erkrankt, hatte in Dyrrhachium zurückbleiben müssen und es seinem Mitstreiter überlassen, der Vorhut zu Hilfe zu kommen. Von Amphipolis, seiner gutbefestigten Basis an der Mündung des Strymon, war Antonius unter Umgehung der Südflanke des Pangaeus etwa 60 Kilometer in östlicher Richtung bis in die Ebene von Philippi vorgestoßen, um hier im Angesicht des nur 1 500 Meter entfernten Feindes auf völlig flachem Terrain sein Lager zu errichten. Im Bewußtsein der Vorteile, die der Gegner aufgrund seiner Stellungen besaß, hatte Antonius sich mit dem begnügen müssen, was ihm das Gelände bot. Es gab keine Anhöhe, die das Anlegen von Befestigungen erleichtert hätte, auch mußte er eine Stelle außerhalb des Sumpfgebietes wählen, um Süßwasserbrunnen graben zu können. Angesichts dieser ungünstigen Bedingungen beeindruckte der kühne Entschluß des Antonius seine Gegner, die ihn, kaum daß er mit seinen Truppen eingetroffen war, unter ihren Augen und in kurzer Entfernung ein Lager errichten sahen, als ob es sie nicht gäbe. Diese Verwegenheit brachte ihm einen psychologischen Vorteil ein, der die ungünstige Beschaffenheit des Geländes etwas ausglich. Während Reiterei und Leichtbewaffnete sich zwischen den Linien Scharmützel lieferten, verstärkte er in aller Eile die Lagerbefestigungen, errichtete zahlreiche Vorwerke, Gräben, Erdwälle und Palisaden. Er konnte auf diese Weise abwarten, bis Octavian, der aufgrund seiner Erkrankung in einer Sänfte transportiert werden mußte, mit den restlichen Legionen eintraf, und sie mit ihren endlich vereinigten Streitkräften in der Lage waren, sich unter annehmbaren Bedingungen dem Feind zur Schlacht zu stellen.

Das Heer der Triumvirn war der gegnerischen Streitmacht nunmehr zahlenmäßig gewachsen. So wie das der Republikaner umfaßte es neunzehn Legionen, zu denen noch die Hilfskontingente kamen. Antonius und Octavian hatten allerdings mit großen Versorgungsschwierigkeiten zu kämpfen. Nachschub konnte lediglich über die Via Egnatia aus Makedonien und Thessalien herangeschafft werden, das heißt aus entfernten Gebieten und ausschließlich auf dem Landweg, da die Ägäis von der feindlichen Flotte kontrolliert wurde. Die Jahreszeit war bereits fortgeschritten, und wie es im Herbst in dieser Region der Fall ist, verschlechterten sich die klimatischen Bedingungen. Die Truppen von Brutus und Cassius, in beherrschender Stellung, fest verschanzt und aus nahegelegenen Nachschubbasen bestens versorgt, hatten alles Interesse, den Kampf zu vermeiden und die Zeit für sich arbeiten zu lassen. Antonius und Octavian waren sich der Gefährlichkeit ihrer Situation bewußt. Sie durften nicht mehr lange warten und mußten den Feind um jeden Preis zum Kampf zwingen. Es standen sich also zwei Taktiken gegenüber: die Offensive dem Hinauszögern, die von Antonius (der kranke Octavian spielte bei den wichtigen Entscheidungen keine Rolle) der von Cassius, dem Brutus die Führung überließ. Den Sieg sollte Antonius davontragen. So wie schon bei Pharsalus, standen sich erneut zwei Heere gegenüber, die sich im wesentlichen aus römischen Bürgern zusammensetzten. Dieser Kampf zwischen feindlichen Brüdern, einstigen Waffengefährten, Veteranen Caesars, die in beiden Lagern in großer Zahl vertreten waren, Soldaten und Befehlshabern, die sich in der gleichen Sprache ausdrückten, die gleichen Befehle gebrauchten, die gleichen Waffen trugen und mit den gleichen Kampfmethoden vertraut waren, sollte durch die für Bürgerkriege charakteristische Erbitterung der beiden Seiten besonders blutig werden. Die antiken Historiker geben ihrer Empörung über diesen brudermordenden Krieg Ausdruck, versäumen es aber nicht, ihrer politischen oder moralischen Einstellung entsprechend die Motive der Antagonisten lobend hervorzuheben. Dabei begünstigen sie natürlich diejenigen, die sich auf ihre Treue zu Idealen oder zu den Traditionen der Väter beriefen. Daher diese Art Hagiographie, die sich insbesondere bei Plutarch um die Gestalt des Brutus entwickelt hat. Andere, wie etwa Cassius Dio, sind darum bemüht, Octavian in seinem günstigsten Licht erscheinen zu lassen. Appian wiederum schenkt, bei all seinem Interesse für Reden, seine Aufmerksamkeit mehr den Einzelheiten des Geschehens, die er mit der Genauigkeit und Klarheit des

Mannes darlegt, der sich auf Fragen der Kriegskunst und der Politik bestens versteht. Aus seiner angesichts der ihm bekannten Fakten durchaus objektiv wirkenden Schilderung tritt die Gestalt des Antonius erhöht hervor als die des Helden einer unübersichtlichen und verwickelten Geschichte, die dieser dank seiner Hellsichtigkeit und Charakterstärke der Lösung zuführt.

Dem tief verwurzelten Glauben der Alten gemäß erschien rückblickend auch dieses dramatische Geschehen als etwas, was die Götter durch warnende Vorzeichen angekündigt hatten. Die lange Liste der wundersamen Erscheinungen, welche die blutigen Kämpfe bei Philippi vorausahnen ließen, findet sich hier und dort wieder, bei Plutarch, Appian oder Cassius Dio, sogar bei Sueton und in der Dichtung. Im allgemeinen handelt es sich um Ereignisse, wie sie schon vor dem Tod Caesars oder den Proskriptionen eingetreten waren: unglaubliche Sonnenphänomene, geheimnisvolle Geräusche, seltsames Verhalten von Tieren, scheußliche Mißbildungen bei Neugeborenen, Blitzschläge in Tempel, in Schweiß ausbrechende oder zerberstende Götterstatuen. Das Volk, das sich hierbei auf die Autorität der Seher stützte, nahm diese außergewöhnlichen Erscheinungen stets begierig auf. Man erblickte darin von überirdischen Mächten gesandte Botschaften, die sich in der Regel erst hinterher deuten ließen. Der Glaube daran war so stark, daß sich selbst emanzipierte Geister nicht davon freimachen konnten. Auch ein zum Spotten neigender Epikureer wie Cassius ließ sich schließlich durch das gehäufte Auftreten böser Vorzeichen beeindrucken: Als man im Lager daranging, das traditionelle Opfer darzubringen, um dem Heer das Wohlwollen der Götter zu sichern, überreichte ihm, wie Plutarch berichtet, der Liktor den Kranz, den er während der Zeremonie auf dem Haupt tragen sollte, kehrte dabei aber die Oberseite nach unten. Dies wurde als böses Omen gedeutet. Schon vorher hatten sich Dinge zugetragen, die Schlimmes ahnen ließen: „Im Verlauf einer religiösen Feier, bei der eine goldene, von Cassius geweihte Victoria in einer Prozession mitgetragen wurde, glitt der Träger aus und ließ sie fallen. Außerdem ließen sich im Lager Tag für Tag zahlreiche Aasgeier nieder. Man sah auch Bienenschwärme, die sich innerhalb der Verschanzungen einnisteten. Die Seher ließen diese Stelle einzäunen, um die abergläubische Furcht zu bekämpfen, welche die Soldaten befallen hatte und von der allen seinen epikureischen Überzeugungen zum Trotz auch Cassius selbst nach und nach ergriffen wurde." Diese Verunsicherung blieb nicht ohne Einfluß auf das Verhalten des Feldherrn.

Angesichts des beginnenden Herbstes beschloß Antonius, den Feind zum Kampf zu zwingen, ohne sich dabei auf das Risiko einzulassen, die stark befestigten und gut verteidigten Lager direkt anzugreifen. Da die direkten Nachschubwege nach Neapolis und Thasos für Brutus und Cassius von großem Vorteil waren, stand zu erwarten, daß ihre Unterbrechung sie zwingen würde, das Lager zu verlassen, um diese lebenswichtigen Verbindungen wieder freizukämpfen. Wie aber sollte man an diese im Rücken des Feindes gelegenen Wege herankommen? Da ein Umgehungsmanöver weder durch das unwegsame Landesinnere noch über das von der feindlichen Flotte beherrschte Meer möglich schien, entschloß sich Antonius, das Sumpfgebiet zu durchqueren, das die linke Flanke von Cassius' Lager schützte und als unpassierbar angesehen wurde. Doch den Techniken der römischen Pioniertruppen war kein Hindernis zu groß. Schon Caesar hatte sich ihrer zu wiederholten Malen mit Erfolg bedient. Antonius faßte den kühnen Entschluß, vom Feind unbemerkt eine Straße mitten durch die Sümpfe zu bauen. Um den Gegner zu täuschen, stellte er einige Tage lang jeden Morgen sein Heer in der Ebene in Schlachtordnung auf, wobei er sämtliche Feldzeichen mittragen ließ, um den Eindruck zu erwecken, daß alle seine Truppen zum Kampf angetreten waren. Während dieses Zeitraums war ein Teil seiner Mannschaften Tag und Nacht damit beschäftigt, im Schutz des Schilfgürtels und damit für den Feind nicht sichtbar einen Damm aus Erde und Steinen aufzuschütten. Wenn das Wasser zu tief war, dann wurden an diesen Stellen Brücken errichtet. Es ging alles völlig geräuschlos vor sich. Nach zehn Tagen waren die Arbeiten beendet, und Antonius konnte eine aus mehreren Kohorten bestehende Kolonne losschicken. Die Soldaten überquerten im Schutz der Dunkelheit das Sumpfgebiet und besetzten jenseits davon einige Anhöhen, die sie sofort befestigten.

Cassius wurde von dieser Aktion völlig überrascht. Um die vorgeschobenen feindlichen Verbände von ihrer Hauptmacht abzuschneiden, ließ er seinerseits einen durch Palisaden gesicherten Damm in die Sümpfe vortreiben. Dieser Damm wurde von seinem Lager aus nach Süden geführt, um den von Antonius errichteten im rechten Winkel zu durchschneiden. Antonius beantwortete dieses Vorgehen mit einem Sturmangriff. Seine Truppen überrannten den Damm des Cassius und stürmten bis zu dessen Lager vor. Als die Legionäre von Brutus sahen, daß der Kampf ausgebrochen war, rückten sie aus ihrem Lager, um einzugreifen. Dabei stießen sie auf die Truppen Octavians, die den linken Flügel des gegnerischen Heeres bildeten, und schlugen sie in die Flucht. Bei ihrer Verfolgung drangen sie bis zum gemeinsamen Lager der Triumvirn vor, in das sie zugleich mit den Fliehenden gelangten. Octavian selbst war durch einen Traum gewarnt worden, daß ihm der folgende Tag Unheil bringen würde (er erinnert daran in seinen Memoiren), und hatte sich vorsichtshalber in Sicherheit gebracht.

In vorderster Reihe kämpfend, führte Antonius indessen einen ungestümen Sturmangriff auf das Lager des Cassius. Nachdem er es in seine Gewalt gebracht hatte, führte er die Truppen wieder heraus, um die restlichen, außerhalb des Lagers befindlichen Einheiten anzugreifen und in die Flucht zu schlagen. Auf diese Weise hatte im Norden Brutus die Legionen Octavians besiegt und das gemeinsame Lager der Triumvirn erobert, während im Süden

Antonius das Lager des Cassius in seiner Gewalt hatte und die Reste von dessen Heer in die Sümpfe trieb. Die beiden Treffen waren gleichzeitig abgelaufen, ohne daß die gegnerischen Befehlshaber wußten, was sich auf dem anderen Flügel zutrug. Zwischen dem Lager von Cassius und dem der Triumvirn lag eine Entfernung von zwei bis drei Kilometern, und der von Tausenden von Menschen und Pferden hochgewirbelte Staub machte es unmöglich, das gesamte Kampfgeschehen zu überblicken. Als Cassius, der über die Bewegungen von Brutus nur wenig und schlecht unterrichtet war, feststellen mußte, daß sein Lager erobert und seine Legionen geschlagen waren, gab er alles verloren und ließ sich von einem griechischen Freigelassenen namens Pindaros töten. Jeder der beiden Sieger plünderte das von ihm eroberte Lager, zog sich dann aber mit Beute beladen wieder auf die eigenen Linien zurück. Nach dieser ersten Schlacht, in der sich Sieg und Niederlage die Waage hielten, standen sich die beiden Heere also wieder auf den alten Positionen gegenüber. Die Verluste waren freilich ungleich hoch: Appian zufolge hatten Brutus und Cassius 8 000 Mann, die Triumvirn hingegen 16 000 Mann verloren. Doch Brutus beklagte den Tod dessen, den er als den „letzten Römer" bezeichnete und der ihm an Kampferfahrung und Kriegskunst überlegen war. Er mußte nun allein das Heer gegen Antonius führen, der als der bessere Feldherr die Initiative nicht mehr aus der Hand geben sollte.

Nach dieser ersten Schlacht von Philippi, die zu Beginn des Monats Oktober stattfand, war somit nichts entschieden. Weit entfernt von diesem Kampfschauplatz, doch genau am selben Tag, gelang es der im Ionischen Meer unter dem Befehl von Murcus und Ahenobarbus operierenden Flotte, einen von Brundisium kommenden Schiffskonvoi abzufangen, der Octavian zwei seiner besten Legionen zuführen sollte. Eine davon war die Marslegion, die im Jahr 44 von Antonius zu dessen jungem Rivalen übergegangen war. Aufgrund einer Flaute konnten Octavians Transportschiffe dem Feind nicht entkommen und wurden fast alle versenkt oder erobert. Diese Niederlage macht die Risiken deutlich, welche die Triumvirn eingegangen waren, als sie sich entschlossen hatten, weit von ihren Stützpunkten in Italien entfernt und jenseits des Meeres zu operieren. Doch der Seesieg der Republikaner kam zu spät, um das weitere Geschehen in irgendeiner Weise zu beeinflussen. Die zweite Schlacht von Philippi sollte dem Krieg ein Ende setzen.

Brutus hatte die zahlreichen Versprengten aus dem Heer des Cassius, die in die Sümpfe geflüchtet waren, wieder gesammelt und in sein eigenes Heer eingegliedert. Unter den Soldaten Octavians und den im Lager zurückgebliebenen Sklaven hatte er eine große Zahl Gefangene gemacht. Da er nicht wußte, was er mit so vielen Kriegsgefangenen tun sollte, schenkte er einem Teil der römischen Bürger die Freiheit, in der Hoffnung, daß ihm diese großzügige Geste Wertschätzung und Sympathie einbringen würde, ließ hingegen sämtliche Sklaven töten, um sie loszuwerden. Seinen eigenen Soldaten versprach er Geld, um sie auf diese Weise noch mehr an sich zu binden. Damit folgte er einem nunmehr fest etablierten Brauch, durch den die Legionäre zu Söldnern geworden waren. Darüber hinaus wollte er ihnen nach dem Sieg die Städte Thessalonike und Lacedaemon zur Plünderung überlassen. Den Leichnam des Cassius sandte er aus Vorsicht in aller Heimlichkeit auf die Insel Thasos, um ihn dort feierlich bestatten zu lassen. Er befürchtete nämlich, daß eine Leichenfeier und Bestattung an Ort und Stelle bei den Truppen des toten Feldherrn Trauer und Entmutigung hervorrufen würde. Was die Taktik betraf, so erachtete er es nicht für notwendig, sie zu ändern. Er setzte weiterhin darauf, daß die Zeit für ihn arbeitete und der Gegner den Mut verlieren würde, und vermied es deshalb, sich auf einen Kampf einzulassen. Das war an sich eine kluge Taktik, doch war Brutus nicht der Mann, der sie durchhalten konnte.

Die Lage der Triumvirn war nach wie vor schwierig, und das um so mehr, als die klimatischen Bedingungen sich zusehends verschlechterten. Regenfälle und selbst Frost machten den Aufenthalt in ihrem auf flachem Terrain errichteten Lager immer unangenehmer. Brutus gelang es sogar, einen Fluß so umzuleiten, daß er einen Teil des Lagers unter Wasser setzte. Der Nachschub traf äußerst zögernd ein, so daß schließlich eine ganze Legion nach Griechenland entsandt werden mußte, um sämtliche verfügbaren Hilfsgüter zu beschlagnahmen. Die Moral der Truppen, die durch das Beispiel und die Ermutigungen ihrer Führer angefeuert wurden, litt jedoch unter diesen Prüfungen in keiner Weise. Appian hat eine kurze Rede rekonstruiert, die Antonius am Tag nach der ersten Schlacht hielt. Sie vermittelt eine gute Vorstellung von dem Ton und den Worten, die dieser wählte, um den Kampfeseifer seiner Truppen wachzuhalten: „Soldaten! Es heißt, daß unsere Gegner nach den Kämpfen des gestrigen Tages einen Teil des Erfolgs für sich in Anspruch nehmen, weil sie einige der Unseren zur Flucht gezwungen und unser Lager geplündert haben. Aber das sind nichts als Worte! Sie werden bald erkennen müssen, daß der Sieg zur Gänze euch zugefallen ist. Denn ich sage euch, daß sie sich weder morgen noch an einem der folgenden Tage zur Schlacht stellen werden, und das wird der unwiderlegliche Beweis für ihre gestrige Niederlage und für ihre Angst sein: Auf diese Weise ziehen sich bei athletischen Wettkämpfen die Schwächsten freiwillig aus dem Wettbewerb zurück. Wenn unsere Feinde ein so großes Heer versammelt haben, dann sicherlich nicht deswegen, weil sie sich in den Einöden Thrakiens hinter ihren Befestigungen veschanzen wollten! Nein, sie haben diese erst errichtet, als wir anrückten, weil sie uns fürchteten. Und jetzt, wo wir da sind, schließen sie sich nach ihrer Niederlage darin ein, einer Niederlage, die den älteren und erfahreneren ihrer beiden Führer in die Verzweiflung und den Selbstmord getrieben hat. Ein erneuter Beweis dafür, daß sie uns gestern unterlegen sind. Deswegen werden wir ihnen den Kampf anbieten. Wenn sie ihn nicht annehmen, wenn sie sich weigern, von ihren Hügeln herabzusteigen, und dem Schutz ihrer Befestigungen mehr vertrauen, als der Kraft ihrer Arme, dann werdet ihr, die Soldaten Roms, dessen bin ich ganz sicher, voll Zuversicht und Selbstvertrauen ihnen erneut euren Willen aufzwingen, wie ihr es gestern schon getan habt. Denn ihr würdet es als schmachvoll empfinden, vor einem Feind, der euch fürchtet, zurückzuweichen und ihm zu erlauben, sich euren Schwertern zu entziehen. Ihr würdet es als Schande ansehen, wenn Männer wie ihr nicht fähig wären, Mauern zu besiegen! Wir sind nicht hierhergekommen, um unser Leben in dieser Ebene zu verbringen, wo es uns, wenn wir noch länger zögern, bald am Nötigsten fehlen wird. Nein, vernünftige Leute verstehen es, kurze Kriege zu führen, um dann lange den Frieden zu genießen. Aus diesem Grund werden wir als eure Befehlshaber Überlegungen anstellen, wann und in welcher Weise zu handeln ist. Ihr habt gestern weder über unseren Einsatz im Kampf, noch über unsere Fähigkeiten, ihn zu lenken, zu klagen gehabt. Trachtet auch ihr, daß eure Tapferkeit voll den Erwartungen eurer Führer entspricht, wenn diese sie von euch fordern werden. Trauert nicht dem hinterher, was der Feind gestern aus unserem Lager geraubt hat, es zählt nicht! Denn unser Reichtum ist nicht auf die Dinge beschränkt, die wir besitzen: Er liegt in dem Sieg begründet, den wir erringen werden. Sobald die Gegner überwunden sind, werden wir durch diesen Erfolg alles zurückerhalten, was uns gestern geraubt wurde und sich nun unversehrt im feindlichen Lager befindet. Darüber hinaus werden wir in ihrem Troß reiche Beute machen. Wenn es uns danach drängt, uns dieser zu bemächtigen, dann beeilen wir uns zu kämpfen! Schon allein die Beute, die wir ihnen gestern abgenommen haben, ist beachtlich, bedeutender vielleicht als jene, die sie in unserem Lager gemacht haben. Alles, was sie in Asien zusammenraubten, haben sie hierhergebracht. Ihr hingegen habt in eurer Heimat euren kostbarsten Besitz zurückgelassen und in eurem Gepäck nur das Allernötigste mitgetragen. Wenn sich in unserem Lager einige wertvolle Gegenstände befanden, so gehörten sie uns, euren Befehlshabern. Doch wir sind bereit, für den Sieg alles zu opfern. Um euch aber den erlittenen Schaden zu ersetzen, werden wir jedem einzelnen Mann eine Siegesprämie von 20 000 Sesterzen auszahlen. Die Centurionen werden das Fünffache und die Tribunen das Zehnfache dieser Summe erhalten." Wenn diese Rede, wie bei den antiken Historikern üblich, auch nicht dem genauen Wortlaut nach authentisch ist, so zeigt sie doch sehr gut, welche Motive die Legionäre zum Kampf trieben, nämlich Soldatenstolz, Ruhmbegierde und Gewinnstreben, und welche Akzente Antonius zu setzen verstand, um sie in dieser Geisteshaltung zu bestätigen.

Den in dieser Rede geäußerten Absichten gemäß bot Antonius seinem Gegner Tag für Tag die Schlacht an, während Brutus diese Herausforderung lange Zeit nicht annahm. Außerdem veränderten die Triumvirn zum Teil die Aufstellung ihrer Einheiten, indem sie diese näher an das Meer heranführten. Auf diese Weise wurden zwölf Legionen ein oder zwei Kilometer weiter nach Süden verlegt. Vier weitere besetzten eine in Pfeilschußweite vom Lager des Cassius gelegene Anhöhe, wobei man sich gegenseitig mit Wurfgeschoßen bekämpfte. Diese Truppenbewegungen hatten das Ziel, die Sümpfe zu umgehen oder zu durchqueren, um die Verbindungen der Republikaner mit Neapolis zu bedrohen. Brutus beantwortete diese Aktionen, indem er unweit der neuen Stellungen befestigte Posten errichten ließ. All diese kleineren Operationen nahmen nahezu drei Wochen in Anspruch, ohne daß sich dadurch für eine der beiden Seiten die Situation wesentlich geändert hätte.

Die Wandlung, die eintrat, war psychologischer Art. Indem Antonius seine Legionen jeden Tag vor dem feindlichen Lager in Schlachtordnung aufstellte, ohne daß Brutus diese tägliche Herausforderung annahm, erreichte er schließlich, was er anstrebte: Unter den republikanischen Truppen machten sich Unzufriedenheit und Mißstimmung breit. Die

Männer von Antonius, deren Selbstvertrauen sich angesichts der Passivität des Feindes bis zur Überheblichkeit steigerte, versäumten es nicht, ihre Gegner mit Spott und Beschimpfungen zu überhäufen, was die Legionäre des Brutus nur schwer ertragen konnten. Die Triumvirn ließen zudem Flugblätter in die feindlichen Stellungen werfen, mit denen zum Überlaufen aufgefordert wurde. Es gab dann auch Überläufer, allerdings in beiden Richtungen. Die wichtigsten davon waren der Befehlshaber eines Kontingents Galater und der Thrakerfürst Rhascupolis, die beide zu Antonius übergingen. Vor allem aber begannen die Legionäre zu murren und sich gegen die von Brutus verfolgte Verzögerungstaktik aufzulehnen. Selbst für kampferfahrene Truppen war nichts schwerer zu ertragen, als angesichts der ständigen Provokationen des Feindes in Passivität zu verharren und abzuwarten. Der strenge und autoritäre Cassius hätte Proteste niemals geduldet. Wahrscheinlich hätte man sich bei ihm gar nicht erst getraut, welche vorzubringen. Dem wohlmeinenden und gewissenhaften Brutus gegenüber hatte man jedoch kaum Hemmungen, wie der offenbar gut unterrichtete Appian treffend bemerkt. Bald schlossen sich die Offiziere mit ihrer Kritik den Forderungen der Truppe an. Obwohl er von der Richtigkeit seiner Abwartetaktik nach wie vor überzeugt war, gab Brutus schließlich voll Unwillen dem Drängen seines Heeres nach. Er soll dabei folgenden Ausspruch getan haben: „Jetzt bin ich soweit, daß ich nach der Art des großen Pompejus Krieg führe. Statt zu befehlen, führe ich die Befehle der anderen aus." Wahrscheinlich befürchtete er auch, daß seine Legionen, die es verdroß, von einem Befehlshaber, dem sie mangelnde Energie vorwarfen, zur Tatenlosigkeit gezwungen zu werden, ihn verlassen könnten, um sich einem ruhmreicheren Feldherrn anzuschließen. Seit dem Beginn der Bürgerkriege war es immer wieder zu Massendesertionen gekommen. Viele seiner Legionäre hatten früher unter Caesar gedient und standen jetzt nur durch Zufall unter seinem Befehl. Sie alle waren für das

Prestige eines Antonius und den Klang des Namens Caesar, den Octavian angenommen hatte, immer noch äußerst empfänglich.

Aus all diesen Gründen ließ Brutus seine Truppen am 23. Oktober im Angesicht des in Schlachtordnung angetretenen Feindes endlich aus dem Lager rücken, um sein Kriegsglück zu versuchen. Bevor er das Zeichen zum Kampf gab, wartete er zunächst noch mehrere Stunden. Er war beunruhigt über einige seiner Leute, von denen aufgrund von Meldungen zu befürchten stand, daß sie überlaufen würden. Als er schließlich mitansehen mußte, wie ein glänzender gallischer Reiter namens Camulatus ganz offen zu den feindlichen Linien hinüberwechselte, entschloß er sich teils aus Zorn, teils aus Angst, daß andere diesem Beispiel folgen könnten, das Zeichen zum Angriff zu geben. Es war drei Uhr nachmittags, und die Sonne begann bereits zu sinken. Die beiden Heere stürmten frontal aufeinander los, es kam zu einem kurzen und heftigen Zusammenprall. Am rechten Flügel, den er persönlich befehligte, war Brutus vorübergehend im Vorteil. Der linke Flügel hingegen, der zu weit auseinandergezogen war, mußte zurückweichen und wurde in zwei Teile getrennt, wodurch die Truppen der Triumvirn die Oberhand gewannen. Sie drängten den sich hartnäckig wehrenden Gegner zuerst langsam und Schritt für Schritt zurück, „so wie man nach und nach eine riesige Maschine zurückschiebt", wie Appian es ausdrückt. Dann begannen die Schlachtreihen der Republikaner, sich aufzulösen, und es setzte eine wilde Flucht ein. Antonius hatte seinen Leuten den Befehl erteilt, sich so rasch wie möglich der Eingänge zu den feindlichen Lagern zu bemächtigen, um zu verhindern, daß die Fliehenden darin Schutz fanden. Ungeachtet des Geschoßhagels, der von den Wällen auf sie niederging, führten sie diesen Auftrag aus. Den Geschlagenen blieb somit nur die Flucht in die Bergwälder oder in Richtung auf das Meer. Während Octavian es übernahm, das eigene Lager gegen mögliche Angriffe zu schützen und die Abteilungen zu zerschlagen, die sich aus dem Lager des Brutus zurückzogen, setzte Antonius mit seiner Reiterei den Flüchtenden nach. Er zerschlug den letzten, sich hier und dort noch regenden Widerstand und sorgte für die bestmögliche Ausnutzung des Sieges, indem er verhinderte, daß die feindlichen Anführer ihre geschlagenen Truppen wieder sammelten. Der thrakische Fürst Rhascos, der die Gegend genau kannte, unterstützte ihn bei dieser Jagd auf den fliehenden Gegner, mit der die Schlacht nun endgültig ihren Abschluß fand.

Eine Reiterabteilung hatte den Auftrag, Brutus wiederzufinden, dem es nach tapferer Gegenwehr und dank der Aufopferung seiner Freunde gelungen war zu fliehen. Sie hatten sich niedermachen lassen, um seine Flucht zu dekken. Als diese Reiter ihn fast eingeholt hatten, gab sich einer seiner Gefährten namens Lucilius für ihn aus, ließ sich gefangennehmen und verlangte, zu Antonius geführt zu werden, da er zu Octavian kein Vertrauen hatte. Als Antonius, den man benachrichtigt hatte, ihm entgegenkam, richtete Lucilius folgende Worte an ihn: „Antonius, Marcus Brutus ist nicht gefangengenommen worden, und keiner seiner Feinde wird ihn je gefangennehmen. Wie könnte Fortuna der Tugend dieses Schicksal widerfahren lassen? Lebendig oder tot, was auch immer geschehen mag, er wird stets sich selbst gleich sein. Was mich betrifft, so habe ich deine Soldaten getäuscht, damit sie mich an seiner Statt zu dir bringen. Ich bin bereit, zum Lohn für diese List jede strenge Bestrafung zu erleiden, die dir beliebt." Antonius wandte sich zu seinen Reitern und sprach: „Ich verstehe, wenn ihr, meine Waffengefährten, es nur schwer ertragen könnt, so frech getäuscht worden zu sein. Doch ich sage euch, daß ihr einen besseren Fang gebracht habt, als ihr bringen wolltet. Denn ihr habt nach einem Feind gesucht und mir einen Freund gebracht. Ich frage die Götter: Was hätte ich mit Brutus gemacht, hättet ihr ihn mir lebend hierhergeführt? Einen Mann wie diesen aber sei mir vergönnt mir zum Freund zu machen, statt ihn zum Feind zu haben!" Dieser von Plutarch überlieferte Dialog zeigt

Antonius von seiner schönsten Seite, als einen Mann der spontanen Gefühle, voll Edelmut und Großherzigkeit.

Brutus hatte unterdessen mit den wenigen ihm noch verbliebenen Getreuen ein abgelegenes Gebirgstal erreicht, wo er einen Teil der Nacht mit tiefem Nachdenken verbrachte. Es kamen ihm dabei Verse griechischer Dichter in den Sinn, die er nun auf sich und seine Lage bezog, insbesondere die Stelle aus einer Tragödie, wo Herkules, der so viele Prüfungen hinnehmen mußte, voll Bitternis ausruft: „Arme Tugend, du bist nichts als ein Wort! Ich habe mich deinem Dienst gewidmet, als gäbe es dich wirklich. Doch du warst bloß die Sklavin der Fortuna!" Dann wandte er sich an seine Umgebung mit der Bitte, ihm zum Tod zu verhelfen. Mit Unterstützung eines seiner Begleiter, des Griechen Straton von Epirus, der seit der Zeit ihres gemeinsamen Studiums zu seinen Vertrauten zählte, stürzte er sich in sein Schwert und tötete sich. Sein Leichnam wurde Antonius überbracht, der ihn mit allen Ehren empfing. Octavian hingegen forderte seinen Kopf und sandte ihn nach Rom, um ihn als Bußgabe zu Füßen von Caesars Standbild zur Schau stellen zu lassen. Das Schiff mit der schaurigen Trophäe an Bord sank jedoch bei der Überfahrt über die Adria. Als Leichentuch wählte Antonius seinen schönsten Purpurmantel aus, das Kleidungsstück, an dem man den Feldherrn erkannte. Er ließ den Leichnam des Feindes darin einhüllen und trug einem seiner Freigelassenen auf, für eine feierliche Beisetzung zu sorgen. Der Mann erdreistete sich jedoch, den kostbaren Mantel beiseite zu schaffen, anstatt ihn mit der Leiche zu verbrennen. Auch unterschlug er einen Teil des für die Bestattung bestimmten Geldes. Als Antonius davon erfuhr, ließ er ihn den Frevel mit dem Tode büßen. Die Asche des Brutus übersandte er dessen Mutter Servilia. Seine Frau Porcia erwies sich als wahre Tochter ihres Vaters Cato. Sie wollte den Tod ihres Gatten und die Niederlage der Republikaner nicht hinnehmen und setzte ihrem Leben auf grauenhafte Weise ein Ende, indem sie glühende Kohlen verschluckte.

Auch ihr Bruder Marcus hatte bei Philippi den Tod auf dem Schlachtfeld gefunden.

Die Schlacht von Philippi bedeutete das Ende des organisierten Widerstands gegen die Triumvirn, wenn man von Sextus Pompejus absieht, der mit Sizilien über eine feste Machtbasis verfügte und den Herren Roms noch lange Zeit Sorgen bereiten sollte. Er stellte für sie aber zu keiner Zeit eine ernstliche Bedrohung dar, da sein Herrschaftsgebiet nicht groß genug war, um ihm seine Macht auf die Dauer zu sichern und zu erhalten. In der Öffentlichkeit hatte man sofort erkannt, was der Untergang von Brutus und Cassius bedeutete: Die letzte Möglichkeit, die Republik der Väter wenigstens der Form nach wiederherzustellen, war nun dahin. Wie immer besann man sich auf die Vorzeichen, die ein so bedeutendes Ereignis möglicherweise schon angekündigt hatten. Zwei Geschehnisse waren es vor allem, welche die Gemüter beeindruckten: Als sich die beiden Heere vor dem Kampf bereits in Schlachtordnung gegenüberstanden, kamen von den beiden Lagern herzwei Adler geflogen, die über dem leeren Feld, das die beiden Schlachtreihen voneinander trennte, wütend aufeinanderstießen. Gebannt blickte alles auf den seltsamen Zweikampf, der sich über der plötzlich in Stille getauchten Ebene abspielte. Schließlich brach der aus der Richtung von Brutus' Lager gekommene Adler den Kampf ab und ergriff die Flucht. Auch ein anderer Vorfall hatte die Republikaner stark beeindruckt. Als die Truppen des Brutus den Befehl erhalten hatten, aus dem Lager auszurücken, und man ihnen die Tore öffnete, sah sich der an der Spitze marschierende Träger des Legionsadlers plötzlich einem Neger gegenüber (einem Äthiopier, wie man damals sagte), der zufällig des Weges kam. Da unter den von den Legionen mitgeführten Sklaven nur wenige Farbige waren, faßte man diese überraschende Begegnung als Zeichen des Unheils auf. Der unglückliche Schwarze wurde auf der Stelle getötet.

Nach der Schlacht entschieden die Triumvirn über das

Schicksal der Besiegten. Octavian war von der Krankheit, an der er seit Beginn des Feldzugs litt, noch immer nicht genesen. In der auf die Schlacht folgenden Nacht mußte er die Sicherung des Lagers Norbanus übertragen, um sich zu erholen. Er blieb deshalb auch nicht länger beim Heer, sondern machte sich so schnell wie möglich auf die Rückreise nach Italien. Vorher fand er allerdings noch Zeit, seine Unbarmherzigkeit bei der Behandlung der Gefangenen unter Beweis zu stellen. Auf sein Geheiß wurden sämtliche Personen von Rang und Namen hingerichtet, wobei er sie noch persönlich beschimpfte. Als einer der Verurteilten darum bat, seinen Leichnam bestatten zu lassen, erwiderte er ihm brutal: „Das werden die Geier besorgen!" Einem Vater und seinem Sohn, die um Gnade baten, befahl er, um ihr Leben zu losen. Daraufhin bot der Vater sein Leben für das des Sohnes. Nachdem dieser die Hinrichtung seines Vaters hatte mitansehen müssen, tötete er sich selbst. Octavian wohnte dieser Szene bei, als sei sie ein Schauspiel. Es ist verständlich, daß die anderen Gefangenen, als man sie in Ketten zur Hinrichtung führte, Octavian mit den verächtlichsten Beschimpfungen bedachten, während sie Antonius, der militärischen Disziplin folgend, mit dem Titel *imperator* grüßten. Unter diesen Gefangenen befand sich auch der Senator Favonius, der sich als Philosoph und Schriftsteller versucht hatte und durch sein plötzliches Eingreifen und seine scherzhaften Bemerkungen die Eintracht zwischen Brutus und Cassius wiederhergestellt hatte. Er mußte nun die Freundschaft mit ihnen mit seinem Leben bezahlen.

In bestimmten Fällen zeigte sich auch Antonius unerbittlich. So ließ er auf dem Grab seines jüngeren Bruders C. Antonius den Prätor Q. Hortensius töten, den er für dessen Hinrichtung verantwortlich machte. Im ganzen gesehen ließ er jedoch gerne Milde walten. Zahlreichen Angehörigen der geschlagenen Armee, die aus vornehmen römischen Familien stammten, war es gelungen, das Meer zu erreichen und auf die Insel Thasos überzusetzen. Sie unterstellten sich dort dem Befehl von M. Valerius Messala Corvinus und L. Bibulus, zwei Proskribierten, die mit Antonius Kapitulationsverhandlungen aufnahmen. Der Triumvir begab sich auf die Insel, ließ sich von ihnen ihre Waffen, die reichlichen Vorräte sowie sämtliches Geld und Kriegsgerät ausliefern und schenkte ihnen dann die Freiheit. Mehr noch, er nahm Messala und Bibulus unter seine Vertrauten auf und übertrug ihnen später wichtige Aufgaben.

Zahlreiche Römer, die an diesem großen Abenteuer teilgenommen hatten, kehrten auf eigenen Wegen und mit eigenen Mitteln nach Italien zurück, wo sie ihre republikanische Vergangenheit in Vergessenheit geraten ließen. Einer von ihnen verdient es erwähnt zu werden, ließ er es sich doch später nicht nehmen, voll Selbstironie auf die wenig rühmliche Rolle hinzuweisen, die er in der Schlacht gespielt hatte. Es handelt sich um den Dichter Horaz, der seine Studien in Athen abgebrochen hatte, um sich Brutus anzuschließen. Obwohl er vom Waffenhandwerk so gut wie nichts verstand und dafür auch gar nicht geschaffen war, hatte man ihm etwas übereilt den Titel eines Militärtribunen verliehen, er war also ein hoher Offizier und kämpfte somit zu Pferd. Bei der allgemeinen Flucht wurde auch er mit fortgerissen und warf dabei seinen runden Reiterschild fort, der ihm beim Fliehen hinderlich war. Den Schild wegzuwerfen galt jedoch bei den Alten als die höchste Schande, so etwa, wie wenn in unserer Zeit ein Soldat sein Gewehr wegwirft. Da Horaz aber wußte, daß man einem Dichter vieles verzeiht, schämte er sich nicht, diesen Vorfall in einer geistreichen Ode zu erwähnen, in der er sich an seinen Freund Pompejus Varus wendet: „Mit dir zusammen hab' ich Philippi erlebt und die rasche Flucht, bei der ich so schändlich den Rundschild fortwarf, als alle schon mutlos waren und die Tapfersten armselig mit dem Gesicht zu Boden lagen. Mich aber, der ich voll Furcht war, hat Merkur den Feinden entrissen, in eine dichte Wolke mich hüllend, während auf wilden Wogen die Flut dich forttrug, um in den Krieg dich wieder zu stürzen."

Pompejus Varus gelang es damals, sich einzuschiffen, um den Kampf erneut zu beginnen, doch der junge Horaz hatte vom Krieg genug. Er verstand es später, die Gunst Octavians zu erlangen, und machte sich gerne zum Lobsänger seiner Politik. Als er über seine hastige Flucht dichtete, wußte er sehr gut, daß dies dem Beherrscher Roms, gegen den bei Philippi zu kämpfen ein bedauerlicher Irrtum gewesen war, nicht mißfallen würde. Und so wie fast überall in der lateinischen Poesie nähren auch hier die Erinnerungen an griechische Vorbilder die Inspiration des Dichters und erfreuen den Geist des sie als solche erkennenden Lesers. Horaz macht sich in seinem Text über sich selbst lustig, wenn er sagt, daß während seiner Flucht ein Gott herabgestiegen sei, um ihn zu seiner Rettung schützend in eine Wolke zu hüllen, wie es in der *Ilias* Aphrodite mit Paris und Poseidon mit Aeneas tun. Er spielt aber auch auf einen Präzedenzfall für seine unrühmliche Tat an: *relicta non bene parmula*, „als ich so schändlich den Rundschild fortwarf." Denn hier kann er sich rühmen, dem Beispiel des Dichters Archilochos gefolgt zu sein, der im 7. Jahrhundert v.Chr. von Paros nach Thasos gekommen war. Auch er hatte sich seines Schildes entledigen müssen, um schnellstmöglich zu fliehen, als er, ebenfalls in der Gegend von Philippi, gegen die Thraker kämpfte. Archilochos rühmt sich dessen: „Irgendein thrakischer Barbar ist jetzt stolz darauf, eine Waffe ohne Schramme zu besitzen, den Schild, den ich bei einem Busche zurückließ, so leid es mir auch tat. Zumindest bin ich dadurch heil davongekommen, was kümmert mich schon dieser großartige Schild?" Gibt es für einen Dichter eine schönere Entschuldigung, als sich am selben Ort und in der gleichen Situation genau wie sein illustrer Vorgänger verhalten zu haben?

PONTUS EUXINUS
THRACIA
PAPHLAGONIA
PONTUS
BITHYNIA
Nicomedia
Lysimacheia
PROPONTIS
Nicaea
Ancyra
Cyzicum
Lampsacum
Abydos
Ilion
GALATIA
Halys
MYSIA
LESBOS
Pergamon
Hermos
Sardis
Smyrna
Maeander
LYCAONIA
Ephesos
Samos
Priene
Aphrodisias
Magnesia
Cydnos
Miletos
Tarsos
Mylasa
CARIA
TAURUS
LYCIA
CILICIA
Xanthos
Seleucia Pieria
Rhodos
CYPRUS
CRETA
MARE INTERNUM
Ptolemais Ace
Hierosoly
Gaza
Alexandria
Paraitonion
Pelusion
PALAESTINA
AEGYPTUS
Nilus
Berytos

Kleinasien und der Nahe Osten

VI.

Die Versuchungen des Orients (42 - 39)

„Der Ruhm des Antonius", so schreibt Appian, „war damals auf dem Höhepunkt, sowohl im Heer als auch in der öffentlichen Meinung. Denn angesichts der Krankheit, die Octavian ans Lager gefesselt hatte, erschien der Sieg von Philippi allen als ausschließlich sein Verdienst." Und tatsächlich war er von Beginn bis Ende des Feldzugs der alleinige Architekt des Erfolgs gewesen. Er hatte die Strategie entworfen und die Taktik gewählt, er hatte durch sein Beispiel und seine Zuversicht den Truppen unablässig Mut eingeflößt, Rückschläge ausgeglichen, Schwierigkeiten überwunden und schließlich einem Gegner, der ihm aufgrund seiner Stellungen und seiner Hilfsmittel überlegen war, seinen Willen aufgezwungen. Durch seine richtigen Einschätzungen der Lage, seine schnellen Entscheidungen, seine Charakterfestigkeit und sein Ansehen bei den Soldaten hatte er sich immer wieder als meisterlicher Nachahmer seines Lehrers Julius Caesar erwiesen. Es ist verwunderlich, daß die Kriegshistoriker, die sich wahrscheinlich zu sehr von dem schlechten Ruf beeindrucken ließen, den der bei Actium Unterlegene bei der Nachwelt hat, die von Antonius vor und während der Schlachten von Philippi durchgeführten Operationen so wenig im Detail untersucht haben. Sie zählen zu den eindrucksvollsten Beispielen militärischen Scharfblicks

An den Triumvirn lag es nun, die politischen Konsequenzen aus ihrem Sieg zu ziehen. Sie entschieden darüber, noch bevor sie sich trennten. Nachdem die üblichen Riten und Zeremonien abgehalten worden waren, ein prunkvolles Dankopfer und eine Ansprache an die Truppen, um ihnen die Zufriedenheit der Feldherren auszudrücken und ihnen zu bestätigen, daß sie die versprochenen Belohnungen bald erhalten würden, teilten sich die beiden Triumvirn ihre künftigen Aufgaben und die Verwaltung der Provinzen. Dabei wurden im Verhältnis zu den ein Jahr zuvor erfolgten Beschlüssen der Dreierkonferenz erhebliche Änderungen vorgenommen. Lepidus war nicht mehr anwesend, er hatte an dem Feldzug in keiner Weise teilgenommen. Manche beschuldigten ihn, er habe die Unternehmungen des Sextus Pompejus begünstigt oder zumindest den Kampf gegen ihn nicht mit der nötigen Energie geführt. Seine beiden Amtskollegen zögerten daher nicht, sich die Provinzen zu unterstellen, die man zuerst ihm zugeteilt hatte. Octavian forderte Spanien für sich, Antonius die Narbonensis. Zum Ausgleich wollten sie Lepidus die Provinz Africa überlassen, immer unter der Voraussetzung, daß sich die gegen ihn erhobenen Beschuldigungen als haltlos erwiesen. Auf Verlangen Octavians wurde das diesseitige Gallien zum römischen Bürgerland erklärt, blieb also nicht länger eine Provinz. Damit wurde ein schon von Julius Caesar gegebenes Versprechen eingelöst. Antonius machte hier ein bedeutendes Zugeständnis, da er dadurch die ausschließliche Verfügungsgewalt über ein reiches und dichtbesiedeltes Gebiet aufgab, aus dem er nun nach Ablauf seines Konsulats Ressourcen und Soldaten hatte ziehen wollen. Dafür waren ihm jetzt die beiden gallischen Provinzen jenseits der Alpen unterstellt, also die Narbonensis und die Comata, wo er für die Zeit seiner Abwesenheit Q. Fufius Calenus, der ihn im Senat gegen Cicero verteidigt hatte, und P. Ventidius Bassus, der sich beim Rückzug von Mutina ausgezeichnet hatte, als Statthalter einsetzte. Über Rom und Italien wollten die Triumvirn gemeinsam herrschen. Da aber Lepidus nunmehr als vernachlässigbare Größe angesehen wurde (was er übrigens ohne das geringste Anzeichen von Widerstand hinnahm), war der römische Staat de facto eine Dyarchie, also der Herrschaft von zwei Männern unterworfen.

Was das Heer betrifft, so entließen die beiden Führer alle

Soldaten, deren Dienstzeit abgelaufen war, das heißt alle, die bereits unter Caesar gedient hatten. Davon ausgenommen blieben 8 000 Mann, die weiterdienen wollten und aus denen sie die Prätorianerkohorten bildeten, Eliteeinheiten, die der Person des Feldherrn als Leibgarde zugeteilt waren. Von den verbleibenden elf Legionen und 14 000 Reitern wurden Antonius sechs Legionen und 10 000 Reiter unterstellt, der Rest ging an Octavian, der sich außerdem bereit erklärte, seinem Kollegen zwei zusätzliche Legionen sozusagen leihweise zur Verfügung zu stellen. Antonius versprach, ihm als Gegenleistung den Befehl über zwei Legionen aus dem Heer des Calenus zu übertragen, das zu diesem Zeitpunkt in Italien stand. Diese ungleiche Aufteilung der Streitkräfte erklärt sich aus den besonderen Aufgaben, die Antonius im Nahen Osten erwarteten, wohingegen der nach Rom zurückkehrende Octavian nicht den gleichen Bedarf an Truppen hatte. Sobald sich die beiden Triumvirn über diese Maßnahmen geeinigt hatten, ließen sie ein Protokoll in doppelter Ausfertigung erstellen, unter das sie zum Zeichen ihres beiderseitigen Einverständnisses ihre Unterschriften setzten. Dann trennten sich ihre Wege. Der immer noch kranke Octavian machte sich auf die Rückreise nach Italien, Antonius marschierte nach Osten, um nach Kleinasien überzusetzen.

Als nach der Niederlage von Philippi die vier dem Desaster entronnenen Legionen zu den Triumvirn übergegangen waren, hatten die über den ganzen Orient verstreuten Anhänger von Brutus und Cassius alle Hoffnung aufgegeben. Einigen gelang es, ein paar Dutzend Schiffe zusammenzubringen und sich damit den im Ionischen Meer kreuzenden Geschwadern von Murcus und Domitius Ahenobarbus anzuschließen. Unter ihnen befand sich auch Ciceros Sohn. Die übrigen ergaben sich nach und nach Antonius, als er durch die asiatischen Provinzen reiste. Ihnen allen gewährte er Gnade, sogar Lucius Cassius, dem Bruder des bei Philippi Besiegten. Der von Natur aus zur Milde neigende

Antonius zeigte sich nur denen gegenüber unnachsichtig, die an der Ermordung Caesars teilgenommen hatten.

In Ephesos, der größten Stadt Ioniens, ließ der Triumvir im Tempel der Artemis, der großen örtlichen Gottheit, ein prunkvolles Opfer darbringen. Anschließend richtete er an die zu seinem Empfang versammelten Abgesandten der griechischen Städte der Provinz Asien eine Rede, die von Appian rekonstruiert worden ist. Wie er darin erklärt, sei die römische Herrschaft für sie weniger bedrückend gewesen, als die der attalidischen Herrscher Pergamons, deren letzter, Attalus III., Rom die Herrschaft über sein Königreich übertragen hatte. Im Bewußtsein dessen, daß die römischen Steuerpächter (die sogenannten *publicani*) zu habgierig waren, habe Julius Caesar ihren Exzessen ein Ende bereitet und den von der Provinz aufzubringenden Tribut um ein Drittel herabgesetzt; dennoch hätten sich die kleinasiatischen Griechen bereit erklärt, den Mördern ihres Wohltäters Kriegssteuer zu zahlen, und auf diese Weise gegen die Triumvirn Partei ergriffen, die es unternommen hatten, den Tod Caesars zu rächen; aus diesem Grund habe er das Recht, sie zu bestrafen, verzichte jedoch darauf, allzu harte Maßnahmen zu ergreifen, da er wohl wisse, daß die griechischen Städte unter Zwang gehandelt hätten. Trotzdem müsse er Geld und Äcker finden und in den Städten Besitz beschlagnahmen, um den siegreichen Truppen die versprochenen Belohnungen bezahlen zu können: 170 000 Fußsoldaten und zahlreiche Reiter warteten darauf, daß man ihnen gegenüber Wort hielt. Was die Zuweisungen von Besitz und Ackerland betreffe, so sei dies die Aufgabe Octavians in Italien, das damit im Grunde einer Zwangskolonisierung unterworfen werde. Er, Antonius, wolle jedoch den Städten Kleinasiens diese Prüfung ersparen, damit ihre Einwohner nicht aus ihren Häusern und von ihren Tempeln vertrieben würden und die Gräber ihrer Väter zurücklassen müßten. Deswegen werde er sich damit begnügen, ihnen finanzielle Abgaben aufzuerlegen, die mit ihren Möglichkeiten vereinbar seien. Diese Abgaben würden dem entsprechen, was sie an Brutus und Cassius entrichtet hatten, nämlich den Tribut für zehn Jahre; während man diesen Betrag aber innerhalb von zwei Jahren eingetrieben hatte, müßten sie ihn dieses Mal binnen eines einzigen Jahres aufbringen, da die Triumvirn ihn dringend benötigten. Er sei überzeugt, die Griechen würden erkennen, daß er sie mit Nachsicht behandelte, anstatt sie so zu bestrafen, wie sie es verdienten.

Diese Rede, deren Substanz Appian wahrscheinlich aus verlorengegangenen Quellen schöpfte, ist in mehrfacher Hinsicht bemerkenswert. Sie ist sehr stark argumentierend angelegt und in nüchternem Stil gehalten. Es fehlt also der Redeschmuck, der den asianischen Stil kennzeichnet, als dessen Anhänger Antonius galt. Auch verrät sie eine aufrichtige Sympathie für diese von Rom unterworfene griechische Bevölkerung, die zwischen den verfeindeten Parteien hin und her geworfen und gezwungen war, sich den Forderungen des jeweiligen Beherrschers zu beugen. Um die Großzügigkeit von Antonius voll zu ermessen, muß man sich vor Augen führen, mit welcher Härte im Altertum das Kriegsrecht die Besiegten traf. Plünderung, Massaker und Versklavung der Bevölkerung galten als Recht des Siegers, der in den eroberten Gebieten über Menschen und Besitz frei verfügen konnte. Freilich hatte Antonius die Städte der Provinz Asien nicht im Kampf eingenommen. Trotzdem hätte er die Verbündeten seiner Feinde wesentlich härter behandeln können, ohne deswegen empörend unmenschlich zu wirken. Erinnern wir uns daran, daß Brutus bei allen seinen sonstigen Skrupeln seinen Soldaten für den Fall des Sieges versprochen hatte, ihnen die Städte Thessalonike und Lacedaemon zur Plünderung zu überlassen. Antonius hingegen, der für das Ansehen und die glanzvolle Vergangenheit der ionischen und äolischen Städte empfänglich war, wollte ihre Zerstörung vermeiden und begnügte sich damit, ihnen einen sicherlich hohen Tribut aufzuerlegen, durch den ihnen aber grausamere Prüfungen erspart blieben. Außerdem kam es so, daß er sich angesichts der Bitten der Abgesandten, die sich vor ihm in den Staub warfen und ihn anflehten, die ihnen unerträglich erscheinenden Lasten auch nur ein wenig zu erleichtern, erweichen ließ und die gesamten Abgaben auf den Tribut von neun Jahren reduzierte, statt wie ursprünglich den Betrag von zehn Jahren zu fordern. Außerdem verlängerte er die Frist von einem auf zwei Jahre.

Den Städten, die sich den Anordnungen von Brutus und Cassius widersetzt und deswegen schwer durch sie gelitten hatten, wollte Antonius seine Achtung bezeigen und machte es sich zur Aufgabe, sie für ihre Verluste zu entschädigen. Die Lykier befreite er von der Tributpflicht und forderte sie auf, das durch den Krieg zerstörte Xanthos wieder zu bevölkern. Den Rhodiern gab er die Kykladeninseln Andros, Tinos und Naxos sowie die karische Stadt Myndos auf dem kleinasiatischen Festland. Die Stadt Tarsos, die Cassius mit äußerster Härte behandelt hatte, wurde zur freien Stadt erklärt und erhielt volle Abgabenfreiheit. Diejenigen ihrer Bürger, die als Sklaven verkauft worden waren, erhielten ihre Freiheit zurück. Die gleichen Vergünstigungen wurden der syrischen Stadt Laodikeia gewährt, in die sich Dolabella geflüchtet hatte und die von Cassius nach der Einnahme zerstört worden war. Die Athener schließlich, die ebenfalls eine Abordnung zu ihm entsandt hatten, erhielten als Entschädigung für den Verlust von Tinos, das bisher unter ihrer Herrschaft gestanden hatte, die Insel Aegina, die Kykladeninsel Keos und von den Nördlichen Sporaden Skiathos, Peparethos und Ikos.

Anschließend reiste Antonius durch ganz Kleinasien – Phrygien, Mysien, Galatien, Kappadokien, Kilikien –, um sich dann nach Syrien zu begeben. Überall setzte er den zu entrichtenden Tribut fest, der den Erfordernissen des Augenblicks entsprechend stets sehr hoch war. Gleichzeitig schlichtete er Streitfälle zwischen Nachbarstädten oder mit Rom verbündeten Fürsten. So entschied er im Streit um den Thron von Kappadokien zugunsten des Fürsten Sisinnes und gegen den König Ariarathes, der einst ein

Verbündeter des großen Pompejus gewesen war. Diese Entscheidung, so hieß es, verdankte Sisinnes seiner Mutter Glaphyra, deren Schönheit sich Antonius angeblich nicht verschließen konnte. In Syrien befanden sich mehrere Städte unter der Herrschaft von Tyrannen, wie es in der hellenistischen Welt so häufig der Fall war; Antonius machte diesen Gewaltregimen ein Ende und stellte die traditionellen politischen Institutionen wieder her.

Die genauen Daten und die zeitliche Abfolge dieser Reisen durch den griechischen Orient sind nicht bekannt. Sie begannen in dem zu Ende gehenden Jahr 42 und nahmen mehrere Monate in Anspruch. Wenn man Plutarch glauben darf, so beschränkten sie sich nicht auf Asien. Ihm zufolge begab sich Antonius auch nach Griechenland, möglicherweise noch vor seiner Reise nach Anatolien. (Im Unterschied zu Plutarch berichten Appian und Cassius Dio allerdings nichts über diesen Griechenlandaufenthalt.) Er besuchte dabei erneut Athen, wo er sich schon zu Studienzwecken aufgehalten hatte und das aufgrund seiner Geschichte und seiner Kultur eine starke Anziehungskraft auf ihn ausübte. Man lud ihn auch in das westlich davon gelegene Megara ein, eine alte dorische Stadt, deren Einwohner voll Eifersucht nach dem benachbarten Athen blickten. Stolz führten ihn die Megarer zu ihrem Ratsgebäude und fragten ihn, wie er es finde. „Klein", antwortete Antonius, „und ziemlich baufällig." Diese Unverblümtheit, mit der er seine Gastgeber in ihrem Stolz verletzte, zeigt den Gesprächston des Antonius, seine militärische Einfachheit, die ihn den anderen gegenüber offen sagen ließ, wie er die Dinge sah und empfand. Einer alten Tradition der philhellenischen Römer folgend, legte der Triumvir wahrscheinlich auch Wert darauf, Delphi zu besuchen. Jedenfalls beauftragte er Architekten, am Tempel des Pythischen Apoll vorgenommene Bauarbeiten zum Abschluß zu bringen. Dem Senat, der fremden Kulten und insbesondere dem des delphischen Apoll stets großes Interesse entgegenbrachte, teilte er mit, er werde über den Fortgang dieser Arbeiten wachen.

Wenn Antonius auf diese Weise die von Rom beherrschten Gebiete im östlichen Mittelmeerraum regierte, dann handelte er nicht anders als ein König. Er entschied über alle anstehenden Fragen allein nach seinem Willen. Er setzte die Abgaben fest, er gewährte Ausnahmen und Privilegien, er regelte Interessenkonflikte, er verteilte Lob und Tadel. Allen erschien er als die höchste Autorität, an die man sich wandte, wenn es darum ging, Streitigkeiten zu schlichten und Schwierigkeiten zu überwinden. Die gesetzliche Grundlage seiner Macht war selbstverständlich sein Amt als Triumvir, da das Kollegium nunmehr eine offizielle Institution darstellte und auch allgemein anerkannt war. In den Augen der Griechen aber, die seit drei Jahrhunderten mit den Gepflogenheiten der Monarchie vertraut waren, beruhte sein Ansehen zweifellos ganz unmittelbar auf dem Erfolg, der ihm bei Philippi beschieden gewesen war, und auf dem militärischen Machtapparat, mit dem er sich umgab. So wie die griechischen Dynasten als Günstlinge des Sieges erschienen und als solche verehrt wurden, so beruhte die Legitimität des Triumvirn de facto auf den von ihm befehligten Streitkräften und dem großartigen Sieg, den er errungen hatte. Man gehorchte ihm deshalb ebenso widerspruchslos wie einem Monarchen.

Wie ein Monarch wurde er von der Bevölkerung der Stadt Ephesos auch empfangen. „Als er in Ephesos Einzug hielt", schreibt Plutarch, „schritten Frauen als Bacchantinnen, Männer und Knaben als Satyrn verkleidet vor ihm her. In der ganzen Stadt bekränzte man sich mit Efeu und schwang Thyrsosstäbe, überall ertönten die Klänge von Harfen, Flöten und Schalmeien. Die Menge jubelte Antonius als dem freudenspendenden und huldreichen Dionysos (*Charidotes* und *Meilichios*) zu. Diese Freudenkundgebungen, diese begeisterten Huldigungen, diese Gleichsetzung eines Menschen mit einer Gottheit, so erstaunlich und unverständlich sie uns heute auch erscheinen mögen, stellten damals keineswegs ein Novum dar: Die Einwohner von Ephesos verhielten sich Antonius gegenüber so, wie es lange Zeit vorher schon die Athener Demetrios Poliorketes und seinem Vater Antigonos gegenüber getan hatten, als sie diese im Jahr 307 als Götter des Heils begrüßten, ihnen zu Ehren einen offiziellen Kult einführten und ihre Bildnisse unter die der olympischen Götter einreihten. Durch die Entwicklung und Ausbreitung des Gottkönigtums in der hellenistischen Welt war es die Bevölkerung der griechischen Städte gewohnt, sich Herrschern gegenüber so zu verhalten. Toten oder auch lebenden Königen geweihte Tempel waren keine Seltenheit. Gegenüber Antonius, dessen Kriegsruhm Ehrfurcht und Respekt einflößte, verhielt man sich spontan so, wie man sich schon seit Jahrhunderten den die höchste Macht Ausübenden gegenüber verhalten hatte, die aufgrund ihrer Kriegstaten in den Rang von Göttern erhoben worden waren.

Warum identifizierte man Antonius mit dem Gott Dionysos? Dafür lassen sich zwei Gründe anführen, ein allgemeiner und ein besonderer. Einerseits erfreute sich der Gott der Rebe und des Weines seit der Herrschaft Alexanders in der gesamten hellenistischen Welt einer ständig wachsenden Beliebtheit, ganz besonders aber in Kleinasien, wo zahlreiche den Dionysoskult pflegende Bruderschaften entstanden waren. Die ihm zu Ehren abgehaltenen Feste zählten in den meisten Städten zu den wichtigsten religiösen und öffentlichen Veranstaltungen. Er galt als wohltätiger und hilfreicher Gott, wie schon seine beiden kultischen Beinamen *Charidotes* und *Meilichios* zeigen, die man auch Antonius verlieh: Da man nun seine Huld erwartete, nachdem man seinen Zorn befürchtet hatte, wurde er leicht mit einem beim Volk sehr beliebten, heilbringenden Gott identifizierbar. Andererseits umgab sich Antonius, wie noch zu sehen sein wird, mit zahlreichen Griechen, die als seine Freunde und Vertrauten seine Vergnügungen mit ihm teilten und an seinen Zechgelagen teilnahmen. Diese wußten aus eigener Anschauung, wie sehr der Triumvir die Gabe des Gottes Bacchus liebte, und ließen dies auch ihre Landsleute wissen. Und genauso wußten sie, daß er sich einer derart geschickten Schmeichelei wie der Gleichsetzung seiner Person mit dem Gott, der das von ihm so geschätzte Getränk erfunden hatte, nicht verschließen würde. Auf diese Weise wurde Antonius von der öffentlichen Meinung zu einem neuen Dionysos ausgerufen. Daran war weder etwas, was die religiösen Gefühle der Griechen verletzt hätte, da diese eine solche, durch viele Präzedenzfälle gerechtfertigte Apotheose gerne akzeptierten; noch fühlte er selbst sich in irgendeiner Weise verletzt, da er mit den Bräuchen der Griechen zu sehr vertraut war, als daß er diese ehrenvolle Erhebung hätte mißverstehen können.

Der Triumvir, der sich wie alle gebildeten Römer seiner Zeit mühelos auf Griechisch ausdrücken konnte, fühlte sich im hellenisierten Orient wie zu Hause. Sobald er von den Härten und Anstrengungen des Krieges befreit war, ließ er seiner natürlichen Neigung folgend seinem Gefallen am leichten und üppigen Leben wieder freien Lauf. So wie vorher in Rom und Italien, sah man nun wieder Freunde und Schmeichler um ihn, mit denen er zu tafeln pflegte und die um ihn eine Art Hofstaat bildeten, wie man ihn von Königen gewohnt war. Unter ihnen befanden sich zunächst seine römischen Berater, die er mit besonderen Aufgaben betraute und ermächtigte, in seinem Namen zu handeln: bewährte Offiziere wie Decidius Saxa und P. Canidius Crassus oder solche, die sich ihm erst kurz zuvor angeschlossen hatten, wie Valerius Messala Corvinus oder Q. Dellius, der zukünftige Geschichtsschreiber dieser Epoche, denen es der Triumvir nicht nachtrug, zuvor seinen Gegnern gedient zu haben. Aber auch ein Gefolge von Schauspielern, Musikern und Tänzern hatte er wieder um sich geschart. Einige von ihnen waren ihm aus Italien nachgefolgt, die übrigen an Ort und Stelle engagiert worden. Letztere kamen aus Künstlerensembles, die sich im griechischen Orient schon seit langer Zeit zu Ehren und unter dem Schutz des Gottes Dionysos gebildet hatten, der auch der Gott des Theaters war. Diese „schamlosen Gaukler", wie Plutarch sie nennt, genossen bei Antonius eine Wertschätzung, die von der Öffentlichkeit als skandalös empfunden wurde. In ihrer Habgier mißbrauchten seine Begleiter seine Großzügigkeit zum Schaden der einheimischen Bevölkerung. So schenkte Antonius seinem Koch, der ihm ein erlesenes Mahl zubereitet hatte, zum Dank dafür ein Haus, das er zu diesem Zweck einem Bürger Magnesias wegnahm. Zahlreiche Übergriffe wurden in seinem Namen begangen, doch ohne sein Wissen. Es war nun keineswegs so, daß er seine Aufgabe vernachlässigte, aber er schenkte seiner Umgebung allzuleicht Vertrauen und benötigte einige Zeit, bis er bemerkte, daß man dieses Vertrauen mißbraucht hatte. Dann aber, so fügt Plutarch hinzu, empfand er angesichts der begangenen Fehler ehrliche Reue und scheute sich nicht, den Betroffenen gegenüber seine Schuld einzugestehen.

Mit dieser Bemerkung geht Plutarch dazu über, ein Porträt des Antonius zu zeichnen, das ihn bei der Ausübung der absoluten Macht zeigt, die er damals im Orient innehatte: „Er neigte zur Übertreibung, gleich ob er belohnte oder bestrafte, doch überschritt er das rechte Maß eher bei Gunstbezeigungen als bei Bestrafungen. Wenn er auch in seinen Spottreden und Sarkasmen oft zu weit ging, so trugen diese bereits das Gegenmittel in sich. Denn er akzeptierte es, daß man seine Sticheleien mit der gleichen Freiheit erwiderte, und lachte ebenso gerne über den Spott, dem er ausgesetzt war, wie über den, mit dem er andere bedachte. Dieser Charakterzug aber ließ ihn nur allzuoft Irrtümer begehen. Denn er konnte sich nicht vorstellen, daß diejenigen, die sich im Spott über ihn so freimütig äußerten, ihm bloß schmeichelten, wenn sie im Ernst zu ihm sprachen. Daher fiel er auf ihre Lobsprüche so leicht herein und bedachte nicht, daß manche die Freimütigkeit der Schmeichelei wie ein Gewürz beimischen, das den Geschmack der Speisen verstärkt und den Appetit wachhält. Wenn sie während eines Trinkgelages in ihrem Reden so viel Offenheit und Dreistigkeit zeigten, dann um ihn in dem Glauben zu wiegen, daß sie ihm in politischen Angelegenheiten nicht aus Liebdienerei beipflichteten und zustimmten, sondern aus der Überzeugung heraus, daß seine Ansichten klüger als die ihren seien." Abgesehen davon, daß es den Philosophen hier drängt, auf die Gefahren hinzuweisen, die den Großen dieser Welt aus der Schmeichelei erwachsen, läßt diese scharfsichtige Darstellung der Person des Antonius seine spontane Herzlichkeit und sein einfaches Wesen hervortreten, seine Neigung, den anderen Glauben zu schenken, Eigenschaften also, durch die er auf seine Umgebung so sympathisch wirkte, die ihn aber gleichzeitig intriganten Machenschaften gegenüber wehrlos machten.

Dieses umgängliche Wesen hatte wiederum den Vorteil, daß diejenigen, die sich geschädigt fühlten, ihm ihre Klagen vorbringen konnten. So handelte auch der griechische Rhetor Hybreas, der ihn inständig bat, die der Provinz Asien auferlegte Sonderabgabe etwas herabzusetzen. Er erinnerte daran, daß Brutus und Cassius einige Monate zuvor dem Land schon einmal diese Summe abgepreßt hatten und rief: „Wenn es in deiner Macht steht, uns diese Abgabe innerhalb eines Jahres zweimal bezahlen zu lassen, kannst du uns dann nicht auch zwei Sommer und zwei Herbste schenken?" Womit er ausdrücken wollte, daß die Felder und Weinberge, die für die Städte die wichtigste Einkommensquelle darstellten, auch nicht unbegrenzte Mittel zur Hand gaben. Der Triumvir ließ sich von diesem freimütig geäußerten Argument überzeugen und verringerte seine Forderungen um einiges.

Alle diese Verhaltensweisen des Antonius werden uns von Appian und Plutarch überliefert, als sie über den Lebensabschnitt vor seiner Begegnung mit Kleopatra berichten. Das ist zu betonen, weil dadurch deutlich wird, daß diese Begegnung keine radikale Änderung im Verhalten und in der Politik des Triumvirs nach sich zog. Schon jetzt und aus eigenem Antrieb handelte er wie ein Fürst, der im griechischen Orient, einer Welt, deren Sprache und Sitten er sich mühelos zu eigen machte, die höchste Autorität darstellte. Um ihn herum hatte sich ein Hof gebildet, der sich mit den „Freunden des Königs" vergleichen läßt, das heißt den Ratgebern, Ministern, Schmeichlern und Gauklern, mit denen sich die hellenistischen Herrscher umgaben. Er wurde von Städten, Fürsten und Völkern umworben und umschmeichelt. Er nahm an kultischen Festen teil und empfing gerne Rhetoren und Literaten. Er war bei seinen Entscheidungen niemandem Rechenschaft schuldig, gegen seine Anordnungen gab es keinen Einspruch. Er erhob Steuern und Abgaben, und er gebot über eine beeindrukkende Streitmacht, mit der er beabsichtigte, einen Eroberungskrieg zu führen. In diesem östlichen Mittelmeerraum, einem Gebiet, das die älteste Kultur und die größten Reichtümer der damals bekannten Welt besaß, war er somit de facto ein Monarch, der als solcher von einer seit langem an die uneingeschränkte Macht absoluter Herrscher gewöhnten Gesellschaft widerspruchslos akzeptiert wurde. Auf diese Weise war Antonius wie geschaffen dafür, sich mit der Erbin der Lagiden, die als einzige noch das Prestige der großen hellenistischen Dynastien verkörperte, ins Einvernehmen zu setzen: Das Schicksal, das sie zusammenführte, ermöglichte nicht nur das Entstehen ihrer Liebe, sondern auch das Zusammenspiel der übereinstimmenden Interessen zweier Menschen, die in gleicher Weise Gefallen am Herrschen gefunden hatten, der eine durch das Zusammentreffen der Umstände, der andere aus Familientradition.

Über die Neuorganisation der Verwaltung und der Finanzen im griechischen Orient hinaus hatte Antonius das eine große Ziel: Krieg gegen das Partherreich, das seit dem Debakel des Crassus eine potentielle Bedrohung für Syrien darstellte. Die Pläne für diesen Vergeltungskrieg hatte schon Julius Caesar im Jahr 44 ausgearbeitet, ihre Ausführung war jedoch durch seinen Tod verhindert worden. Antonius hatte diese Pläne während seines Konsulats wieder aufgegriffen und sich deshalb zum Statthalter von

Makedonien wählen lassen. Auf diese Weise hätte er das Kommando über die in dieser Provinz für den Feldzug bereitstehenden Legionen erhalten. Aufgrund der eingetretenen Umstände hatte er seine Absichten dann geändert und sich die Statthalterschaft von Gallien übertragen lassen, während er die Verantwortung für die Verteidigung Syriens seinem Amtskollegen Dolabella überließ. Durch die Aktivitäten von Brutus und Cassius war es dann wieder zu einer neuen Entwicklung gekommen, die mit dem Tod des Dolabella endete. Cassius hatte die Parther um Hilfe ersucht, die ihm daraufhin berittene Bogenschützen stellten. Diese parthischen Hilfstruppen waren nach der Schlacht von Philippi zwar wieder in ihr Land zurückgekehrt, hatten ihren Rückmarsch aber gleich zu Raubzügen in Syrien und den angrenzenden Gebieten benutzt. Ein römischer Überläufer mit illustrem Namen hatte beim Partherkönig Orodes Asyl gefunden und diente ihm nun als Ratgeber. Es handelte sich um Q. Labienus, den Sohn von T. Labienus, der im Gallischen Krieg Caesars bester Legat gewesen war, sich aber dann von seinem Feldherrn trennte, zu Pompejus hinüberwechselte und in Spanien nach der Schlacht von Munda den Tod fand. Q. Labienus, der den Rang eines Quästors bekleidete, hatte sich Brutus und Cassius angeschlossen und war von ihnen als Gesandter zu Orodes geschickt worden, bei dem er dann geblieben war. Er sollte für die Parther bei ihren Unternehmungen gegen den griechischen Orient eine wertvolle Hilfe darstellen. Die Bedrohung, die von ihnen ausging und über deren Ernst sich Antonius nicht im Zweifel war, machte einen Präventivkrieg notwendig. Da der Triumvir nun über die nötigen Mittel verfügte, ihn zu führen, griff er Caesars Pläne erneut auf und begann mit den Vorbereitungen.

Im Blick auf diesen Feldzug durfte er nicht die Hilfsmittel außer Acht lassen, die ein seiner Ausgangsbasis benachbartes Land ihm bieten konnte: Ägypten, unmittelbar neben Syrien und Palästina gelegen, war reich an Getreide; die ägyptische Kriegs- und Transportflotte stellte eine wichtige potentielle Hilfe dar, denn sie konnte schnell die syrischen Häfen erreichen und die Verbindung mit dem Rest des Reiches gewährleisten; es war zwar in Ägypten kurz zuvor zu Mißernten und im Anschluß daran zu einer Hungersnot gekommen, dessen ungeachtet stellte es den mächtigsten Staat der gesamten Region dar. Da eine militärische Expedition nach Mesopotamien nur sinnvoll war, wenn Antonius über gesicherte Nachschublinien verfügte, mußte er, bevor er sich auf dieses Abenteuer einlassen konnte, zuerst einmal seine Beziehungen zum Lagidenreich klären.

Im Unterschied zu den anderen Monarchien des Nahen Ostens war das Königreich Ägypten kein römischer Vasallenstaat, sondern völlig unabhängig. Sicherlich hatte nach der Expedition des Gabinius auch der Aufenthalt Caesars seine Spuren hinterlassen: Im Anschluß daran waren in Ägypten lange Zeit vier Legionen stationiert gewesen, die Kleopatra dann Dolabella zu Hilfe schickte und die sich schließlich Cassius anschlossen. Cassius hatte übrigens geplant, das Land zu besetzen, konnte sein Vorhaben jedoch nicht mehr ausführen, da er angesichts der drohenden Offensive der Triumvirn von Brutus zu Hilfe gerufen wurde. Antonius war sich über die Absichten der ägyptischen Königin nicht im klaren. Er wollte sich ein genaues Bild machen, bevor er einen großangelegten Feldzug unternahm, der ihn wahrscheinlich lange Zeit hindurch von der Mittelmeerküste fernhalten würde.

Er entsandte daher Q. Dellius, einen seiner Legaten, zu Kleopatra mit dem Auftrag, die Königin zu ersuchen, mit ihm im kilikischen Tarsos zusammenzutreffen, wo er sich gerade aufhielt. Die Situation Kleopatras war nicht so, daß sie diese höfliche Aufforderung hätte abschlagen können. Antonius verfügte über die nötige Macht, um als Überlegener aufzutreten. Dellius aber, der die Schwächen seines Gebieters genau kannte, hatte den Eindruck, daß dieser einer derart liebenswerten Person gegenüber nicht gleichgültig bleiben würde, was er Kleopatra auch wissen ließ.

Sie traf daher ihre Vorbereitungen mit der ganzen Raffinesse einer Frau, die in Dingen der Verführung schon einige Erfahrung besaß. Hatte sie Caesar erobert, so sollte es ihr nicht schwer fallen, die Gunst von Antonius zu gewinnen. In diesem Sinne benützte sie für die Reise nach Kilikien ein prunkvoll ausgestattetes Schiff, wie es sich für die Beherrscherin des mächtigsten Königreichs im Orient gehörte: Die Segel waren mit Purpur gefärbt, das hochgeschweifte Heck, die *aplustra*, mit Gold beschlagen, die Langruder mit Silber verziert. Sie führte zahlreiche Geschenke und eine stattliche Geldsumme mit sich, die sie dem Triumvir als Zeichen ihres guten Willens übergeben wollte.

Tarsos liegt etwas landeinwärts an einem kleinen Küstenfluß, dem Kydnos, über den man in den Hafen der Stadt gelangt. Antonius hatte auf die Nachricht vom Kommen Kleopatras hin auf dem Marktplatz eine Tribüne errichten lassen, auf der er nun der Sitte der römischen Beamten gemäß Platz genommen hatte, um die Ankunft der Besucherin abzuwarten. Die Königin kam in einer sorgfältigen, ganz auf Wirkung bedachten Inszenierung mit ihrem Traumschiff den Fluß heraufgefahren. Die Ruder bewegten sich im Takt der Musik von Flöten, Zithern und Schalmeien. Räuchergefäße verbreiteten bis zu den Ufern hin betörende Wohlgerüche. Auf dem Verdeck unter einem goldenen Baldachin ruhte Kleopatra. Kleidung und Schmuck verliehen ihr das Aussehen der Liebesgöttin Aphrodite, wie die Maler sie darstellten. Zu beiden Seiten ihres Lagers standen Amorgestalten gleichende Knaben, die ihr Kühlung zufächelten, an den Tauen und am Ruder die schönsten ihrer Sklavinnen, die, als Nereiden und Grazien gekleidet, das Schiff zu steuern schienen. Von diesem wunderbaren Schauspiel angezogen, drängte sich zu beiden Seiten des Flusses das Volk. Aphrodite, so sagte man, sei mit ihrem Gefolge in feierlichem Aufzug eingetroffen, um Dionysos zu besuchen und Asien Frieden und Wohlstand zu bringen. Die Menge hatte den Marktplatz verlassen, wo Antonius auf der Tribüne saß, und war zum Hafen geströmt, um die Königin zu empfangen. Der Triumvir ließ ihr unverzüglich eine Einladung zu einem Essen überbringen, das noch am Abend dieses Tages stattfinden sollte. Sie antwortete ihm, daß sie es vorzöge, wenn er zuerst ihr Gast wäre. Aus Galanterie nahm Antonius ihre Einladung an. Er war von der Pracht des Festes geblendet, besonders aber beeindruckte ihn die verschwenderische Vielzahl von Lichtern, die, in unendlich geschickter und vielfältiger Weise angeordnet, die Tafelnden in feenhaften Schimmer tauchten. Gleich am ersten Abend war Antonius erobert.

Die faszinierende Schilderung, die Plutarch von der Begegnung auf dem Kydnos gibt, hat dieses Ereignis der Menschheit ins Gedächtnis geprägt, aber gleichzeitig ein stereotypes Bild Kleopatras entstehen lassen, das sie als Verführerin zeigt, die zu allem bereit ist, um ihre Ziele zu erreichen. Von nun an erscheint Antonius als Spielzeug in den Händen einer Zauberin, die ihn seine Vorhaben und Pflichten vergessen läßt und von ihm alles erhält, was sie will. Die Propaganda Octavians hat auf diesem Punkt entsprechend insistiert. Cassius Dio macht sich zu ihrem Echo, wenn er folgenden lapidaren Satz bringt, den einzigen übrigens, den er der Begegnung von Tarsos widmet, die er nicht einmal genau situiert: „Als Antonius durch Asien reiste, traf er mit Kleopatra in Kilikien zusammen, verliebte sich in sie und verlor völlig sein Ehrgefühl, so daß er zum Sklaven der Ägypterin wurde und sich völlig der Liebe zu ihr überließ." Eine oberflächliche Sicht der Dinge, die im Licht der überlieferten Texte stark nuanciert werden muß.

Plutarchs eigenen Aussagen zufolge war Kleopatra alles andere als eine sinnliche Frau, die nichts weiter tat, als ihre körperlichen Reize auszuspielen, um ihre Beute zu fangen: Die *regina meretrix*, die königliche Kurtisane, ist eine Erfindung von Octavians Schreiberlingen. Im Sommer des Jahres 41 mochte sie etwa 28 Jahre alt gewesen sein. Die Erfahrungen aus zehn Regierungsjahren mit zahlreichen schwierigen, mitunter dramatischen Situationen hatte ihr

Reife verliehen: Einer Sitte der Lagiden folgend hatte sie nacheinander ihre beiden jüngeren Brüder Ptolemäus XIII. und Ptolemäus XIV. heiraten müssen, die dann beide auf tragische Weise endeten. Mit einundzwanzig Jahren war sie Caesars Geliebte geworden und ihm später nach Rom gefolgt, wo sie mit ihrem 47 geborenen Sohn Caesarion bis zu den Iden des März blieb. Nach Alexandrien zurückgekehrt, hatte sie ihren Gemahl Ptolemäus XIV. beseitigen lassen, um fortan mit ihrem Sohn Caesarion zu regieren, der, obwohl noch ein kleines Kind, unter dem Namen Ptolemäus XV. zu ihrem Mitregenten erhoben wurde. Sie hatte ihre Fähigkeiten unter Beweis gestellt, als es ihr gelungen war, zwei große Hungersnöte zu meistern – zur zweiten war es erst im Jahr 42, also in jüngster Vergangenheit gekommen –, ohne daß im Land ernstliche Unruhen ausbrachen. Ebenso hatte sie es geschafft, in den Verhandlungen mit Dolabella und später mit Cassius die für Ägypten bestmöglichen Ergebnisse zu erzielen. Sie war eine Frau mit Verstand und eine gewiegte Politikerin. War ihre Schönheit, von der sich Caesar bezwingen ließ, wirklich so außerordentlich, wie Cassius Dio behauptet, wenn er sie „die schönste aller Frauen" nennt? Plutarch, der eine genauere Beschreibung liefert und dessen Informationen aus den besten Quellen stammen (so etwa aus dem unmittelbaren Zeugnis des Dellius), ist hier wesentlich zurückhaltender: „Ihre Schönheit", so schreibt er, „war an sich nicht unvergleichlich und beim ersten Anblick augenfällig. Doch konnte man sich dem Zauber nicht entziehen, der von ihrem Wesen ausging: Die natürliche Anmut ihrer Erscheinung, ihre liebenswürdige Unterhaltung und ihr ungezwungenes Betragen verliehen dem Umgang mit ihr einen unwiderstehlichen Reiz. Ihre Stimme war angenehm und wohltönend, und sie bediente sich ihrer wie eines vielsaitigen Instruments, denn sie beherrschte mehrere Sprachen." Außer ihrer griechischen Muttersprache – wahrscheinlich hatte sie in Rom auch Lateinisch gelernt – beherrschte sie Plutarch zufolge auch die Sprachen mehrerer Barbarenvölker: das Äthiopische, den Dialekt der am Roten Meer ansässigen Troglodyten, das Hebräische, Arabische, Aramäische, Iranische, Parthische und natürlich auch das Ägyptische. Selbst wenn man annehmen muß, daß die Beherrschung dieser zahlreichen Idiome, die sie im Umgang mit ihren Sklaven und den Gästen ihres Hofes in Alexandrien erlernt haben mochte, sich auf einige Elemente der Alltagskonversation beschränkte, so lag darin doch der Beweis ihrer geistigen Gewandtheit und ihres Willens, sich im Rahmen ihrer Aufgaben als Königin bei Untertanen wie Fremden persönlich und unmittelbar zu unterrichten. Wenn sie sich jetzt zu dem Treffen mit Antonius einfand, so tat sie das aus politischen Gründen. Wie ihre theatralische Ankunft auf dem Kydnosfluß zeigt, war sie entschlossen, alle ihr zur Verfügung stehenden Mittel einzusetzen, um ihre Ziele zu erreichen.

So verstand sie es auch, Antonius gegenüber den Ton anzuschlagen, der ihm am besten gefiel. Am Tag nach ihrem Eintreffen nahm sie seine Einladung an. Da der Empfang und die Bewirtung, die er ihr bot, sich nicht mit dem prächtigen Festmahl messen konnten, das sie am Abend zuvor veranstaltet hatte, ging sie, als Antonius gutmütig und in soldatischer Einfachheit über seinen bescheidenen Empfang zu spotten begann, auf dieses Spiel ein. Sie hatte sofort erkannt, daß es bei diesem Vierzigjährigen, der das Lagerleben liebte und sich unter seinen Soldaten wohlfühlte, unangebracht war, die Verwöhnte zu spielen. Verständigungsschwierigkeiten bestanden nicht, da Antonius fließend Griechisch sprach. Erinnerte er sich noch an die Prinzessin, die er vierzehn Jahre zuvor kurz gesehen hatte, als er mit Gabinius in Alexandrien weilte? Appian behauptet es. Man muß sich aber fragen, ob er diese erste Begegnung nicht erfunden hat, um die Situation noch romantischer zu machen. Wahrscheinlich ist, daß Antonius der Königin begegnet war, als sie bei Caesar in Rom weilte, da dieser seine Beziehung zu ihr keineswegs verheimlichte. Man kann sich schwer vorstellen, daß ihn die Liebe, die diese faszinierende Frau mit seinem Feldherrn verbunden hatte, nicht in irgendeiner Weise berührte. Es dauerte nicht lange, bis auch er ihrer Faszination erlegen war.

Das hinderte ihn nun keineswegs, Rechenschaft von ihr zu verlangen: Sie hatte Dolabella nicht wirksam genug Hilfe geleistet und sich den Forderungen von Cassius gebeugt. Sie verteidigte sich geschickt, indem sie die Anschuldigungen einzeln aufgriff und darlegte, daß sie unter den gegebenen Umständen nicht mehr tun und nicht anders handeln konnte. Ihre Rechtfertigung, die Appian in zusammengefaßter Form wiedergibt, entsprach wahrscheinlich den Tatsachen, auf jeden Fall war sie überzeugend. So wie bei den Rhodiern, Lykiern und Einwohnern von Tarsos zeigte sich Antonius auch ihr gegenüber zu großen Zugeständnissen bereit. Sie benutzte diese Gelegenheit, um einen alten Thronstreit endgültig zu regeln: Ihre jüngere Schwester Arsinoe, die den Königstitel für sich beansprucht hatte, war nach Ephesos in den Tempel der Artemis geflüchtet und hatte sich unter den Schutz des Hohenpriesters der Göttin gestellt. Kleopatra erwirkte, daß ihre Schwester diesem Asyl entrissen und hingerichtet wurde. Sie folgte hier einer alten Tradition der hellenistischen Monarchien, in denen die Rivalen des jeweiligen Herrschers ohne Rücksicht auf Blutsverwandtschaft beseitigt wurden: „In fast allen Königshäusern", so schreibt Plutarch in bezug auf Demetrios Poliorketes, „wurden in reichlichem Maße Söhne, Mütter und Gattinnen ermordet; was den Mord an Brüdern betrifft, so wurde dieser allgemein als eine Art notwendige Voraussetzung angesehen, als etwas, worauf die Könige im Interesse ihrer Sicherheit nicht verzichten konnten." Kleopatra verlangte sogar die Bestrafung des Hohenpriesters, da dieser Arsinoe wie eine Königin aufgenommen hatte. Doch die Epheser setzten sich bei Antonius für ihn ein und fanden Gehör. Hingegen überantwortete er Kleopatra den Strategen Serapion, den lagidischen Statthalter der Insel Zypern, der Cassius unterstützt und dann in der Stadt Tyros Zuflucht gefunden hatte.

Außerdem ließ er einen Betrüger an sie ausliefern, der vorgab, ihr Bruder und erster Gemahl Ptolemäus XIII. zu sein, der 47 bei den Kämpfen gegen Caesar im Nil ertrunken war. Er hatte sich nach Syrien in die Stadt Arados geflüchtet. So wie die anderen holte man auch ihn mit Gewalt aus dem Tempel, in dem er Asyl gefunden hatte. Nachdem Kleopatra in allen diesen Punkten zufriedengestellt war, reiste sie nach Ägypten zurück.

Antonius folgte ihr nicht sofort. Die Lage in Syrien bereitete ihm noch einige Sorge. Die von ihm aus den griechischen Städten verjagten Tyrannen hatten bei den Parthern Zuflucht gefunden, mit denen sie seit der Niederlage des Crassus freundschaftliche Beziehungen unterhielten. Sie versuchten nun, bei der Bevölkerung der Provinz, die unter der Last der von Antonius auferlegten Abgaben schwer zu tragen hatte, Unruhen auszulösen. Der Triumvir befahl seiner Reiterei, in die syrische Wüste zur Karawanenstadt Palmyra vorzustoßen, über die der Handelsverkehr zwischen Indien, Arabien und den römischen Besitzungen lief. Er warf den Einwohnern der Stadt vor, sich im Konflikt zwischen ihren römischen und parthischen Nachbarn neutral verhalten zu haben. Davon abgesehen hoffte er, daß die Plünderung der Stadt seinen Reitern reiche Beute bringen würde. Diese Hoffnungen wurden allerdings enttäuscht. Die Palmyrener waren gewarnt worden und hatten ihre Stadt verlassen, ihr gesamtes Hab und Gut über den Euphrat geschafft und sich jenseits des Flusses in Sicherheit gebracht. Der Angriff stieß ins Leere und die Reiter kehrten mit leeren Händen in ihre Ausgangsbasen zurück. Antonius verzichtete nun auf weitere Operationen, ließ die Truppen Winterquartiere beziehen und übertrug das Kommando Decidius Saxa. Er selbst begab sich nach Ägypten.

Er verbrachte dort den Winter 41 / 40 als Gast Kleopatras, die ihm zu Ehren den ganzen Prunk der königlichen Empfänge und Feste entfaltete. Nach den Strapazen des Feldzugs gegen Brutus und Cassius und seinen Dienstreisen durch die Provinzen gestattete sich Antonius, einige Monate lang unbeschwert in Pracht und Luxus zu leben. Saxa war ein erfahrener Soldat, dessen Obhut er die Provinz Syrien ruhig anvertrauen konnte. Größere Angriffe waren in dieser Jahreszeit ohnehin nicht zu erwarten. Er konnte also in vollen Zügen die aufwendige Gastfreundschaft der ägyptischen Königin genießen, deren Geliebter er geworden war. Für Frauen hatte er schon immer eine Schwäche gehabt. Seine Liebesabenteuer in Rom vor der Heirat mit Fulvia hatten zum Tagesgespräch gehört. Fulvia aber war nun weit. In Italien zurückgeblieben, ließ sie in Abwesenheit ihres Gatten ihrem Machthunger und ihrem Hang zur Intrige freien Lauf, die sie, wie wir noch sehen werden, in das Abenteuer des Perusinischen Krieges trieben, gerade als Antonius in Alexandrien weilte. Von den Ereignissen in Italien erfuhr man in Ägypten aber erst spät und auch nicht alles. Antonius kümmerten sie anfangs wenig. Er genoß einfach die Gastfreundschaft Kleopatras und machte sich weiter keine Gedanken.

Die Informationen, die Plutarch uns über diese Zeit gibt, stammen aus bester Quelle. Sie gehen auf seinen Großvater Lamprias zurück, einen geistvollen und gebildeten Menschen. Dieser war mit einem Arzt aus der nahe bei Delphi gelegenen Stadt Amphissa befreundet. Der Arzt, Philotas mit Namen, hatte in Alexandrien studiert und übte dort auch seine Kunst aus, als Antonius mit Kleopatra dort lebte. Er erzählte seine Jugenderinnerungen später Lamprias. Plutarch erhielt diese Informationen also nur über einen einzigen Mittelsmann, wodurch seinen Aussagen ein hoher Grad an Glaubwürdigkeit zukommt. Die von ihm berichteten Einzelheiten bilden eine anschauliche Ergänzung zu den viel allgemeiner gehaltenen Angaben der Überlieferung.

Appian gibt hier nur eine knappe Darstellung: „Während des Winters, den er in Alexandrien verbrachte, hatte Antonius die Rangabzeichen des römischen Feldherrn abgelegt und Kleidung und Lebensart eines einfachen Privatmanns angenommen, sei es, weil er sich in der Fremde und in einer königlichen Residenzstadt aufhielt, sei es, weil er diesen Winter als eine Zeit der Feste ansah. Jedenfalls hatte er die Sorgen und Pflichten eines Heerführers völlig beiseite geschoben. Statt der Toga trug er nun den Faltenumhang der Griechen und die weißen, attischen Sandalen, welche die Priester in Athen und Alexandrien tragen und die man *phaecasiae* nennt. Er verließ das Haus nur, um in Tempel oder Gymnasien zu gehen oder um den Diskussionen der Literaten zuzuhören. Unter dem Einfluß Kleopatras, der sein Aufenthalt vor allem galt, verbrachte er seine Zeit stets unter Griechen." Ein aufschlußreicher Bericht, wenn man ihn genau zu lesen versteht. Er zeigt nämlich, daß Antonius nicht hatte alles liegen und stehen lassen, um Kleopatra in blinder Leidenschaft zu folgen, sondern daß er sich gestattete, den Winter in einem befreundeten und verbündeten Land zu verbringen, in dem er gern gesehen war und in dem er sicher sein konnte, „einen reich gedeckten Tisch, ein gutes Lager und alles Übrige" zu finden, also alles, was seinem Temperament entsprach. Wenn er sich durch die griechische Lebensart angezogen fühlte, die ihn an seine Zeit in Athen erinnerte, so konnte er diese Neigung in der großen Stadt Alexandrien voll und ganz befriedigen. Wenn er griechische Kleidung anlegte, die sich leichter trug, als die feierliche, die Bewegungen behindernde Toga, und die unauffälliger war, als seine Feldherrnkleidung, so gewährte er sich eine seiner Meinung nach wohlverdiente körperliche und geistige Entspannung. Er vergaß die mit seinem Amt verbundenen Aufgaben und Pflichten, um sich wieder den Übungen im Gymnasion zu widmen oder Vorträge von Philosophen und Rhetoren zu hören. Denn wenn er auch Gefallen an körperlicher Ertüchtigung fand, so hatte es ihm doch nie an intellektueller Neugier gemangelt. Und wo hätte diese reichere Nahrung finden können, als in dieser Hauptstadt der Literatur, die, ungeachtet der Zerstörung ihrer berühmten Bibliothek, aufgrund ihrer großartigen Forschungsstätte, des Museions, weiterhin einen Anziehungspunkt für Wissenschaftler, Schriftsteller und Denker bildete? Wie sollte ein aufgeklärter, nur sich selbst verantwortlicher Römer wie Antonius der Versuchung widerstehen können, in der Nähe dieses leuchtenden Zentrums der Kultur, das in der antiken Welt nicht seinesgleichen hatte, eine Zeitlang in Sorglosigkeit und Unbeschwertheit zu verbringen? Kleopatras Einladung stellte eine außergewöhnliche Gelegenheit dar, die Antonius wahrscheinlich auch ergriffen hätte, wenn die Leidenschaft nicht im Spiel gewesen wäre. Freilich, die Liebe, für die der Triumvir schon immer eine Schwäche gehabt hatte, verlieh der Sache eine besondere Würze, und er gab sich ihr nun ganz hin.

Bei all den Zerstreuungen für Körper und Geist vergaß Antonius nicht, seine Stellung zu betonen. Als Gast der mächtigsten Königin der griechischen Welt wurden ihm alle seinem Rang gebührenden Ehren zuteil, wozu an erster Stelle prachtvolle Festmähler gehörten. Hier entfaltete sich der ganze Luxus einer Lebenskunst, der in der monarchischen Tradition der Lagiden ein wesentliches Element des Königtums darstellte: Als ein den gewöhnlichen Menschen überlegenes, höheres Wesen mußte der Herrscher anders leben als diese; er war es sich schuldig, seine Untertanen in Erstaunen und Bewunderung zu versetzen. Kleopatra ließ es daran nicht fehlen, ihre Gastmähler waren an Aufwand kaum zu überbieten. In Ägypten hat man an mehreren Orten große, den Gott Dionysos oder schöne Jünglinge darstellende Bronzestatuen gefunden, die ursprünglich Lampenhalter in den Händen hielten. Man muß sich diese mythologischen Figuren als ein Gefolge stummer Diener vorstellen, die, um den Festsaal herum angeordnet, die Tische in den weichen Schimmer unzähliger Lampen tauchten, deren zuckende Flammen sich im Glanz des goldenen Tafelgeschirrs widerspiegelten. Eine Textstelle des römischen Dichters Lukrez zeigt, daß es sich hierbei um eine zur Zeit Caesars verbreitete Sitte handelte: „In unseren Häusern halten goldene Knabenstatuen brennende Lampen, um unsere nächtlichen Festmähler zu erleuchten." Die Alten, die nur über bescheidene Mittel verfügten, um die nächtliche Dunkelheit zu erhellen, waren für aufwendige Beleuchtung und den Glanz von Lichtern auf kostbarem Tafelgerät sehr empfänglich. Antonius legte Wert darauf, diese Einladungen zu erwidern. Er wetteiferte mit der Königin, der er an Pracht und Verschwendung nicht nachstehen wollte. Der junge Arzt Philotas war mit einem Koch befreundet und hatte dadurch einmal Gelegenheit, bei den Vorbereitungen zu einem dieser Gastmähler zuzusehen. Man darf nicht vergessen, daß Ernährungsfragen und alles, was die gesunde Lebensführung, die sogenannte Diät betraf, die griechischen Ärzte seit Hippokrates lebhaft interessierte. Es war also nicht verwunderlich, wenn ein Mediziner sich vor Ort darüber informieren wollte, wie man die Mahlzeiten in der königlichen Küche zubereitete. Als Philotas sah, daß sich auf den Bratspießen acht Wildschweine zugleich drehten, fragte er nach der Zahl der Geladenen. „Es sind zwölf", bekam er zur Antwort. „Doch muß jede Speise beim Auftragen von höchster Vollkommenheit sein, und es genügt, sie nur einen Augenblick zu lange über dem Feuer zu lassen, um alles zu verderben. Nun wird Antonius vielleicht sofort auftragen lassen oder auch in kurzer Zeit; vielleicht fällt es ihm aber auch ein, noch länger zu warten, um einen Pokal zu leeren oder im Gespräch zu verweilen. Daher müssen wir jeden Gang nicht bloß einmal, sondern in zeitlichen Abständen mehrfach zubereiten, da man nie genau wissen kann, wann das Mahl beginnt." So sahen die Raffinessen der königlichen Tafel am Hofe zu Alexandrien aus.

Wenn die Königin und der Triumvir auf diese Weise bei der Entfaltung von Prunk und raffinierten Vergnügungen miteinander wetteiferten, so waren sie sich bewußt, daß sie in ihrem Aufwand weiter gingen, als man es jemals zuvor getan hatte. Sie rühmten sich dessen und erklärten, sie hätten zusammen mit ihren Freunden die Vereinigung, den Club sozusagen, der „unnachahmlich Lebenden" gegründet, der nur wenigen, privilegierten Glücklichen offenstand (mit Stendhal würden wir heute von den *happy few* sprechen), die es sich schuldig waren, durch ihre Prachtentfaltung und die Einzigartigkeit ihres Verhaltens anzuerkennen und offenbar werden zu lassen, daß sie vom Schicksal zu einem außergewöhnlichen Dasein auserkoren waren. Es handelte sich hier nicht einfach um Vergnügungssucht und primitive Befriedigung der Sinne und der Eitelkeit, sondern sehr wahrscheinlich um das mehr oder minder bewußte Gefühl, hier eine mit dem königlichen Amt verbundene Verpflichtung zu erfüllen, eine jener Bestimmungen des unausgesprochenen Paktes, der den Fürsten mit der Gottheit verband und ihn zwang, radikal anders als das gemeine Volk zu leben. Kleopatra ließ Antonius an diesem Aspekt ihres königlichen Amtes teilhaben, was seinem Geschmack viel zu sehr entsprach, als daß er sich daran nicht berauscht hätte. Vereinigungen Gleichgesinnter waren an sich nichts Neues: In den hellenistischen Stadtstaaten hatten sie sich in großer Zahl entwikkelt. Man schloß sich gern unter dem Schutz eines bestimmten Gottes zusammen, um die Freundschaft zu pflegen und sich gegenseitig mit Rat und Tat beizustehen. Die bei solchen privaten Vereinigungen üblichen Veranstaltungen waren kultische Zeremonien und rituelle Festmähler. Die von Kleopatra und Antonius gegründete hatte nun den Vorteil, daß der Standesunterschied zwischen der Königin und ihrem Geliebten, der keine königliche Abstammung vorweisen konnte, durch ihre Verbundenheit in einem von Plutarch nicht näher bezeichneten, aber wahrscheinlich kultischen Rahmen aufgehoben wurde.

Um dieses großartigen, aber auch anstrengenden Repräsentationsdaseins nicht überdrüssig zu werden, gaben sie sich auch einfacheren Vergnügungen hin, dem Würfelspiel, der Jagd, sie liefen des Nachts sogar durch die Straßen Alexandriens, Kleopatra als Sklavin verkleidet, Antonius als Mann aus dem Volk, und klopften an Türen und Fenster, um brave Bürger zu narren. Das brachte ihnen zwar manches Mißgeschick ein, Beschimpfungen, sogar Schläge, schadete aber nicht ihrem Ansehen. Die Bevölkerung Alexandriens fand sich mit diesen dummen Streichen ab und reagierte darauf mit Witz. Es ging das Wort um, daß Antonius bei den Römern Tragödie spiele, in Alexandrien hingegen als Komiker auftrete. Man erzählte sich über ihn auch zahlreiche Anekdoten, so etwa die vom wunderbaren Fischfang: Als sich der Triumvir, wie immer in Begleitung Kleopatras, mit Angeln vergnügen wollte, mußte er verärgert feststellen, daß sein Angelhaken stets leer blieb. Er beauftragte daher einige Taucher, von ihnen gefangene Fische diskret an seinem Haken zu befestigen. Kleopatra fiel darauf nicht herein. Am folgenden Tag, für den sie eine große Zahl ihrer gemeinsamen Freunde zum Angeln eingeladen hatte, ließ sie durch einen ihrer Sklaven, der den Tauchern von Antonius zuvorkam, am Angelhaken ihres Geliebten eine ganz andere Beute anbringen: Man kann sich das Gelächter der Umstehenden und das Gesicht von Antonius vorstellen, als er einen jener eingesalzenen Fische aus dem Wasser zog, die man in großen Krügen aus den Fischfanggebieten des Schwarzen Meeres nach Ägypten brachte. „Überlaß, Imperator", sprach Kleopatra, „das Fischen mit der Angelrute uns, die wir über die Küste Ägyptens gebieten. Die Jagd, die dir liegt, ist das Erobern von Städten, Königreichen und Erdteilen." Eine kuriose Vorwegnahme jener berühmten Aufforderung, die Vergil an Aeneas richten läßt und in der den Römern das Vorrecht zugesprochen wird, die Welt zu regieren. Antonius vergaß während dieser Wintermonate übrigens nicht, seine Truppen üben zu lassen, um die Disziplin aufrechtzuerhalten. Kleopatra, die nicht von seiner Seite wich, wohnte mit ihm zusammen den militärischen Übungen bei.

Während es sich Antonius in Ägypten wohlergehen ließ, kam es in Italien zu schweren Konflikten. Octavian hatte bei seiner Ankunft in Brundisium erneut an der Krankheit gelitten, die ihn seit Beginn des Feldzugs nicht mehr richtig losgelassen hatte. Der Rückfall war so schwer gewesen, daß sich das Gerücht von seinem Tod verbreitet hatte. Als er wiederhergestellt und nach Rom zurückgekehrt war, begann er, die mit Antonius gemeinsam gefaßten Beschlüsse in die Tat umzusetzen. Von Fufius Calenus, dem neuen Statthalter Galliens, erhielt er zwei Legionen als Ersatz für jene, die er selbst Antonius überlassen hatte. Was Lepidus betrifft, so stellte er fest, daß die gegen ihn erhobenen Vorwürfe unbegründet waren. Er teilte ihm folglich die Provinz Africa als Ersatz für die Narbonensis zu, die man ihm weggenommen hatte. Schließlich begann er damit, den Veteranen die versprochenen Äcker zuzuweisen, die jedoch zuerst einmal zum Schaden einer Anzahl italienischer Landstädte konfisziert werden mußten. Die Einwohner der betroffenen Gebiete waren über diese Enteignungen hell empört. Die Soldaten wiederum, die genau wußten, daß sie das eigentliche Machtinstrument der Triumvirn waren, scheuten sich nicht, von anderen als den ihnen zugeteilten Gütern Besitz zu ergreifen. Ganz Italien wurde von Unruhen erschüttert. Die Erinnerung daran hat uns Vergil in seinem 1. Hirtengedicht bewahrt. Der Bauer Meliboeus, den man von seinem Land gejagt hat, klagt seinem Freund Tityrus sein Leid: „Den väterlichen Besitz müssen wir verlassen und die Felder, die uns teuer sind! Aus unserer Heimat müssen wir fliehen!" Und etwas weiter: „Die Äcker, die so liebevoll ich pflügte, werden nun einem Soldaten in die Hände fallen, der weder Gott noch das Gesetz fürchtet! Ein Barbar wird meiner Ernten sich erfreuen! Dahin hat der Bürgerstreit unser armes Volk gebracht! Für solche Leute haben wir auf unseren Äckern gesät!" Diese pathetischen Worte geben der Not dieser Unglücklichen Ausdruck, die ihres Besitzes beraubt wurden. Verzweiflung auf der einen, brutale Habgier auf der anderen Seite. Octavians Aufgabe war alles andere als dankbar..

Zusätzliche Schwierigkeiten erwuchsen ihm aus den Intrigen von Antonius' Gattin Fulvia und dessen Bruder Lucius Antonius. Lucius war als einer der beiden Konsuln des Jahres 41 designiert worden. Im Gegensatz zu seinem Amtskollegen Servilius, einer ziemlich farblosen Erscheinung, war Lucius Antonius ehrgeizig und auf Bestätigung aus. Nachdem er einen kleineren Feldzug gegen einige Alpenstämme erfolgreich abgeschlossen hatte, veranlaßte er, daß man ihm die Ehre eines Triumphs gewährte. Er machte es sich auch zur Aufgabe, die Interessen seines abwesenden Bruders Marcus zu verteidigen. Und dies so sehr, daß er, um seine Verbundenheit mit seiner Familie aller Welt deutlich zu machen, den Beinamen *Pietas* ('liebende Dankbarkeit') annahm und sich fortan Lucius Antonius Pietas nennen ließ. Fulvia wiederum, die seit jeher Gefallen an der Macht gezeigt hatte, nutzte das Prestige ihres abwesenden Gatten und übte auf ihren Schwager einen verderblichen Einfluß aus. Beiden ging es vor allem darum, zu verhindern, daß Octavian seine Position zu sehr verstärkte und zum Nachteil von Antonius in den Augen der Veteranen als derjenige dastand, der allein Belohnungen verteilte. Sie unternahmen daher alles, um die Rachegefühle der Enteigneten zu schüren, gleichzeitig aber die Veteranen in ihren Hoffnungen zu bestärken. Ein gefährliches Spiel, das noch brisanter wurde, als Octavian seine persönliche Bindung zu Fulvia zerriß, indem er seine Gattin Clodia verstieß, die Tochter Fulvias und Stieftochter von Antonius. Er sagte dabei unter Eid aus, daß sie unberührt geblieben sei. Damit zeigte er, wie Cassius Dio bemerkt, daß er von Anfang an geplant hatte, diese im Oktober 43 aus politischen Gründen geschlossene Ehe bald wieder aufzulösen.

Zu den Unruhen gesellten sich noch wirtschaftliche Schwierigkeiten. Der immer noch von Sizilien aus operierende Sextus Pompejus behinderte mit seiner Flotte die Getreideversorgung der Stadt Rom, wo bald Not und Mangel herrschten. Im Ionischen Meer wiederum wurde die Handelsschiffahrt durch die Flotte des Cn. Domitius Ahenobarbus gestört, der dem Debakel von Philippi entronnen war. Die Spannungen wurden so groß, daß es in

Rom und mehreren anderen Städten zu blutigen Straßenkämpfen kam. Nach einer Periode völliger Wirrnis brach schließlich zwischen Octavian und Lucius Antonius ein offener Konflikt aus. Während der Konsul in ganz Italien die Bevölkerung und die Veteranen gegen den Triumvirn aufhetzte, hatte sich Fulvia in Praeneste südlich von Rom niedergelassen. Dorthin hatte sie auch zahlreiche Senatoren und Ritter gerufen, die um sie herum eine Art Rat bildeten, während sie selbst als Kriegsherrin auftrat, die, eine für eine Frau unerhörtes Betragen, mit dem Schwert gegürtet Ansprachen an die Truppen hielt und persönlich, ganz nach Art eines Befehlshabers, den Soldaten die Losung bekanntgab. Nachdem sie durch ihre Berichterstatter von der Liebe zwischen ihrem Gatten und Kleopatra erfahren hatte, war sie um so eifriger bemüht, die Zwietracht zu schüren. Sie hoffte, daß die Unruhen in Italien Antonius zur Heimkehr zwingen und ihr auf diese Weise den Gatten zurückbringen würden.

Nach mehreren Treffen, bei denen die beiden Parteien sowohl Siege errangen als auch Niederlagen erlitten, beschloß Lucius Antonius, sich mit den Legionen der gallischen Provinzen zu vereinigen, deren Befehlshaber Fufius Calenus, Ventidius Bassus, Asinius Pollio und Munatius Plancus treue Freunde von Antonius waren. Octavians Feldherr Agrippa verhinderte jedoch durch ein geschicktes Manöver diese Vereinigung und zwang Lucius, sich in die etruskische Stadt Perusia (Perugia) zurückzuziehen, wo er bald darauf von den Legionen Octavians eingeschlossen wurde. Es folgte eine mehrere Monate währende, entbehrungsreiche Belagerung. Lucius unternahm einige Ausfälle, aber ohne Erfolg. Hunger und Kälte setzten den Eingeschlossenen hart zu, so daß sie sich schließlich gegen Ende Februar 40 ergeben mußten. Den anrückenden Entsatzheeren unter Bassus, Pollio und Plancus war es nicht gelungen, den Belagerungsring zu durchbrechen. Ihre Befehlshaber scheinen übrigens nur sehr unentschlossen gehandelt zu haben, wahrscheinlich weil sie nicht recht wußten, wie Marcus Antonius zu den Unternehmungen seines Bruders stand. Octavian ließ Lucius gegenüber Milde walten und übertrug ihm sogar ein Kommando in Spanien. Offenbar verstarb Lucius dort kurze Zeit darauf, da sein Name von nun an nicht mehr erwähnt wird. Seinem Bruder Marcus hatte er mit seinen wirren Initiativen einen schlechten Dienst erwiesen. Von den ihm treu gebliebenen Truppen setzten sich die meisten in Richtung auf die Hafenstädte ab, von wo aus sie versuchten, zu Antonius zu gelangen oder sich Domitius Ahenobarbus anzuschließen. Zwei seiner Legionen traten zu Agrippa über. Fulvia, begleitet von Munatius Plancus, schiffte sich mit Antyllus und Iullus, ihren beiden kleinen Söhnen, die sie mit Antonius hatte, in Brundisium nach Griechenland ein. Pollio begab sich zu Ahenobarbus. Es gelang ihm, ihn zu überreden, sich mit Antonius zu verständigen. Dies stellte den einzigen Gewinn dar, den letzterer aus dem unsinnigen Abenteuer zog, das als Perusinischer Krieg in die Geschichte eingegangen ist.

Octavian hingegen hatte dadurch entscheidende Vorteile erlangt. Seine Herrschaft stand jetzt nicht nur in ganz Italien, sondern in der gesamten westlichen Reichshälfte unbestreitbar fest. Einigermaßen gefährlich hätte ihm nur mehr das Heer werden können, das Fufius Calenus im Namen von Antonius in der Gallia Narbonensis befehligte. Nun starb aber Calenus plötzlich, und sein Sohn unterstellte sich mit seinen elf Legionen dem Befehl Octavians. Auf diese Weise kam ganz Gallien, das laut den nach Philippi geschlossenen Verträgen Antonius zustand, unter die Herrschaft Octavians. Damit ergab sich eine grundlegende Veränderung in der Verteilung der Provinzen und der Streitkräfte zwischen den beiden Triumvirn. Lepidus saß in seiner Provinz in Afrika und beteiligte sich an dem Spiel nicht mehr. Einzig und allein der auf Sizilien verschanzte Sextus Pompejus konnte noch eine Bedrohung darstellen. Er hatte jedoch die Gelegenheit verpaßt, während des Perusinischen Krieges in Italien einzugreifen. Antonius'

Mutter Julia hatte bei ihm Zuflucht gesucht und war von ihm sehr zuvorkommend aufgenommen worden. Octavian aber hatte nunmehr freie Hand, um gegen den Rebellen auf Sizilien weitere Unternehmungen vorzubereiten.

Warum sich Antonius bei diesen Ereignissen des Winters 41 / 40 so passiv verhalten hat, bleibt für den Historiker ein Rätsel. Allgemein ist man der Ansicht, daß der Triumvir, ganz im Bann Kleopatras stehend, gänzlich das Interesse für alles andere verlor, sich „völlig seinem Rausch hingab", wie es bei Plutarch heißt. Selbst wenn an dieser Erklärung etwas Wahres ist, so vermag sie doch nicht wirklich zu befriedigen. Das Verhalten von Antonius während der folgenden Jahre entspricht nämlich keineswegs dem eines Mannes, der nichts anderes im Sinn hat, als zu seiner Geliebten zurückzueilen, denn er wird sie fast vier Jahre lang nicht wiedersehen. Auch ist es unwahrscheinlich, daß er, nachdem er als Konsul und während des Mutinensischen Krieges sich so beständig bemüht hatte, seine Machtstellung zu sichern, nun plötzlich einzig und allein unter dem Einfluß einer Frau eine Position vernachlässigte, die er mit so viel Mühe erobert hatte. Das Bild eines Antonius, der sich in den Stricken einer listenreichen Orientalin gefangen hat, ist von der Propaganda des späteren Augustus viel zu oft benutzt worden, als daß man es unbesehen übernehmen könnte. Appian liefert eine weniger romantische, aber auch weniger oberflächliche Erklärung: Antonius sei über die Ereignisse in Italien erst gegen Ende des Winters genau unterrichtet worden, als er Ägypten bereits verlassen hatte. Die Meldungen von den unglückseligen Unternehmungen seiner Frau und seines Bruders hätten seinen Zorn erregt. Die schlechten Nachrichtenverbindungen zwischen Italien und Ägypten, an denen zum Teil der Winter schuld war, der im Altertum oft die Schiffahrt im Mittelmeer unterbrach, zum Teil aber auch der mangelnde Eifer Lucius' und Fulvias, die nur allzugern ihr eigenes Spiel spielten, sind eine hinreichende Erklärung dafür, daß Antonius sich in dieser bewegten Zeit so gleichgültig verhielt. Es hätte alarmierender Meldungen und dringender Hilferufe bedurft, um ihn dazu zu bringen, seinen Aufenthalt in Alexandrien abzubrechen, der ihm so viel Vergnügen bereitete. Er beging den Fehler, sich gutgläubig auf die Ehrlichkeit seines Amtskollegen und die politische Klugheit seines Bruders zu verlassen. Als er seinen Irrtum erkannte, war es bereits zu spät.

Mit dem Beginn des Frühlings, wahrscheinlich war es bereits März, verließ Antonius Alexandrien auf dem Landweg und begab sich nach Tyros, von wo aus er mit dem Schiff über Zypern nach Rhodos und von dort nach Kleinasien reiste. Er hatte die Absicht gehabt, hier die Vorbereitungen für den Feldzug gegen die Parther wiederaufzunehmen. Doch die Nachrichten, die ihn nun erreichten, insbesondere ein angsterfüllter Brief Fulvias, veranlaßten ihn, seine Pläne umzustoßen und nach Italien zurückzukehren. Er zog eine Flotte von 200 Schiffen zusammen und stach damit in See. Als er in Athen Zwischenstation machte, traf er mit Fulvia selbst zusammen, die aus Brundisium hierher geflüchtet war. Im folgenden trafen noch weitere Flüchtlinge ein, unter ihnen auch seine Mutter Julia, die Sextus Pompejus aus Sizilien in Begleitung seines Schwiegervaters Scribonius Libo zu ihm sandte. Diese großmütige Geste war der Auftakt zu einer Versöhnung zwischen den beiden Männern, die Antonius nicht ungern sah. Fulvia war in Athen in Begleitung von Munatius Plancus eingetroffen, dem ehemaligen Statthalter der Gallia Comata, der im Jahr 42 das Konsulat bekleidet hatte. Antonius übertrug ihm später die Statthalterschaft in der Provinz Asien. Unter diesen Flüchtlingen befand sich auch Tib. Claudius Nero, der eine Garnison im Kampanien befehligt hatte und nach den Erfolgen Octavians ebenfalls nach Griechenland geflohen war. Er führte seine Frau Livia Drusilla mit sich, die in Octavian bald eine beständige Liebe erwecken und dadurch zur Kaiserin Livia werden sollte, sowie seinen Sohn Tiberius, der später Augustus als Kaiser Tiberius auf den

Thron folgte. Ein eigenartiges Spiel des Zufalls, durch den sich bei Antonius diese Personen einfanden, die eine so außerordentliche Bestimmung erwartete.

Antonius ließ Fulvia in Griechenland zurück und setzte seine Reise nach Italien fort. Er sollte seine Gattin, die er einst so leidenschaftlich geliebt hatte und die ihm dann so viele Sorgen bereitete, nicht mehr wiedersehen. Sie starb wenige Monate später in Sikyon bei Korinth. Als die Flotte des Antonius mit Kurs auf Korfu durch das Ionische Meer segelte, wurde man der Schiffe des Domitius Ahenobarbus ansichtig, die ihr entgegenkamen. Plancus gab Antonius den Rat, halten zu lassen und einige Schiffe vorauszusenden, um die Absichten von Ahenobarbus zu erkunden, der auf der Seite von Brutus und Cassius gegen ihn gekämpft hatte. Antonius aber entgegnete: „Es ist mir lieber, durch Verrat zu sterben, als durch Feigheit mein Leben zu retten!" Und er setzte die Fahrt fort, ohne anzuhalten. Als sich die beiden Admiralsschiffe bis auf Rufnähe genähert hatten, gab der am Bug stehende Herold von Antonius dem Schiff des Ahenobarbus den Befehl, die Admiralsflagge einzuholen. Der Befehl wurde befolgt. Ahenobarbus ließ sein Schiff nun beidrehen und längsseits gehen. Die beiden Befehlshaber begrüßten sich, und die Soldaten von Ahenobarbus akklamierten Antonius als *imperator*. Dieser ging an Bord des anderen Schiffes und fuhr mit Ahenobarbus zu der Stelle der griechischen Küste, wo die Landstreitkräfte seines Gastgebers lagerten. Ahenobarbus übergab ihm sein Befehlshaberzelt und unterstellte sich damit seinem Kommando. Diese durch die Vermittlung von Asinius Polio vorbereitete Vereinigung brachte Antonius beachtliche Verstärkungen. Seine Flotte umfaßte nunmehr insgesamt 500 Einheiten. Er ließ die Anker lichten und nahm Kurs auf Brundisium.

Die Stadt wurde von fünf Kohorten Octavians gehalten. Sie verschlossen den Ankömmlingen die Tore, da sie Ahenobarbus als Feind und Antonius als seinen Verbündeten und Komplizen betrachteten. Der Triumvir war darüber sehr verärgert, da er hinter diesem Mißtrauen Anordnungen Octavians vermutete. Er verhängte deswegen eine Blokkade gegen die Stadt und schnitt sie von ihrem Hinterland ab. Gleichzeitig brachte er die italienische Adriaküste bis Sipontum am Gargano, 150 Kilometer nordwestlich von Brundisium, unter seine Kontrolle. Sextus Pompejus forderte er auf, von Sizilien aus eine Offensive zu unternehmen. Dieser benutzte die Einladung, um Sardinien zu besetzen und ein Expeditionsheer nach Unteritalien zu entsenden, das die Landschaft Bruttium verwüstete und die Städte Cosentia und Thurium einschloß. Octavian beauftragte Agrippa, Sipontum zurückzuerobern, er selbst begab sich vor Brundisium, um den Belagerungsring zu sprengen. Obwohl seine Truppen denen von Antonius zahlenmäßig überlegen waren, gelang es ihnen nicht, diese aus ihren Verschanzungen zu vertreiben. Auch fiel Octavian auf eine Kriegslist seines Gegners herein. Antonius ließ nämlich eines Abends eine große Zahl von Menschen, die man aus dem Umland zusammengeholt hatte, unbemerkt auf Schiffe verfrachten und sie am folgenden Tag vor den Augen Octavians demonstrativ an Land gehen, als handelte es sich um die Verstärkungen, die er aus Makedonien erwartete. Octavian ließ sich tatsächlich täuschen und nutzte weder seine zahlenmäßige Überlegenheit noch den psychologischen Vorteil, den ihm die Nachricht verlieh, daß Thurium und Cosentia wieder freigekämpft waren. Er wollte das Eintreffen einer 1 500 Mann starken Reiterabteilung abwarten. Als Antonius während der Abendmahlzeit vom Nahen dieser Truppen benachrichtigt wurde, erhob er sich von der Tafel, nahm alle seine Freunde mit sich, die ihm folgen wollten, und brach mit nur 400 Reitern in Richtung Tarentum auf, um sich diesem neuen Gegner entgegenzustellen. Er traf die Feinde nur 25 Kilometer von Brundisium entfernt an, als sie sich bereits zum Nachtlager eingerichtet hatten. Der Triumvir fiel nun mit seinen Reitern mitten in der Nacht über sie her und zwang sie, sich ihm kampflos zu ergeben. „So groß war die

Furcht", fügt Appian hinzu, „die seit der Schlacht von Philippi allein schon der Name des Antonius einflößte."

Die Soldaten von Antonius wurden von diesem Erfolg so ermutigt, daß sie nicht aufhörten, sich dem Lager Octavians zu nähern und dessen Legionäre über die Verschanzungen hinweg dafür zu tadeln, daß sie die Waffen gegen einen Feldherrn richteten, der sie alle zusammen zum Sieg geführt hatte. Es entwickelte sich ein Dialog, und nach und nach begannen die beiden Heere zu fraternisieren. Da traf die Nachricht ein, Fulvia sei in Sikyon gestorben. Antonius hatte ihr Verhalten lebhaft getadelt und war im Zorn von ihr geschieden. Ihr Tod aber betrübte ihn, als ob er daran mitschuldig gewesen wäre. L. Cocceius, einer seiner Freunde, den Octavian zu ihm nach Syrien entsandt hatte, erachtete nun den Moment für gekommen, die beiden Männer wieder zu versöhnen. Antonius erklärte sich mit seinem Vorschlag einverstanden, bei Octavian vorzusprechen. Cocceius führte mit Octavian ein ausgedehntes Gespräch, von dem Appian behauptet, es in genauer Rede und Gegenrede wiederzugeben. Der Tod Fulvias, so schließt Cocceius darin, ermögliche es den beiden Triumvirn, sich frei und offen auszusprechen. Octavian erklärte sich bereit, zwar nicht unmittelbar an Antonius, aber an dessen Mutter Julia zu schreiben, mit der er verwandt war. Julia schaltete sich daraufhin als Vermittlerin ein, um die beiden einander wieder näherzubringen. Schließlich, und das war wohl das Entscheidende, wählten die Soldaten Octavians eine Abordnung, die bei den beiden Befehlshabern vorsprach. Ihr hatten sich auch Cocceius, A. Pollio, der Freund von Antonius, und Maecenas, der Berater Octavians angeschlossen, die alle Einzelheiten eines Übereinkommens festlegten.

Da Octavia, die ältere Schwester Octavians, einige Monate zuvor ihren Mann C. Claudius Marcellus verloren hatte, schlugen die Vermittler vor, Antonius, der nunmehr ebenfalls Witwer war, möge sie zur Frau nehmen, um auf diese Weise die wiederhergestellte Eintracht zu besiegeln.

Wieder eine Ehe aus „dynastischen" Gründen, wie man sie an den griechischen Fürstenhöfen als Unterpfand politischer Vereinbarungen schloß. Antonius nahm diesen Vorschlag bereitwillig auf. Octavia war, obwohl sie bereits zwei Kinder hatte und ein drittes erwartete, noch jung (sie war 29 Jahre alt wie Kleopatra) und von großer Schönheit, wie ihre Porträts zeigen. Sie stand in dem Ruf, ebenso intelligent wie tugendhaft zu sein. Ungeachtet seines späteren Betragens ihr gegenüber sollte sie Antonius eine liebende Gattin bleiben, deren Treue und würdiges Verhalten beispielhaft waren. Diese Verbindung als Garantie der Verständigung erschien so wichtig, daß der Senat für Octavia die gesetzliche Bestimmung aufhob, der zufolge sich eine Witwe nicht vor Ablauf von zehn Monaten nach dem Tod ihres Mannes wiederverheiraten durfte. Die Hochzeit fand im Herbst des Jahres 40 in Rom statt, wohin sich die beiden Triumvirn nach ihrer Aussöhnung begeben hatten.

Zuvor hatten sich die beiden Männer in Brundisium noch über eine Neuaufteilung ihrer Zuständigkeiten geeinigt, durch die sich die Verteilung der Provinzen ganz wesentlich änderte. Africa wurde weiterhin Lepidus überlassen, so wie man es nach Philippi vereinbart hatte, aber man zog die Konsequenzen aus dem Perusinischen Krieg und dem Übertritt der gallischen Legionen in das Lager Octavians. Antonius verzichtete auf sämtliche Gebietsansprüche im Westen, so daß Octavians Machtbereich sich von nun an bis zu den Gestaden des Ozeans erstreckte. Hingegen wurde der Osten von Griechenland bis zum Euphrat Antonius zugesprochen. Die Grenze zwischen den beiden Herrschaftsbereichen verlief durch die illyrische Stadt Skodra (das heutige Skutari im nördlichen Albanien): Octavian behielt damit die gesamte dalmatische Küste und den größten Teil der Adria unter seiner Kontrolle. Antonius hingegen erschien nun als der Herrscher des griechischen Orients vom Ionischen Meer bis an die Grenzen zu Armenien und Parthien, von Thrakien bis zur Cyrenaika. Das unabhängige, aber von Griechen regierte Ägypten würde sich in diese

Gesamtheit ohne Schwierigkeiten eingliedern lassen. Während der Kampf gegen Sextus Pompejus die Angelegenheit Octavians sein sollte, fiel Antonius die Aufgabe zu, die Parther niederzuwerfen und den Untergang des Crassus zu rächen. Die beiden Triumvirn erkannten einander das Recht zu, in Italien eine je gleich große Anzahl von Truppen anzuwerben.

Das also war der Inhalt der in Brundisium getroffenen und durch die Vermählung von Antonius und Octavia besiegelten Vereinbarungen, die nach den schweren Prüfungen der vergangenen Jahre endlich eine Ära des inneren Friedens zu eröffnen schienen. Doch die Lage in Rom blieb weiterhin gespannt: Die Geschwader des Sextus Pompejus fingen die für die Hauptstadt bestimmten Getreidetransporte ab, und das Brot begann knapp zu werden. Es kam wieder zu Unruhen, die durch die Not ausgelöst wurden, aber auch, weil die Triumvirn Steuern erhoben, um die kommenden militärischen Operationen zu finanzieren. Octavian versuchte, die aufgebrachte Menge zu beruhigen, wurde jedoch mit Steinwürfen empfangen und nur durch das entschiedene Eingreifen von Antonius gerettet, der seine Legionäre in die Stadt einrücken ließ, sich an ihre Spitze stellte und die Aufrührer nach heftigen Straßenkämpfen auseinandertrieb. Mit der gleichen Loyalität entdeckte er seinem Schwager, daß Q. Salvidienus Rufus, dem Octavian den Oberbefehl über die in Gallien stehenden Truppen übertragen hatte, während der Kämpfe um Brundisium versucht hatte, mit ihm Verbindung aufzunehmen und an Octavian Verrat zu begehen. Dieser ließ daraufhin den treulosen Legaten nach Rom kommen, verurteilen und hinrichten. Solange in Italien nicht wieder normale Lebensbedingungen herrschten, ergriffen die Triumvirn harte Maßnahmen.

Vor allem war es notwendig, die Bedrohung durch Sextus Pompejus aus der Welt zu schaffen. Da man das mit militärischer Gewalt nicht erreichte, faßte man den Entschluß, es auf dem Verhandlungsweg zu versuchen. Da Octavians

Gemahlin Scribonia die Schwester von L. Scribonius Libo, dem Schwiegervater des Sextus Pompejus, war, machte Antonius den Vorschlag, diesen Mann als Vermittler zwecks Aufnahme von Friedensgesprächen einzuschalten. Wieder einmal spielten verwandtschaftliche Beziehungen im Spiel der Politik eine wichtige Rolle. Man kam überein, am Kap Misenum westlich von Neapel eine Konferenz abzuhalten. Sextus Pompejus erschien mit seiner Flotte, Antonius und Octavian hatten ihre Truppen an der Küste nahe der Stadt Baiae versammelt. Die Begegnung fand zu Beginn des Sommers 39 statt und führte sehr schnell zu einem Abkommen. Die Feindseligkeiten zu Wasser und zu Lande sollten eingestellt werden, die Handelsschiffahrt ohne Behinderung wieder aufgenommen werden können. Pompejus wurde die Herrschaft über Sizilien, Sardinien und Korsika bestätigt. Er sollte von diesen Inseln aus Getreide nach Rom schicken. Man versprach ihm auch die Herrschaft über den Peloponnes. In bezug auf die Proskribierten wurde verfügt, daß sie, mit Ausnahme der Caesarmörder, aus dem Exil zurückkehren durften und ihren konfiszierten Besitz wenigstens zum Teil wieder zurückerhalten würden. Die Veteranen von Sextus Pompejus sollten den Veteranen von Octavian und Antonius gleichgestellt werden. Der Vertragstext wurde schriftlich festgehalten, nach Rom gesandt und der Obhut der Vestalinnen anvertraut.

Dieses Abkommen brachte den langersehnten Frieden und machte der Not ein Ende. Auch unter die Proskriptionen wurde damit ein Schlußstrich gezogen. Es ist verständlich, daß die Bevölkerung Italiens es mit Erleichterung aufnahm, wenn nun eine Ära des Friedens und des Wohlstands anzubrechen schien. Einen Widerhall dieser Gefühle finden wir in dem berühmten 4. Hirtengedicht Vergils. Ob dieses nun 40 oder 39 entstanden ist, die Erwartung eines neuen, goldenen Zeitalters, die sich darin enthusiastisch ausdrückt, spiegelt die Hoffnungen einer Welt wider, die sich nach einer Ordnung sehnt, in der man wieder ungestört seiner Arbeit nachgehen kann. Das an Antonius' Freund Pollio gerichtete Gedicht kündigt die Geburt eines Kindes an, auf dem der Segen der Götter ruht und mit dessen Erscheinen eine glanzvoll erneuerte Welt entstehen wird. Um welches von den Göttern auserwählte Kind handelt es sich hier? Die Frage läßt sich nicht mit Gewißheit beantworten. Ist ein Sohn Pollios gemeint? Pollio war im Jahr 40 Konsul gewesen und hatte zur Versöhnung der beiden Triumvirn in Brundisium in erheblichem Maße beigetragen. Handelt es sich um das Kind, das Octavians Gemahlin Scribonia unter dem Herzen trug, seine Tochter Julia also, die dem Kaiser später so große Sorgen bereitete? Oder ist es das Kind, das Octavia 39 von ihrem Gatten Antonius erwartete und das ebenfalls ein Mädchen wurde, Antonia *maior*, der es bestimmt war, die Großmutter Neros zu werden? Auch wenn sich nichts beweisen läßt, so spricht doch vieles für diese letztere Annahme, denn die Verbindung zwischen Octavia und Antonius erschien damals als die sicherste Gewähr für den Frieden im Land. Wie auch immer, die trügerische Hoffnung Vergils, die für den heißen Wunsch eines ganzes Volkes steht, inspirierte ihn zu den goldenen Versen, deren Musik noch in unserem Gedächtnis erklingt: „Nun kommt die Krönung der Zeit, von der die Cumäische Sibylle einst sprach: Die große Reihe der Zeitalter wird von neuem erstehen, und von den Höhen des Himmels wird ein neues Geschlecht herabsteigen... Zeig, Kind, der Mutter mit deinem Lächeln, daß du sie erkennst! Sie hat dich getragen in fast zehn Monaten langer Beschwernis. Lächle ihr zu, Kind! Den, der seiner Mutter nicht zugelächelt, lud niemals ein Gott zu seiner Tafel, und niemals teilte mit ihm eine Göttin das Lager."

Wie zerbrechlich diese Versöhnung freilich war, zeigt eine Anekdote, die Plutarch im Zusammenhang mit dem Festmahl überliefert, zu dem sich die drei Vertragsparteien auf einem Schiff des Sextus Pompejus einfanden: Während die Gäste fröhlich tafelten, näherte sich diesem ein Grieche namens Menas, ein ehemaliger Seeräuber, der jetzt einer seiner Unterführer war, und flüsterte ihm ins Ohr: „Willst du, daß ich die Ankertaue kappe und dich zum Alleinherrscher nicht nur über Sizilien und Sardinien, sondern über das ganze römische Reich mache?" Auf diesen Vorschlag hin überlegte Sextus Pompejus einen Augenblick und antwortete dann: „Menas, das hättest du tun sollen, doch ohne mich vorher zu fragen. Nun müssen wir uns mit dem bescheiden, was man uns gibt, denn es ist nicht meine Art, einen Eid zu brechen." Diese ehrenhaften Skrupel sollten den Sohn des Pompejus die höchste Macht und schließlich das Leben kosten. Der einzige Ausdruck seiner wahren Gefühle gegenüber den Triumvirn war eine Spitze, die er gegen Antonius losließ. Bekanntlich hatte sich dieser nach Pharsalus das prächtige Haus des großen Pompejus angeeignet. Dieses Haus aber war in einem Stadtviertel Roms gelegen, das *Carinae* genannt wurde (was gleichzeitig 'Schiffsrümpfe' und 'Nußschalen' bedeutet, Anmerkung des Übersetzers). Während des Festmahls, das er nun zu Ehren der beiden Triumvirn auf seinem Schiff veranstaltete, sagte er: „Es ist mir eine Freude, euch auf meinen Nußschalen empfangen zu dürfen." Antonius war ein zu guter Gesellschafter, als daß er eine so geistreiche Stichelei hätte übelnehmen können.

Nach dieser Begegnung am Vorgebirge von Misenum trennten sich die drei Männer wieder. Sextus Pompejus segelte nach Sizilien zurück, die beiden Triumvirn begaben sich wieder nach Rom. Um sich noch stärker zu binden, hatten sie die Tochter von Sextus Pompejus mit Octavias kleinem Sohn Marcellus verlobt, dem Stiefsohn von Antonius und Neffen Octavians. Zu einer späteren Heirat zwischen diesen Kindern sollte es allerdings nie kommen. Auf ihrer Rückreise in die Hauptstadt wurden die beiden Triumvirn vom Volk gefeiert. Die Menge säumte ihren Weg und jubelte ihnen aus Freude über den wiedergewonnenen Frieden zu. Man brachte ihnen Opfer dar, wie man es bei Heilsgöttern zu tun pflegte. Rom bereitete einen glanzvollen Empfang für sie vor, dem sie allerdings auswichen, indem sie des Nachts in die Stadt einzogen, um jeglichen Anlaß zu Unruhen zu vermeiden. Antonius, der schon vor dem Tod des Diktators zum Priester des Caesarkults ernannt worden war, versah nun dieses Amt, und in den öffentlichen Ehrungen, die er als *flamen Caesaris* Octavians Adoptivvater erwies, äußerte sich das gute Einvernehmen, das nunmehr zwischen den beiden Triumvirn herrschte. „Sie handelten in den großen Staatsangelegenheiten gemeinschaftlich und im Geiste freundschaftlichen Vertrauens", wie es bei Plutarch heißt. Wenn sie aber, wie er hinzufügt, sich zur Entspannung dem Würfelspiel widmeten, so verlor stets Antonius; auch wenn sie Hähne oder Wachteln miteinander kämpfen ließen, trugen immer die des Octavian den Sieg davon. Ein ägyptischer Seher, den Antonius in seine Begleitung aufgenommen hatte, deutete diese Pechsträhne als ein schlechtes Vorzeichen. Er sprach zu Antonius: „Dein Glück, so groß und glänzend es auch sein mag, wird von dem Caesars verdunkelt. Es ist besser für dich, wenn du dich von dem jungen Mann so weit wie möglich entfernst. Dein Genius fühlt sich in der Nähe des seinen nicht wohl. Ist er allein, so hat er stolze und hohe Ziele, doch wenn sich der andere ihm nähert, wird er bescheiden und demütig." An dieser Überlieferung, die von der späteren, octavianfreundlichen Propaganda verbreitet wurde, ist wahrscheinlich ein gut Teil Erfindung. Trotzdem ist sie aufschlußreich in bezug auf die abergläubische Furcht, von der damals selbst die aufgeklärtesten Geister erfaßt waren. Wie dem auch sei, Antonius handelte, als ob er dem Wahrsager Glauben schenkte. Davon abgesehen machten die aus Asien eintreffenden Meldungen seine Gegenwart im Orient dringend erforderlich. Der Senat billigte sämtliche von ihm getroffenen Maßnahmen und alle, die er später noch treffen würde. Mit dieser uneingeschränkten Vollmacht versehen, trat er im Herbst 39 in Begleitung Octavias die Reise nach Griechenland an. Er wollte zunächst den Winter in Athen verbringen, im Herzen des Ostens, über den er von nun an herrschen sollte.

VII.

Auf den Spuren Alexanders (39 - 36)

Während Antonius im westlichen Teil des Reiches zurückgehalten wurde, war deutlich geworden, welche Gefahr von den Parthern für die römischen Besitzungen in Asien ausging. Auf Betreiben des Überläufers Q. Labienus hatte der Partherkönig Orodes erneut seine Reiterscharen über den Euphrat geschickt, deren Kommando Labienus persönlich übernahm. L. Decidius Saxa, dem Statthalter Syriens, gelang es nicht, diesen Einfall aufzuhalten: Einige seiner Einheiten, die vorher unter Cassius gedient hatten, schlossen sich den Eindringlingen an, die ohne Mühe die Städte Apameia und Antiochia besetzten. Saxa mußte nach Kilikien fliehen. Labienus überließ es nun dem parthischen Prinzen Pacorus, Orodes' Sohn, die Eroberung Syriens zu Ende zu führen. Er selbst machte sich an die Verfolgung Saxas, nahm ihn gefangen und ließ ihn hinrichten. Ein trauriges Ende für diesen Truppenführer, der sich im Feldzug gegen Brutus und Cassius so hervorragend bewährt hatte. Während Pacorus in Palästina eindrang und in Jerusalem einen ihm ergebenen jüdischen Fürsten auf den Thron setzte, eroberte Labienus Kilikien und fiel, über das Taurusgebirge vorstoßend, in die Provinz Asien ein, wo er sich in den Besitz der griechischen Städte Kariens setzte, die sich ihm zumeist kampflos ergaben. Diejenigen, die Widerstand leisteten, wie Alabanda oder Mylasa, wurden im Sturm genommen und mußten dafür schwer büßen. Einzig und allein der Stadt Stratonikeia gelang es, einer langen Belagerung standzuhalten und alle Angriffe abzuwehren. Niemals zuvor waren die Parther so weit nach Westen vorgedrungen. Voll Stolz, über seine Landsleute so viele Erfolge errungen zu haben, rief sich Labienus zum *imperator* aus und nahm den Beinamen *Parthicus* an, was, wie Cassius Dio bemerkt, ganz im Gegensatz zur Sitte der Römer stand: „Denn er nahm seinen Titel vom Namen des Volkes, das er zum Kampf gegen Rom geführt hatte, so als hätte er dieses Volk besiegt und nicht seine eigenen Mitbürger."

Nachdem Saxa tot war und Munatius Plancus, der Statthalter der Provinz Asien, sich vom Festland auf die Inseln der Ägäis geflüchtet hatte, mußte der in Italien beschäftigte Antonius einen seiner Legaten losschicken, um der gefährlichen Situation wieder Herr zu werden. Mit dem Scharfblick des Feldherrn traf Antonius die richtige Wahl: Er entsandte Ventidius Bassus, der ihm während des Rückzugs von Mutina so wirkungsvoll geholfen und nach dem Sieg von Philippi als sein Stellvertreter über Gallien regiert hatte. Bassus wurde mit dieser Mission betraut, nachdem man im Herbst 40 die Vereinbarungen von Brundisium geschlossen hatte.

Labienus wurde durch die Ankunft von Ventidius Bassus überrascht, als er die Parther bereits nach Hause in die Winterquartiere geschickt und nur mehr eine geringe Anzahl von Truppen zur Verfügung hatte. Er stellte sich nicht zum Kampf, sondern zog sich aus den besetzten Gebieten wieder bis zu den südlichen Ausläufern des Taurus an der Grenze Kilikiens zurück. Bassus rückte ihm nach, und es gelang ihm mit Hilfe einer geschickten Taktik, das von den Parthern zu Hilfe gesandte Heer zu besiegen. Anschließend zwang er Labienus, sein Heil in der Flucht zu suchen, während sich der Rest seiner Soldaten ergeben mußte. Eine Zeitlang glückte es Labienus, sich seinen Verfolgern zu entziehen, doch wurde er schließlich entdeckt, gefangengenommen und als Landesverräter hingerichtet. Auf diese Weise endete der Sohn von Caesars bestem Legaten, den ein durch den Bürgerkrieg bedingter Gesinnungswandel dazu gebracht hatte, sich in den Dienst von Roms gefährlichsten Feinden zu begeben. Nachdem Ventidius Bassus ganz Kilikien zurückerobert hatte, stieß er in Richtung Süden auf Syrien vor. Er erzwang den Einmarsch, indem er die von Parthern verteidigten Pässe nördlich von Antiochia einnahm. Im Anschluß daran konnte er ganz Syrien und Palästina besetzen. Gegen Ende des Jahres 39 waren die römischen Provinzen vom Feind befreit. Bassus, der im Namen von Antonius die Herrschaft ausübte, erhob Tribut und erlegte den einheimischen Fürsten, die Labienus und die Parther unterstützt hatten, schwere Bußgelder auf.

Die Nachrichten von diesen Erfolgen erreichten Antonius in Athen, wo er inzwischen mit Octavia eingetroffen war. Wenn er beschlossen hatte, den Winter in dieser Stadt zu verbringen, dann nicht, um hier eine möglichst angenehme Zeit zu verleben, sondern weil es sich um einen strategischen Punkt handelte, der im Zentrum des östlichen Mittelmeerraums lag, für den er verantwortlich war. Der Piräus war ein wichtiger Hafen, in dem aus dem Osten wie aus dem Westen kommende Schiffe vor Anker gingen. Hier war der Ort, an dem der Triumvir mit den besten und neuesten Informationen rechnen und von dem aus er seine Befehle unter den bestmöglichen Bedingungen absenden konnte. Von hier aus mußte er die Rückeroberung Asiens überwachen, die Ventidius Bassus begonnen hatte und meisterlich fortführte, und das mit Sicherheit aufgrund der Weisungen, die ihm sein Oberbefehlshaber gegeben hatte. Wir dürfen uns hier nicht durch die Art und Weise täuschen lassen, in der Plutarch und Cassius Dio die Ereignisse darstellen. Sie unterstreichen (völlig zu Recht) die Verdienste des Unterfeldherrn und stellen diesen die Passivität des Antonius gegenüber. Ist es aber wahrscheinlich, daß letzterer, der während des Feldzugs gegen die Caesarmörder und bei den jüngsten Ereignissen in Italien so viel Eifer, Geschick und Vorausblick bewiesen hatte, sich aus Bequemlichkeit nicht mehr für den Fortgang der Operationen in den asiatischen Provinzen interessierte, welche die Ausgangsbasen für den seit langem geplanten, großangelegten Partherfeldzug bilden sollten? So wie in vielen anderen Punkten ließen sich die antiken Historiker auch in diesem von der Propaganda Octavians täuschen. Ihre Darstellung der Dinge entspricht nicht den Tatsachen. Im Unterschied zum Winter 41 / 40, der für Antonius nach den Strapazen des Krieges eine Zeit der Entspannung inmitten der Herrlichkeiten Alexandriens war, stellte der Winter 39 / 38 für ihn keine Ferien in Athen dar, sondern war den Vorbereitungen für die große Aufgabe gewidmet, Vorbereitungen, die der Triumvir in aller Ruhe traf, während der von ihm entsandte Legat an Ort und Stelle die unmittelbar notwendigen militärischen Operationen durchführte.

Wenn man die Dinge so zurechtrückt, dann wird verständlich, warum Antonius im Frühjahr 38 den Aufbruch aus seinem Athener Winterquartier, mit dem er die Führung der militärischen Operationen selbst übernehmen wollte, mit feierlichen Zeremonien beging. Die in Athen verbrachten Wintermonate waren nicht einfach der Erholung gewidmet gewesen, sondern hatten dazu gedient, Pläne auszuarbeiten und für den kommenden Feldzug zu rüsten. Ein erfahrener Feldherr, wie Antonius es zu dieser Zeit in höchstem Maße war, wäre nicht in den Krieg gezogen, ohne vorher die Generalstabsarbeit zu leisten, welche die unabdingbare Voraussetzung für den Erfolg ist. „Er beschränkte sich darauf", heißt es bei Appian, „die Berichte seiner Unterführer zu studieren." Gerade darin besteht die Koordinationsarbeit, der sich ein Oberbefehlshaber in Zeiten der Ruhe widmen muß. Die Pamphletschreiber Octavians haben diese notwendigen Vorarbeiten totgeschwiegen und so getan, als glaubten sie, Antonius habe sich einmal mehr seinem offenbar unstillbaren Hang zum Vergnügen überlassen. Diese Fabel wurde von den Historikern späterer Zeiten kritiklos übernommen. Sie verkannten dabei offenbar völlig, mit welchen Problemen sich der Oberbefehlshaber eines Heeres auseinanderzusetzen hat.

Inspiriert wurden sie dazu freilich durch das Verhalten des Antonius, der die konservativen Römer wieder einmal durch die Selbstverständlichkeit schockierte, mit der er die griechischen Sitten übernahm. In Athen hatte er sofort wieder zu den ihm von Ephesos und Alexandrien her vertrauten Lebensgewohnheiten zurückgefunden und integrierte sich auf diese Weise mühelos in das Leben der Stadt: „Er bewirtete Griechen an seiner Tafel und hatte sich bereit erklärt, in Athen das Amt eines Gymnasiarchen zu bekleiden." Dieses bestand darin, das öffentliche Gymnasion zu leiten, bestimmte Ausrüstungen zur Verfügung zu stellen und über das Betragen der jungen Männer zu wachen. „Wenn er außer Haus ging, dann ließ er seine Feldherrnkleidung daheim. Er kleidete sich mit einem griechischen Mantel und trug weiße, attische Sandalen sowie den langen Stab des Gymnasiarchen. Wenn es darum ging, die Ringenden zu trennen, so scheute er sich nicht, die jungen Männer am Genick zu fassen, um sie auseinanderzubringen." Der Text Plutarchs und jener, in dem Appian das Leben des Antonius in Alexandrien zwei Jahre zuvor schildert, weisen bemerkenswerte Parallelen auf. Diese zeigen deutlich, daß der Gefallen, den der Triumvir an der griechischen Lebensart fand, nicht auf den verderblichen Einfluß Kleopatras zurückging, sondern ein Teil seines Wesens war. Als Grieche zu leben bereitete ihm in Athen an der Seite der sittsamen Octavia das gleiche Vergnügen wie in Ägypten als Gast der Königin Kleopatra. Es handelte sich nicht um eine gelegentliche, durch einen besonderen Anlaß hervorgerufene Treulosigkeit gegenüber den römischen Traditionen, sondern um die bewußte Hinwendung zu einer Kultur. Die von ihm später verfolgte Politik war die direkte Konsequenz davon. Aus diesem Grund legte er auch Wert darauf, sich vor seinem Aufbruch ins Feld das Wohlwollen der Götter den örtlichen Gebräuchen gemäß zu sichern: Er ließ sich einen Kranz aus Blättern des heiligen Olivenbaums flechten, der auf der Akropolis wuchs, und nahm einem Orakelspruch folgend ein Gefäß mit Wasser aus einer wundertätigen Quelle mit sich. Ein Grieche hätte nicht anders gehandelt.

Diese Zeichen der Frömmigkeit begleiteten die Rückkehr zur militärischen Disziplin. „Sobald der Winter zu Ende ging", schreibt Appian, „schien er ein anderer Mensch zu werden. Er wechselte die Kleidung und das Gesicht. An den Eingängen zu seinem Haus sah man wieder Liktoren, Stabsoffiziere und Wachen, deren Anblick dem Volk Respekt und Furcht einflößte. Die Gesandten, die vorher geduldig darauf gewartet hatten, vorsprechen zu dürfen, wurden nun unverzüglich vorgelassen. Alles war in Bewegung, um den Krieg vorzubereiten." Antonius wollte den seit langem geplanten Feldzug beginnen. Doch die Ereignisse in Italien zwangen ihn, das Unternehmen aufzuschieben und Ventidius Bassus noch ein Jahr lang die Verantwortung für die Operationen in Asien zu überlassen. Zwischen Octavian und Sextus Pompejus war es zu gefährlichen Spannungen gekommen, und der Bruch der Vereinbarungen, die er mitunterzeichnet hatte, beunruhigte Antonius zu Recht. Er konnte sich in Asien nicht voll engagieren, so lange er sich nicht sicher war, daß in seinem Rücken Frieden herrschte. Eine der Klagen des Sextus Pompejus richtete sich übrigens direkt gegen ihn: Mit dem Vertrag von Misenum war Pompejus die Herrschaft über die römische Provinz Achaia (den Peloponnes) versprochen worden, allerdings unter dem Vorbehalt, daß Antonius dort erst den ihm geschuldeten Tribut erheben müsse. Da diese Zahlungen dann verspätet erfolgten, verzögerte sich die Übergabe der Provinz, worüber Sextus Pompejus sich bei Antonius sehr beklagte. Letzterer konnte einem Konflikt gegenüber nicht gleichgültig bleiben, der auch ein von ihm regiertes Gebiet betraf. Es bestand auch die Gefahr, daß ein solcher Konflikt das Eintreffen von Verstärkungen aus Italien verhinderte, die Antonius später benötigen würde. Anstatt nach Asien zu reisen, begab er sich also erneut nach Italien, wohin ihn sein Schwager Octavian zu dringenden Beratungen gerufen hatte.

In Begleitung weniger Gefährten traf er am festgesetzten Tag in Brundisium ein, wo er sich nicht lange aufhalten wollte. Octavian war nicht zur Stelle, hatte aber zur Vorbereitung seiner Ankunft eine eindrucksvolle Streitmacht entsandt. Antonius war über diese Kühnheit und die unpassende Entfaltung militärischer Macht verärgert. Auch deutete er ein seltsames Ereignis als schlechtes Vorzeichen: In der Nacht wurde eine der Wachen, die um sein Zelt herum schliefen, von einem Wolf zerrissen, der nur das Gesicht seines Opfers verschonte, und das, ohne daß auch nur ein einziger der anderen Soldaten etwas bemerkte. Antonius schiffte sich daraufhin unverzüglich ein und begnügte sich damit, an Octavian ein Schreiben zu richten, in dem er ihm riet, die Abmachungen von Misenum einzuhalten. Aus Ärger darüber, daß Antonius nicht auf ihn gewartet hatte, hielt sich Octavian nicht an diese Ratschläge und begann bald darauf mit Flottenoperationen gegen Sextus Pompejus, die, von Erfolgen und Niederlagen begleitet, das ganze Jahr 38 hindurch andauerten und die Getreideversorgung Roms sowie den Frieden in Italien aufs neue in Gefahr brachten. Antonius war nach Athen zurückgekehrt und verfolgte von dort aus diesen Konflikt, den er bedauerte und aus dem er sich heraushielt. Aber die Unsicherheit über seinen Ausgang verbot ihm jede Unternehmung in Asien, wo er es auch dieses Jahr wieder Ventidius Bassus überließ, die Operationen zu leiten.

Eine Entdeckung jüngsten Datums wirft ein neues Licht auf die Beziehungen, welche die beiden Triumvirn in diesen Jahren 39 und 38 unterhielten. Bei Ausgrabungen in der karischen Stadt Aphrodisias wurden auf dem Gelände des Theaters mehrere griechische Inschriften gefunden, die aus dieser Zeit stammen und die Texte amtlicher Dokumente wiedergeben: ein Edikt der Triumvirn, das der Stadt für ihr mutiges Verhalten während des Parthereinfalls unter Labienus verschiedene Privilegien einräumt, einen Senatsbeschluß zum selben Thema, vor allem aber diverse Briefe Octavians an die Behörden von Aphrodisias und anderer Städte wie Ephesos oder Samos, die an ihn Gesuche gerichtet hatten. Einer dieser Briefe richtet sich an einen gewissen Stephanos, der in dieser Region als Vertreter von Antonius die Herrschaft ausübte. Diesem Stephanos nun erteilt Octavian in schroffem Ton Anweisungen. Er hatte also keineswegs darauf verzichtet, in diesem Teil des Reiches, für den Antonius verantwortlich war, direkt einzugreifen, wenn er es für erforderlich hielt, und Anordnungen zu treffen, von denen er erwartete, daß man sie befolgte. Es ist klar, daß hier eine Quelle für Konflikte zwischen den beiden Triumvirn gegeben war.

Wenn die Ereignisse in Italien Antonius auch daran hinderten, mit dem großen Feldzug gegen die Parther ohne Verzug zu beginnen, so hatte er wenigstens die Genugtuung, daß sein Legat Ventidius Bassus im Verlauf des Jahres 38 einen glänzenden Sieg über sie errang. Im Frühjahr rüstete nämlich Pacorus, der Sohn des Königs Orodes, neuerlich zu einem Feldzug gegen Syrien. Ventidius Bassus erfuhr von diesen Vorbereitungen. Es gelang ihm nun, den Gegner über seinen Verteidigungsplan so zu täuschen, daß ihm genügend Zeit blieb, seine noch in den Winterquartieren befindlichen Truppen zusammenzuführen. Er stellte sich dann den Eindringlingen bei Gindaros im Nordosten Syriens zur Schlacht, und zwar auf einem von ihm gewählten, für die feindliche Reiterei sehr ungünstigen Terrain: Als sie sich beim Angriff unvorsichtig auf steile Abhänge vorgewagt hatte, wurde sie von den Schleuderern mit einem mörderischen Geschoßhagel überschüttet und von den Legionären in Stücke gehauen. Pacorus selbst fiel im Kampf, und durch seinen Tod wurde das Debakel noch beschleunigt. Nur sehr wenigen Parthern gelang es, sich über den Euphrat zu retten. Durch diesen großartigen Sieg, der am 9. Juli 38, genau am Jahrestag der Niederlage des Crassus bei Carrhae errungen wurde, war die Schmach getilgt, welche die römischen Waffen fünfzehn Jahre zuvor erlitten hatten. Für Ventidius Bassus stellte diese Schlacht ein Ruhmesblatt dar, aber auch für Antonius, der, wenn auch abwesend, das Oberkommando innehatte und für die Operationen verantwortlich war. Diese Tatsache wurde vom Senat anerkannt, der sowohl dem Oberbefehlshaber als auch seinem Legaten die Ehre eines Triumphes gewährte. Antonius fand nicht mehr die Gelegenheit, sich nach Rom zu begeben und seinen Sieg selbst zu feiern. Als jedoch mit Beginn des Herbstes die Operationen gegen die Parther eingestellt wurden, beurlaubte er Ventidius Bassus und entsandte ihn in die Hauptstadt, damit er die wohlverdienten Ehrungen entgegennehmen konnte. Dieser Ende November 38 abgehaltene Triumph bildete den Höhepunkt in der Karriere des Ventidius Bassus. Der aus bescheidenen Verhältnissen stammende Soldat verdankte seinen Aufstieg einzig und allein seinem Verdienst, seinem außergewöhnlichen Sinn für Taktik und seiner unwandelbaren Treue zu seinem Feldherrn. Er starb wahrscheinlich kurze Zeit darauf, da sein Name in den Berichten über die weiteren Ereignisse nicht mehr erscheint. Das einzige, was man über ihn noch erfährt, ist, daß ihm ein feierliches Leichenbegängnis auf Staatskosten zuteil wurde.

Natürlich bemühte sich die octavianische Propaganda nachträglich, die positive Erscheinung des Ventidius Bassus mit dem Bild in Kontrast zu setzen, das sie von Antonius zeichnete. So verbreitete sie das Gerücht, der Triumvir sei auf den allzu brillanten Untergebenen eifersüchtig geworden und habe deshalb ganz bewußt auf seine Dienste verzichtet. Man findet den Widerhall dieser böswilligen Unterstellungen bei Plutarch und Cassius Dio. Sie entsprechen in keiner Weise dem, was wir sonst über Charakter und Verhalten des Antonius wissen, der eher dazu neigte, die Verdienste seiner Freunde herauszustellen und sich über ihre Erfolge zu freuen, als sie ihnen zu neiden. Wenn er es Bassus gestattete, nach Rom zurückzukehren, um dort einen Triumph zu feiern, auf den er selbst verzichtete, so gab er damit in unübersehbarer Weise der Wertschätzung Ausdruck, die er seinem besten Legaten entgegenbrachte.

Nach seinem Sieg bei Gindaros war es Ventidius Bassus ein leichtes gewesen, die römische Herrschaft in den Gebieten Syriens wiederherzustellen, die auf Betreiben des Pacorus von Rom abgefallen waren. Er machte sich dann an die Verfolgung jener Reste des Partherheeres, die nicht hatten über den Euphrat flüchten können, sondern sich nach Nordosten zurückgezogen hatten, um bei Antiochos, dem König von Kommagene, Zuflucht zu suchen. Dieser paktierte, obwohl er sich als Freund Roms bezeichnete, mit dem Partherkönig Orodes, dem er seine Tochter zur Frau gegeben hatte. Nachdem Antiochos die flüchtenden Parther aufgenommen hatte, marschierte Ventidius Bassus im Sommer 38 in Kommagene ein und belagerte dessen auf dem rechten Euphratufer gelegene Hauptstadt Samosata. Dieser Feldzug außerhalb der Provinzgrenzen überstieg den Rahmen des Verteidigungsauftrags, den Antonius seinem Legaten erteilt hatte. Der Triumvir kam daher persönlich, um das Kommando zu übernehmen und die Belagerung zu leiten. Nachdem Antiochos tapferen Widerstand geleistet hatte, entschloß er sich zu Verhandlungen über eine ehrenvolle Übergabe. Diese wurde ihm auch gewährt, allerdings mußte er eine bedeutende Kriegsentschädigung bezahlen. Obwohl sein Land nicht besonders groß war, verfügte dieser Fürst über bedeutende Reichtümer, wie das großartige Heiligtum seiner Dynastie beweist, das er in mehr als 2 000 Metern Höhe in den Bergen des Antitaurus hatte errichten lassen. Die Verlockung, die diese Reichtümer darstellten, war ohne Zweifel mit ein Grund für die Belagerung von Samosata. Später wurde behauptet, Antonius hätte sogar das Dreifache der Summe erhalten können, wenn er die Stadt wirksamer belagert und mit dem König geschickter verhandelt hätte. Wahrscheinlich sind auch diese perfiden Anschuldigungen, die von Plutarch und Cassius Dio wiedergegeben werden, Teil der von Octavians Freunden inszenierten Propagandakampagne, mit der die militärischen Fähigkeiten von dessen Rivalen in Zweifel gezogen werden sollten. Wie auch immer, das Jahr endete für Antonius mit einem vollen Erfolg. Seine Truppen hatten die Parther verjagt und damit die Gefahr für die von Rom beherrschten Provinzen beseitigt. Die Operationen in Kommagene hatten den Weg für den großen Feldzug nach

Asien bereitet, den der Triumvir seit langem plante. Antonius konnte zu Octavia nach Athen zurückkehren, um hier wieder seine Winterquartiere zu beziehen.

Er benutzte diese Zeit erneut, um ein Unternehmen vorzubereiten, das ihn bis in den Iran, in das Herz des Partherreichs führen sollte. Wenn Antonius die schon von Caesar ausgearbeiteten Operationspläne wieder aufgriff, so mußte er das in dem Bewußtsein tun, daß er sich nun auf den Spuren Alexanders bewegen würde, dessen ruhmreiches Andenken und unerreichte Großtaten die Phantasie der Hellenen nach wie vor anregten und in einer reichhaltigen, bis zu den Augenzeugen dieser Eroberungen zurückreichenden Literatur gefeiert wurden. Das von ihm innerhalb einiger Jahre errichtete Reich, das sich bis an die östliche Grenze der den Alten bekannten Welt erstreckte, blieb das Vorbild, das die Ehrgeizigen seit drei Jahrhunderten im Auge hatten. Keinem von ihnen, außer dem Seleukiden Antiochos III. während eines begrenzten Zeitraums, war es gelungen, dieses Reich in seiner alten Ausdehnung wiederherzustellen. Es ist verständlich, daß Caesar und Antonius, die durch die Schriften von Chronisten und Geschichtsschreibern mit allen Einzelheiten dieses großartigen Abenteuers vertraut waren, davon träumten, sich ebenfalls darin zu versuchen. Der Orient übte auf diese kühnen Geister mit ihren hochfliegenden Plänen eine unwiderstehliche Faszination aus.

Eine großangelegte militärische Expedition nach Asien war allerdings mit vielerlei Problemen verbunden. Sie zu überwinden konnte Antonius nur mit Hilfe verläßlicher und gutausgebildeter Truppen hoffen: Auch Alexander hatte seine Erfolge der bewährten Kampfkraft seiner makedonischen Krieger verdankt. Der Triumvir wollte den Feldzug nur mit einer genügend großen Anzahl römischer Legionen antreten, zu deren Unterstützung die Verbündeten Hilfstruppen stellen sollten. Er mußte daher in Italien mehrere Tausend Soldaten ausheben, wozu ihn der Vertrag von Brundisium ausdrücklich berechtigte. Trotzdem konnte er diese Rekrutierungen nicht gegen den Willen Octavians vornehmen, der im westlichen Teil des Imperiums die Herrschaft ausübte. Antonius hatte ihn aus diesem Grund bereits mehrmals um Hilfe gebeten. Octavian aber, der in den Konflikt mit Pompejus verwickelt war, hatte auf diese Gesuche so gut wie nicht reagiert, was Antonius mehr und mehr erbitterte. Als dann die Flotte Octavians sowohl durch den Gegner als auch durch einen heftigen Sturm schwere Verluste erlitt, war Octavian seinerseits gezwungen, seinen Amtskollegen, dessen Flottenverbände intakt waren, um Hilfe zu ersuchen. Er entsandte deswegen Maecenas, um mit Antonius darüber zu verhandeln. Dieser benutzte die Gelegenheit und fuhr mit einer 300 Schiffe umfassenden Flotte nach Italien. Seine Frau Octavia begleitete ihn. Er hatte die Absicht, sich mit seinem Schwager offen auszusprechen, um sämtliche Mißverständnisse auszuräumen sowie die von Octavian erbetenen Flottenverstärkungen gegen die von ihm selbst benötigten Legionen einzutauschen. Ein ehrlicher Handel zum Vorteil beider. Mittlerweile hatte man aber auf den Schiffswerften Italiens hart gearbeitet und neue Schiffe gebaut, außerdem war es Agrippa gelungen, einen Aufstand der Gallier in Aquitanien niederzuwerfen. Octavian fühlte sich dadurch in seiner Position wieder gestärkt und zeigte sich an einem Handel mit Antonius nicht mehr interessiert. Als dieser mit seiner Flotte vor Brundisium eintraf, wo üblicherweise die Schiffe aus dem Orient einliefen, verweigerte man ihm die Einfahrt. Antonius mußte nach Süden ausweichen und in Tarentum vor Anker gehen. Der Affront war offensichtlich. Er war der Ausdruck des Mißtrauens, das sich zwischen den Triumvirn wieder breitgemacht hatte.

Da Antonius Truppen ausheben wollte, trat er die Rückfahrt nicht sofort an, sondern unterdrückte seinen Ärger in der Absicht, den Streit beizulegen. Er bediente sich dazu der Vermittlung Octavias. Sie begab sich zu ihrem Bruder und unternahm es, dessen Anschuldigungen gegen

Antonius zu widerlegen, die, wie aus Appian hervorgeht, zum größten Teil unbegründet waren. Es gelang ihr schließlich, ihren Bruder zu überzeugen. Octavian erklärte sich bereit, zu Antonius nach Tarentum zu reisen. Ihre Begegnung fand in der Nähe der Stadt auf einem kleinen Küstenfluß statt, auf dem die beiden Männer ohne jede Begleitung, jeder allein in einem Boot sitzend, zusammentrafen. Im Anschluß daran suchte Octavian seine Schwester in der Stadt auf und verbrachte die Nacht ohne irgendwelche Sicherheitsvorkehrungen im Haus des Antonius. Dieser erwiderte den Besuch am folgenden Tag unter den gleichen Umständen. „Auf diese Weise", so schreibt Appian, „wechselten ihre Beziehungen ständig ihren Charakter. Bald erfüllte sie ihr Machthunger mit gegenseitigem Argwohn, bald zwang sie die Notwendigkeit, das Vertrauen zwischen ihnen wiederherzustellen." In Tarentum kamen sie überein, einander die nötige Hilfestellung zu leisten. Antonius stellte Octavian unverzüglich 120 Kriegsschiffe zur Verfügung, zu denen auf dessen Bitten noch einige leichte Schiffe hinzukamen, Octavian wiederum versprach seinem Schwager, ihm 20 000 in Italien ausgehobene Legionäre zu schicken. Im Moment beschränkte er sich darauf, ihm ein tausend Mann starkes Elitekorps zur Verfügung zu stellen, dessen Angehörige sich Antonius aus Octavians Truppen selbst aussuchen durfte. Da mit Ende des Jahres 38 die auf fünf Jahre festgesetzte Amtszeit der Triumvirn zu Ende gegangen war, beschlossen sie, diese um weitere fünf Jahre zu verlängern. Sie kümmerten sich diesmal allerdings nicht darum, die Zustimmung der Volksversammlung zu dieser Maßnahme einzuholen. Der demokratische Schein wurde nicht länger aufrechterhalten.

Nach Abschluß dieser Vereinbarungen trennten sich die Triumvirn wieder. Octavian begab sich nach Rom zurück, Antonius reiste wieder in den Orient, um sich erneut den Kriegsvorbereitungen zu widmen. Sie sollten einander nie mehr wiedersehen, sondern sich nur mehr an der Spitze feindlicher Heere gegenüberstehen. Dabei hatten sie auch dieses Mal versucht, ihr persönliches Verhältnis durch eine geplante eheliche Verbindung zu stärken. Octavian hatte versprochen, seine ihm zwei Jahre zuvor von seiner Gattin Scribonia geborene Tochter Julia Antonius' und Fulvias erstgeborenem Sohn, dem damals erst achtjährigen M. Antonius Antyllus, zur Frau zu geben. Es blieb dies allerdings eine Absicht. Ganz anders eine weitere, ebenfalls bei diesem Anlaß beschlossene Vermählung, die für Rom große Bedeutung erlangen sollte: Antonius verlobte seine ihm von Octavia im Jahr 39 geborene Tochter Antonia *maior* mit dem Sohn von Cn. Domitius Ahenobarbus, der sich im Jahr 40 noch vor dem Pakt von Brundisium ihm angeschlossen hatte. Aus dieser lange Zeit später zustandegekommenen Verbindung sollten die Mutter der Kaiserin Messalina und der Vater des Kaisers Nero hervorgehen. Bei seiner Abreise aus Italien, das er nicht mehr wiedersehen sollte, ließ Antonius seine gesamte Familie zurück, die er nicht den mit dem Feldzug verbundenen Risiken aussetzen wollte: Octavia, seine treu ergebene Gattin, die ihm so große Dienste erwiesen hatte und ein zweites Kind von ihm erwartete (es sollte ebenfalls ein Mädchen werden, nämlich Antonia *minor*), ihre gemeinsame Tochter Antonia sowie Antyllus und Iullus Antonius, die beiden Söhne, die ihm Fulvia geboren hatte und um deren Erziehung sich Octavia an Stelle des abwesenden Vaters kümmern sollte. Dieser ahnte damals freilich nicht, daß diese Trennung, die er sicherlich als vorübergehend ansah, endgültig sein würde. Mit dem Boden des Vaterlandes verließ er seine römische Familie für immer. Lediglich sein ältester Sohn Antyllus sollte ihm später in den Orient folgen und dort, vom tragischen Schicksal seines Vaters mitgerissen, eines gewaltsamen Todes sterben. Im Augenblick aber war dieses Verhängnis für niemanden vorhersehbar. Der Triumvir fuhr, den Kopf voll großartiger Pläne und ehrgeiziger Ziele, über das Ionische Meer in Richtung Asien.

Antonius kam im Herbst 37 nach Antiochia in die Provinz Syrien zurück, das bei dem für das folgende Frühjahr vorgesehenen Feldzug als Ausgangsbasis dienen sollte. „Da geschah es", wie Plutarch schreibt, „daß die scheinbar seit langem erloschene und von einer Besinnung auf bessere Gefühle verdrängte heftige Leidenschaft, seine Liebe zu Kleopatra nämlich, mit neuer Kraft erwachte." Er hatte die Königin seit mehr als drei Jahren nicht mehr gesehen, und man konnte meinen, daß die aufrichtigen Gefühle, die er Octavia entgegenbrachte, ihn vor einem Rückfall bewahren würden. Doch wie schon im Jahr 41 brachten ihn politische Erwägungen dazu, die Herrscherin eines Staates in sein Hauptquartier zu rufen, dessen Ressourcen er zur Durchführung seiner Pläne nutzen wollte. Er setzte sich über die Warnungen seiner Freunde hinweg, die seine Schwächen kannten, und beauftragte einen von ihnen, sich nach Alexandrien zu Kleopatra zu begeben und sie nach Antiochia zu bringen. Die Königin ließ sich nicht lange bitten und nahm auch die Zwillinge mit, denen sie 40 nach der Abreise von Antonius das Leben geschenkt hatte. Sie trugen die Namen Alexander und Kleopatra. Die Attraktivität der Mutter und der Liebreiz der beiden Kinder bezauberten den Vater augenblicklich, so daß er sie als seine Kinder anerkannte. Wenn das römische Gesetz die Polygamie auch untersagte, so war man in den hellenistischen Herrscherhäusern in diesem Punkt weniger streng, und es ist anzunehmen, daß die Königin und der Triumvir bald darauf in irgendeiner Form eine legale Verbindung eingingen. In einem von Sueton überlieferten, in äußerst lebhaftem Ton gehaltenen Brief, in dem Antonius die Vorwürfe Octavians wegen seiner Beziehungen zu Kleopatra zurückweist, bezeichnet er sie als *uxor mea*, „meine Gattin". Die alte Liaison war, durch die Existenz der Nachkommenschaft verfestigt, zu einer ehelichen Bindung geworden. Antonius, der in bezug auf seine Seitensprünge schnell mit Rechtfertigungen bei der Hand war, erklärte, daß ein großer Mann, der zahlreiche Könige zu seiner

Nachfolge zeuge, damit nichts anderes mache, als die lebendigen Zeugnisse seiner Größe zu vermehren. Was anderes hatte denn der große Herkules getan, von dem abzustammen er sich rühmte? War denn nicht auch dessen Sohn Anton, der Stammvater der Antonier, Frucht eines der zahllosen Liebesabenteuer des Helden?

Freilich war die Liebe in dieser Angelegenheit nicht alles. Auch das politische Kalkül spielte ganz wesentlich mit, wie die von Antonius getroffenen Entscheidungen deutlich zeigen. Sie bezweckten eine Neuordnung der von Rom beherrschten Gebiete im Nahen Osten, durch die er sich mit Blick auf den Partherfeldzug einen sicheren Rückhalt schaffen wollte. Dem Königreich der Lagiden, das innerhalb dieses Systems eine ganz wesentliche Funktion übernahm, gestand er auf Kosten der von Rom unterworfenen Länder bedeutende Gebietserweiterungen zu. Kleopatra erhielt die Küstenregion Phönikiens und des südlichen Syriens, einen Teil Palästinas und des nabatäischen Arabiens bis zum Roten Meer, einen Teil Kilikiens und schließlich die Insel Zypern. Damit kam das ganze östliche Mittelmeer zwischen Afrika und Kleinasien unter die Kontrolle Ägyptens und seiner Flotte. Die zahlenmäßige Größe der Lagidenflotte rechtfertigte diese Aufgabe, der die ersten Ptolemäer voll gerecht geworden waren. Auch sollten auf diese Weise die Werften Alexandriens in den Bergen des Libanon, Zyperns und Kilikiens das Holz für den Schiffsbau finden, an dem es im Niltal fehlte. Kleopatra gebot nun über ein Reich, das sich mit jenem vergleichen ließ, das ihre berühmten Vorfahren in den Anfängen der Dynastie um den Preis zahlreicher Kriege errichtet hatten. Es ist verständlich, daß sie diesen großen Erfolg ihrer Politik zum Anlaß nahm, vom Jahr 37/36 an die Zählung ihrer Regierungsjahre neu zu beginnen.

Die Schenkungen von Gebieten an die ägyptische Monarchie waren aber nicht die einzigen Maßnahmen, die Antonius im Rahmen dieser Umstrukturierung traf, deren Ausmaß von seinem Willen zeugt, sämtliche von ihm beherrschten Gebiete zu einem festen System zusammenzufügen. Auch Kleinasien hatte er seine Aufmerksamkeit gewidmet. Dieses ausgedehnte, reiche und heterogene Territorium unterstand zur Gänze der Herrschaft Roms. Die Verwaltung dieses Gebiets war dreißig Jahre zuvor durch den großen Pompejus nach seinem Sieg über Mithridates geregelt worden. Den größten Teil der Halbinsel nahmen vier von römischen Statthaltern regierte Provinzen ein: die Provinz Asien im Westen und Südwesten, Kilikien im Südosten, Bithynien im Nordwesten und Pontus im Nordosten. Über die Hochebenen und Berggebiete des Zentrums und nach Osten hin erstreckten sich die großen Königreiche Galatien und Kappadokien, deren letzteres bis an die Grenzen Armeniens reichte. Ihre Herrscher waren Verbündete Roms und unterstanden seinem Schutz. Weitere Fürstentümer sowie die griechischen Städte, deren jede ein eigenes Territorium besaß, vervollständigten dieses System. Antonius behielt es im wesentlichen bei und nahm nur die Veränderungen vor, die nach dreißig Jahren Erfahrung zweckmäßig erschienen. In den beiden Königreichen setzte er neue Herrscher ein, die er als verläßlich ansah: Amyntas in Galatien, das er nach Süden hin erweiterte, und Archelaos in Kappadokien. Letzterer war ein Bruder jenes Sisinnes, den Antonius nach dem Sieg von Philippi an die Spitze des Königreichs gestellt hatte. Sowohl Sisinnes als auch Archelaos waren Söhne der griechischen Abenteuerin Glaphyra, deren Schönheit, wie es hieß, den Triumvirn einst in Bann geschlagen hatte. Da die Verwaltung der Provinz Kilikien in ihrer bestehenden Form Probleme verursachte, nahm Antonius hier eine Dreiteilung vor. Der östliche Teil wurde dem benachbarten Syrien angegliedert, der westliche zweigeteilt: Während das Küstengebiet, wie bereits erwähnt, dem Lagidenreich unterstellt wurde, erhielt der Rest die Form eines Fürstentums, an dessen Spitze Antonius einen griechischen Heerführer namens Polemon stellte, der sich im Kampf gegen Labienus und die Parther ausgezeichnet hatte. Derselbe Polemon wurde bald darauf

König von Pontus. Antonius war zu der Ansicht gekommen, daß diese Region zu sehr Grenzzone war und sich für eine direkte Verwaltung durch einen Statthalter nicht eignete. Er hatte daher die Provinz Pontus aufgelöst und das ehemalige Königreich des Mithridates zugunsten eines gewissen Darius wiederhergestellt, der dann allerdings bald verstarb. Alle diese Neueinteilungen, die den Realismus und politischen Instinkt des Antonius bezeugen, sollten die Verwaltung und Nutzung dieses weiten Gebiets des römischen Orients erleichtern.

Zu dieser Zeit wurde auch der jüdische Staat wieder zu einem Königreich erhoben. Der von den Parthern als Herrscher Judäas eingesetzte Fürst wurde gekreuzigt, ausgepeitscht und öffentlich enthauptet. Eine solche Bestrafung hatte, wie Plutarch und Cassius Dio betonen, noch niemals ein fremder Herrscher auf Befehl eines Römers erdulden müssen. An seiner Statt setzte Antonius einen treuen Freund Roms auf den Thron, der als Herodes der Große in die Geschichte einging. Er verstand es später, sich das Wohlwollen des Siegers von Actium zu sichern, und regierte dadurch bis zur Geburt Christi. Ein anderer Fürst dieser Region, Lysanias, der über den kleinen Staat der Ituräer im Libanon herrschte, wurde ebenfalls hingerichtet, weil er die Parther unterstützt hatte. Antonius bekam damit die Möglichkeit, einen Teil seines Königreichs Kleopatra zu schenken.

Nachdem der Triumvir sich auf diese Weise die Unterstützung Ägyptens gesichert und in den Provinzen und Fürstentümern Ordnung geschaffen hatte, konnte er die letzten Vorbereitungen für seine Expedition gegen die Parther treffen. Die politische Lage war für dieses Unternehmen günstig. Im parthischen Herrscherhaus war eine schwere Krise ausgebrochen. Der greise König Orodes war durch den Tod seines ältesten Sohnes tief getroffen gewesen und hatte zugunsten seines zweitgeborenen Sohnes Phraates abgedankt. Letzterer half möglicherweise schon beim Tod seines Vaters etwas nach, jedenfalls ließ er gleich darauf alle seine Brüder umbringen, um seine Herrschaft zu sichern. Diese Morde innerhalb der Herrscherfamilien waren weder bei den Griechen noch bei den Barbarenvölkern eine Seltenheit. Phraates wütete aber auch gegen viele Würdenträger des Arsakidenreichs, deren Gefolgschaftstreue er bezweifelte. Das veranlaßte zahlreiche Vornehme, sich über die Grenze in Sicherheit zu bringen. Einer von ihnen, Monaises mit Namen, der in hohem Ansehen stand, flüchtete zu Antonius, von dem er freundlich aufgenommen wurde. Der Triumvir, so Plutarch, erinnerte sich des Schicksals von Themistokles, der am Hof des Perserkönigs Zuflucht gefunden hatte. Er wollte sich nicht weniger edelmütig und großzügig zeigen, als einst der Achämenidenherrscher seinem berühmten Gegner gegenüber. Deshalb schenkte er ihm zu seinem Unterhalt die Einkünfte aus drei syrischen Städten. Als Monaises schließlich Gewißheit hatte, daß im Falle seiner Heimkehr seine Sicherheit gewährleistet war, sandte ihn Antonius zu Phraates mit dem Auftrag, mit ihm über Frieden zu verhandeln, falls letzterer bereit sei, die römischen Gefangenen und die 53 bei Carrhae erbeuteten Feldzeichen zurückzugeben. Es wäre dies eine symbolische Geste gewesen, die das Andenken an das Debakel des Crassus ausgelöscht hätte. Da Antonius aber davon ausging, daß Phraates sein Friedensangebot zurückweisen würde, fing er gleichzeitig damit an, seine Truppen zusammenzuziehen, um den Feldzug so bald wie möglich beginnen zu können.

Die Vereinigung sämtlicher Teile des Heeres sollte in dem befreundeten Armenien stattfinden. Die Kerntruppe, das Fußvolk, bestand aus sechzehn Legionen (60 000 Mann), denen Antonius noch die vier Legionen hinzufügen wollte, die ihm Octavian in Tarentum versprochen hatte, nun aber nicht schickte. Die Reiterei umfaßte neben 10 000 nach römischer Art bewaffneten Galliern und Iberern noch 6 000 nach Art der Parther gepanzerte Armenier und kleinere Kontingente verschiedener Herkunft. Die Verbündeten stellten etwa 30 000 Mann zumeist leichtbewaffnete Hilfstruppen. Die Zahl der Kampftruppen betrug somit insgesamt mehr als 100 000 Mann, zu denen noch Troß und Gefolge kamen. Eine derartige Streitmacht war beeindrukkend und verbreitete Unruhe bis hin zu den Völkern Afghanistans und des Indus, die den Eindruck hatten, das Heer des großen Alexander komme nun nach drei Jahrhunderten wieder.

Antonius hatte einen genau auf seine Ziele abgestimmten Feldzugsplan ausgearbeitet, der sich wahrscheinlich auf die Studien stützte, die Caesar im Blick auf dasselbe Projekt durchgeführt hatte. Der Triumvir hatte bei dieser Ausarbeitung sowohl die verhängnisvollen Irrtümer des Crassus im Auge gehabt als auch die von Ventidius Bassus in jüngster Vergangenheit erfochtenen Siege. Nachdem die Parther vor allem durch die Zahl und die Beweglichkeit ihrer Reiterei gefährlich waren, die hauptsächlich aus mit Metallschuppen gepanzerten Bogenschützen bestand, durfte er sich auf keinen Fall in die weiten Ebenen hineinwagen, wo sich den großen Reiterscharen ideale Bewegungsmöglichkeiten boten. Er mußte vielmehr ein gebirgiges Terrain wählen, das für Pferde schlecht gangbar war. Antonius verzichtete folglich darauf, den Euphrat zu überschreiten und in Mesopotamien einzufallen. Er beschloß vielmehr, über den Norden anzugreifen, daß heißt über Armenien nach Atropatene zu ziehen, dem südwestlich des Kaspischen Meeres gelegenen Teil Mediens. Dies bedeutete einen riesigen Umweg über Berge und Täler, der das römische Heer in einen wichtigen Vasallenstaat des Partherreichs führen sollte. Das eigentliche Ziel des Feldzugs war zunächst Phraaspa, die Hauptstadt von Media Atropatene. Wie Antonius dann weiter vorgehen wollte, ist nicht bekannt. Wahrscheinlich plante er, dem Beispiel Alexanders folgend, nach der Einnahme von Phraaspa in der Stadt zu überwintern, um sich im darauffolgenden Jahr nach Süden zu wenden und über die Berge Mediens in das Tigristal zur parthischen Hauptstadt Ktesiphon vorzustoßen. Die

Quellen berichten darüber allerdings überhaupt nichts.

Die Parther wurden von dieser Entscheidung völlig überrascht. Sie erwarteten den Angriff im nördlichen Mesopotamien und hatten ihre Streitkräfte bei Carrhae zusammengezogen, wo sie einst Crassus vernichtet hatten. Nun marschierte Antonius im Frühjahr 36 tatsächlich auf den Euphrat zu, den er bei Zeugma erreichte, ganz als ob er den Strom an dieser Stelle überqueren wollte. Es war dies aber nur ein Täuschungsmanöver. Nachdem er Kleopatra, die ihn bis hierher begleitete, nach Ägypten zurückgeschickt hatte, wandte er sich nach Norden und zog diesseits des Euphrats nach Samosata in Kommagene. Immer weiter nach Norden vorstoßend erreichte er schließlich Armenien, wo er sich mit den Truppen aus Kleinasien und dem armenischen Kontingent vereinigte. Nachdem das ganze Heer nun versammelt war, hielt er Musterung und führte es anschließend durch die Täler nördlich des großen, den Vansee umschließenden Gebirgsmassivs nach Osten. Vorher hatte er zur Sicherung seiner linken Flanke eine Heeresabteilung unter dem Befehl seines Legaten P. Canidius Crassus losgeschickt. Canidius unterwarf mit seinen Truppen die Völkerschaften im Kaukasus und schloß Verträge mit den einheimischen Fürsten. Antonius marschierte dann durch das Tal des Araxes, des breiten, zum Kaspischen Meer fließenden Stromes, bis an die Nordgrenze von Media Atropatene, dessen Territorium an das rechte Flußufer grenzte. Auf diesem Umgehungsmarsch von Zeugma über Kommagene und Armenien hatte das Heer 8 000 Stadien (fast 1 500 Kilometer) zurückgelegt, was wahrscheinlich zwei bis drei Monate in Anspruch nahm. Nachdem aber der Generalstab, gestützt auf verläßliche Nachrichten, während der beiden vorhergehenden Jahre ganze Arbeit geleistet hatte und alles bestens vorbereitet war, verlief der Marsch durch Armenien ohne Zwischenfälle. Die parthischen Befehlshaber, die über die Truppenbewegungen der Römer völlig in Unkenntnis waren, konnten dem Einfall in Medien nichts entgegenstellen.

Da vorauszusehen war, daß Phraaspa, die Hauptstadt des medischen Königreichs, nicht gleich beim ersten Ansturm fallen würde, hatte Antonius einen ganzen Park von Belagerungsmaschinen mitführen lassen, darunter einen achtzig Fuß (24 Meter) langen Widder. All dieses Gerät wurde auf dreihundert Wagen transportiert, die natürlich weniger schnell vorankamen als die Truppen und deren Vormarsch behinderten. Antonius, der wußte, daß Zeit kostbar war, ließ diesen Wagenpark mit einer Bedeckung von zwei Legionen unter dem Befehl seines Legaten Oppius Statianus zurück. Statianus sollte in kleinen Etappen vorrücken, während Antonius selbst mit der Hauptmacht vorauseilte, über den Araxes setzte und östlich des Urmiasees in Richtung auf Phraaspa marschierte. Die genaue Lage dieser Stadt (die Plutarch Phraata nennt) steht nicht mit Sicherheit fest. Es scheint, daß sie südöstlich des Urmiasees lag, etwa 400 Kilometer vom Araxes entfernt. Antonius erreichte sie nach etwa zwanzig Tagen. Wie vorauszusehen war, gelang es ihm nicht, sie im Sturm zu nehmen. Er schloß die Stadt also ein und wartete auf das Eintreffen seiner Belagerungsmaschinen.

In der Zwischenzeit hatte Phraates von dem Umgehungsmanöver der Römer Nachricht erhalten und rückte mit einem großen Heer heran. Über die Marschordnung seines Gegners gut unterrichtet, sandte er zuerst seine Reiter aus, um die Abteilung unter Oppius Statianus anzugreifen, die weit zurückgeblieben war und geringere Kampfkraft besaß. Der Angriff der Parther kam für die Römer völlig überraschend. Die armenische Reiterei, die ebenfalls zum Schutz der Marschkolonne zurückgeblieben war, ließ sich auf keinen Kampf ein, sondern trat den Rückzug in ihre Heimat an. Dieser Abfall und die zahlenmäßige Unterlegenheit der Römer führten zu einer Katastrophe. Oppius Statianus fiel im Kampf, seine beiden Legionen wurden zum größten Teil niedergemacht, die Überlebenden gerieten in Gefangenschaft. Unter ihnen befand sich auch der pontische König Polemon, der später gegen Zahlung eines

Lösegeldes wieder freigelassen wurde. Einem Boten war es gelungen, sich zu Antonius durchzuschlagen, der in aller Eile anrückte. Er fand nur mehr ein mit Toten übersätes Schlachtfeld vor und die verkohlten Reste seiner Belagerungsmaschinen, die von den Parthern verbrannt worden waren. Ein mehr als harter Schlag für das Expeditionsheer, das zwei Legionen, alle armenischen Hilfskontingente und vor allem sämtliches Belagerungs- und Sturmgerät verloren hatte, das sich aufgrund des Holzmangels in dieser Region nicht mehr ersetzen ließ. Die Belagerung der durch starke Mauern geschützten Stadt Phraaspa wurde nun zu einem äußerst unsicheren Unterfangen. Der Erfolg des gesamten Feldzugs war in Frage gestellt.

Antonius ließ sich nicht entmutigen, sondern handelte tatkräftig und entschlossen. In der Hoffnung, daß sich die Parther zu einer Entscheidungsschlacht stellen würden, bildete er eine Marschkolonne aus zehn Legionen und seiner gesamten Reiterei, die er aus den Stellungen um Phraaspa herausführte, als ob es darum ginge, sich Proviant zu beschaffen. Nachdem er den ganzen Tag lang marschiert war, sah er, daß sich die Parther näherten und zum Angriff formierten. Er täuschte nun einen geordneten Rückzug vor, bei dem es darum ging, den Feind einigermaßen auf Distanz zu halten. Als seine Truppen aber ganz nahe an den feindlichen Formationen vorbeizogen, gab er seiner Reiterei plötzlich das Zeichen zum Angriff, dem sich auch das Fußvolk anschloß. Die überraschten Parther konnten aufgrund des zu geringen Abstands zum Feind ihre Bogen nicht gebrauchen und wandten sich zur Flucht. Antonius behauptete auf diese Weise zwar das Feld, hatte aber keineswegs den entscheidenden Sieg errungen, da die Parther, die es meisterhaft verstanden, sich den gegnerischen Schlägen zu entziehen, ihren Verfolgern entkommen waren und bei dem ganzen Treffen nur unbedeutende Verluste erlitten hatten.

Die Belagerung wurde fortgesetzt, brachte den Römern jedoch keinerlei Fortschritte. Im Gegenteil, den Medern gelang es bei einem Ausfall sogar, auf dem von den Römern um die Stadt errichteten Belagerungswall Fuß zu fassen. Antonius reagierte darauf mit unnachsichtiger Strenge und ließ die für diese Schlappe verantwortliche Einheit mit Dezimierung bestrafen. Das im römischen Heer geltende Recht gestattete eine solche Maßnahme, und das Ansehen des Feldherrn wurde dadurch nicht geschmälert, ganz im Gegenteil. Die Lage der Truppen aber wurde nun nahezu unhaltbar. Die Wachsamkeit der Parther machte die Lebensmittelbeschaffung immer schwieriger, die dazu ausgesandten Abteilungen waren ständigen Angriffen ausgesetzt. Die Rationen mußten gekürzt, der Weizen durch Gerste ersetzt werden. Die Herbst-Tagundnachtgleiche war bereits überschritten, und man spürte die ersten Vorboten der in diesem Bergland besonders strengen kalten Jahreszeit. Es war notwendig, eine Entscheidung zu treffen. Antonius traf sie, ohne zu zögern, und das um so mehr, als der Partherkönig Phraates, dessen Heer wenig Begeisterung für einen Winterfeldzug zeigte, ihm eine Vereinbarung vorschlug, die es dem römischen Heer gestatten sollte, sich ohne Gefahr nach Armenien zurückzuziehen. Ohne sich über die ehrlichen Absichten seines Gegners allzu großen Illusionen hinzugeben, befahl Antonius den Rückzug. „Wenn er sich auch", wie Plutarch sagt, „besser als jeder seiner Zeitgenossen darauf verstand, vor einer öffentlichen Versammlung zu sprechen und die Soldaten durch die richtigen Worte mitzureißen, so unterließ er es aus Beschämung und Kummer, seinen Truppen selbst Mut zuzusprechen. Er übertrug diese Aufgabe Domitius Ahenobarbus. Wenn ihm dies auch einige übelnahmen und als Beleidigung ansahen, so waren doch die meisten tief bewegt und verstanden seine Gefühle. Sie empfanden für ihren Feldherrn nur noch größeren Respekt und wollten ihm fortan noch mehr Gehorsam bezeigen." Wie so oft hatte Antonius instinktiv das richtige Verhalten gefunden, um die Herzen seiner Männer für sich zu gewinnen.

Die einfachste Lösung bestand nun darin, auf dem Rückzug wieder dieselbe Route zu benutzen wie auf dem Vormarsch, da sie eben und leicht gangbar war. Ein Mann aus der Gegend, der den Römern freundlich gesinnt war, riet Antonius, dies nicht zu tun, um sich nicht den hinterhältigen Angriffen der Parther auszusetzen. Er schlug ihm eine andere, weiter östlich verlaufende Route vor, die schwieriger, aber kürzer war. Er selbst wollte dem Heer auf diesem Weg als Führer dienen. Antonius entschloß sich, diesem Ratschlag zu folgen. Das Heer trat nun den Rückmarsch an, wurde aber nach zwei Tagen durch eine Überschwemmung aufgehalten, welche die Parther durch Zerstörung eines Dammes ausgelöst hatten. Antonius ließ das Heer Schlachtordnung annehmen. Das war weise gehandelt, denn kurz darauf griffen die parthischen Reiter an, überschütteten die Römer mit einem Pfeilhagel und versuchten, sie zu umzingeln. Die Römer ließen sich von dieser Taktik aber nicht mehr überraschen. Wie Ventidius Bassus bei Gindaros setzte nun auch Antonius ganz massiv Schleuderer und Speerwerfer ein, so daß die Angreifer sich wieder zurückziehen mußten. Ein zweiter Angriff wurde durch einen heftigen Gegenstoß der gallischen Reiterei zurückgeschlagen. Auch an den folgenden Tagen bedienten sich die Römer dieser Methoden mit Erfolg und konnten auf diese Weise ihren Rückmarsch fortsetzen. Allerdings kam es durch die Unvorsichtigkeit eines Offiziers, der sich mit der Nachhut zu weit vom Hauptheer entfernt hatte, zu einem unglücklichen Gefecht, das nach und nach an den Rand einer Katastrophe führte, bis schließlich Antonius selbst mit einer Legion zu Hilfe eilte und den nachdrängenden Feind zum Stehen brachte, so daß die Lage wiederhergestellt war. Doch die Verluste waren gewaltig: 3 000 Tote und 5 000 Verwundete. Antonius sorgte sich um die Verwundeten mit einer spontanen Anteilnahme und Freundlichkeit, die allen zu Herzen ging: „Ihr Antlitz erhellte sich bei seinem Erscheinen. Sie ergriffen seine Hand und baten ihn, auf seine eigene Gesundheit zu achten, sich aber ihretwegen keine Sorgen zu machen. Sie redeten ihn mit *imperator* an und versicherten ihm, daß ihnen um ihre Rettung nicht bange sei, solange nur ihrem Feldherrn nichts zustoße."

Diese Episode, die Plutarch, wie überhaupt die Geschichte des ganzen Feldzugs, nach den Berichten eines Augenzeugen erzählt, führt ihn zu den folgenden Bemerkungen: „Insgesamt läßt sich sagen, daß kein anderer Feldherr in jenen Zeiten eine Armee zusammengebracht hat, die diese an Ausdauer, ungebrochenem Mut und Kampfeseifer übertroffen hätte. Der Respekt, den die Soldaten ihrem Feldherrn entgegenbrachten, die Bereitwilligkeit, mit der sie ihm gehorchten, die Sorge, von der Vornehme wie Geringe, Offiziere und Gemeine beherrscht waren, die Achtung und das Wohlwollen von Antonius über ihre eigene Sicherheit und ihr eigenes Heil zu stellen, war noch niemals in höherem Maße vorhanden gewesen, nicht einmal bei den Römern früherer Zeiten." Diese moralischen Qualitäten, dieser Sinn für Disziplin und Opferbereitschaft, die Antonius bei seinen Untergebenen zu erwecken verstand, erretteten das Heer aus seiner dramatischen Situation. Seine Ermahnungen und sein persönliches Beispiel erhielten unter den Soldaten den Willen zum Sieg und zur Überwindung aller Schwierigkeiten aufrecht. Gegen die Pfeile der Parther lernten sie, sich durch die *testudo*, die 'Schildkröte' zu schützen, zu der sie ihre Schilde wie Dachziegel übereinanderhielten, so daß die Geschoße abprallten oder abglitten. Der Feind wurde durch den unerwarteten Widerstand einer Truppe, die er für völlig erschöpft und entkräftet hielt, überrascht und verunsichert. Je länger aber der Rückzug dauerte, desto knapper wurden die Lebensmittel, desto schwieriger wurde es, Korn zu finden, so daß schließlich ein attischer Choinix Weizen (etwas mehr als ein Liter) für die riesige Summe von 50 Drachmen verkauft und Gerstenbrot mit Silber aufgewogen wurde. Manche aßen unbekannte Wurzeln und Kräuter, die Vergiftungen hervorriefen, andere verzehrten eine Pflanze, deren Genuß wahnsinnig machte. Sie verloren jeglichen Sinn für vernünftiges Tun und machten nichts anderes mehr, als jeden Stein, dessen sie ansichtig wurden, hin und her zu drehen und von seinem Platz zu bewegen. Um diese Geistesverwirrung wieder zu beheben, war es nötig, Wein zu trinken, doch der Wein war ausgegangen. Angesichts der Leiden und Strapazen seiner Armee erinnerte sich Antonius an den heldenhaften Rückzug der griechischen Söldner, den Xenophon in seiner *Anabasis* schildert, und voll Bewunderung rief er zu wiederholten Malen aus: „Diese Zehntausend!"

Schließlich wurden es die Parther müde, einen Feind zu verfolgen, der sich nicht fassen ließ. Sie nahmen erneut zu einer List Zuflucht und gaben sich friedfertig, um die Römer dazu zu bringen, durch die Ebene zu ziehen. Antonius war im Begriff, auf ihre Angebote einzugehen, als ihn ein Parther, ein Vetter jenes Monaises, dem Antonius in Syrien Zuflucht gewährt hatte, vor einem Hinterhalt warnte und aufforderte, weiterhin durch das Gebirge zu marschieren. Die Römer füllten daraufhin sämtliche verfügbaren Behälter und sogar die Helme mit Wasser. Die befohlenen Marschleistungen wurden verdoppelt. Das Heer legte in einer einzigen Nacht mehr als vierzig Kilometer zurück. Doch die Männer waren durch die Anstrengungen des Marsches, den Schlafmangel und die ständigen Scharmützel erschöpft. Einige vergaßen alle Disziplin und plünderten das Gepäck ihrer Kameraden, ja sie legten sogar Hand an das Eigentum von Antonius, der persönlich eingreifen mußte, um die Ordnung wiederherzustellen. Glücklicherweise war das Ende der langen Prüfung nahe. Nach 27 Tagen Marsch gelangte das Heer an den Araxesfluß, setzte über und betrat den Boden Armeniens, wo es von der Bevölkerung reichlich mit Lebensmitteln versorgt wurde. Die Parther brachen nunmehr die Verfolgung ab. Antonius war es gelungen, dem Schicksal des Crassus zu entrinnen.

Der Triumvir konnte nun Musterung halten und die Verluste feststellen. Sie beliefen sich auf 20 000 Fußsoldaten, was etwa fünf Legionen entsprach, und 4 000 Reiter. Mehr als die Hälfte davon waren nicht im Kampf gefallen, sondern durch Hunger und Krankheiten zugrundegegangen. Der armenische König Artavasdes, dessen Abzug in großem Maße zum Mißlingen des Feldzugs beigetragen hatte, verdiente eine Bestrafung, welche die Römer um Antonius beharrlich forderten. Dieser war jedoch der Ansicht, daß das schwergeprüfte Heer nicht in der Lage war, es mit einem neuen Gegner aufzunehmen. Er zog es vor, im Moment noch die Fiktion der Freundschaft aufrechtzuerhalten und die Abrechnung auf einen späteren Zeitpunkt zu verschieben. Der Winter hatte bereits begonnen, und Armenien lag unter einer Schneedecke. Trotzdem entschloß sich Antonius, ohne weiteres Abwarten nach Syrien zurückzukehren, wahrscheinlich weil er sich in Armenien nicht sicher genug fühlte. Dieser lange Marsch inmitten einer feindlichen Natur kostete das Expeditionskorps weitere 8 000 Mann, bis es endlich zwischen Berytos und Sidon die Mittelmeerküste erreichte. Antonius wartete hier die Ankunft Kleopatras ab, die er von seinem Kommen benachrichtigt hatte. Sie brachte den Soldaten Geld und Kleider, die Antonius unverzüglich verteilen ließ. Er selbst benutzte diese Atempause, um über die Folgen seines mißglückten Feldzugs und seine weiteren Unternehmungen nachzudenken. Er konnte sehr bald feststellen, daß seine Autorität und sein Ansehen durch den Mißerfolg in keiner Weise gelitten hatten und dieser ihn nicht daran hinderte, das begonnene Werk einer Neuorganisation des von Rom beherrschten hellenisierten Orients fortzusetzen. Im Gegenteil, das Unternehmen hatte ihm Gelegenheit gegeben, sich von dem gefährlichen Nachbarn, der lange Zeit hindurch die Sicherheit Syriens bedroht hatte, ein genaueres Bild zu machen. Er wußte nun, wie man ihn zu bekämpfen hatte, aber auch, daß die Parthergefahr für einige Zeit gebannt war. Die Bilanz des großen Abenteuers war nicht gänzlich negativ.

VIII.

Der Plan der großen Monarchie (36 - 32)

Während Antonius tief in Asien gegen die Parther kämpfte, kam es in Italien zu bedeutenden Veränderungen. Der von neuem entflammte Konflikt zwischen Octavian und Sextus Pompejus fand im September 36 ein Ende, als es nach dramatischen Entwicklungen, in deren Verlauf Octavian mehr als einmal nur knapp dem Tod oder der Gefangenschaft entran, seiner um die Schiffe von Antonius verstärkten Flotte unter Agrippa gelang, bei Naulochos vor der Nordküste Siziliens unweit der Meerenge von Messina einen entscheidenden Sieg über Sextus Pompejus zu erringen. Dieser konnte nur siebzehn Schiffe retten, während sein Landheer zu Octavian und Lepidus überging, der seinem Amtskollegen von Afrika aus zu Hilfe gekommen war. Sextus Pompejus verließ daraufhin Sizilien, um sich in den Orient zu begeben. Er hoffte, bei Antonius Aufnahme zu finden, dessen Mutter er unter dramatischen Umständen Zuflucht gewährt hatte. Unterwegs nutzte er zunächst die Gelegenheit, um bei Crotona in Unteritalien den Tempel der Juno Lacinia zu plündern und den reichen, aus Opfergaben bestehenden Tempelschatz fortzuschaffen. Religiöse Skrupel wurden angesichts des Geldbedarfs hintangestellt. In der Nacht setzte Sextus Pompejus dann nach Korfu über. Um sich der Sicht der ihn begleitenden Schiffe zu entziehen, ließ er auf seinem die Positionslichter löschen, da er befürchtete, von einigen seiner Offiziere verraten zu werden. Die Reste seiner Flotte vereinigten sich schließlich auf der Insel Kephallenia im Ionischen Meer. Er empfahl hier den ihm noch verbliebenen Gefolgsleuten, sich voneinander zu trennen: Jeder sollte für seine eigene Sicherheit Sorge tragen. Er selbst begab sich nach Lesbos, wo er zwölf Jahre zuvor nach der Niederlage von Pharsalus mit seinem Vater Pompejus eine Zeitlang Zuflucht gefunden hatte.

Octavian machte sich nicht die Mühe, ihn zu verfolgen, sei es, weil das östliche Mittelmeer nicht zu seinem Herrschaftsbereich gehörte, sei es, weil es ihm nur recht war, daß sich nun Antonius mit diesem unberechenbaren Unruhestifter herumzuschlagen hatte. Hingegen entmachtete er Lepidus nun endgültig, da ihm dessen Haltung und seine ungeschickten Ambitionen nach dem Seesieg von Naulochos mißfallen hatten. Der mißliebig gewordene Triumvir verlor sämtliche militärische und zivile Befehlsgewalt und wurde zum einfachen Privatmann degradiert, der froh sein mußte, daß man ihm das Leben ließ. Mit kalkulierter Eleganz beließ ihm Octavian jedoch den Titel des *pontifex maximus,* ein rein priesterliches Ehrenamt, das er bis zu seinem Tod bekleidete, ohne je aus seinem erzwungenen Ruhestand ins öffentliche Leben zurückzukehren. Nachdem Octavian in Italien Ordnung geschaffen und seine Truppen nach Verdienst belohnt hatte, wurde er von Senat und Volk mit Ehrungen überhäuft. Auf dem Forum errichtete man ihm auf einer mit erbeuteten Schiffsschnäbeln geschmückten Säule ein goldenes Standbild. Die Inschrift auf dem Sockel erinnerte daran, daß er „den durch die Bürgerkriege seit langem gestörten Frieden zu Lande und zu Wasser wiederhergestellt" habe. Diese Rückkehr zum Frieden, der in Italien und den westlichen Provinzen des Reiches von Dauer sein sollte, entsprach dem heißen Wunsch der Bevölkerung und brachte dem jungen, erst 27jährigen Herrscher ein Ansehen, das ihm niemand mehr streitig machte. Er versprach nun, sein Amt als Triumvir niederzulegen und die althergebrachten Institutionen der Republik wiederherzustellen, sobald Antonius von seiner Expedition gegen die Parther zurückgekehrt sei. Daraufhin wurde er von der begeisterten Volksversammlung zum Volkstribun auf Lebenszeit gewählt, ein Amt, das ihn unantastbar machte. Die 'tribunizische Macht' sollte bald zur wichtigsten Basis der von Octavian und seinen Nachfolgern ausgeübten Herrschaft werden. Octavian unterrichtete Antonius über den Stand der Dinge in einem Brief, sein Schwager entsandte daraufhin L. Calpurnius Bibulus, den ehemaligen Statthalter von Syrien, zu einer Unterredung zu ihm. Octavian hatte nunmehr im Westen völlig freie Hand.

Sextus Pompejus war mittlerweile in Mytilene eingetroffen, der größten Stadt auf Lesbos, wo er von den Schwierigkeiten erfuhr, auf die Antonius während des Partherfeldzugs gestoßen war. Diese Meldungen und Gerüchte erweckten in ihm den Ehrgeiz, entweder den Platz von Antonius einzunehmen, falls dieser auf dem Feldzug umkommen sollte, oder, falls er zurückkehrte, sich zumindest die Macht mit ihm zu teilen. Auch beschäftigte ihn der Gedanke an Labienus und dessen Einfall in Kleinasien. Inmitten dieser Überlegungen erreichte ihn die Nachricht, daß Antonius nach Alexandrien zurückgekehrt sei. Da er sich mehrere Möglichkeiten offenhalten wollte, schickte er einen Boten zu ihm, um ihm Freundschaft und Zusammenarbeit anzubieten, gleichzeitig aber sandte er heimlich zu den Fürsten von Thrakien und Pontus, da er, falls Antonius ablehnte, sich durch das Königreich Pontus nach Armenien zurückziehen wollte. Und schließlich zögerte er nicht, den Parthern seine Dienste anzubieten, da er überzeugt war, daß sie im Blick auf die Wiederaufnahme des Kampfes gegen Antonius es zu schätzen wüßten, einen römischen Feldherrn zur Verfügung zu haben, der noch dazu der Sohn des großen Pompejus war. Während all dessen machte er seine Schiffe kampfbereit, um, wie er sagte, gegen einen möglichen Angriff Octavians gerüstet zu sein oder sie zur Unterstützung von Antonius bereit zu halten. Inzwischen waren einige seiner alten Gefolgsleute nach Mytilene gekommen, daneben trafen Leute ein, die sich dem Andenken seines Vaters verpflichtet fühlten oder einfach das Abenteuer suchten. Seine Macht wuchs dadurch bedrohlich an.

Als Antonius davon Nachricht erhielt, beauftragte er seinen Legaten Titius, die Angelegenheit mit einem Heer und einer Flotte, deren Kommando er in Syrien übernehmen sollte, wieder zu bereinigen. Falls Sextus Pompejus sich konziliant zeigte, sollte er ihn ehrenvoll behandeln und nach Alexandrien bringen, andernfalls aber militärische Gewalt anwenden. In der Zwischenzeit fingen aber Antonius' Soldaten die von Sextus Pompejus an den Partherkönig entsandten Boten ab, so daß dessen Absichten offenbar wurden. Antonius ließ sich angesichts der Bitten von Sextus Pompejus' Freunden zur Gnade überreden. Sie entschuldigten das Vorgehen ihres Befehlshabers mit seiner Notlage. „Antonius glaubte ihnen," heißt es bei Appian, „so sehr war sein Herz in allen Dingen ehrlich, großzügig und ohne Bösartigkeit."

Sextus Pompejus verstand es nicht, dieses Wohlwollen zu nutzen. Bevor Titius bei ihm eintraf, hielt er eine Zeitlang Furnius, den Statthalter der Provinz Asien, hin und besetzte dann die Stadt Lampsakos. Hier, auf der asiatischen Seite des Hellespont (der Dardanellen), waren von Caesar einst zahlreiche italische Veteranen angesiedelt worden. Diesen bot er nun einen stattlichen Sold und konnte auf diese Weise drei Legionen aufstellen, mit denen er die Stadt Cyzicum am Marmarameer vom Land und vom Meer her angriff. Alle diese Angriffe wurden jedoch von der Besatzung der Stadt zurückgeschlagen, die Antonius dort zur Bewachung einer Gladiatorenschule stationiert hatte. Pompejus zog sich daraufhin enttäuscht nach Troas zurück, wo er den Truppen des Statthalters Furnius eine Niederlage bereitete. Diesen Sieg ausnutzend, marschierte er nach Bithynien, wo er die beiden großen Städte Nikaia und Nikomedia besetzte. Es waren dies aber seine letzten Erfolge. Das Heer des Titius hatte sich inzwischen mit den Legionen von Furnius und der Reiterei des Galaterkönigs Amyntas vereinigt, seine 120 Schiffe umfassende Flotte beherrschte das Meer. Sextus Pompejus ließ nun seine Schiffe verbrennen und versuchte, auf dem Landweg nach Armenien zu gelangen. Er war jetzt nur mehr ein Geächteter. Seine Freunde verließen ihn und liefen zu Antonius über, selbst sein Schwiegervater, L. Scribonius Libo, der 39 den Pakt von Misenum vermittelt hatte, trennte sich nun von ihm. Sextus Pompejus versuchte ein letztes Mal, mit Furnius zu verhandeln, mißtraute jedoch seinen Angeboten. Er flüchtete, wurde von galatischen Reitern eingeholt und mußte sich gefangengeben. Amyntas lieferte ihn an Titius aus, der ihn nach Milet bringen ließ, wo er hingerichtet wurde. Wer hatte den Befehl zu dieser Hinrichtung gegeben? Die antiken Historiker sind sich darüber uneins. So wird die Meinung vertreten, Titius habe aus eigenem Antrieb gehandelt, aber auch, daß Munatius Plancus, der Statthalter Syriens, die Anordnung erteilte, ja sogar, daß Antonius selbst die Hinrichtung befohlen habe. Er sei jedoch gleich darauf von Reue ergriffen worden und habe seinen Befehl widerrufen, Titius aber habe diesen Widerruf nicht beachtet. Wie auch immer, das tragische Ende des Sextus Pompejus stellte einen Wendepunkt in den blutigen Konflikten dar, unter denen der römische Staat so lange zu leiden hatte. Nicht ohne Grund beendet Appian mit diesem Ereignis seine Geschichte der Bürgerkriege. Im Kampf um die Macht gibt es jetzt nur mehr zwei unumstrittene Konkurrenten: Octavian im Westen, Antonius im Osten. Bevor ihre latente Rivalität sich 32 in einen offenen und entscheidenden Konflikt verwandelt, werden noch drei Jahre vergehen, in denen ein empfindliches Gleichgewicht herrschen und das große politische Projekt des Antonius nach und nach Gestalt annehmen wird.

Antonius konnte den Tod des Sextus Pompejus mit gutem Grund bedauern, selbst wenn letzterer ihn dazu gebracht hatte, sich gegen die Bedrohung zu schützen, die er für ihn darstellte. Nicht nur, daß seine vornehme Geburt, seine persönlichen Qualitäten, sein bewegtes Schicksal, seine Großzügigkeit gegenüber den Verfolgten und sein mutiger Sinn in Notlagen in einem edlen Herzen wie Antonius Sympathien erwecken mußten, dieser konnte auch nicht den Wert der Hilfe verkennen, die Sextus Pompejus für ihn gewesen wäre, wenn sie ihre Schicksale miteinander verbunden hätten. Die Erfahrung, die Sextus Pompejus im Seekrieg besaß, mit dem Antonius weniger vertraut war, hätte bei den späteren Ereignissen, in deren Verlauf den Seestreitkräften eine hervorragende Bedeutung zukam, eine entscheidende Rolle spielen können. Doch der Sohn des großen Pompejus war nicht bereit gewesen, sich unterzuordnen, auch nicht jemandem, der älter und ruhmreicher war als er selbst. Nachdem er am Kap Misenum mit den Triumvirn von gleich zu gleich verhandelt hatte, wollte er sich nicht mehr ihrem Willen unterwerfen. Für ihn galt es, zu herrschen oder unterzugehen. Ihm war der Untergang beschieden.

Nach dem Ende des Sextus Pompejus hatte Antonius freie Hand, um sich wieder der Ausführung seiner Pläne zu widmen, die er in bezug auf den Orient hatte. Immer noch ging es ihm darum, die Provinzen Asiens gegen die Parther zu sichern. Trotz des Fehlschlags vom Jahr zuvor erschien ihm dazu ein Präventivkrieg immer noch das beste Mittel. Außerdem wollte er an dem armenischen König Artavasdes Rache üben, dessen Abfall die Hauptursache für den Untergang des Oppius Statianus und des sich daraus ergebenden Mißerfolgs der Römer bei der Belagerung von Phraaspa war. Die Umstände waren günstig, um einen neuerlichen Feldzug zu unternehmen. Der König von Media Atropatene, gegen den sich die mißlungene Expedition von 36 gerichtet hatte, war mit dem verbündeten Partherkönig über die Teilung der Beute in Streit geraten, die man den Römern auf ihrem Rückzug abgenommen hatte. Da er nun befürchtete, man werde ihm sein Königreich wegnehmen, trat er an Antonius mit dem Angebot heran, gemeinsam Krieg gegen die Parther zu führen. Antonius wollte sich diese Gelegenheit nicht entgehen lassen. Er verließ Ägytpten, wo er den Winter verbracht hatte, mit der Absicht, auf derselben Route wie 36 nach Armenien zu ziehen und sich am Araxes mit den Truppen der Meder zu vereinigen. Er war voll Zuversicht, daß er mit Hilfe der medischen Reiterei dem Partherheer dieses Mal besser gewachsen sein würde.

Er befand sich noch in Syrien, wohin ihn Kleopatra begleitet hatte, als er die Nachricht erhielt, daß Octavia aus Italien angereist kam, um mit ihm zusammenzutreffen und ihm von Octavian, der den Bitten seiner Schwester stattgegeben hatte, die Verstärkungen und Nachschubgüter zuzuführen, auf die Antonius aufgrund des Vertrags von Tarentum ein Anrecht hatte, auch wenn er damit gar nicht mehr rechnete. Es waren zwar nicht die versprochenen 20 000 Mann, sondern nur 2 000, aber lauter bestens bewaffnete Elitesoldaten. Sie wurden von Transportschiffen begleitet, die mit Ausrüstung, Lasttieren und Geld für den Feldzug beladen waren. Octavia hatte in Athen haltgemacht, als sie einen Brief von Antonius erhielt, in dem er sie bat, dort zu verbleiben, solange er sich auf dem Feldzug gegen die Parther befand. Sie entsandte sofort einen Vertrauten zu ihm, um ihn zu fragen, wohin sie die mitgebrachten Hilfsgüter senden sollte. Antonius nahm diese gerne an, erlaubte ihr jedoch nicht, ihm nachzureisen, sondern gebot ihr, nach Rom zurückzukehren, was sie auch tat.

Plutarch schreibt diese Entscheidung des Antonius dem Einfluß Kleopatras zu und der gekränkten Liebe, die sie ihm voll List und mit vollendeter Kunst vorgespielt habe. Aus Furcht, die legitime Gattin könnte durch ihre Anmut und ihre Tugenden den abtrünnigen Gemahl zurückerobern, soll die Königin damals freiwillig gehungert haben, um den Anschein zu erwecken, sie gehe an ihrer enttäuschten Liebe zu ihm zugrunde. „Wenn Antonius zu ihr kam, so empfing sie ihn mit Entzücken; wenn er von ihr ging, zeigte sie ihm ihre Betrübnis und Niedergeschlagenheit. Sie richtete es so ein, daß er sie oft in Tränen überraschte, die sie ihm zu verheimlichen schien, indem sie sie hastig trocknete, als wollte sie ihm ihre Betrübnis verbergen. Um ihr zu gefallen, tadelten ihre Schmeichler

Antonius ob seiner Härte und Gefühlskälte: Er ließ diese Unglückliche, die ja doch nur für ihn lebte, einfach zugrunde gehen!" Durch diese Listen verunsichert, habe der Triumvir schließlich darauf verzichtet, ins Feld zu ziehen, und sein Treffen mit dem Mederkönig auf ein anderes Mal verschoben, um mit Kleopatra nach Alexandrien zurückzukehren.

In dieser glänzenden Darstellung, in der er sein ganzes Talent als Schriftsteller und Psychologe zeigt, übernimmt Plutarch das Hauptthema der octavianischen Propaganda: Er stellt uns Antonius als Spielzeug in den Händen einer allzu geschickten Verführerin dar, die ihn seine Pflichten als Soldat, Gatte und Römer vergessen läßt. Es wäre sicherlich unsinnig zu behaupten, daß die Schönheit und der Charme Kleopatras auf Geist und Sinne eines Mannes, der von seinem Temperament her leicht zu entflammen war, keinen Einfluß ausübten. Die tiefe und aufrichtige Liebe, die er für sie empfand, spielte bei den Entscheidungen, die er zu treffen hatte, ganz gewiß eine Rolle. Es wäre jedoch eine unzulässige Vereinfachung, allein damit eine ganze Reihe politischer Entscheidungen zu erklären, die als logische Folge seines bisherigen Handelns erscheinen. Seine Gegner in Rom hatten alles Interesse, diese Logik zu verschleiern und Antonius als einen Mann darzustellen, der durch eine entwürdigende Leidenschaft verdorben und den Launen einer bestrickenden Orientalin ausgeliefert war. Cassius Dio macht sich zum Echo dieser Propaganda, wenn er etwa schreibt: „Von da an gab sich Antonius immer stärker der Liebe und den üblen Zaubereien Kleopatras hin." Man darf es jedoch bei einer solchen Pauschalformel nicht belassen. Dem Triumvir war seit 37 und seit den Vorbereitungen zu seinem großen Partherfeldzug klar geworden, daß in dem Staatensystem, das er im römisch regierten Orient aufbaute, Ägypten das zentrale Element bildete und daß sein persönliches Einvernehmen mit der ägyptischen Königin die notwendige Bedingung dafür darstellte. Die Zuteilung von Gebieten Syriens, Palästinas und von Zypern an das Lagidenreich, die Anerkennung der ihm von Kleopatra geborenen Kinder, die wahrscheinlich in irgendeiner Form legalisierte Verbindung mit ihr, all das waren wohlüberlegte Aktionen, die bereits erkennen ließen, daß er die Absicht hatte, sich in Alexandrien niederzulassen, in der Nähe der riesigen Hilfsquellen Ägyptens, der Hauptgrundlage seiner Macht, in dem Zentrum, von dem aus er den gesamten Orient beherrschen würde. In diesen festen Plan paßte die Rückkehr Octavias nicht hinein. Mindestens ebenso stark wie die Liebe zu Kleopatra, wenn nicht noch stärker, diktierte ihm diese Tatsache sein Verhalten, eine Tatsache, die er nicht verkennen durfte, wollte er sein ehrgeiziges Vorhaben zu Ende führen.

Wenn Antonius Octavia zurückgeschickt hatte, ohne sie wiederzusehen, so war sie damit zwar nicht offiziell, aber doch so gut wie verstoßen. Sie ertrug diese Demütigung mit bewundernswerter Würde. Octavian, der über diese herabsetzende Behandlung seiner Schwester empört war und sie als persönliche Beleidigung empfand, verlangte von ihr, sie solle fortan wie eine verstoßene Ehefrau in einem eigenen Hause leben. Sie weigerte sich aber, das Haus des Antonius zu verlassen, und blieb darin wohnen, als ob ihr Gatte bei ihr weilte. Sie widmete sich der Erziehung ihrer Töchter und der beiden Söhne Fulvias. Der ältere, M. Antonius Antyllus, sollte jedoch bald seinem Vater nach Alexandrien folgen. Octavia unternahm nichts, um den Unternehmungen ihres Gatten in irgendeiner Weise entgegenzuwirken. Im Gegenteil, sie empfing voll Liebenswürdigkeit alle seine Freunde, die er nach Rom entsandte, und verwandte sich für sie und ihre Anliegen bei Octavian. Ihren Bruder aber bat sie immer wieder, Antonius sein Verhalten ihr gegenüber nicht übelzunehmen, da es unwürdig sei, daß die beiden höchsten Machthaber das römische Volk in einen Bürgerkrieg stürzten, der eine aus Liebe zu einer Frau, der andere aus verletztem Stolz. Diese selbstlose und großherzige Einstellung konnte jedoch die verhängnisvolle Entwicklung nicht verhindern, die durch den Bruch mit ihr nun unabwendbar wurde. Der Ehrgeiz Octavians duldete keinen Rivalen. Nicht nur, daß die einzige persönliche Bindung zu Antonius, die diesen Ehrgeiz in Schranken gehalten hatte, nun zerbrochen war: Die Demütigung seiner Schwester durch Antonius stellte für Octavian einen zusätzlichen Grund dar, diesem übelzuwollen.

Der Bruch mit Octavia zeigte deutlich, daß Antonius nun den Orient als Schauplatz seines politischen und militärischen Schicksals gewählt hatte. Warum verschob er den Feldzug, zu dem ihn der Mederkönig aufforderte, noch um ein Jahr? Die Quellen geben dafür keine andere Erklärung, als die, daß Antonius Kleopatra keinen Kummer bereiten wollte. Man kann jedoch annehmen, daß der Feldherr seine Pläne aus gewichtigeren Gründen änderte: Der Feldzug gegen die Parther hatte angesichts der großen Truppenzahl und der Schwierigkeiten des Terrains lange und gründliche Vorbereitungen unerläßlich gemacht. Es ist nicht verwunderlich, wenn Antonius nach dem Mißlingen seiner ersten Expedition sich nicht noch einmal auf dieses Abenteuer einlassen wollte, ohne wirklich alle Trümpfe in der Hand zu haben. Ein weiteres Jahr Generalstabsarbeit war nicht zuviel, um im Licht der gemachten Erfahrungen den Plan für den nächsten Feldzug in allen Einzelheiten auszuarbeiten. Das Jahr 35 wurde für diesen Zweck verwandt und erst im Frühjahr 34 brach Antonius wieder nach Armenien auf.

Seine Absicht war es nun, mit dem armenischen König Artavasdes abzurechnen, durch dessen eigenartiges Verhalten die Belagerung von Phraaspa mit einem Mißerfolg geendet hatte. Antonius empfand kein Vertrauen mehr zu diesem Verbündeten, dessen Truppen sich im entscheidenden Augenblick ihrer Pflicht entzogen hatten. Er konnte sich nicht weiter nach Asien vorwagen, ohne vorher diesen Unsicherheitsfaktor in seinem Rücken beseitigt zu haben. Um das mit möglichst geringem Aufwand zu erzielen, gebrauchte er List und Drohungen zugleich. Er sandte zuerst seinen Freund Q. Dellius, der schon am Partherfeldzug teilgenommen hatte, zu Artavasdes, um ihm eine dynastische Heirat vorzuschlagen, so wie das in den Fürstenhäusern des Nahen Ostens Tradition war. Es handelte sich darum, die Tochter des Königs mit Antonius' und Kleopatras ältestem Sohn Alexander zu verloben, der 39 geboren, also noch nicht einmal fünf Jahre alt war. Während Dellius über diese Verbindung verhandelte, marschierte Antonius mit seinen Truppen in aller Eile durch Kommagene und überschritt die Grenze zu Armenien. Anstatt sich aber, wie zwei Jahre zuvor, nach Osten in Richtung auf die Hauptstadt Artaxata zu wenden, marschierte er weiter nach Norden bis in das Hochtal des Lykosflusses südlich des Pontischen Gebirges, um in Nikopolis haltzumachen, das Pompejus nach seinem Sieg über Mithridates gegründet hatte. Er befand sich hier im Herzen von West- oder Kleinarmenien, das an das Königreich Pontus grenzte, dessen Herrscher Polemon seinen Thron Antonius verdankte. In dieser Anatolien und dem Schwarzen Meer zugewandten Region befand sich das römische Heer in der Nähe eines verbündeten Landes und hatte über den Lykosfluß eine bequeme Verbindung zum Meer. Antonius forderte nun Artavasdes auf, sich zu ihm zu begeben, um mit ihm die Pläne für den neuen Feldzug gegen die Parther auszuarbeiten. Der armenische König war jedoch mißtrauisch geworden und kam dieser Aufforderung nicht nach. Antonius entsandte daraufhin den inzwischen in Nikopolis eingetroffenen Dellius erneut zu Artavasdes. Gleichzeitig setzte er sich in Richtung auf Artaxata in Marsch.

Die etwa sechshundert Kilometer lange Strecke bis zur armenischen Hauptstadt wurde in Eilmärschen zurückgelegt. Der König wurde vom Eintreffen der Römer überrascht, und unter dem Eindruck dieser Machtdemonstration fügte er sich den Ratschlägen seiner Umgebung und begab sich zu Antonius. Dieser empfing ihn zuerst freundlich, verlangte aber die Übergabe der in den königlichen Festungen lagernden Schätze. Als sich die Festungskommandanten weigerten, sie herauszugeben, ließ Antonius die Maske fallen und Artavasdes in Ketten legen, dessen Sohn Artaxias sich den Thron sichern wollte und die Armenier gegen die Römer aufwiegelte. Aufgrund gewisser Skrupel, die bezeichnend für das Prestige sind, das die hellenistischen Monarchen in Antonius' Augen genossen, befahl dieser, den König in silberne Ketten zu legen, da er der Ansicht war, daß eiserne Ketten für einen königlichen Gefangenen nicht angemessen waren. Im Verlauf des weiteren Geschehens sicherte er sich teils durch Verhandlungen, teils durch Waffengewalt die Herrschaft über ganz Armenien. Artaxias flüchtete nach einer verlorenen Schlacht zu den Parthern. Auf diese Weise war das Hauptziel erreicht, das Antonius sich für diesen Feldzug gesetzt hatte: Artavasdes war für sein Doppelspiel bestraft worden, und Armenien stand unter römischer Herrschaft. Dem Mederkönig gegenüber begnügte sich Antonius mit Verhandlungen, um die Möglichkeit einer engen Zusammenarbeit zu wahren. Er schlug ihm die gleiche dynastische Verbindung vor, mit der er zuerst den armenischen König hingehalten hatte, nämlich die Verlobung seines Sohnes Alexander mit der medischen Königstochter Jotape. Dieser Vorschlag wurde am Hof des Mederkönigs gut aufgenommen. Da Antonius in diesem Gebiet nichts mehr zu befürchten hatte, ließ er den größten Teil seines Heeres in Armenien zurück und kehrte mit Artavasdes und dessen Familie als Gefangenen und reicher Beute nach Ägypten zurück. Er konnte mit diesem Feldzug des Jahres 34 zufrieden sein.

Antonius war auf dem Höhepunkt seiner Macht angelangt, und seine Rückkehr nach Alexandrien im Herbst 34 bot ihm die Gelegenheit, seine neue Auffassung davon öffentlich darzustellen. In diesem Sinn hielt er seinen Einzug in die Lagidenhauptstadt mit genau dem Zeremoniell ab, mit dem man in Rom Triumphe feierte, etwas noch nie Dagewesenes, Unerhörtes, was von Octavian als Zeichen der Verachtung für die althergebrachten Sitten des Vaterlandes hingestellt wurde. Die Römer waren schockiert und eifersüchtig, weil man ein bis dahin ausschließlich ihrer Stadt vorbehaltenes Schauspiel den Einwohnern Alexandriens vorführte. Antonius zog auf einem Triumphwagen in die Stadt ein. Neben der unermeßlichen Beute wurden in seinem Gefolge auch die Gefangenen mitgeführt, der armenische König und seine Familie, die zu diesem Anlaß ihre silbernen Ketten gegen goldene getauscht hatten. Kleopatra erwartete ihn inmitten einer großen Volksmenge auf einem goldenen Thron sitzend, der auf einer ganz mit Silber beschlagenen Bühne stand. Dieser verschwenderische Aufwand an Gold und Silber, das man sich mit getriebenen Motiven und Figuren verziert vorzustellen hat, entsprach dem Geschmack der hellenistischen Kultur, in der die Goldschmiedekunst einen bedeutenden Platz einnahm. Dieses Zurschaustellen von Reichtum war nun nicht bloß Ausdruck der Prunksucht, sondern das Kennzeichen der Macht selbst. Es erschien dem Volk als das Privileg des unter göttlichem Schutz stehenden königlichen Amtes. So wie den Göttern, an deren Wesen er teilhatte, gebührte dem König der prunkvolle Rahmen, den kultische Zeremonien erforderten. Der Prunk war Ausdruck der Verehrung, die man der geheiligten Person schuldete.

Der Triumph des Antonius – der einzige, den ein römischer Feldherr jemals außerhalb Roms gefeiert hat – besaß Symbolwert. Er zeigte klar und deutlich, in welchem Geist der Triumvir die ihm über den Orient übertragene Macht auszuüben gedachte. Ebenso wie die Autorität der Republik, die sich auf Eroberungen gründete, und die der hellenistischen Könige, deren Legitimität sich aus ihren siegreichen Waffen ableitete, beruhte diese Macht auf der militärischen Stärke. Im Ägypten der Lagiden, in dessen Hauptstadt Alexandrien sich das Grab Alexanders des Großen befand, war das Andenken an den Eroberer noch lebendig und wurde nun durch den Anblick der Legionen, die den Parthern getrotzt und die Armenier unterworfen hatten, nur noch verstärkt. Auf diese Weise kam es unter der Schirmherrschaft des triumphierenden Imperators zu einer Synthese aus griechisch-monarchistischer Tradition und römischer Kriegstüchtigkeit. Das Zusammenwirken von Antonius und Kleopatra, wie es bei dieser prunkvollen Siegesfeier in aller Deutlichkeit herausgestellt wurde, erschien nicht mehr nur als die feste Verbindung zweier Menschen, die sich voneinander angezogen fühlten, oder als Zeichen des guten Einvernehmens zwischen dem Repräsentanten Roms und der Herrscherin eines großen verbündeten Staates. Es stellte vielmehr die Grundlage dar, auf der Antonius die neue politische Organisation aufbauen wollte, die er für den römischen Orient vorgesehen hatte.

Diese Organisation sollte bald nach diesem Triumph im Rahmen eines weiteren Festes feierlich verkündet werden. Vor dem Volk Alexandriens, das sich in den weiten Anlagen des größten Gymnasions der Stadt mit seinen Säulenhöfen, Übungsplätzen und Gärten versammelt hatte, gab Antonius Entscheidungen von größter Tragweite bekannt, durch die sich die Beziehungen zwischen den Staaten der Region ganz wesentlich veränderten und einzelne Provinzen einen völlig anderen Status erhielten. Zuerst begrüßte er Kleopatra als Königin der Könige, ein Titel der Superlative, mit dem ihr unter den mit Rom verbündeten Herrschern eine Vorrangstellung eingeräumt wurde. Den Titel König der Könige erhielt auch Caesarion, Caesars und Kleopatras dreizehnjähriger Sohn, den seine Mutter der Sitte der Lagiden gemäß an der Regentschaft beteiligt hatte. Antonius bestätigte diesem königlichen Paar den Besitz Ägyptens, ihres althergebrachten Herrschaftsgebietes, sowie Koilesyriens (des 'hohlen' Syrien, das den südlichen Teil der Provinz bildete) und der Insel Zypern, die der Triumvir Kleopatra bereits im Jahr 37 durch Schenkung übertragen hatte. Auf diese Weise wurde die dominierende Stellung Ägyptens im östlichen Mittelmeerraum deutlich. Auch den drei Kindern, die ihm Kleopatra geboren hatte, verlieh er Königstitel und schuf für sie die entsprechenden

Reiche. Für den Ältesten, den sechsjährigen Alexander Helios (die 'Sonne') war Armenien vorgesehen, dessen König man inzwischen hingerichtet hatte, sowie Medien, das er einmal gemäß den mit dem Mederkönig getroffenen Vereinbarungen aufgrund seiner Vermählung mit dessen Tochter erben sollte. Alexander sollte auch über das Partherreich herrschen, dessen Eroberung für die römischen Heere im Orient nach wie vor das wichtigste Ziel darstellte. Der zweijährige Ptolemäus, der nach seinem illustren Vorfahren Ptolemäus II. den Beinamen Philadelphos trug, erhielt Nordsyrien und Phönikien sowie das seiner Mutter im Jahr 37 geschenkte Kilikien. Auf diese Weise würde er nach seiner Großjährigkeit die Herrschaft über das asiatische Vorfeld Ägyptens ausüben. Bis dahin sollten diese für Ägyptens Sicherheit äußerst wichtigen Gebiete direkt von Alexandrien aus regiert werden. Für Kleopatra Selene (den 'Mond'), Alexander Helios' Zwillingsschwester, war das Königreich Libyen vorgesehen, das zu diesem Zweck auf dem Boden der römischen Provinz Cyrenaika wiedergegründet wurde. Dieses Gebiet hatte seit der Eroberung durch den ersten Ptolemäer schon mehrere Male den Status eines autonomen Fürstentums besessen.

So also sah die politische Organisation aus, die Antonius für den von ihm beherrschten Orient vorgesehen hatte. Er war nun nicht der erste, der diese Region nach seinem Gutdünken umgestaltete. Dreißig Jahre zuvor hatte Pompejus, nachdem er Mithridates geschlagen und der Herrschaft der Seleukiden ein Ende bereitet hatte, die eroberten Gebiete den Interessen Roms gemäß neu geordnet. Antonius selbst hatte bereits drei Jahre zuvor, also noch vor dem Partherfeldzug, bedeutende Korrekturen am komplexen Gebäude des römisch beherrschten Asien vorgenommen. Dieses Mal handelte es sich jedoch nicht mehr um bloße Korrekturen, sondern um den ehrgeizigen Plan, eine umfassende und auf Dauer angelegte Neuorganisation eines riesigen Territoriums durchzuführen, das weit über die Grenzen des römischen Herrschaftsgebietes hinausreichte. Wenn Antonius an kleine Kinder große und verschiedenartige Königreiche verteilte, die zum Teil, wie das medische und das parthische, noch gar nicht unter römischer Kontrolle standen, so handelte er wie der Schöpfer einer im Entstehen begriffenen Welt, deren Bestimmung er in einer grandiosen Vision festlegte, in welcher der Traum des großen Alexander in einer von den zeitgenössischen Realitäten bestimmten Form zu neuem Leben erwacht war.

Man wird versucht sein, von Größenwahn zu sprechen, und als solcher wurde das große Vorhaben des Antonius von seinen Gegnern auch hingestellt, als sie in Italien davon erfuhren. Diese Einschätzung entsprach jedoch keineswegs den Tatsachen. Ein Feldzug gegen die Parther, so gefährlich und schwierig er auch sein mochte, lag angesichts der Erfahrungen, die Antonius in bezug auf das Gelände und die Kampfmethoden des Gegners gesammelt hatte, keineswegs außerhalb der Möglichkeiten der römischen Waffen. Mit dem unterworfenen Armenien und dem verbündeten Medien als Ausgangsbasis hatte die Eroberung der reichen Gebiete jenseits des Euphrats nichts Utopisches mehr an sich, und dies um so mehr, als aus dem Partherreich Meldungen über Unruhen kamen, durch die es geschwächt wurde. Mesopotamien, welches das Herz von Alexanders Reich und dann zwei Jahrhunderte hindurch das des Seleukidenreiches gewesen war, konnte wieder integrierender Bestandteil der griechischen Welt werden. Wenn Antonius, wie uns Plutarch berichtet, seinem Sohn Alexander, den Titel König der Könige gab, den einst die Herrscher der persischen Achämenidendynastie, die Nachfolger des Kyros und des großen Darius, getragen hatten und den nun die Partherkönige trugen, so wollte er damit seine Absicht unterstreichen, im Mittleren Osten das großartige Gebäude, das so lange Furcht und Bewunderung hervorgerufen hatte, zu seinen Gunsten neu zu errichten.

Angesichts der Verschiedenartigkeit und riesigen Ausdehnung der unterworfenen oder noch zu unterwerfenden

Gebiete fühlte sich Antonius in keiner Weise verpflichtet, überall eine direkte Verwaltung einzurichten. Das System der Provinzen mit Statthaltern und Beamten aus Italien war für so viele unterschiedliche Völker nicht geeignet. Dort, wo es bereits eingeführt war und gut funktionierte, wie etwa im westlichen Anatolien mit den Provinzen Asien und Bithynien, beließ es Antonius so, wie er es nach Philippi vorgefunden hatte und praktizierte weiterhin die in den Beziehungen zwischen der Republik und den Griechenstädten übliche Flexibilität. Letztere behielten ihre traditionellen politischen Institutionen und bestimmten ihre innenpolitischen Angelegenheiten selbst, freilich unter Aufsicht von Repräsentanten des Triumvirn. Diese Vertreter waren keineswegs immer Römer. Viele von ihnen waren Griechen oder hellenisierte Orientalen, wie jener Stephanos, den die interessanten Inschriften in der karischen Stadt Aphrodisias als Brief- und Befehlsempfänger des Octavian ausweisen. Diesen Würdenträgern wurde von Antonius das römische Bürgerrecht verliehen, wenn er mit ihnen aufgrund des Eifers, mit denen sie den Interessen Roms dienten, und des Gehorsams, den sie ihm gegenüber zeigten, zufrieden war. Die in Kleinasien aufgefundenen Inschriften zeigen, daß in vielen Städten Familien lebten, die das *nomen* Antonius trugen. Diese *Antonii,* deren Nachkommen sich während des ganzen Kaiserreiches nachweisen lassen, zeigen, wie groß und ausgedehnt der Einfluß des Triumvirs war. Polemon, den Antonius zuerst zum König von Lykaonien und eines Teils von Kilikien, später dann des Pontus machte, gehörte einer dieser Familien an, deren Name später wieder auftaucht. Sein Fall ist beispielhaft: Als Sohn des Rhetors Zenon, der im Jahr 41 den Widerstand seiner Vaterstadt Laodikeia am Lykos in Karien gegen die von Labienus befehligten Parther organisierte, hatte Polemon an diesen Kämpfen persönlich teilgenommen. Antonius zeichnete ihn für seine Tapferkeit aus und erhob in wie schon erwähnt zur Königswürde. Als König von Pontus nahm er 36 am Feldzug nach Medien teil, in dessen Verlauf er in Gefangenschaft geriet. Nachdem er gegen Zahlung eines Lösegeldes wieder freigekommen war, erhielt er von Antonius zum Lohn für seine Verdienste zu seinem Königreich Pontus noch Kleinarmenien hinzu. Antonius zog es vor, seine Herrschaft über die Randgebiete seines Reiches mit Hilfe solcher Vasallenfürsten auszuüben, die er aus der einheimischen Aristokratie auswählte. Wenn nötig, wie im Fall des Pontus, zögerte er nicht, den vorher von Pompejus verfügten Provinzstatus wieder rückgängig zu machen und das Gebiet zu einem unter römischem Schutz stehenden Königreich zu erheben, ein Status, den er für dieses Land als besser geeignet ansah. Bei solchen politischen Entscheidungen ließ er sich stets vom Realismus leiten.

Das Wesentliche an den von der Geschichte so genannten „alexandrinischen Schenkungen" war jedoch das System von Monarchien, die Antonius um das lagidische Ägypten gruppierte, indem er ihnen als Herrscher die ihm von Kleopatra geborenen Kinder bestimmte. Einige der dazu verwandten Gebiete, wie Syrien, Ostkilikien und die Cyrenaika, waren römische Provinzen, die auf diese Weise wieder unter die monarchische Herrschaftsform kamen, unter der sie vor der Eroberung zur Zeit der Seleukiden oder Lagiden gelebt hatten. Als diese Veränderungen in Rom bekannt wurden, empörten sich Octavian und seine Anhänger über diesen ungenierten Umgang mit Territorien, die der römischen Republik gehörten, und entfachten den Zorn des Volkes gegen Antonius. Dabei vergaßen sie aber, daß dieser im Jahr 39 den Auftrag erhalten hatte, den Orient nach seinem Ermessen neu zu ordnen, und daß der Senat alle seine Entscheidungen im voraus gutgeheißen hatte. Aus diesem Grund hatte sie Antonius auch keineswegs geheimgehalten, sondern, wie Cassius Dio berichtet, ganz offiziell nach Rom gemeldet, um sie ratifizieren zu lassen. Er war also ganz offensichtlich nicht der Meinung, daß sie den Interessen des römischen Volkes zuwiderliefen.

Alle diese Beschlüsse sind in der Tat weniger auf die Absicht zurückzuführen, Kleopatra einen Gefallen zu tun und ihren Kindern eine glänzende Zukunft zu sichern, als auf seine Analyse der politischen Situation im Nahen Osten im Licht der geschichtlichen Entwicklungen. Seit seinem ersten Feldzug in Palästina unter Gabinius hatte Antonius sich überzeugen können, wie außerordentlich heterogen die Bevölkerung in diesem Teil der Welt war: ein Mosaik verschiedener Völker, die sich durch ihre unterschiedlichen Traditionen, Sprachen und Götter für ein Zusammenleben wenig eigneten, wenn nicht eine starke Autorität sie zu geordneten, wenn schon nicht kohärenten Einheiten zusammenfaßte. Das Beispiel der Achämenidenmonarchie, die unter der Herrschaft des Großkönigs ein mächtiges Reich vereint hatte, zeigte ebenso wie das Beispiel Alexanders und der ihm nachfolgenden makedonischen Dynastien, wie man das Zusammenleben von Völkern und Barbarenstämmen organisieren konnte, indem man sie zugleich durch Waffengewalt als Grundlage und Zement ihrer Einheit wie auch durch die Treue zu einem Fürsten zusammenhielt, von dessen Person das Prestige eines lebendigen Gottes ausging. Dieser Bezug auf einen allerhöchsten Willen, der sich auf militärische Machtentfaltung und den sich in der Befolgung eines Rituals manifestierenden göttlichen Willen selbst stützte und so keinen Widerspruch duldete, schien das einzige Mittel zu sein, das den Zusammenhalt eines großen Staates gewährleistete. Die Geschichte lehrte, daß nur die Monarchie die geeignete Lösung darstellte.

Antonius, der sehr belesen war und einen Blick für die Realitäten seiner Zeit besaß, war davon überzeugt. In diesem Sinn hatte er das komplexe Gebilde konzipiert, das er in Alexandrien der Öffentlichkeit vorstellte. Verständlicherweise sollte dabei das Grundelement die Lagidenmonarchie bilden, die bei weitem älteste und reichste des griechischen Orients: Ägypten mit seinen immensen Hilfsquellen, über welche die Römer nicht genug staunen konnten, seitdem sie diese ein Jahrhundert zuvor entdeckt hatten, sollte das Herzstück bilden. An seiner Spitze standen die Königin aus dem ruhmreichen Haus der Ptolemäer und ihr Sohn Ptolemäus Caesarion, in dessen Adern das Blut der Lagidenkönige und des größten aller Römer floß. Nach Westen hin, jenseits der libyschen Wüste, sollte die fruchtbare, für ihre Prosperität bekannte Hochebene der Cyrenaika unter dem Szepter der jungen Kleopatra Selene eine Autonomie zurückerhalten, durch die ihre glorreiche Vergangenheit zu neuem Leben erwachen konnte. Als Etappe auf dem Seeweg von Ägypten nach Italien war die Cyrenaika als Vorposten des neuen Staatensystems gegenüber Nordafrika und dem Okzident gedacht. Die Schenkungen in Syrien und Kilikien an den kleinen Ptolemäus Philadelphos sollten den Boden Ägyptens gegen jede Bedrohung aus dem Osten und dem Norden schützen. Das Kind hatte seinen Beinamen nicht von ungefähr erhalten. Er erinnerte ganz bewußt an den des zweiten Ptolemäus, seines entfernten Vorfahren, der den Einflußbereich der Lagiden von Ägypten weit nach Asien und Anatolien ausgedehnt hatte. Alexander Helios schließlich sollte von seinem Königreich Armenien aus die Herrschaft über Gebiete im Herzen Persiens und Mesopotamiens erlangen, die zehn Jahre zuvor das Ziel von Caesars Plänen gewesen waren und deren Unterwerfung Antonius nach wie vor im Auge hatte. Er träumte davon, sie mit seinen Legionen zu erobern, so wie einst sein Meister Gallien unterworfen hatte. Die alexandrinischen Schenkungen waren Ausdruck der großartigen Pläne, zu denen dieser von griechischer Kultur geprägte Römer durch das doppelte Vorbild Alexanders des Großen und Caesars inspiriert wurde.

Den Zusammenhalt dieses beeindruckenden Gebildes ermöglichte die Zugehörigkeit zum selben Herrscherhaus. Die Blutsverwandtschaft zwischen diesen regierenden und zukünftigen Monarchen sollte das gute Einvernehmen und die Respektierung der gemeinsamen Interessen gewährleisten. Es war eine Tradition der hellenistischen Monarchien, durch Eheschließungen persönliche Beziehungen zwischen den Herrscherhäusern zu schaffen. Freilich wußte auch Antonius, daß dieses Kalkül oft nicht aufgegangen war und daß auch innerhalb der königlichen Familien manchmal tiefe Haßgefühle und blutige Rivalitäten selbst zwischen den engsten Verwandten entstanden waren. Die Familie um Kleopatra selbst hatte in der jüngsten Vergangenheit nur allzu viele Beispiele dafür geboten. Gab es aber ein besseres Mittel, um die nötige Solidarität zwischen den Herrschern dieser einzelnen Staaten zu schaffen, wenn es schon erforderlich war, das riesige Gebilde zu unterteilen, das sich aufgrund seiner Größe und Vielfältigkeit nicht als ein einziger Staat gestalten ließ? Das persönliche Prestige Kleopatras, deren Charakterstärke Antonius jeden Tag aufs neue erfuhr, würde die Festigkeit dieser dynastischen Bindungen noch lange Zeit gewährleisten, zumindest solange sie aufgrund des kindlichen Alters der Herrscher die Autorität einer Königin und Mutter über sie behielt. Später würde man schon sehen, und bis dahin war die Schutzherrschaft des Triumvirs und Oberbefehlshabers der Streitkräfte die sicherste Garantie für Sicherheit und Ordnung in den ihm unterstellten Gebieten. Auf der mit Silberplatten ausgelegten Bühne, die man im Gymnasion für die Schenkungszeremonie errichtet hatte, saßen nebeneinander auf zwei goldenen Thronen Kleopatra und Antonius, die Herrscherin und der Schutzherr, die Griechin königlichen Geblüts und der *imperator*, der aus Rom gekommen war, um in der chaotischen Welt des Orients zu regieren und Ordnung zu schaffen. Die Königin trug das heilige Gewand aus weißem Leinen, das auf den Darstellungen der Göttin Isis zu sehen war, die Kunst und religiöse Vorstellung der Griechen in bald drei Jahrhunderten geschaffen hatten, nachdem diese ägyptische Gottheit in die griechische Götterschar aufgenommen worden war. Sie erschien damit als eine neue Isis, als Wiedergeburt der sowohl von den Griechen Alexandriens als auch von den eingeborenen Fellachen verehrten Göttin. Für die Zuschauer war diese Art von Apotheose nichts Überraschendes; man war daran gewöhnt, seitdem die Nachfolger Alexanders allgemein den Herrscherkult eingeführt hatten. Antonius, der neben der Königin und mit ihr auf gleicher Höhe saß, erachtete es nicht für nötig, das königliche Diadem zu tragen, das allein Kleopatras Haupt schmückte. Als Träger des höchsten römischen Amtes und als Oberbefehlshaber der Armee hielt er die wahre Macht in den Händen und verkörperte die Allgewalt Roms, an welche die respekteinflößende Präsenz der Legionen erinnerte. In diesem großartigen Paar, dem in seiner verschwenderischen königlichen Pracht das Volk unter der Sonne Ägyptens zujubelte, vereinigten sich in einzigartiger Weise die Herrschertraditionen des Orients und des Okzidents.

Die alexandrinischen Schenkungen waren somit alles andere als die unsinnige und skandalöse Auswirkung blinder Hingabe an eine sinnliche Leidenschaft, als welche sie die octavianische Propaganda so gerne hinstellte, sondern Ausdruck eines großen, reiflich überlegten politischen Plans, den Antonius im Licht der Erfahrungen entworfen hatte, die er seit Jahren auf seinen Feldzügen und bei seiner Regierungsarbeit im Orient seit dem Sieg von Philippi gesammelt hatte. Die Korrekturen, die er an seinem Plan später in bezug auf Anatolien, Syrien und Palästina und andere vornahm, zeigen deutlich genug, daß dieses großartige Gebäude keine Improvisation war, mit der er der Frau, die ihn verführt hatte, zu Gefallen sein wollte. Der beste Beweis dafür ist wahrscheinlich sein Vorgehen in Palästina: Judäa, das eine Art Enklave inmitten eines Gebiets bildete, welches 36 noch vor dem Partherfeldzug zum größten Teil an Ägypten angeschlossen wurde, fiel im Jahr 34 weder an Kleopatra noch an ihren Sohn Ptolemäus Philadelphos. Es blieb vielmehr ein eigenes Königreich unter der Herrschaft des hellenisierten Idumäers Herodes, den Antonius protegierte, seitdem er im Jahr 40 in Rom selbst den Königstitel erhalten hatte. Der Triumvir war der Auffassung, daß dieser energische und geschickte Fürst in dem ihm wohlvertrauten Gebiet Ordnung und Sicherheit besser gewährleistete als ein römischer Beamter oder ein Beauftragter Kleopatras. Ohne auf die Expansionsgelüste der Königin Rücksicht zu nehmen, beließ er ihn deswegen an der Spitze dieses kleinen Staates. Herodes sollte noch bis zur Geburt Christi, also noch dreißig Jahre lang über das Land regieren.

Um dem Volk die wichtigsten Neuerungen augenfällig zu machen, die sich aus seiner Aufteilung der östlichen Welt ergaben, ließ Antonius seine Söhne, so klein sie noch waren, Gewand und Insignien ihrer neuen Herrscherwürde anlegen. Den kleinen Alexander Helios ließ er im langen, bunten Gewand der iranischen Fürsten und mit der Kitaris auf dem Haupt erscheinen, einer Art Turban, aus dem kegelförmig die Tiara hervorragte, die zu tragen das ausschließliche Privileg des Königs war. Der Prinz wurde nunmehr von einer armenischen Leibgarde begleitet. Der kleine Ptolemäus Philadelphos, dem man das Erbe der makedonischen Seleukidendynastie zugedacht hatte, war als makedonischer Soldat gekleidet. Er trug feste Sandalen, eine kurze Tunika, darüber die Chlamys, den Soldatenmantel, und, auf dem Haupt, die Kausia, das Filzbarett der Makedonier, unter dem er als Zeichen seiner königlichen Würde das Diadem trug, ein schmales Stoffband, dessen beide Enden über dem Nacken flatterten. Eine nach makedonischer Art bewaffnete Abteilung diente ihm als Leibgarde.

Eine Anzahl von Fundstücken, die man dieser kurzen Zeitspanne zurechnet, zeigen, auf welche Weise die Proklamation der gemeinsamen Herrschaft von Antonius und Kleopatra einer breiten Öffentlichkeit bekanntgegeben wurde. Mehrere in Alexandrien und verschiedenen Städten Syriens und Phönikiens geprägte Münzen zeigen auf der Vorderseite das Bildnis der Königin, während die Rückseite manchmal das Profil des Antonius aufweist, so z.B. schöne, wahrscheinlich in Antiochia geprägte Silbermünzen. Auch eine Reihe von Denaren, also Münzen nach römischer Art mit lateinischen Inschriften, zeigen auf der

Vorderseite die Königin mit der Legende „von Kleopatra, Königin der Könige, und ihren Söhnen, den Königen", und auf der Rückseite eine Abbildung des Triumvirs mit der Inschrift „von Antonius nach seinem Sieg über Armenien." Ein Meisterwerk der Steinschneidekunst, die sogenannte Tassa Farnese im Museum von Neapel, eine große, aus Sardonyx geschnittene Kamee, stellt sehr wahrscheinlich Kleopatra als Isis dar: Sie sitzt auf einem Sphinx, den Nilgott zur Linken und zur Rechten die Allegorien der Überflutung und der Ernte, während im Hintergrund eine athletische Männergestalt zu sehen ist, die Triptolemos, den Erfinder des Pfluges verkörpert, der an die Fruchtbarkeit Ägyptens als Grundlage seines Reichtums und der Macht seiner Dynastie erinnert. Es ist nicht auszuschließen, daß dieser kraftstrotzende Held, dessen Gestalt das Zentrum der Komposition bildet, eine symbolische Darstellung von Antonius ist. Letzterer wurde natürlich Gegenstand zahlreicher Ehrungen. So wie man es bei Caesar und anderen siegreichen Feldherren getan hatte, errichtete man auch ihm in Tempeln geweihte Statuen. In Alexandrien hat man den Sockel eines dieser Standbilder gefunden. Er besteht aus schwarzem Granit und wurde ihm in den letzten Tagen des Jahres 34 von einem gewissen Parasitos gewidmet. Die Inschrift nennt Antonius den „Großen", den „Unnachahmlichen", Bezeichnungen, die durchaus zu einem hellenistischen König gepaßt hätten. In den Augen der Griechen war der Triumvir, der neue Dionysos, der Gemahl ihrer Königin, nunmehr ein Fürst.

Während Antonius seine Herrschaft im Orient zur Errichtung einer neuartigen politischen Konstruktion nutzte, einer Kombination aus dem durch die römischen Eroberer eingerichteten Provinzialsystem und der Restauration bestimmter Monarchien, mit denen die Barbarenvölker und die griechischen Städte drei Jahrhunderte lang gelebt hatten, verfolgte Octavian beharrlich und entschlossen das Ziel, seine Alleinherrschaft auf den gesamten Westen auszudehnen. Nachdem er unter großen Schwierigkeiten Sextus Pompejus besiegt und anschließend Lepidus entmachtet hatte, dem bloß das Ehrenamt des *pontifex maximus* verblieb, setzte er durch ebenso entschlossene wie geschickte politische Maßnahmen den manchmal gewaltsam vorgebrachten Forderungen der Veteranen ein Ende. In Italien herrschte Frieden, und niemandem kam es in den Sinn, sich den Anordnungen Octavians zu widersetzen. Er nutzte diese Situation und unternahm in eigener Person oder über seine Legaten mehrere Feldzüge nach Dalmatien und Pannonien, um die Grenze seines Gebiets jenseits der Adria zu sichern, das bei Skodra (Skutari) in Illyrien an das Territorium des Antonius stieß, wie man es im Vertrag von Brundisium vereinbart hatte. Diese oft schwierigen Operationen verstärkten die Kampferfahrung seiner Legionäre, die er mühelos in Italien, Gallien und Spanien ausheben konnte. Auch seine Unterfeldherren erwarben sich dabei eine solide Kriegserfahrung. Agrippa, der beste seiner Legaten, dem das Hauptverdienst beim Sieg über Sextus Pompejus zukam, hatte sich bereits als hervorragender Seekriegsstratege erwiesen. Mit äußerster Vorsicht und Finesse bemühte sich Octavian, den Schein der republikanischen Institutionen zu wahren, ohne jedoch den geringsten Widerstand gegen seine Macht zu dulden. Er war ebenso wie Antonius davon überzeugt, daß sich die riesigen, von Rom eroberten Gebiete nur durch die Autorität eines einzigen Herrschers regieren ließen. So vermied er zwar alles, was irgendwie an die Königswürde erinnerte, welche die Römer, wie das tragische Ende Caesars gezeigt hatte, nicht offiziell anerkennen wollten, richtete aber unauffällig eine de facto-Monarchie ein. Im Osten schuf Antonius, der sich von den Lehren der Geschichte und von der hellenistischen Tradition leiten ließ, ein komplexes und flexibles System, das den unterschiedlichen Bedingungen in den Provinzen und Staaten angepaßt war, in denen Griechisch als Verkehrssprache diente und zwischen denen die im wesentlichen militärische Präsenz Roms unter der Leitung des

Triumvirs das verbindende Element darstellte. Im Westen bediente sich Octavian der republikanischen Administration, um unter scheinbarer Beachtung althergebrachter Gepflogenheiten eine lückenlose Unterwerfung unter seinen Willen zu erreichen. Zwei Vorgehensweisen, die zwei entgegengesetzte Temperamente widerspiegeln und die in zwei stark verschiedenen Welten angewandt wurden, aber eigentlich das gleiche Ziel verfolgten.

Obwohl Antonius seine Gattin Octavia nach Rom zurückgeschickt hatte, gaben sich die beiden Triumvirn noch einige Zeit hindurch den Anschein, miteinander höflich umgehen zu wollen. Nach der Niederlage und dem Tod ihres gemeinsamen Gegners Sextus Pompejus veranstaltete Octavian im Jahr 35 im Zirkus ein Wagenrennen und ließ aus diesem Anlaß auf dem Forum vor der Rednertribüne einen Ehrenwagen für Antonius aufstellen. Außerdem ließ er ihm im Tempel der Concordia, der Göttin der Eintracht, Standbilder weihen, eine Geste, der ohne Zweifel Symbolwert zukam. Am 1. Januar 34 wurde Antonius gemäß den getroffenen Vereinbarungen Konsul, trat dieses Amt jedoch sofort an einen seiner Freunde ab, da ihn seine Verpflichtungen im Orient zurückhielten. Bis Ende dieses Jahres scheint es zwischen den beiden Rivalen nicht zu ernstlichen Spannungen gekommen zu sein, zumindest nicht zu offenen. Antonius verließ deshalb im Frühjahr 33 Alexandrien, um sich erneut nach Armenien zu begeben, wo er am Grenzfluß Araxes mit dem Mederkönig zu einer Unterredung zusammentraf. Er schloß mit ihm ein neues Bündnis, das Medien seine Unabhängigkeit von den Parthern garantierte. Antonius gestattete es dem König, sein Reich auf Kosten Armeniens zu vergrößern, und erhielt von ihm die römischen Feldzeichen zurück, welche die Meder nach der Vernichtung der Kolonne des Oppius Statianus erbeutet hatten. Diese Geste wurde von Antonius und seinen Truppen sicherlich als Ehrenbezeigung eines Barbarenkönigs gegenüber der Autorität Roms begrüßt. Außerdem vertraute der König Antonius seine Tochter an, die junge Prinzessin Jotape, die nach Alexandrien gebracht werden sollte, um dort an der Seite ihres zukünftigen Gatten, des königlichen Prinzen Alexander Helios, erzogen zu werden. Auf diese Weise begann eine wichtige Komponente der alexandrinischen Schenkungen Gestalt anzunehmen. Aufgrund der römischen Unterstützung konnte der Mederkönig nun einen siegreichen Feldzug gegen Artaxias, den Sohn des hingerichteten Königs von Armenien, und die Parther führen, die ihn angegriffen hatten. Antonius kehrte indessen an die Mittelmeerküste zurück, um sich in Begleitung Kleopatras, die ihm entgegengereist war, nach Ephesos zu begeben.

Im Laufe dieses Jahres 33 hatten sich die Beziehungen zwischen den beiden Triumvirn stark verschlechtert. Octavian ertrug nur schwer die Demütigung, die seiner Schwester durch die offen zur Schau getragene Verbindung zwischen Antonius und Kleopatra widerfuhr. Er warf ihm dieses für einen Römer unwürdige Verhalten in öffentlichen Reden vor, teilte ihm seine Unzufriedenheit aber auch in Briefen mit. Antonius, der nicht verstehen konnte, daß der für seinen Hang zu Frauen bekannte junge Mann plötzlich so viel Zartgefühl besaß, antwortete ihm im groben Ton des Älteren und Soldaten, der kein Blatt vor den Mund nimmt. Sueton überliefert uns einen Auszug aus einem seiner Briefe an Octavian: „Warum bist du nicht mehr wie früher? Weil ich mit der Königin schlafe? Sie ist meine Frau! Das ist aber nichts Neues, ich habe damit doch schon vor neun Jahren angefangen! Und du, gibst du dich etwa damit zufrieden, mit Livia zu schlafen? Um so besser für dich, wenn du es beim Lesen dieser Zeilen nicht schon mit Tertulla, Terentilla, Rufilla, Salvia Titisiena und all den anderen getrieben hast! Kümmern wir uns etwa darum, wann und bei wem du in Erregung gerätst?"

So zurechtgewiesen, entwickelte Octavian, der ein äußerst verletzliches Ehrgefühl besaß, immer stärkere Haßgefühle gegen Antonius und unternahm es, ihm auf alle mögliche Art und Weise zu schaden. Er beschuldigte seinen Amtskollegen vor dem Senat und der Volksversammlung, Eigentum der Republik an seine Geliebte und seine Kinder zu verschenken; Ägypten und Armenien unberechtigterweise besetzt zu halten, insofern diese Länder nicht erobert und von den beiden Triumvirn bei der Aufteilung der Kompetenzen nicht berücksichtigt worden waren; die Hinrichtung des Sextus Pompejus veranlaßt zu haben, während er, Octavian, ihn ganz bewußt habe entkommen lassen; und schließlich, den armenischen König in Ketten gelegt zu haben, ein angesichts Roms traditioneller Großmut unwürdiges Verhalten. Was ihn aber besonders erzürnte, war, daß er den ältesten Sohn Kleopatras mit dem Namen Caesarion bezeichnete. Die Tatsache, daß Caesar einen natürlichen Sohn hatte, traf Octavian in seinem Stolz, da er darauf bedacht war, als einziger Erbe seines Adoptivvaters zu gelten. Antonius ließ diese Vorwürfe durch seine Freunde in Rom zurückweisen und erhob seinerseits Anschuldigungen. Er warf Octavian vor, er habe Lepidus gezwungen, auf sein Amt zu verzichten, und sich dessen Gebiete und Truppen unterstellt, ohne Antonius etwas davon abzugeben; er habe ihm nicht die Kriegsschiffe zurückgesandt, die er, Antonius, ihm für den Krieg gegen Sextus Pompejus geliehen hatte; und schließlich habe er zum Schaden von Antonius' Veteranen nur seinen eigenen Veteranen in Italien Land zugeteilt, obwohl aufgrund der Vereinbarungen Italien keinem der beiden Triumvirn allein zugesprochen war. Und jeder der beiden Rivalen forderte für sich und seine Soldaten den Anteil an der Kriegsbeute des anderen, ohne aber selbst etwas von seiner Beute herzugeben.

Nicht nur in Gesprächen und öffentlichen Reden wurden Beschuldigungen geäußert. Auch von Unterstellungen und Verleumdungen strotzende Schmähschriften tauchten auf, die man genüßlich weitergab und verbreitete. Tief verletzt darüber, daß ihn seine Gegner als einen Mann darstellten, der unter dem Einfluß einer orientalischen Zauberin seine

Herkunft und die Interessen seines Vaterlandes vergaß und sich dem Luxus und der Bequemlichkeit hingab, schlug Antonius zurück, indem er die notorisch geringe Begeisterung aufspießte, die Octavian für das Soldatenleben aufbrachte: „Es fehlte ihm der Mut, sich den feindlichen Angriff anzusehen. Nein, die Augen zum Himmel gerichtet, blieb er auf dem Rücken liegen, ohne irgendetwas zu tun, und wartete mit dem Aufstehen, bis M. Agrippa die Flotte des Gegners in die Flucht geschlagen hatte, damit er sich dann den Truppen zeigen konnte." Angesichts der Heftigkeit der gegenseitigen Anschuldigungen – Verrat einerseits, Feigheit andererseits – schien eine Regelung des Streits nur mehr durch Waffengewalt möglich zu sein. Die Erinnerung an Pharsalus und Philippi mit ihrem Gefolge von Blut und Elend genügte nicht mehr, um das wiedererstehende Gespenst des Bürgerkriegs zu bannen. Jeder der beiden bereitete sich darauf vor, denn beide wußten, daß der Konflikt, in dem sich die ruhmreichen Führer der beiden Teile des Imperiums nunmehr gegenüberstanden, unweigerlich dahin führte.

IX.

Ein Traum zerrinnt (32 - 30)

In den ersten Tagen des Jahres 32 kam es zwischen den beiden Triumvirn unvermittelt zu ernsthaften Spannungen. Die beiden Konsuln, die mit dem 1. Januar ihr Amt antraten, waren Parteigänger des Antonius. Der eine von ihnen war Cn. Domitius Ahenobarbus, jener ehemalige Anhänger von Brutus und Cassius, der sich mit seiner Flotte im Jahr 40 kurz vor dem Vertrag von Brundisium Antonius angeschlossen hatte. Der Triumvir hatte ihn später zum Statthalter der Provinzen Bithynien und Pontus gemacht. Im Jahr 36 begleitete ihn Ahenobarbus auf dem Partherfeldzug, auf dem sich dieser hervorragende Offizier durch seine unerschütterliche Ruhe auszeichnete. Die beiden Männer waren auch eine persönliche Bindung eingegangen, indem sie ihre noch kleinen Kinder Antonia *maior* und L. Ahenobarbus miteinander verlobten. Die Ehe kam später, lange nach dem Tod von Antonius, tatsächlich zustande: Die beiden Kinder sollten dadurch die Großeltern des Kaisers Nero werden. Der andere Konsul, C. Sosius, wahrscheinlich jünger und, wie Cassius Dio bemerkt, weniger gesetzt, weil er nicht die gleichen Prüfungen durchgemacht hatte, nutzte den Anlaß, um in einer Rede das Lob des Antonius zu singen und Octavian mit Kritik zu überschütten. Er schlug sogar gegen ihn gerichtete Maßnahmen vor, die vom Senat vielleicht sogar angenommen worden wären, wenn nicht ein Octavian ergebener Volkstribun sein Veto eingelegt hätte. Der über alles bestens informierte Octavian hatte es vorgezogen, der Senatssitzung an diesem Tag vorsichtshalber fernzubleiben. Er hatte sogar die Stadt verlassen, so sehr war er sich der Macht der Anhänger seines Rivalen bewußt. Erst nach einer gewissen

Zeit kehrte er wieder nach Rom zurück, erschien nun aber im Senat inmitten bewaffneter Leibwächter und Freunde, die unter ihren Togen Dolche verborgen hielten. Unter den Führern der Republik herrschte also nicht gerade Vertrauen. Mit einer solchen Begleitung machte es Octavian keine Mühe, auf seine Gegner Druck auszuüben. Sie entschlossen sich auf sein Betreiben hin schließlich, freiwillig ins Exil zu gehen und sich zu Antonius in den Orient zu begeben. Im Frühjahr 32 war der Bruch zwischen den beiden Lagern endgültig geworden.

Es sieht ganz so aus, als sei Antonius von dieser Entwicklung überrascht worden. Im Jahr zuvor, als sich das Ende des im Vertrag von Tarentum um fünf Jahre verlängerten Triumvirats näherte, hatte er sich in einem an den Senat gerichteten Schreiben bereit erklärt, auf sein Amt zu verzichten und die Leitung der Staatsgeschäfte wieder in die Hände des Senats zurückzulegen. Voraussetzung dafür war natürlich, daß Octavian ebenso handelte. Für die Freunde Octavians war dieses Anerbieten nichts als ein heuchlerisches Kalkül: Antonius wollte nur seinen Gegner machtlos machen oder ihn in ein schlechtes Licht stellen, falls er sich weigerte, seinem Beispiel zu folgen. Auf diese Weise unterschob man Antonius freilich etwas vorschnell machiavellistische Absichten. Er zog nämlich nur die Konsequenz aus den Tatsachen. Die persönliche Stellung, die er im Orient als Schutzherr Kleopatras und der mit dem Lagidenreich assoziierten Monarchien hatte, war nicht mehr an das Amt eines Triumvirn gebunden, so daß er dieses ohne große Risiken niederlegen konnte.

Wie auch immer, nach seinem Treffen mit dem Mederkönig war Antonius in seine Residenz Alexandrien zurückgekehrt, um dort den Winter wieder in Frieden und Luxus zu verbringen, wie es so ganz seinem Geschmack entsprach. Auch in Alexandrien hatte er sich bereit erklärt, das Amt eines Gymnasiarchen zu bekleiden, so wie er es früher in Athen getan hatte. Er integrierte sich in das Leben der griechischen Stadt als Mitbürger unter Mitbürgern. Mit

Kleopatra lebte er als Prinzgemahl zusammen. Er nannte sie öffentlich Königin und hatte ihr zu ihrem persönlichen Schutz eine Abteilung römischer Soldaten zur Verfügung gestellt, die gleich den anderen Einheiten der königlichen Garde mit ihrem Namen versehene Schilde trugen. Er begleitete sie, wenn sie sich in den Straßen Alexandriens oder anderer ägyptischer Städte zeigte, und ritt oder ging neben der Sänfte her, auf der sie sich tragen ließ. Gemeinsam mit ihr führte er Vorsitz, wenn sie Recht sprach oder religiösen Zeremonien beiwohnte. Sein Hauptquartier befand sich im königlichen Palast, und statt des römischen Schwertes trug er nun manchmal einen asiatischen Krummsäbel. Oft kleidete er sich nach griechischer Art und ließ sich in der Öffentlichkeit wie ein Monarch auf kostbaren Ruhebetten oder vergoldeten Sesseln sehen. Er ließ sich mit Kleopatra zusammen von Malern und Bildhauern darstellen, er als Osiris oder Dionysos, sie als Isis oder als Mondgöttin Selene. So steht es zumindest bei Cassius Dio, bei dem sich die von Octavians Propaganda sorgfältig genährte Empörung widerspiegelt, die diese Gerüchte aus dem Orient bei den traditionsbewußten Römern hervorriefen.

Ob es sich nun um Tatsachen oder systematische Übertreibungen handelt, nichts davon läßt auf irgendwelche Angriffsabsichten schließen. Es spiegelt sich darin lediglich die schnelle Entwicklung eines Mannes wider, der den Orient ganz bewußt als Schauplatz für die Verwirklichung seiner ehrgeizigen Pläne gewählt hatte. Antonius war offenbar weit davon entfernt, einen Entscheidungsfeldzug gegen Octavian zu beginnen. Er hätte diesen, wie er es schon getan hatte, während des Winters mit seinem Generalstab in aller Ruhe vorbereiten können. Doch plante er ganz offensichtlich, die Operationen in Asien wieder aufzunehmen. Schon im Frühjahr 32 brach er nach Armenien auf, wo er den Großteil seiner Legionen zurückgelassen hatte. Es ist klar, daß er diese nicht in so großer Entfernung vom Mittelmeer stationiert hätte, wenn es seine Absicht gewesen wäre, an den Westgrenzen seines Herrschaftsbereichs Krieg zu führen.

In Armenien erreichten ihn die Nachrichten von den Ereignissen in Rom und dem Mißgeschick der beiden Konsuln. Antonius erkannte sofort, daß die Würfel gefallen waren und daß sich eine bewaffnete Auseinandersetzung nicht mehr vermeiden ließ. Er übertrug daher seinem Legaten Canidius Crassus, der sich in den Jahren 37 und 36 bei den Operationen im Kaukasus so glänzend bewährt hatte, den Befehl über die 16 Legionen starke Armee in Armenien und beauftragte ihn, sie an die Mittelmeerküste zu führen. Er selbst brach in aller Eile auf und begab sich in die ionische Stadt Ephesos, wohin ihn auch Kleopatra begleitete. Von diesem Seehafen aus begann er im Blick auf die kommenden Operationen seine gesamte Flotte zusammenzuziehen, insgesamt 800 Kriegs- und Frachtschiffe, von denen ein Viertel von Ägypten gestellt wurde. In Ephesos trafen auch die Konsuln Ahenobarbus und Sosius mit einer großen Anzahl Senatoren ein, die sich für die Sache des Antonius entschieden hatten: Trotz des Drucks der Gegenpartei war sein Prestige in Rom noch immer groß. Wie schon bei Caesar und Pompejus und später bei den Triumvirn und den Caesarmördern war die Republik erneut in zwei rivalisierende Lager gespalten, die über vergleichbare Hilfsquellen verfügten und von der gleichen Entschlossenheit beseelt waren. Einmal mehr sollte die Entscheidung mit den Waffen erzwungen werden.

Es hätte im Interesse von Antonius gelegen, seinen Gegner unverzüglich anzugreifen, um die Überlegenheit zu nutzen, die ihm sein kampferprobtes Heer und seine riesige Flotte verliehen. Kleopatra hatte die ungeheure Summe von 20 000 Talenten beigesteuert und so viele Lebensmittel, daß der Unterhalt des gesamten Heeres gesichert war. Es kann auch kein Zweifel daran bestehen, daß er sofort in die Offensive gegangen wäre, wenn er diesen Konflikt bei seiner Planung vorhergesehen hätte. Wie schon gezeigt, war er aber von den Ereignissen in Rom überrascht worden, als er sich mit ganz anderen Plänen beschäftigte. Er war ein zu erfahrener Stratege, um, während sich das Gros seiner Truppen in Kleinasien befand, auf gut Glück eine Invasion Italiens zu wagen, die einer minutiösen Vorbereitung bedurfte. Er beschloß daher, das Jahr 32 für die Ausarbeitung eines Feldzugsplans zu verwenden und seine Streitkräfte so zu gruppieren, daß er dem Gegner aus dem Westen die Stirn bieten konnte.

Von Ephesos aus leitete er die Vereinigung der Truppenkontingente, die aus den verschiedenen Gebieten des östlichen Mittelmeerraums eintrafen: aus Griechenland und Makedonien, Kleinasien, Syrien, Ägypten, sogar aus der Cyrenaika. Dazu kamen die Truppen der mit Rom verbündeten Fürsten, von denen einige ihre Kontingente persönlich befehligten. Plutarch nennt ihre Namen, und seine Aufzählung spiegelt die extreme Komplexität der politischen Organisation wider, über die Antonius in diesem Teil der Welt im Namen der Republik herrschte. Der König von Media Atropatene war der kürzlich mit Antonius geschlossenen Freundschaft treu und hatte ebenfalls ein Hilfskontingent gestellt. Die Koordination all dieser Truppenbewegungen, die Verteilung der Einheiten im Blick auf die zukünftigen Operationen, die Versorgung der Truppen, all das warf schwierige Probleme auf, mit deren Lösung der Oberbefehlshaber und sein Generalstab über Monate hinweg beschäftigt waren. Sie hatten ohne jeden Zweifel eine schwierigere Aufgabe als Octavian und seine Legaten, die über Basen in Italien verfügten und deren Heer, auf der Apenninenhalbinsel und in den westlichen Provinzen unter der direkten Kontrolle Roms ausgehoben, wesentlich homogener war als die Streitmacht von Antonius. Es ist verständlich, daß letzterer für die Bewältigung seiner Aufgabe Zeit benötigte.

Einige von Antonius' Freunden, wie etwa Ahenobarbus, waren über die Anwesenheit Kleopatras in Ephesos nicht gerade glücklich. Nicht ohne Grund befürchteten sie, daß diese Frau den Feldherrn bei seinen Entscheidungen zu sehr beeinflussen könnte. Sie rieten ihm daher, die Königin bis zum Ende des Krieges nach Ägypten zurückzuschikken. Antonius neigte dazu, diesem Ratschlag zu folgen. Kleopatra aber, die sich der Macht ihres Charmes bewußt war, doch befürchtete, ihr Geliebter könnte in ihrer Abwesenheit seine alten Gefühle für Octavia wiederentdecken, sicherte sich, so Plutarch, mit einer beträchtlichen Summe die Unterstützung von Canidius Crassus, zu dem Antonius damals uneingeschränktes Vertrauen hatte. Canidius setzte sich bei seinem Feldherrn für die Sache Kleopatras mit gewichtigen Argumenten ein: Sie trage wie kein anderer unter den verbündeten Fürsten zum Unterhalt des Heeres bei, sie stelle eine beachtliche Flotte, ihre politische Begabung und ihre Führungsqualitäten seien unumstritten. Antonius ließ sich überzeugen und behielt die Königin in seinem Hauptquartier. Beide begaben sich nun nach Samos, wo die Gesandtschaften der Städte und Völker sowie die verbündeten Fürsten zusammenkamen. Auf seinen Rang bedacht, empfing sie Antonius mit aller Pracht, wie er es gewohnt war. Er hatte aus allen Himmelsrichtungen Schauspieler kommen lassen, die überall in den griechischen Staaten bei religiösen Festen auftraten und als dionysische Künstler bezeichnet wurden, da ihre Ensembles den Kult des Theatergottes Dionysos betrieben. Antonius entdeckte mit Vergnügen die Anziehung wieder, die das Schauspiel von jeher auf ihn ausgeübt hatte. Nach griechischer Tradition veranstaltete er Wettbewerbe, und die Insel Samos mit ihrer schönen Stadt und ihren Tempeln hallte zu Ehren der Götter, unter deren Schutz Antonius die Scharen der Verbündeten empfing, vom Klang der Flöten und des Saitenspiels wider. Überall wurden Opfer dargebracht, denn jede Stadt Asiens hatte einen Ochsen für die Hekatomben gesandt. Die um den römischen Oberbefehlshaber versammelten Fürsten wetteiferten miteinander in bezug auf Großzügigkeit und Luxus, wie es bei den hellenistischen Monarchen üblich war. All dieser verschwenderische Aufwand erregte bei einigen Augenzeugen Unwillen, weil sie solche Festlichkeiten als verfrüht ansahen. Sie zeigten jedenfalls, wie sehr Antonius sich unter den griechischen Fürsten des Orients zu Hause fühlte.

Von Samos begab sich Antonius nach Athen, um näher am zukünftigen Kriegsschauplatz zu sein. Vor seiner Abreise hatte er den Künstlern und Schauspielern die an der Mündung des Mäanderflusses gelegene Stadt Priene als Wohnort zugewiesen. Kleopatra, die ihn wieder begleitete, gewann die Athener mit großzügigen Geschenken für sich. Der Tradition gemäß dankte ihr die Stadt mit den Ehrungen, die man öffentlichen Wohltätern zuteil werden ließ. Eine offizielle Abordnung begab sich zu ihrem Haus, um ihr den Text eines zu diesem Zweck verabschiedeten Dekrets zu überbringen. Antonius, der schon früher das athenische Bürgerrecht erhalten hatte, war Mitglied dieser Delegation und hielt im Namen der Athener eine Rede an die Königin. Der Römer hatte Griechenland zu seiner zweiten Heimat erkoren. Zu dieser Zeit etwa entschloß er sich auch, die Konsequenzen aus seiner Trennung von Octavia zu ziehen und seine Ehe mit ihr offiziell aufzulösen. Sie erhielt die Aufforderung, sein Haus in Rom zu verlassen, das sie seit ihrer Rückkehr nach Italien ohne Unterbrechung bewohnt hatte. Octavia kam dieser Anordnung unter Tränen nach, da sie sehr unter dem Gedanken litt, einer der Gründe für den Krieg zwischen ihrem Bruder und ihrem Gatten zu sein. Sie behielt die beiden Töchter bei sich, die sie Antonius geschenkt hatte, ebenso den jüngeren Sohn Fulvias. Der ältere, M. Antonius Antyllus, befand sich schon seit langem bei seinem Vater, der ihn in Alexandrien erziehen ließ. Die Entscheidung zugunsten Kleopatras war nun unwiderruflich geworden.

Mit einer solchen Haltung stieß Antonius nicht bei allen seinen Gefährten auf Zustimmung. Den einen mißfiel, daß ihr Befehlshaber öffentlich sein Gefallen an einem Lebensstil, an Bräuchen und Verhaltensformen zeigte, die sich von den römischen Sitten so grundlegend unterschieden. Andere konnten sich nicht mit dem übergroßen Einfluß abfinden, den seine griechischen Begleiter auf ihn ausübten, insbesondere die ägyptische Königin, die sich mit Schmeichlern umgab und Kritik schlecht vertrug. Die

Rolle, die sie bei Antonius spielte, wurde schließlich von einigen als so unerträglich empfunden, daß sie nicht zögerten, ins andere Lager hinüberzuwechseln und sich Octavian anzuschließen, unter ihnen L. Munatius Plancus und sein Neffe M. Titius. Munatius Plancus war einer von Antonius' engsten Mitarbeitern gewesen. Der Triumvir hatte ihm die Statthalterschaft der Provinz Asien und später Syriens anvertraut. Titius hatte in Kleinasien gegen Sextus Pompejus gekämpft und den Besiegten in Milet unter dem Beil des Henkers enden lassen. Sobald die beiden Überläufer in Rom eingetroffen waren, verrieten sie, um sich Octavians Gunst zu sichern, alles, was sie über die Pläne seines Gegners wußten. Vor allem aber enthüllten sie in schändlicher Weise den Inhalt seines Testaments, von dem sie Kenntnis hatten, weil sie als Zeugen fungiert und ihre Siegel daruntergesetzt hatten. Sie gaben auch an, daß sich dieses Testament in Rom in der Obhut der Vestalinnen befand, bei denen schon Caesar sein Testament deponiert hatte. Octavian, der nicht an einem Übermaß von Skrupeln litt, begab sich selbst zu den Priesterinnen, um die Herausgabe des Dokuments zu erzwingen. Die Vestalinnen protestierten vergeblich gegen die Verletzung eines durch eine so ehrfurchtsgebietende religiöse Garantie geschützten Geheimnisses. Der Wortlaut des Testaments bestätigte die Aussagen der Überläufer, und Octavian erkannte sofort, welchen Profit er daraus ziehen konnte. Er verlas die wichtigsten Bestimmungen vor dem Senat. Sie erschienen den meisten Senatoren so schockierend, daß sie darüber das skandalöse Vorgehen vergaßen, durch das sie davon erfahren hatten.

Es handelte sich um folgende testamentarische Verfügungen: Antonius erkannte Caesarion als Caesars Sohn an, was Octavian als gesetzlicher Erbe und Adoptivsohn seines Großonkels nicht hinnehmen konnte, da dieser Status die Grundlage seiner Herrschaft und Macht war; Antonius vermachte den Kindern, die er von Kleopatra hatte, riesige Besitztümer, eine Großzügigkeit, die, so sah man es, auf Kosten des römischen Volkes ging; und schließlich äußerte Antonius den Wunsch, selbst wenn er in Rom sterben sollte, in Alexandrien an der Seite Kleopatras begraben zu werden. Diese letzte Bestimmung, auf die Octavian in tückischer Weise besonders hinwies, verletzte die Gefühle der Senatoren mehr als alles andere. Sie ließ nämlich keinen Zweifel daran, daß Antonius nunmehr den Orient als seine wahre Heimat betrachtete. Man konnte ihn jetzt als jemanden ansehen, der sein Vaterland preisgab. Octavian ließ sich die Gelegenheit nicht entgehen. Er entfesselte eine Propagandakampagne, die auf Gerüchte und Klatschgeschichten zurückgriff und sie maßlos übertrieben verbreitete. Man gefiel sich darin, Antonius als Opfer von Zaubertränken hinzustellen, die ihn den Launen seiner Geliebten, ja sogar dem Willen ihrer Minister, ihrer Eunuchen, ihrer Friseuse und ihrer Kammerzofe unterwarfen. Man nannte diese Personen, die Kleopatras Politik bestimmten und alle erklärte Feinde Roms waren, sogar beim Namen, selbst ihre Lieblingsdienerinnen Iras und Charmion. Man erzählte, daß Antonius Liebesbriefe erhielt, die auf mit Wachs überzogene Onyx- oder Kristalltafeln geschrieben waren, ein unerhörter Luxus; daß er diese schamlos mitten in der Gerichtssitzung las, während er doch bedeutende Streitfälle zwischen mit Rom verbündeten Fürsten zu schlichten hatte, oder daß er die Sitzung einfach unterbrach, um der Königin seine Aufwartung zu machen, wenn sie sich gerade in der Sänfte über den Platz tragen ließ. Man beschuldigte ihn, er habe Kleopatra die 200 000 Manuskripte der berühmten Bibliothek von Pergamon geschenkt, der alten Hauptstadt der Attaliden in Kleinasien, wahrscheinlich um ihr die Verluste zu ersetzen, die beim Brand der Bibliothek von Alexandrien zur Zeit Caesars entstanden waren. Man berichtete von anmaßenden Äußerungen Kleopatras, die, so hieß es, erklärt hatte, sie werde bald die Herrin Roms sein. Und man behauptete, sie bekräftige Tatsachen gern mit der Formel: „So wahr ich auf dem Kapitol Recht sprechen werde!"

Plutarch zufolge entbehrten viele dieser Gerüchte jeder

Grundlage. Aber sie beeinflußten die öffentliche Meinung, und Octavian erreichte, was er anstrebte. Die Römer gelangten zu der Überzeugung, daß im Falle eines Sieges von Antonius der Staat der Willkür Kleopatras unterworfen wäre und an Stelle von Rom Alexandrien das Zentrum der Macht darstellen würde. Sogar die immer noch zahlreichen Freunde und Anhänger von Antonius stimmten in den Chor der Kritiker mit ein. Sie hatten zuvor noch versucht, ihn vor den Maßnahmen zu warnen, die man gegen ihn ergreifen wollte, und einen von ihnen, einen gewissen Geminius, zu ihm nach Griechenland entsandt. Er wurde dort jedoch schlecht aufgenommen und kehrte bald wieder nach Rom zurück, ohne bei Antonius irgendetwas erreicht zu haben. Die Brücken waren endgültig abgebrochen. Der Senat erkannte Antonius alle Ämter und Würden ab, insbesondere das Konsulat, das er am 1. Januar 31 antreten sollte. Man ging allerdings nicht so weit, ihn zum Staatsfeind zu erklären, da man seinen Anhängern die Möglichkeit des Übertritts offenlassen wollte. In diesem Sinn wurde der Krieg Kleopatra erklärt. Octavian vollzog die heiligen Riten, welche die Tradition für diesen Fall vorschrieb. Die Feindseligkeiten, für die sich beide Lager schon seit Monaten gerüstet hatten, waren nun offiziell eröffnet.

Dieses erneute Aufflammen des Bürgerkriegs wurde wieder von seltsamen Geschehnissen begleitet, von wirklichen oder imaginären Ereignissen, die in der Phantasie des abergläubischen Volkes zu geheimnisvollen, unheilkündenden Zeichen wurden. Cassius Dio, der diesen Dingen stets Aufmerksamkeit schenkt, zählt sie sorgfältig auf: ein Affe, der während einer Zeremonie in den Cerestempel eindringt und Einrichtungsgegenstände umstürzt; eine Eule, die in die ehrwürdigsten Tempel fliegt, mit dem Concordiatempel angefangen bis hin zu dem Heiligtum, das dem Genius des römischen Volkes geweiht war; der heilige Wagen Jupiters, der im Hippodrom plötzlich zerbricht; ein seltsames Licht, das mehrere Tage lang am Himmel über dem Ionischen Meer zu beobachten ist; Weihegaben, eine Trophäe, eine Statue der Victoria, die der Sturm zu Boden wirft; eine einstürzende Holzbrücke, schreckliche Brände, ein verheerender Ausbruch des Ätna; und schließlich die wundersame Geschichte einer zweiköpfigen Schlange, eines 25 Meter langen Ungeheuers, das in Etrurien sein Unwesen getrieben habe, bis es endlich vom Blitz erschlagen worden sei. Zu diesen tatsächlichen oder angeblichen Ereignissen, deren Bedeutung nicht klar war, kamen noch solche hinzu, die man später als Ankündigungen von Antonius' Niederlage deutete. Eine von ihm an der Adriaküste gegründete Stadt wurde durch ein Erdbeben zerstört; eine Marmorstatue, die man ihm in einem Jupitertempel südlich von Rom errichtet hatte, bedeckte sich mit Schweiß – andere sprechen von Blut – und dies mehrere Tage lang, obwohl man sich bemühte, sie abzutrocknen. In Patrai (Patras), wo Antonius sich aufhielt, setzte ein Blitz den Heraklestempel in Brand; in Athen stürzte während eines Orkans in einem Theater am Fuß der Akropolis eine Dionysosstatue von einer Mauer; derselbe Orkan stürzte auch die Büsten zweier hellenistischer Herrscher um, welche die Athener Antonius zu Gefallen mit seinem Namen versehen hatten. Nun nahm aber Antonius für sich in Anspruch, von Herakles abzustammen; ebenso sah man in ihm den neuen Dionysos; und zuletzt hatten sämtliche anderen Ehrenstatuen, die nicht seinen Namen trugen und von denen es in Athen sehr viele gab, durch den Sturm keinerlei Schaden genommen. Das alles waren Ereignisse, welche die stets auf Vorankündigungen begierigen Alten nachträglich als warnende Zeichen auslegten. Diese verhinderten allerdings nicht, daß die beiden Gegner mit ihren gewaltigen Streitkräften nun den Kampf begannen.

Antonius gebot über 100 000 Fußsoldaten, 12 000 Reiter und 500 Kriegsschiffe, Octavian über 80 000 Fußsoldaten, die gleiche Anzahl Reiter wie Antonius und eine Kriegsflotte von 250 Schiffen. Das Landheer Octavians war jedoch homogener, und wenn seine Flotte auch zahlenmäßig unterlegen war, so bestand sie aus leichten und damit beweglichen Schiffen. Die riesigen Schiffe des Antonius mit acht oder sogar zehn Ruderdecks waren sicherlich beeindrukkend und gefährlich, denn sie hatten zahlreiche Fußsoldaten und Wurfgeschütze an Bord. Doch benötigten sie auch eine große Anzahl von Ruderern, und an solchen mangelte es. Um die Besatzungen aufzufüllen, führte man in ganz Griechenland Zwangsrekrutierungen durch. Die Kapitäne nahmen jeden, dessen sie habhaft werden konnten: Wanderer, Eseltreiber, Bauern, Jugendliche, die alle keinerlei Erfahrung auf dem Meer besaßen. Die von Agrippa bestens geführte Flotte Octavians hingegen verfügte über geübte Besatzungen, die sich schon im Kampf gegen Sextus Pompejus bewährt hatten.

In dem nun beginnenden Konflikt ging es deutlicher als in den vorangegangenen Bürgerkriegen darum, den unüberbrückbaren Gegensatz zwischen zwei einzelnen Männern zu lösen. Zwei Charaktere standen sich gegenüber, spontan und herzlich der eine, kalt und berechnend der andere. Der eine zeigte sich für die politische Praxis und die Lebensweise aufgeschlossen, die ihm der griechische Orient bot, der andere gab vor, die römischen Traditionen erhalten oder nötigenfalls wiederherstellen zu wollen, die durch nun schon ein Jahrhundert währende Unruhen und Konflikte entartet und verfälscht waren. Der Fünfzigjährige, offen, lebhaft, begeisterungsfähig, träumte von einem Imperium nach der Art von Alexanders Reich, in dem die männliche Kraft der römischen Waffen den Zement des komplexen Gebäudes aus Stadtstaaten und Königreichen darstellte, von einem Reich, das auf Bündnisse zwischen Fürsten gegründet war, über denen jene höchste Macht stand, die der oberste Feldherr kraft der Tatsachen ausübte, der Feldherr, den Fortuna aufgrund seiner Tapferkeit zu dieser Stellung ausersehen hatte: Es war die Vision des Römers, der sich die Pläne Caesars zu eigen gemacht hatte und in dem nun die ehrgeizigen Bestrebungen der hellenistischen Monarchen zu neuem Leben erwachten. Anders der Dreißigjährige: Schlau und hellsichtig, ebenso gefühllos grausam wie geschickt überzeugend, benutzte er die Institutionen der Republik, um seine Macht im Staat auszubauen, indem er dessen Mechanismen unter seine Kontrolle brachte. Beide aber verfolgten ein und dasselbe Ziel: Jeder von ihnen wollte, in welcher Form auch immer, die ungeteilte Herrschaft ausüben. Das Beispiel Caesars hatte ihnen gezeigt, daß allein das unbestrittene Prestige eines Mannes das Gewicht des riesigen Staatsgebäudes tragen konnte, das Rom mit seinen Eroberungen rings um das Mittelmeer errichtet hatte. Sie verlangten daher auch von ihren Truppen und den Verbündeten, daß sie einen Eid auf ihre Person ablegten, ein Zeremoniell, das später als die sicherste Garantie der kaiserlichen Macht beibehalten wurde.

Beide Seiten ergriffen zunächst verschiedene Propagandamaßnahmen, um die Moral des Gegners zu untergraben. Beide verteilten unter den gegnerischen Truppen Geld, um sie zum Überlaufen zu veranlassen oder um Auskünfte zu erhalten. Beide schickten Spione, die sich als Überläufer ausgaben. Antonius kündigte an, er werde nach seinem Sieg von sämtlichen Ämtern zurücktreten und die Regierung des Staates innerhalb einer Frist von zwei Monaten in die Hände von Senat und Volk zurücklegen (was seine persönliche Stellung bei Kleopatra nicht berührt hätte). Octavian verteilte unter seinen Truppen Geld, um sich ihre Ergebenheit zu sichern. Aber all diesen Kunstgriffen kam geringe Bedeutung zu im Vergleich zu den militärischen Operationen. Allein diese sollten die Entscheidung bringen.

Antonius hatte eine Offensive, und das heißt eine Invasion Italiens, ins Auge gefaßt und zu diesem Zweck schon im Herbst 32 eine Flotte nach Korfu entsandt. Octavian schickte seinerseits ein Geschwader an die epirotische Küste, gleichzeitig zog er seine Truppen in der Umgebung von Brundisium zusammen. Da Antonius sich in dieser Region nicht stark genug fühlte, zog er seine Flotte auf den

Peloponnes zurück, bevor die kalte Jahreszeit die Schiffahrt einstellte. Er ging damit zu einer Verteidigungsstrategie über und überwachte von seinem Winterquartier in Patrai aus die Bewegungen des Feindes. Der größte Teil seiner Flotte ankerte im Ambrakischen Golf (der auch als Golf von Arta bezeichnet wird), einer weiten Bucht, die nur durch eine schmale Wasserstraße bei Actium mit dem Meer verbunden ist. Um einer feindlichen Invasion in Illyrien oder Epirus vorzubeugen, war auch das Gros seiner Landstreitkräfte in dieser Region konzentriert. Antonius wollte, falls der Gegner kommen sollte, sich in diesem Gebiet zur Schlacht stellen. Octavian hingegen versuchte, ihn aus der Reserve zu locken, indem er ihm ein Schreiben übermittelte, dessen Inhalt er veröffentlichen ließ: Antonius sollte sein Glück in Italien versuchen; er, Octavian, versprach ihm, ihn ohne Gegenwehr landen zu lassen und seine eigenen Truppen einen Tagesritt ins Landesinnere zurückzuziehen, unter der Bedingung, daß es innerhalb von fünf Tagen nach Antonius' Ankunft zur Schlacht komme. Bei letzterem stieß dieser Vorschlag nur auf verächtliche Ablehnung: „Und wenn einer von uns beiden", so erwiderte er, und damit hatte er nicht unrecht, „sein Versprechen nicht hält, wer wird dann als Schiedsrichter dienen?" Es ist verständlich, daß jeder auf dem von ihm gewählten Terrain kämpfen wollte. Auch Antonius provozierte seinen Gegner. Er gab bekannt, daß er, obwohl um 20 Jahre älter, bereit sei, seinen Streit mit Octavian im Zweikampf zu entscheiden. Aber all das waren nur Wortgefechte am Rande der Vorbereitungen zum wirklichen Kampf.

Die bewaffneten Auseinandersetzungen begannen im Frühjahr 31, als die Kriegsschiffe wieder ohne allzu große Risiken in See stechen konnten. Die Initiative ergriff Octavians Flottenbefehlshaber Agrippa. In einer kühnen Unternehmung griff er mit einer Anzahl Schnellsegler die messenische Hafenstadt Methone am südwestlichen Ende des Peloponnes an, die an der äußersten Linken von Antonius' Positionen lag. Agrippa nahm die Stadt im

Sturm. Ihr Verteidiger, der afrikanische Fürst Bocchus von Mauretanien, fand bei den Kämpfen den Tod. Agrippa hatte damit einen Stützpunkt erobert, den er befestigen und ausbauen konnte und von dem aus seine schnellen Schiffe die Transporter aus dem Orient abfingen, die den Peloponnes umsegelten, um die Truppen von Antonius mit Nachschub zu versorgen. Außerdem unternahm er ständig Angriffe gegen die griechische Küste und erzeugte dadurch bei seinem Gegner ein starkes Gefühl der Unsicherheit. Antonius aber konnte es sich nicht erlauben, von seiner bei Actium zusammengezogenen Armee die für eine Rückeroberung von Methone benötigten Streitkräfte abzuziehen. Die Stadt war zu weit entfernt, und Illyrien und Epirus wurden von Octavians Streitkräften direkt bedroht. Er mußte die durch die neue Lage entstandenen Nachteile hinnehmen und blieb bei seinem ursprünglichen Plan. Er verlegte nun sein Hauptquartier von Patrai an den Ambrakischen Golf in die Nähe seiner Flotte und der Hauptmacht seines Landheeres, um hier den Gegner zu erwarten. Kleopatra begleitete ihn.

Durch die Erfolge Agrippas ermutigt, beschloß Octavian zu handeln. Er schiffte sein Heer in Brundisium ein und landete damit an der epirotischen Küste in der Gegend von Panormos, am Fuß der Keraunischen Berge weit nördlich von Korfu, das er anschließend kampflos besetzte, da Antonius seine Garnison von der Insel abgezogen hatte. Auf der Küste nach Süden vorstoßend, nahm er die kleine Ortschaft Toryne ein, deren Name 'Holzlöffel' bedeutet. Seine Flotte ging in einem nahegelegenen kleinen Hafen vor Anker, den man 'Süße Gewässer' nannte. Diese Nachrichten bereiteten dem Generalstab des Antonius einige Sorge, da dessen kurz zuvor aus den Winterlagern aufgebrochenes Landheer seinen Aufmarsch um Actium noch nicht beendet hatte. Kleopatra, sei es aus Leichtfertigkeit, sei es aus tapferer Zuversicht, machte den Offizieren diese Sorge scherzhaft zum Vorwurf: „Was tut es uns schon, wenn sich Octavian auf einem Holzlöffel festgesetzt hat?"

Doch der Feind beließ es nicht dabei. Seine Flotte zeigte sich bald in den Gewässern vor Actium.

Der weite Ambrakische Golf ist mit dem offenen Meer nur durch einen schmalen Wasserarm verbunden, der an seiner engsten, zwischen zwei Vorgebirgen gelegenen Stelle kaum 700 Meter breit ist. Das nördliche Vorgebirge mit der Stadt Preveza ist steil und zerklüftet, das südliche mit Actium flach und niedrig, es war somit schwer zu verteidigen. Trotzdem ließ Antonius hier sein Lager errichten, einerseits, um den Hafen von Actium auszunutzen, der, an der Erweiterung der Meeresenge liegend, sich zum Meer hin öffnet, andererseits, um die Einfahrt zum Golf besser überwachen zu können, in dem sich das Gros seiner Flotte befand. Er ließ zu diesem Zweck die beiden Ufer der Meeresenge befestigen und verwehrte mit seinen Wurfgeschützen den feindlichen Schiffen den Zugang zum Golf. Diese Position hatte auch den Vorteil, gute Verbindungen mit dem Landesinneren zu ermöglichen, während das Vorgebirge von Preveza durch seine Steilheit und die weiten Lagunen an der Nordküste des Golfes vom Hinterland abgeschnitten war. Hinzu kam noch, daß man, falls die feindliche Armee hier an Land gehen sollte, die Schlacht auf einem Terrain liefern konnte, das sich gut für die Bewegungen der Fußtruppen eignete: Antonius sah sich hier mit Recht als geschickter und erfahrener an als sein Rivale. Er hütete sich daher auch, die Seeschlacht anzunehmen, die Agrippa ihm anbot. Ein weiterer Grund dafür war freilich, daß seine Schiffsbesatzungen nicht vollzählig waren. Er hatte noch nicht genügend Truppen zusammengezogen, um seine Schiffe ausreichend zu bemannen. Als sich Octavians Flotte zeigte, griff Antonius zu einer Kriegslist. Um seine Schwäche zu verbergen, reihte er seine Schiffe an der Öffnung der Meeresenge mit dem Bug zum offenen Meer gerichtet auf und ließ die Ruder hochbinden, als wäre seine Flotte zum Auslaufen bereit. Anstatt aber auf ihren Bänken zu bleiben, wurden die Ruderer wie Soldaten be-

Die Flottenoperationen vor der Schlacht von Actium

(nach J.-M. Roddaz)

waffnet und auf das Oberdeck geschickt, so daß sie den feindlichen Beobachtern als das Fußvolk erscheinen mußten, das Antonius noch fehlte. Der Feind ließ sich dadurch täuschen und zog sich wieder zurück.

Octavian behielt die Kontrolle über das Meer und gab die Initiative nicht aus der Hand. Er landete seine Truppen nördlich des Vorgebirges von Preveza, das Antonius nicht besetzt hatte. Hier fand er in der Bucht von Gomaros einen Ankerplatz, der zwar seicht und den vom offenen Meer kommenden Wellen ausgesetzt war, auf dessen langem Strand seine Schiffe aber doch einigermaßen sicher anlegen konnten. Diese Bucht befindet sich am Fuß einer etwa 150 Meter hohen, steilen Erhebung, auf der Octavian sein Lager errichtete. Von hier aus hatte er einen weiten Blick über das Meer mit den Inseln Paxos und Antipaxos im Westen und den Umrissen von Korfu im Nordwesten, nach Osten hin über den Ambrakischen Golf und seine Lagunen, gegen Süden auf die Einfahrt des Hafens von Actium und dessen Umgebung in Richtung auf die Insel Leukas hin. Octavian besaß damit einen guten Beobachtungsposten und gleichzeitig eine günstige Verteidigungsstellung, die durch die Abhänge und die Gewässer des Golfs geschützt war. Seine Legionäre errichteten eine doppelte Mauer, die das Lager mit der Bucht von Gomaros verband. Damit standen sich die beiden Gegner von Angesicht zu Angesicht gegenüber. Jeder von ihnen verfügte über sichere, vor Überraschungsangriffen schützende und schwer angreifbare Befestigungen, eine Pattsituation, in der sie sich gegenseitig blockierten und an der sich bis Ende August, also mehrere Monate lang, nichts ändern sollte.

Das bedeutete nun keineswegs, daß sie untätig blieben. Auf dem Meer kam es zu einem größeren Gefecht zwischen einer Flotteneinheit Octavians und Antonius' Legaten C. Sosius, einem der beiden Konsuln, die sich 32 von Rom in sein Hauptquartier begeben hatten. Sosius überraschte im Schutz des Morgennebels die vor Actium kreuzenden feindlichen Schiffe, schlug sie in die Flucht und verfolgte sie so lange, bis Agrippa mit überlegenen Kräften heraneilte und die Situation umkehrte, so daß Sosius sich unter Verlusten zurückziehen mußte. Auch zu Lande kam es wiederholt zu Gefechten, die aber keine Veränderungen erbrachten. Als die Truppen des Antonius ihren Aufmarsch beendet hatten, verlegte dieser sein Lager auf das Nordufer der Meeresenge, auf die Halbinsel Preveza, nur etwa drei Kilometer südlich von Octavians Lager, von wo er ihm vergeblich die Schlacht anbot. Gleichzeitig sandte er seine Reiterei aus, die den Ambrakischen Golf umgehen und die Stellungen Octavians von Norden her angreifen sollte. Dieser Vorstoß blieb allerdings wirkungslos. Der Feind wurde vom Meer her versorgt und durch diese Reiterangriffe kaum behindert. Im Gegenteil, die Reiterei Octavians unter der Führung des im Vorjahr übergelaufenen M. Titius fügte den Reitern des Antonius eine schwere Niederlage zu, was letzteren dazu brachte, seine Aufstellung erneut zu ändern. Er führte seine Truppen wieder in das ursprüngliche Lager südlich der Meeresenge zurück und verzichtete fortan darauf, das Lager Octavians direkt anzugreifen.

Octavian versuchte nun vergebens, durch Entsendung von Streifkorps auf griechisches und makedonisches Gebiet Antonius aus der Reserve zu locken. Hingegen verzeichnete Agrippa bei seinen Flottenunternehmungen an der griechischen Küste, die er beharrlich fortsetzte, weiterhin Erfolge. In unmittelbarer Nähe von Antonius' Lager besetzte er die Insel Leukas, von der aus er die Schiffahrt im Ionischen Meer wirksam überwachen konnte. Weiter südlich schlug er ein Geschwader des Antonius, das die Einfahrt zum Golf von Korinth verteidigte, bemächtigte sich der Stadt Patrai, des größten Hafens Westgriechenlands, und stieß sogar bis Korinth vor. Die Seeverbindungen von Antonius mit dem östlichen Mittelmeer wurden von nun an durch die feindlichen Flottenverbände unterbrochen, denen Methone, Patrai und Leukas als Basis dienten. Vielen Zehntausenden von Männern, die bei Actium in Zelten kampierten, stand damit für die Versorgung nur mehr der Landweg offen, der über die Berge Akarnaniens und Ätoliens führte, eine beschwerliche Route, auf der man nur begrenzte Mengen unbedingt notwendiger Lebensmittel heranschaffen konnte. Es wurde erforderlich, von den Städten des griechischen Festlandes alles Getreide zu verlangen, das sie zu geben vermochten. Sie mußte dieses mit allen ihnen zur Verfügung stehenden Mitteln, ja sogar auf dem Rücken von Menschen bis zum Golf von Korinth schaffen, wo man es auf Schiffe verlud und in die Häfen Ätoliens transportierte. Der Urgroßvater Plutarchs wurde Zeuge dieser Beschlagnahmen und Zwangstransporte, bei denen selbst freie Bürger Lasten tragen mußten und dabei mit der Peitsche angetrieben wurden. Das Lager des Antonius wurde im Verlauf des Sommers mehr und mehr von Hunger und Not heimgesucht. Auch brachen Seuchen aus, denn die Hitze und die sumpfigen Lagunen der Umgebung begünstigten die Malaria.

Unter diesen Bedingungen verschlechterte sich die Lage von Heer und Flotte des Antonius von Tag zu Tag, und das Kräfteverhältnis veränderte sich zu seinen Ungunsten. Einige seiner Anhänger verloren angesichts dieser nachteiligen Entwicklung das Vertrauen und liefen zum Feind über. Der Fall, der ihn am schmerzlichsten traf, war der Übertritt von Cn. Domitius Ahenobarbus, dem zweiten Konsul des Jahres 32, der ihn auf dem Partherfeldzug begleitet hatte und der künftige Schwiegervater seiner Tochter Antonia war. Alt, krank, der langen Strapazen müde, verärgert über den Einfluß, den Kleopatra gewonnen hatte, und am Sieg verzweifelnd, wollte Ahenobarbus der Niederlage entgehen. Er bestieg ein Boot, setzte über und begab sich in das Lager Octavians. Antonius war zutiefst getroffen, zeigte sich jedoch großzügig und sandte ihm sein Gepäck, seine Sklaven und selbst seine Freunde nach. Der vom Fieber erschöpfte Ahenobarbus starb jedoch kurze Zeit später. Ebenfalls zum Feind hinüber wechselten Q. Dellius, ein weiterer Vertrauter von Antonius, Deiotaros, der Herrscher von Paphlagonien, einem bedeutenden kleinasiatischen Fürstentum, und der Galaterkönig Amyntas, durch dessen Abfall Antonius einen großen Teil seiner Reiterei verlor. Es verrieten ihn also sowohl Römer aus seiner unmittelbaren Umgebung als auch orientalische Verbündete. Der Fall des Q. Dellius, eines römischen Offiziers und Historikers, dem wir wahrscheinlich den Bericht über den Partherfeldzug des Jahres 36 verdanken, ist besonders bedeutsam. Er hatte zunächst die Freundschaft Kleopatras gewonnen, zu der ihn Antonius entsandt hatte, bevor er selbst mit ihr am Kydnosfluß zusammentraf. Mit der Zeit aber hatte Dellius sich durch seine freien Reden mißliebig gemacht. Eines Tages beklagte er sich beim Abendessen mit lauter Stimme darüber, daß man ihm sauer gewordenen Wein eingeschenkt habe, während, wie er sagte, die Lustknaben Octavians in Rom die besten Sorten tranken. Kleopatra war darüber sehr verärgert. Man hinterbrachte Dellius, daß sie ihm nach dem Leben trachte. Er hielt es für besser, es nicht darauf ankommen zu lassen, und lief zum Feind über. Die Informationen, die er Octavian über Antonius' Pläne und seine künftige Seekriegstaktik lieferte, sollten für den Verlauf der Entscheidungsschlacht von Bedeutung sein.

Auf diese untrüglichen Anzeichen einer sich verschlechternden Situation reagierte Antonius in zweifacher Hinsicht. Einerseits verhängte er exemplarische Strafen gegen jene, die er verdächtigte, ebenfalls von ihm abfallen zu wollen. So wurden Jamblichos, der Führer eines arabischen Hilfskorps, und der Senator Q. Postumius dem Henker überantwortet. Andererseits beschloß er, dem Hinauszögern ein Ende zu setzen, da dieses allem Anschein nach nur dem Feind nützte. Es war dringend nötig zu handeln, und das hieß zu kämpfen. Aber auf welchem Terrain? Antonius berief seinen Generalstab zu einer Besprechung ein, um die Meinungen seiner Mitarbeiter einzuholen. Canidius Crassus, der das Landheer befehligte, riet dazu, sich nach Makedonien und Thrakien zurückzuziehen, um dort die entscheidende Schlacht zu schlagen. Er erklärte, daß der König der Geten, eines zahlreichen und kampflustigen thrakischen Volkes, versprochen habe, ihm mit seinem großen Heer beizustehen. Er unterstrich die Kampferfahrung der Legionen, die unter dem Oberbefehl eines so ruhmreichen Feldherrn wie Antonius auf einem ihnen wohlvertrauten Terrain Hervorragendes leisten würden. Was die Flotte betraf, so mußte man sie mit der Königin nach Ägypten zurückschicken, ohne zu versuchen, einen Sieg über die überlegenen Geschwader Octavians zu erringen. Kleopatra war ganz anderer Meinung. Sie wollte auf dem griechischen Festland nur einige Garnisonen zurücklassen, um einzelne strategische Punkte zu verteidigen. Das Gros der Truppen sollte hingegen zwecks Durchbrechung der Blockade eingeschifft werden und mit ihr unter dem Oberbefehl von Antonius nach Ägypten zurückkehren. Antonius mußte also zwischen einer Seeschlacht und einem Landkrieg wählen. Er entschied sich für den Vorschlag Kleopatras.

Noch heute wird darüber diskutiert, welcher Plan der klügere war, eine angesichts der Ereignisse freilich etwas eitle Mühe. Es ist aber trotzdem nicht ganz unnütz, Für und Wider gegeneinander abzuwägen, da die Lobredner Octavians sich darin gefielen, die Entscheidung des Antonius als einen weiteren Beweis für seine Abhängigkeit vom Willen Kleopatras hinzustellen. Tatsächlich aber hatte sich die Situation so entwickelt, daß sämtliche noch möglichen Lösungen schwere Nachteile mit sich brachten. Noch länger abzuwarten bedeutete, wie schon gesagt, das Spiel auf jeden Fall zu verlieren. Das Heer nach Makedonien und Thrakien zu führen war verlockend, und Canidius hatte dafür auch gewichtige Argumente vorgebracht. Allerdings hätte diese Entscheidung bedeutet, daß man seine Niederlage eingestand, noch bevor man überhaupt richtig gekämpft hatte. Ein solches Eingeständnis konnte dazu führen, daß die Verbündeten dem Beispiel des Paphlagoniers Deiotaros und des Galaters Amyntas folgten und reihenweise abfielen. Das ganze politische Gebäude, das Antonius im Orient errichtet hatte und das auf dem Respekt vor seiner Macht beruhte, lief Gefahr einzustürzen, wenn die Fürsten und die Völker nicht mehr an sie glaubten. Und was sollte aus der Flotte werden, wenn das Landheer abzog und sie im Ambrakischen Golf ihrem Schicksal überließ? Sie würde den feindlichen Schiffen nicht entkommen, wenn sie versuchen sollte, aufs offene Meer hinauszufahren, ohne die entsprechenden Kampftruppen an Bord zu haben, deren Wurfgeschoße jeden Enterversuch verhinderten (denn so liefen damals Seeschlachten ab, wie der Krieg gegen Sextus Pompejus gezeigt hatte). Ging aber die Flotte verloren, so fiel damit auch ein Teil der Kriegskasse in die Hände des Feindes, denn man konnte auf einem schwierigen Rückzug über das Gebirge nicht alles mitnehmen. Und schließlich wäre Kleopatra dann gezwungen gewesen, mit Antonius beim Heer zu bleiben, es sei denn, sie wollte sich der Gefahr aussetzen, von den feindlichen Geschwadern abgefangen zu werden, mit all den Konsequenzen, die sich daraus für ihr Königreich ergeben hätten, das seiner legitimen Herrscherin beraubt worden wäre. Hingegen erschien es nicht unmöglich, die Seeblockade zu durchbrechen, vorausgesetzt, daß die schweren Kriegsschiffe ausreichend mit Kampftruppen bemannt waren, um der feindlichen Flotte die Stirn bieten zu können. Man konnte auf diese Weise den besseren Teil der Armee und die gesamte Kriegskasse retten; in Ägypten würde Antonius dann mit Hilfe der sieben in Syrien und der Cyrenaika zurückgelassenen, intakten Legionen seine Streitkräfte wieder vervollständigen. Der Rest des Landheers sollte versuchen, sich ohne Gefechte nach Makedonien zurückzuziehen. Auf diese Weise bot sich die Chance, aus der tödlichen Falle herauszukommen, in die man bei Actium geraten war. So sah Cassius Dio zufolge der Plan aus, den Antonius auf Anregung Kleopatras entwarf. Angesichts der gegebenen Umstände war er sicherlich gewagt, doch weder feige noch absurd.

Wollte er diesem Plan wirklich folgen? Die Vorbereitungen, die er traf, lassen darauf schließen. So ließ er den größten Teil der ägyptischen Schiffe verbrennen, um sie nicht in die Hände des Feindes fallen zu lassen. Wahrscheinlich handelte es sich um Frachtschiffe, die nicht mehr benötigt wurden. Er behielt nur sechzig davon, offenbar die schnellsten und für den Kampf am besten geeigneten. Von der übrigen Flotte wählte er die größten und stärksten aus, um sie für den Kampf zu rüsten. Auf diese ließ er nachts den Großteil der Kriegskasse bringen. Er bemannte sie mit insgesamt 20 000 Mann Fußvolk und 2 000 Bogenschützen. Viele dieser Schiffe waren äußerst schwer und besaßen vier bis zehn übereinander angeordnete Ruderdecks, wie es in den Flotten der hellenistischen Fürsten Tradition war. Ihre Rümpfe hatten so starke Wände, daß ihnen die Rammsporne des Feindes nichts anhaben konnten; ihr Oberdeck war in großer Höhe angeordnet und bot so den darauf postierten Fußsoldaten hervorragende Schußpositionen; man hatte darauf hölzerne Türme errichtet, so daß sie geradezu Stadtmauern ähnelten; Katapulte fungierten als Schiffsgeschütze. Es handelte sich sozusagen um schwimmende Festungen, die sich auf den Feind zubewegen konnten. Obwohl man sich während des Kampfes nur mit Ruderkraft fortbewegte, um nicht vom Wind abhängig zu sein, ließ Antonius die Segel mit an Bord nehmen und einsatzbereit machen, um, wie er sagte, den flüchtenden Feind besser verfolgen zu können.

Die Aussicht, eine Seeschlacht schlagen zu müssen, gefiel den alterprobten römischen Legionären wenig. Ein Centurio wies vor Antonius auf seine Narben und sagte zu ihm mit flehender Stimme: „Warum, Imperator, verachtest du meine Narben und die Kraft meines Schwertes und setzt deine Hoffnung auf elende Holzschalen? Mögen sich Ägypter und Phönikier auf dem Meer schlagen, uns laß auf festem Boden kämpfen! Dort verstehen wir es, aufrecht zu sterben und den Sieg zu erzwingen!" So bewegt Antonius auch war, er antwortete ihm nur mit einer Bewegung des

Kopfes und der Hand, um ihn zu trösten, und ging weiter. Es war Zeit zu handeln. Die Kühnheit des Feindes kannte keine Grenzen mehr: Um ein Haar wäre Antonius bei einem Kommandounternehmen des Gegners in Gefangenschaft geraten, als er sich nachts ohne Eskorte vom Lager zum Hafen begab, um die Schiffe zu inspizieren.

Man näherte sich dem Ende des Monats August. Beobachter und Überläufer hatten Octavian über die Absichten seines Gegners genau unterrichtet. Er und Agrippa hielten deswegen ihre Geschwader für die bevorstehende Schlacht bereit. Vier Tage lang machte ein Sturm die Ausfahrt der Flotte unmöglich. Am Morgen des 2. Septembers aber beruhigte sich die tobende See, und die gesamte Flotte des Antonius verließ den Hafen von Actium und formierte sich zur Schlacht. Octavians Flotte stellte sich ihr gegenüber auf. Sie war der von Antonius zahlenmäßig weit überlegen (mehr als 400 gegen weniger als 200 Schiffe), es handelte sich jedoch größtenteils um kleinere und leichtere Einheiten. Lange Zeit hindurch verharrten die beiden Schlachtreihen in einem Abstand von einer Meile und beobachteten einander. Die Schiffe von Antonius standen in dichtgedrängter Reihe vor der Einfahrt zum Golf, so daß sie einander fast berührten. Der Feldherr ließ sich in einem leichten Boot von dem einen Flügel seiner Formation zum anderen rudern und wiederholte nochmals vor jedem Schiff seine Befehle. Sie lauteten, sich so zu verhalten, als ob man vor Anker läge, den Feind herankommen zu lassen, ohne selbst vorzurücken, und nach den Regeln einer Landschlacht zu kämpfen. Es scheint, daß Antonius in Abänderung seines ursprünglichen Plans und im Vertrauen auf die Verteidigungskraft seiner Schiffe nun den Entschluß gefaßt hatte, eine Entscheidungsschlacht zu liefern, anstatt einen Durchbruch der Blockade zu erzwingen. Die beiden Landheere hatten ihre Lager verlassen, das des Antonius' unter dem Befehl von Canidius Crassus, und sich auf den Ufern beiderseits der Meeresenge aufgestellt. Sie beschränkten sich darauf, die Bewegungen der beiden Flotten zu beobachten. Es heißt, daß Octavian, als er sich vor dem Morgengrauen erhoben hatte, um seine Flotteneinheiten zu inspizieren, auf seinem Weg vom Lager zum Strand einem Bauern begegnet sei, der einen Esel vor sich hertrieb. Wie es im Altertum Brauch war, fragte er ihn nach seinem Namen. Der Bauer antwortete: „Man nennt mich Eutychos ('Glückskind'), und mein Esel heißt Nikon ('der Siegreiche')." Octavian, der äußerst abergläubisch war, sah in dieser Begegnung ein gutes Omen. Als er später in dieser Gegend zum Gedenken an den Erfolg seiner Waffen Nikopolis, die 'Stadt des Sieges', erbaute und einen Tempel errichtete, ließ er dort auch eine Bronzegruppe aufstellen, die einen Bauern mit seinem Esel darstellte. Ein weiterer Beweis für die enorme Bedeutung, die man im Altertum allem beimaß, was als Hinweis auf den Willen der Götter erscheinen konnte.

Wie es im Sommer vorkommt, erhob sich gegen Mittag vom Meer her ein stärkerer Wind. Um nicht an die Küste getrieben zu werden, setzten sich die Schiffe von Antonius, deren Besatzungen des langen Wartens müde waren, in Bewegung, insbesondere der linke Flügel. Octavian, der diesem mit seinem Geschwader gegenüberlag, zog sich daraufhin zum Schein zurück, um den Gegner auf das offene Meer hinauszulocken. Agrippa, der den anderen, Antonius gegenüberliegenden Flügel befehligte, folgte diesem Beispiel und zog sich ebenfalls zurück. Als sie der Meinung waren, über genügend Raum zu verfügen, um ihre zahlenmäßige Überlegenheit nutzen zu können, ließen sie ihre Schiffe wenden und angreifen. Die großen Schiffe des Antonius hatten sich während des Vorrückens zu weit voneinander entfernt. Jetzt war plötzlich jedes von ihnen von drei oder vier Angreifern umringt, die leichter und beweglicher waren, aber mit ihren Rammspornen gegen die massiven Rümpfe der ersteren nichts ausrichteten, da diese den Stößen widerstanden. Wie Antonius es vorgesehen hatte, nahm der Kampf den Charakter eines Angriffs auf eine Festung an, die sich mit ihren Wurfgeschützen zur

Wehr setzt und deren Belagerer sich bemühen, sie mit einem Geschoßhagel zuzudecken: Katapulte und Ballisten schossen von den Türmen herab, Schleuderer, Speerwerfer und Bogenschützen versandten ihre Geschosse und Brandpfeile. Auf diese Weise wurde mehrere Stunden hindurch gekämpft, ohne daß es zu einer Entscheidung kam.

Als der aus Nordwest wehende Wind plötzlich auffrischte, erachtete Kleopatra, deren sechzig Schiffe bisher hinter der Schlachtreihe gewartet hatten, den Augenblick für gekommen, um mit der von ihr empfohlenen Durchbrechung der Blockade zu beginnen. Sie ließ die Segel setzen, erschien mit ihrem Geschwader überraschend auf dem Kampfplatz, durchfuhr ohne Schwierigkeiten die Formationen des überraschten Feindes und drehte dann nach Süden in Richtung auf den Peloponnes ab, ohne daß die Schiffe Octavians, die ihre Segel nicht mitgenommen hatten, die Verfolgung aufnehmen konnten.

Als Antonius das sah, verließ er das leichte Schiff, von dem aus er die Operationen geleitet hatte, und stieg auf einen Fünfruderer um. Auf diesem folgte er dem Geschwader Kleopatras, das er bald darauf einholte, und ließ sich von ihrem Schiff an Bord nehmen. Hier hatte er zunächst den Angriff einiger leichter Schiffe abzuwehren, die Octavian zu seiner Verfolgung ausgesandt hatte. Während Kleopatras Schiff die Fahrt nun wieder fortsetzte, ging er, ohne mit der Königin auch nur gesprochen zu haben, auf das Vorderdeck, ließ sich dort nieder und blieb, den Kopf auf die Hände gestützt und den Blick auf das Meer gerichtet, schweigend sitzen, bis sie am dritten Tag Kap Tainaron an der Südspitze des Peloponnes erreichten. Jetzt erst gab er den beschwörenden Bitten der Dienerinnen Kleopatras nach und erklärte sich bereit, die gewohnte Lebensgemeinschaft mit ihr wiederaufzunehmen.

Diese Vorgänge wurden von den Siegern als eine feige Flucht hingestellt, und das Verhalten von Antonius auf Kleopatras Schiff, seine Niedergeschlagenheit, sein langes Schweigen, all das scheint diese Darstellung zunächst zu bestätigen. Es ist jedoch durchaus denkbar, und die neuere Forschung neigt zu dieser Auffassung, daß das überraschende Manöver von Kleopatras Geschwader einem von beiden gefaßten Plan entsprach und daß Antonius, als er ihr nachfuhr, einer bereits vor der Schlacht getroffenen Entscheidung folgte. Wenn er seinen Steuerleuten befahl, entgegen der bei Seeschlachten üblichen Praxis die Segel mit an Bord zu nehmen, hatte er dann nicht schon von Anfang an die Absicht, die Umklammerung durch die feindliche Flotte gewaltsam zu durchbrechen? In diesem Fall hätte die Schlacht in ihrem ersten Abschnitt nur den Zweck gehabt, den Abzug nach Süden zu ermöglichen: Die Aufmerksamkeit der feindlichen Verbände sollte so lange abgelenkt werden, bis das Geschwader Kleopatras die Möglichkeit hatte, über das offene Meer zu entkommen. War dies geglückt, so sollten die übrigen Einheiten den Kampf abbrechen und sich unter Ausnutzung des Nordwestwindes ihrerseits absetzen. So gesehen gab Antonius, als er der Königin folgte, seiner Flotte nur das Signal, den zweiten Teil dieses Plans auszuführen.

Das Unglück aber wollte es, daß das Gros der in die Kämpfe verwickelten Flotte ihm eben nicht folgte und, wie es scheint, nicht einmal den Versuch dazu unternahm. Ließ Antonius, wie es die Überlieferung will, sich plötzlich zu einer völlig unüberlegten und irrationalen Handlung hinreißen? Das wäre nicht nur unverzeihlich gewesen, sondern würde auch gar nicht zu seinem gewohnten Verhalten als verantwortungsbewußter Feldherr passen, der sich seinen Soldaten sehr stark verbunden fühlte. Wurden seine Befehle nicht richtig übermittelt, da infolge von Sturm und Regen und durch das Kampfgeschehen die Verbindung zwischen seinen Einheiten abgerissen war? Jedenfalls ging der Kampf mit unverminderter Heftigkeit bis zum späten Nachmittag weiter. Die schwere See behinderte die Bewegungen, und die riesigen Schiffe des Antonius, die von allen Seiten her angegriffen wurden, litten sehr unter dem Anprall der hohen Wellen. Dies um so mehr, als die Angrei-

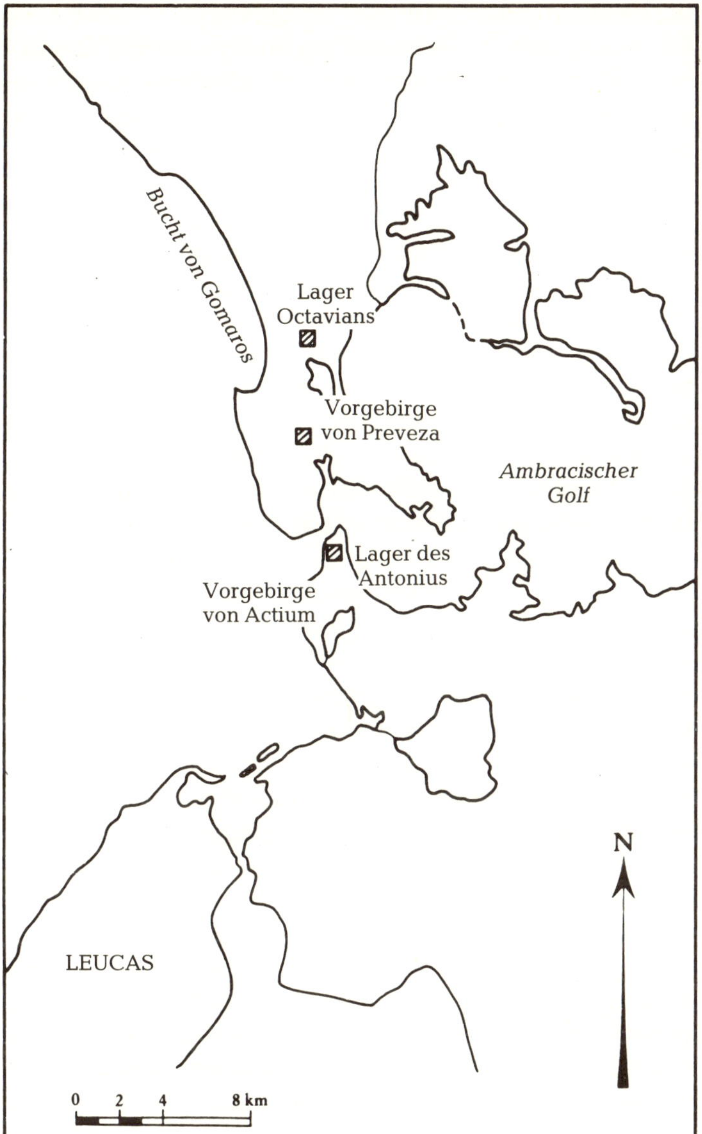

Die Schlacht von Actium
(nach J.-M. Roddaz)

fer, dicht unter den hochbordigen Kolossen vorbeifahrend, ihre Ruder und Steuer zerstörten. Manövrierunfähig oder durch Fackeln und Brandpfeile in Flammen stehend, wurden viele geentert oder sanken. Einige schafften es, sich zur Küste zurückzuziehen, wo sie sich etwas später dem Feind ergeben mußten. Anderen wiederum gelang es zu entkommen. Bei Cassius Dio, dem man wirklich nicht nachsagen kann, er sei für Antonius eingestellt, läßt ein Satz erkennen, daß sie dabei auf Anweisung handelten: „Nachdem Antonius sie verlassen hatte", so schreibt er, „verloren die Besatzungen der zurückgebliebenen Schiffe den Mut und suchten nun ebenfalls nach einem Mittel, das ihnen die Flucht ermöglichte. Die einen zogen die Segel auf, die anderen stürzten die hölzernen Türme ins Meer und warfen Ausrüstung über Bord, um ihre Schiffe leichter zu machen und so besser fliehen zu können." Hier liegt ein – von der Propaganda des Siegers freilich böswillig interpretiertes – Indiz dafür vor, daß das Manöver von Antonius und Kleopatra auf einem abgestimmten Plan beruhte. Plutarch bezeugt, daß nach der Niederlage eine Anzahl von Schiffen, die mehrere Freunde des Antonius an Bord hatten, am Kap Tainaron eintraf. Letztere wußten also, wo sie ihren Feldherrn wiederfinden würden. Möglicherweise war ihnen vorher mitgeteilt worden, wo sie sich einfinden sollten.

Das alles änderte freilich nichts daran, daß der größte Teil der Kriegsflotte verloren war, was dem geschlagenen Feldherrn im Moment als ein nicht wiedergutzumachender Verlust erschien: Der unglückliche Ausgang der Schlacht, für den er sich persönlich verantwortlich fühlte, hatte alle seine Pläne über den Haufen geworfen. Daraus erklärt sich wohl hinreichend die tiefe Niedergeschlagenheit, in der er fast drei Tage lang verharrte, nachdem er hatte ansehen müssen, daß ihm die Hauptmacht seiner Flotte nicht folgen konnte. Es blieb jedoch noch das Landheer, das unter dem Kommando von Canidius Crassus in seinem Lager bei Actium noch einsatzbereit war. Von Tainaron aus erteilte ihm Antonius den Befehl, sich nach Makedonien zurückzuziehen und anschließend nach Kleinasien überzusetzen. Canidius brach daraufhin das Lager ab und setzte sich mit dem Gros seiner Truppen in Marsch. Er ließ in den Verschanzungen bei Actium nur ein kleines Kontingent zurück, das sich dem Feind kampflos ergab. Octavian wollte einen neuerlichen Kampf vermeiden und machte den nach Makedonien abziehenden Legionen Angebote, die sie jedoch ablehnten. Obwohl sie sich alleingelassen fühlten, hielten sie Antonius noch sieben Tage lang die Treue. Immer noch hofften sie, er werde zu ihnen zurückkehren und sich an ihre Spitze setzen, um dem Feind die Stirn zu bieten, so tief und aufrichtig war ihre Ergebenheit für ihren Feldherrn. Schließlich verlor Canidius den Mut. Da er nicht selbst in Verhandlungen treten wollte, verließ er des Nachts das Lager und überließ die Truppen ihrem Schicksal. Jetzt erst nahmen die Legionen die Angebote Octavians an und ergaben sich dem Sieger, der sie, wie es in den Bürgerkriegen üblich war, in sein eigenes Heer eingliederte.

Die Auflösung des Landheers verwandelte die verlorene Seeschlacht in eine Katastrophe. Sie bedeutete den Verlust Makedoniens und Griechenlands, und, was noch schlimmer war, Kleinasiens, das zu seiner Verteidigung über keine einzige Legion mehr verfügte. Das gesamte System der Vasallenstaaten mußte nun zusammenbrechen. Die Fürsten, die nicht rechtzeitig dem Beispiel des Galaterkönigs Amyntas gefolgt und zur anderen Seite übergegangen waren, würden abgesetzt oder noch strenger bestraft werden. Die Hoffnung, die Lage militärisch wieder in den Griff zu bekommen oder einen Kompromiß auszuhandeln, schwand nun gänzlich. Antonius, der immer noch am Kap Tainaron abwartete, wurde sich dessen voll bewußt. Mit gewohnter Großzügigkeit dachte er zuerst an seine Freunde, die er in dieses Abenteuer hineingezogen hatte. Auf einem der Frachtschiffe befand sich eine große Menge Geldes und kostbaren Gold- und Silbergeschirrs, das aus dem königlichen Schatz stammte. Er schenkte ihnen die ganze Schiffsladung mit der Auflage, sie unter sich zu teilen und sich dann um ihre eigene Sicherheit zu sorgen. Als sie in Tränen ausbrachen und sich weigerten, das Geschenk anzunehmen, tröstete er sie freundlich und mit so herzlichen Worten, daß sie schließlich seinen Rat befolgten und ihn verließen. Er gab ihnen Empfehlungsschreiben an einen gewissen Theophilos mit, einen seiner Vertrauensleute in Korinth, den er beauftragte, ihnen so lange Zuflucht zu gewähren, bis sie mit Octavian ihren Frieden gemacht hatten. Dann schiffte er sich mit Kleopatra ein und segelte nach Afrika, wo er in Paraitonion (Marsa-Matruh) an Land ging.

Während die Königin von hier aus nach Ägypten zurückkehrte, blieb er selbst einige Zeit in dieser kleinen Hafenstadt der Marmarika in Gesellschaft zweier treuer Gefährten zurück. Es waren dies der griechische Redner Aristokrates und der Römer Lucilius, jener ehemalige Freund des Brutus, der nach der Schlacht von Philippi, von der Großmut des Siegers bezwungen, zu dessen treuem Freund geworden war. Mit ihnen erging er sich auf einsamen, abgelegenen Wegen und harrte der Nachrichten, die aus der Cyrenaika kommen sollten. Er hatte Boten zu L. Pinarius Scarpus entsandt, dem Befehlshaber der vier Legionen, die zum Schutz dieser reichen Provinz zurückgeblieben waren. Sie stellten für Antonius die letzte Möglichkeit dar, wieder ein Heer aufzustellen. Doch Scarpus sah, daß das Spiel verloren war, und erachtete den Zeitpunkt für gekommen, das Lager zu wechseln. Er ließ die Boten des Antonius hinrichten und zur Abschreckung auch gleich einige seiner Soldaten, die diese Hinrichtungen kritisiert hatten. Damit war auch diese Hoffnung zunichte. Antonius dachte an Selbstmord als einzigen Ausweg aus seiner verzweifelten Situation. Seine Freunde brachten ihn jedoch davon ab und bewogen ihn, sich mit ihnen nach Alexandrien zu begeben, wo ihn Kleopatra erwartete.

Es beginnt nun die letzte Episode dieses bewegten Schicksals, eine Episode, die reich an unerwarteten Ereignissen ist und in der die dramatische Spannung unablässig steigt, bis es letztlich zur Schlußkatastrophe kommt, so als wäre alles von einem Tragödiendichter zusammengefügt. Und ist Plutarch nicht ein geschickter Dramatiker, wenn er diese Episode vor unseren Augen mit vollendeter Kunst wiedererstehen läßt? Wir wollen daher seiner anschaulichen, in bewegenden Bildern abrollenden Erzählung folgen und uns nur hier und da auf den nüchternen und farblosen Bericht von Cassius Dio stützen, um Plutarchs Darstellung in einigen Punkten zu vervollständigen.

Als Kleopatra nach Alexandrien zurückkehrte, bemühte sie sich, die Bevölkerung zu täuschen, da die Nachricht von einer großen Niederlage möglicherweise Unruhen ausgelöst hätte. Sie lief daher mit bekränzten und girlandengeschmückten Schiffen unter dem Klang von Flöten und Siegesgesängen in den Hafen ein. Sobald sie wieder die Zügel der Regierung in der Hand hielt, ließ sie diejenigen Bürger festnehmen und hinrichten, die im Verdacht standen, das Volk von Alexandrien aufgewiegelt zu haben, das unter der Herrschaft der letzten Lagiden an Aufstände sozusagen gewöhnt war. Die Konfiskationen, die diese Maßnahmen nach sich zogen, kamen sehr gelegen, um die königlichen Kassen wieder aufzufüllen. Als Antonius dann in Ägypten eintraf, fand er die Königin mit einer kühnen und einzigartigen Unternehmung beschäftigt: Sie wollte sich für den Fall einer Invasion ihres Landes die Möglichkeit sichern, zu fliehen und den Krieg fortzusetzen, allerdings nicht mehr im Mittelmeer, sondern in Afrika und Asien. Zu diesem Zweck wollte sie einen Teil ihrer Flotte ins Rote Meer hinüberschaffen und dazu die Schiffe über die Landenge von Suez ziehen lassen. Sie wollte sie dann mit ihren wichtigsten Reichtümern und ihren Truppen beladen, um in den Persischen Golf und den Indischen Ozean zu entweichen und dort fern von Octavian und seinen Legionen eine Zuflucht zu finden: ein großartiges Unternehmen, das eines

Hannibal oder Mithridates würdig gewesen wäre. Mittlerweile waren aber die Auswirkungen der Niederlage von Actium spürbar geworden. Canidius Crassus, der, nachdem er seine Truppen verlassen hatte, in Alexandrien eingetroffen war, hatte die Meldungen über diese Auswirkungen bestätigt: Griechenland, Makedonien, Thrakien und Kleinasien waren nacheinander dem Feind in die Hände gefallen. Selbst König Herodes von Judäa, dem Antonius so viele Gunstbeweise gegeben hatte, war zum Sieger übergegangen. Syrien stand unter der Herrschaft eines von Octavian eingesetzten Statthalters namens Q. Didius. Als dieser von den Plänen Kleopatras erfuhr, stiftete er die am Roten Meer lebenden nabatäischen Araber dazu an, die ägyptischen Schiffe anzugreifen. Die arabischen Piraten verbrannten alle, deren sie habhaft wurden, woraufhin Kleopatra das Unternehmen abbrechen ließ.

Nach diesem neuerlichen Mißerfolg verfiel Antonius in tiefe Melancholie. Er, der abgesehen von den Tagen nach Actium stets offen und zugänglich gewesen war, wollte mit niemandem mehr sprechen und zog sich ganz in sich zurück. Um alle menschliche Gesellschaft zu meiden, ließ er sich aus einer seltsamen Herrscherlaune heraus auf einer Hafenmole unweit des königlichen Palastes eine Art Einsiedelei errichten, wo er in völliger Abgeschiedenheit seinen bitteren Gedanken nachhing und sich der Verzweiflung über das Ausmaß seines Unglücks überließ. Er nannte diese Wohnstätte sein *Timoneion* nach dem Namen des berühmten Menschenfeindes Timon, der zur Zeit von Sokrates und Aristophanes in Athen von sich reden machte: „Wie er habe auch ich die Böswilligkeit und Treulosigkeit meiner Freunde erfahren", sagte Antonius, „und wie er empfinde ich für die Menschen nur mehr Mißtrauen und Haß." So sehr inspirierte ihn selbst in seinem Unglück noch die klassische Bildung, von der er geprägt war.

Wider alles Erwarten gewährte das Schicksal Antonius noch einmal einen Aufschub. Octavian hatte die Monate nach der Schlacht von Actium damit verbracht, die weiten

Territorien in Besitz zu nehmen, die sein Gegner nicht mehr zu verteidigen vermochte. Aber noch ehe er den letzten Feldzug gegen Ägypten beginnen konnte, kam es in Italien zu Unruhen: Die entlassenen Soldaten machten ihrer Unzufriedenheit durch Forderungen Luft. Da es selbst Octavians bestem Legaten Agrippa trotz seines Ansehens nicht gelang, die aufgebrachten Veteranen zu beschwichtigen, mußte sich Octavian gegen Ende des Herbstes 31 persönlich nach Italien begeben. Auf diese Weise wurden die Vorbereitungen für den Feldzug gegen Ägypten für die nächste Zeit eingestellt. Diesen unverhofften Aufschub benutzte Kleopatra, die ebenso mutig wie hartnäckig war, um die Verteidigungsbereitschaft ihres Landes zu erhöhen und gleichzeitig Verhandlungen zu versuchen. Antonius ließ sich durch das Beispiel dieser unbezwingbaren Frau mitreißen, faßte neuen Mut und verließ seine Einsiedelei wieder.

Zusammen ergriffen sie nun Maßnahmen, um die Zahl der waffenfähigen Männer des Königreichs zu erhöhen. In diesem Sinn ließen sie unter die Epheben (die jungen Männer, die auf den Kriegsdienst vorbereitet wurden) auch ihre eigenen Söhne feierlich aufnehmen: Ptolemäus Caesarion, den Sohn Caesars und Kleopatras, der bereits Mitregent seiner Mutter war, und M. Antonius Antyllus, den ältesten Sohn von Antonius und Fulvia. Ersterer war sechzehn, letzterer erst vierzehn Jahre alt. Antyllus, der römischer Bürger war, wurde von seinem Vater mit der Männertoga bekleidet, ein Ritus, der nach altem Brauch den Übergang von der Kindheit ins Erwachsenenalter darstellte. Auf diese Weise hatten die Griechen Ägyptens und die Antonius treugebliebenen Römer die Sicherheit, daß sich ihre Herrscher mit ihnen zusammen voll engagierten und daß jeder von ihnen mit seinem unter die Männer aufgenommenen Sohn seinen natürlichen Nachfolger benannt hatte, für den Fall, daß die Eltern den Tod fanden.

Diese Zeremonien wurden von den gewohnten Feierlichkeiten umrahmt. Man feierte Feste, gab Bankette und veranstaltete lärmende Umzüge durch die ganze Stadt.

Trotz der düsteren Zukunft gewannen Antonius und Kleopatra wieder Geschmack an der Entfaltung von Pracht und an prunkvollen Festlichkeiten, die als unverzichtbarer Bestandteil der Königswürde galten. Es war dies der Mut im Angesicht des Untergangs, der verzweifelte Trotz von Verurteilten, die entschlossen waren, das Spiel bis zum Ende zu spielen. Im Bewußtsein dessen wählten sie für ihre Vereinigung eine neue Bezeichnung, die ihrer dramatischen Situation besser entsprach: Die Vereinigung der „unnachahmlich Lebenden" wurde unbenannt in die Gemeinschaft derer, „die gemeinsam sterben werden." Nach Art der Vereinigungen, die sich in allen griechischen Städten großer Beliebtheit erfreuten und deren Mitglieder sich unter der Schirmherrschaft eines Gottes Beistand leisteten und gemeinsame Festmähler veranstalteten, bildeten Antonius und Kleopatra mit ihren Freunden einen festen Kreis, der es sich zur Aufgabe machte, mit Schwelgereien, raffinierten Vergnügungen und verschwenderischen Festen die Freuden des Lebens bis zum Ende auszukosten.

Diese gierig genossenen Zerstreuungen hielten sie jedoch nicht davon ab, sich auch ernsteren Geschäften zu widmen. Nachdem sich der Rückzug ans Rote Meer als undurchführbar erwiesen hatte, planten sie, nach Spanien zu gehen, um den alten Geist der Unabhängigkeit wiederzuerwecken, der sich dort noch keine fünfzig Jahre zuvor zur Zeit des Sertorius geregt hatte. Gleichzeitig entsandten sie Emissäre zu Octavian und versuchten, mit ihm ein Übereinkommen auszuhandeln. Dabei trachteten sie, seine Freunde und Berater mit Geschenken für sich zu gewinnen, sogar Octavian selbst sandten sie reiche Geschenke. Kleopatra hoffte, er werde ihre Kinder über Ägypten herrschen lassen, Antonius erbat sich nur eine Vergünstigung: Falls es ihm nicht gestattet sein sollte, in Alexandrien zu bleiben, wollte er in Athen als einfacher Bürger leben.

Viele ihrer Gefolgsleute fielen von ihnen ab. Einige ihrer engsten griechischen Freunde bemühten sich bereits mit unterschiedlichem Erfolg um die Gunst des Siegers.

Antonius und Kleopatra aber gaben sich einer Täuschung hin, wenn sie glaubten, bei ihrem kaltblütigen und ehrgeizigen Gegner auf Milde rechnen zu dürfen. Jetzt, wo er alle Macht in den Händen hielt, dachte er nur mehr daran, reinen Tisch zu machen. Ihm lag wenig daran, einen Rivalen zu schonen, der ihm so viele Sorgen bereitet hatte, und die Herrscherin eines Königreichs, dessen Reichtümer seine Habgier reizten. Er benutzte die Verhandlungen während dieser Wintermonate nur, um aus den ihm unterbreiteten Ansuchen den größtmöglichen Nutzen zu ziehen und sich den Feldzug zu erleichtern, den er in Syrien gegen das zum Feind Roms erklärte Ägypten vorbereiten ließ.

In diesem Sinn erweckte er bei Kleopatra mit Hilfe von falschen Versprechungen neue Hoffnungen, um sich ihrer gegen Antonius bedienen zu können. Er versprach ihr, sie so zu behandeln, wie es sich angesichts ihres Ranges ziemte, vorausgesetzt, daß sie den Römer beseitigen ließ. Um sie dazu zu bringen, entsandte er einen seiner Freigelassenen an ihren Hof. Dieser entwickelte bei den Unterredungen, zu denen sie ihn empfing, einen solchen Eifer, daß Antonius Verdacht schöpfte, ihn festnehmen und auspeitschen ließ. Dann schickte er ihn mit einem Schreiben an Octavian zurück, um ihm mitzuteilen, daß sein Abgesandter ihn, der durch sein Unglück sehr reizbar geworden sei, in Zorn versetzt habe. „Wenn dich aber", so fügte er hinzu, „diese Sache ärgert, dann steht dir mein Freigelassener Hipparchos zur Verfügung. Ihn magst du an den Armen aufhängen und auspeitschen lassen, damit wir einander nichts vorzuwerfen haben." Das war beißende Ironie, denn Hipparchos, der lange Zeit hindurch Antonius' volles Vertrauen genossen hatte, war kurze Zeit davor zu Octavian übergelaufen.

Wie es manchmal geschieht, hatten die Intrigen, durch welche die beiden Liebenden entzweit werden sollten, das Gegenteil zur Folge. Um sich von jedem Verdacht reinzuwaschen, machte Kleopatra ihre unverminderte Verbundenheit mit Antonius deutlich: Anläßlich seines 53. Geburtstags am 14. Januar 30 veranstaltete sie ein großartiges Fest und stattete die Gäste mit prächtigen Geschenken aus, während sie ihren eigenen Geburtstag in aller Stille begangen hatte. Antonius wurde auch ein anderer, unerwarteter und bewegender Treuebeweis zuteil: Die Gladiatoren, die er in Cyzikum auf der asiatischen Seite des Marmarameeres hatte ausbilden lassen, um nach seinem Sieg für das Volk Spiele zu veranstalten, beschlossen, nach Ägypten aufzubrechen, um ihm zu Hilfe zu kommen. Mit der Waffe in der Hand durchquerten sie Galatien und Kilikien und gelangten unter Überwindung zahlreicher Hindernisse bis nach Syrien, wo sie mit den Legionen des Statthalters Didius zusammenstießen. Sie leisteten diesem überlegenen Gegner erbitterten Widerstand und ließen sich erst auf Verhandlungen ein, als man sie davon überzeugt hatte, daß Antonius tot sei. In den mit ihnen geschlossenen Vereinbarungen wurde ihnen das Recht zugestanden, sich in Daphne niederzulassen, einem durch seinen Apollotempel berühmten Vorort von Antiochia. Desgleichen erhielten sie die Zusicherung, nicht mehr als Gladiatoren kämpfen zu müssen. Unter dem Vorwand, sie zum Heer einzuziehen, führte man diese Männer später wieder auseinander und richtete es so ein, daß sie beseitigt wurden. Mit ihrer Gefolgschaftstreue hatten diese groben und ungebildeten Menschen gezeigt, wie sehr Antonius ihr Herz sich gewonnen hatte.

Octavian war inzwischen nach Asien zurückgekehrt und nahm nun die Vorbereitungen für seinen Ägyptenfeldzug auf. Er schickte die Abgesandten von Antonius ohne Antwort zurück, Kleopatra hingegen ließ er weiterhin in dem Glauben, er werde ihr gegenüber Gnade walten lassen: Er befürchtete, sie könnte in einem Akt der Verzweiflung Hand an sich legen und gleichzeitig ihre als unermeßlich geltenden Schätze zerstören, eine Beute, die er sich nicht entgehen lassen wollte. In der Tat traf die Königin Anstalten in dieser Richtung. Sie bereitete ihr Ende vor, indem sie an zum Tod Verurteilten verschiedene Gifte erproben ließ, um zu sehen, auf welche Art man unter möglichst geringen Schmerzen aus dem Leben scheiden konnte. Es heißt, daß sie auf diese Weise zu dem Entschluß kam, sich durch den Biß einer Aspisviper zu töten, durch den man rasch und offenbar ohne zu leiden das Bewußtsein verlor und starb. Gleichzeitig ließ sie ihre kostbarsten Schätze – Gold, Silber, Perlen, Smaragde, Möbelstücke aus Elfenbein und Ebenholz, Myrrhe und duftende Essenzen – aber auch große Mengen Brennmaterial in die königlichen Mausoleen schaffen, die sie nahe am Isistempel errichtet hatte. Wenn nötig, konnte sie auf diese Weise alles verbrennen lassen, ein Erpressungsmittel, das sie für den äußersten Fall vorgesehen hatte.

Mit Anbruch des Frühjahrs wurden die militärischen Operationen wieder aufgenommen. Octavian begann die Offensive zugleich im Westen und im Osten. Von der Cyrenaika aus griff C. Cornelius Gallus an, der Freund Vergils, der sich an die Spitze der Legionen gestellt hatte, die nach Actium unter Scarpus zu Octavian übergegangen waren. Er nahm mit diesen Truppen Paraitonion ein, das westliche Tor zu Ägypten. Auf die Meldung von der Einnahme dieser Stadt hin eilte Antonius mit einem Geschwader und einer großen Anzahl Fußtruppen herbei, um seine ehemaligen Soldaten wieder für sich zu gewinnen. Er begab sich vor das gegnerische Lager und wollte sich mit einer Rede an sie wenden, wie er es einst in der Gallia Narbonensis vor den Legionen des Lepidus getan hatte. Doch Gallus ließ alle Trompeten blasen, so daß seine Stimme übertönt wurde. Ein Sturmangriff gegen die Befestigungen scheiterte. Auch gelang es dem ägyptischen Geschwader nicht, sich des Hafens zu bemächtigen. Antonius mußte sich wieder nach Alexandrien zurückziehen.

Octavian selbst griff währenddessen von Syrien aus an. Er besetzte die Festung Pelusion, womit der Weg nach Ägypten frei war. Es ging die Rede, Kleopatra habe dem Festungskommandanten den Auftrag erteilt, den Platz kampflos zu übergeben. Um diesem Gerücht entgegenzu-

tags am 14. Januar 30 veranstaltete sie ein großartiges Fest und stattete die Gäste mit prächtigen Geschenken aus, während sie ihren eigenen Geburtstag in aller Stille begangen hatte. Antonius wurde auch ein anderer, unerwarteter und bewegender Treuebeweis zuteil: Die Gladiatoren, die er in Cyzikum auf der asiatischen Seite des Marmarameeres hatte ausbilden lassen, um nach seinem Sieg für das Volk Spiele zu veranstalten, beschlossen, nach Ägypten aufzubrechen, um ihm zu Hilfe zu kommen. Mit der Waffe in der Hand durchquerten sie Galatien und Kilikien und gelangten unter Überwindung zahlreicher Hindernisse bis nach Syrien, wo sie mit den Legionen des Statthalters Didius zusammenstießen. Sie leisteten diesem überlegenen Gegner erbitterten Widerstand und ließen sich erst auf Verhandlungen ein, als man sie davon überzeugt hatte, daß Antonius tot sei. In den mit ihnen geschlossenen Vereinbarungen wurde ihnen das Recht zugestanden, sich in Daphne niederzulassen, einem durch seinen Apollotempel berühmten Vorort von Antiochia. Desgleichen erhielten sie die Zusicherung, nicht mehr als Gladiatoren kämpfen zu müssen. Unter dem Vorwand, sie zum Heer einzuziehen, führte man diese Männer später wieder auseinander und richtete es so ein, daß sie beseitigt wurden. Mit ihrer Gefolgschaftstreue hatten diese groben und ungebildeten Menschen gezeigt, wie sehr Antonius ihr Herz für sich gewonnen hatte.

Octavian war inzwischen nach Asien zurückgekehrt und nahm nun die Vorbereitungen für seinen Ägyptenfeldzug auf. Er schickte die Abgesandten von Antonius ohne Antwort zurück, Kleopatra hingegen ließ er weiterhin in dem Glauben, er werde ihr gegenüber Gnade walten lassen: Er befürchtete, sie könnte in einem Akt der Verzweiflung Hand an sich legen und gleichzeitig ihre als unermeßlich geltenden Schätze zerstören, eine Beute, die er sich nicht entgehen lassen wollte. In der Tat traf die Königin Anstalten in dieser Richtung. Sie bereitete ihr Ende vor, indem sie an zum Tod Verurteilten verschiedene Gifte erproben ließ,

Im Morgengrauen des 1. August, als das Landheer sich zur Schlacht aufstellte, beobachtete Antonius von einem Hügel aus die Bewegungen seiner gegen Octavians Flotte vorrückenden Kriegsschiffe. Als diese aber nahe genug am Feind waren, um anzugreifen, grüßten sie stattdessen mit ihren Rudern die Schiffe Octavians und vereinigten sich mit ihnen, worauf alle zusammen gegen Alexandrien vorrückten. Kaum hatte Antonius dies mitansehen müssen, als seine gesamte Reiterei zum Feind überging. Die Fußtruppen stellten sich zum Kampf, wurde jedoch von ihrem übermächtigen Gegner bald über den Haufen geworfen. Für Antonius war alle Hoffnung dahin. Er kehrte in die Stadt zurück und wollte es nicht glauben, daß Kleopatra selbst ihrer Flotte den Befehl erteilt hatte, sich zu ergeben. Hatte sie diesen Befehl erteilt? Es ist nicht auszuschließen, daß sie Octavian dieses allerletzte Pfand gab, um ihrer Familie die Herrschaft über das Königreich Ägypten zu erhalten. Das ist aber in keiner Weise bewiesen. Der Versuchung, sich dem Stärkeren zu ergeben, waren schon genügend andere Befehlshaber erlegen, und es ist durchaus möglich, daß die Kommandanten der Lagidenflotte ebenso handelten, ohne daß die Königin es ihnen erst befehlen mußte. Wie auch immer, Kleopatra verhielt sich so, wie es für den Fall einer ausweglosen Lage vorgesehen war. Sie hatte sich in das Mausoleum zurückgezogen, in dem ihre Schätze lagerten, und sich hinter festen Gittern eingeschlossen. Von hier aus sandte sie Antonius die Nachricht, sie sei tot. Da sie nun vor allem darauf bedacht war, die Zukunft ihrer Dynastie zu sichern, wollte sie ihr Schicksal von dem ihres Geliebten trennen.

Als Antonius die unheilvolle Nachricht erhielt, zögerte er nicht länger. Es schien ihm, daß diese Frau, die er so sehr geliebt hatte, ihm durch ihr mutiges Beispiel den Weg wies. Es blieb ihm nur mehr der Tod. Er legte seinen Brustpanzer ab und bat einen ihm treu ergebenen griechischen Sklaven namens Eros, er möge ihm den tödlichen Stoß versetzen. Daraufhin zog Eros das Schwert, aber nur, um sich selbst damit zu töten. Voll Erschütterung über dieses Selbstopfer folgte Antonius augenblicklich seinem Beispiel und stieß sich das Schwert in den Unterleib. Er fiel vornüber und blieb mit dem Gesicht zu Boden liegen. Die Umstehenden dachten, er sei tot, und brachen in lautes Wehklagen aus, das schließlich bis an die Ohren Kleopatras drang. Diese sandte nun ihren Geheimschreiber Diomedes, um den Leichnam zu ihr in das Grabmal bringen zu lassen. Antonius aber war wieder zu Bewußtsein gekommen. Als er nun erfuhr, daß die Königin noch am Leben war, verlangte er, zu ihr gebracht zu werden. Man trug ihn auf den Armen zum Eingang des Grabmals und legte ihn dort zu Boden. Da die Tür bereits fest verschlossen war, erschien Kleopatra an einer oberhalb gelegenen Fensteröffnung: Nach einem weitverbreiteten Brauch der hellenistischen Zeit war das Mausoleum als Turm mit mehreren Stockwerken gebaut. Da die Arbeiten noch nicht ganz abgeschlossen waren, befanden sich noch Seile und Rollen dort, die man zum Hochziehen von Baumaterial verwendete. Ihrer bediente sich nun die Königin, um mit Unterstützung der beiden Dienerinnen, die ihr in das Grabmal gefolgt waren, ihren blutüberströmten Geliebten zur Fensteröffnung hochzuziehen. Antonius, der sich dem Tode nahe fühlte, streckte ihr die Arme entgegen, während die drei Frauen, deren schwache Kräfte angesichts der Last zu versagen drohten, unter großen Anstrengungen an den Seilen zogen, an die man den Sterbenden gebunden hatte. Die Umstehenden verfolgten dieses Unternehmen voll Angst und riefen den Frauen Mut zu. Als diese ihn endlich zur Höhe des Fensters emporgezogen hatten, schafften sie ihn ins Innere und betteten ihn, so gut es ging, auf ein Lager. „Kleopatra", so heißt es bei Plutarch, „zerriß ihr Kleid und bedeckte ihn damit. Sie schlug sich vor die Brust, riß sie sich mit den Fingernägeln blutig und tauchte ihr Gesicht in sein Blut. Sie nannte ihn ihren Herrn, ihren Gemahl, ihren *imperator*. Aus Leid und Verzweiflung über den erbarmungswürdigen Zustand von Antonius vergaß sie fast ihr eigenes Unglück." Er aber ermahnte sie, nicht länger zu klagen und verlangte Wein. Als er davon getrunken hatte, richtete er seine letzten Worte an sie. Er riet ihr, auf ihre Rettung bedacht zu sein, sofern sie dies ohne Schande tun könne. Sie sollte ihn wegen der Schläge, die Fortuna ihm zuletzt versetzt hatte, nicht beklagen. Hatte ihn diese vorher nicht mit ihrer Gunst überhäuft? Er war unter den Menschen zu höchstem Ruhm gelangt, er hatte den Gipfel der Macht erreicht, und es war für ihn als Römer keine Schande, nun von einem Römer besiegt zu werden. Nachdem er so gesprochen hatte, verschied er in ihren Armen.

Die Nachricht von seinem Tod wurde von einem seiner Leibwächter augenblicklich Octavian überbracht, der sich noch außerhalb der Stadt in seinem Lager befand. Betroffen zog sich der Sieger in sein Zelt zurück und beweinte den Mann, dessen Tod er so lebhaft gewünscht hatte, der aber doch sein Schwager gewesen war, sein Mitherrscher und Verbündeter bei so vielen militärischen und politischen Unternehmungen. Dann sandte er den römischen Ritter Proculeius zu Kleopatra. Er sollte verhindern, daß sie sich tötete und ihre Schätze den Flammen übergab. Octavian legte ganz besonderen Wert darauf, die illustre Gefangene nach seiner Heimkehr nach Rom als besondere Zierde in seinem Triumphzug mitzuführen. Proculeius verhandelte mit der Königin zuerst durch eine Öffnung in der Tür des Mausoleums und riet ihr, sich der Großmut Octavians anzuvertrauen. Anschließend übernahm es ein anderer Abgesandter des Siegers, mit ihr zu verhandeln, nämlich Cornelius Gallus. Proculeius stieg währenddessen mit zwei Soldaten über eine Leiter zu dem Fenster hinauf, um durch dieses in den Turm einzudringen. Sie überraschten Kleopatra, die sich bei ihrem Erscheinen erdolchen wollte, was die Männer jedoch verhinderten. Sie vertrauten sie nun der Obhut des Freigelassenen Epaphroditos an, der den Auftrag hatte, über ihr Leben zu wachen, sie aber höflich und respektvoll zu behandeln.

Octavian erlaubte ihr, den Leichnam des Antonius würdig zu bestatten. Sie balsamierte ihn mit eigenen Händen ein und vollzog die Riten mit prächtigen Opfergaben, die durchaus eines Königs würdig waren. Von Kummer und Müdigkeit erschöpft, wollte sie ihren Körper nun durch Fasten noch mehr schwächen, um ebenfalls zu sterben. Sie ließ von diesem Vorhaben jedoch ab, da Octavian drohte, sich dafür an ihren Kindern zu rächen. Es kam dann zu einer Unterredung mit ihm, bei der sie möglicherweise den erfolglosen Versuch unternahm, ihn zu verführen (so steht es zumindest bei Cassius Dio), auf jeden Fall trachtete sie, sein Mitleid zu erregen und ihn umzustimmen. Da ihr Octavian aber keinerlei Sicherheiten in bezug auf ihr künftiges Schicksal und die Thronfolge gab, sah sie, daß sie nichts mehr zu hoffen hatte. Sie ließ sich zum Grab des Antonius bringen, verrichtete dort sorgsam die vorgeschriebenen Trankopfer und kehrte dann wieder in den königlichen Palast zurück. Sie nahm ein Bad und ließ sich ein erlesenes Mahl bereiten. Während der Mahlzeit führte man einen Bauern zu ihr, der einen Korb voll köstlicher Feigen brachte. Unter den Früchten war eine Viper verborgen. Kleopatra sandte Octavian eine von ihr beschriebene und versiegelte Tafel, dann schloß sie sich mit ihren beiden treuen Dienerinnen Iras und Charmion ein. Als Octavian das Schreiben las, in dem sie ihn im Namen der Götter bat, sie neben Antonius begraben zu lassen, erriet er sofort ihre Absicht und schickte augenblicklich zu ihr, um zu erfahren, wie es um sie stand. Man fand sie in vollem königlichem Ornat tot auf einem Prunkbett liegend. Ihre beiden Dienerinnen lagen im Sterben. Man rätselte über die Todesursache. Die Schlange war verschwunden. Nur zwei winzige Einstiche auf dem Arm der Königin erinnerten an den tödlichen Biß. Kleopatra war 39, Antonius wahrscheinlich 53 Jahre alt, als sie gemeinsam aus dem Leben schieden.

Octavian war zutiefst verärgert, daß es dieser Frau, die er den Römern als Gefangene vorführen wollte, trotz aller Vorsichtsmaßnahmen gelungen war, der Demütigung zu entgehen. Er konnte aber nicht umhin, ihren Tod als Beweis ihrer Größe zu bewundern. Daher ließ er ihren Leichnam mit königlicher Pracht neben Antonius zu Grabe legen. Auch die beiden Dienerinnen Iras und Charmion erhielten ein würdiges Begräbnis. Als Octavian später in Rom seinen Triumph feierte, trug man im Zug ein Bildnis Kleopatras mit, auf dem auch eine Viper zu sehen war, die sich um ihren Arm ringelte. Octavian präsentierte sich als Sieger und als Eroberer Ägyptens, das fortan der direkten Herrschaft Roms unterworfen war. Von Antonius war nicht mehr die Rede.

X.

Damnatio memoriae

Octavian hatte sein beharrlich verfolgtes Ziel erreicht: Er allein hielt die höchste Macht der Republik in Händen, nicht nur in Italien und dem Okzident, sondern auch in den weiten Gebieten des von Rom abhängigen Orients, dessen Hilfsquellen in Kleinasien, Syrien und Ägypten schier unerschöpflich erschienen. Der Weg war frei, um langsam und geschickt berechnend das neue Regime einzurichten, durch das auf Jahrhunderte hinaus unter dem Namen des Prinzipats die Einzelherrschaft ausgeübt werden sollte. Der unmittelbare Nutzen von Antonius' und Kleopatras Tod war die Umwandlung des lagidischen Ägypten in eine römische Provinz. Das älteste und reichste unter allen hellenistischen Königreichen verschwand zum Nutzen Octavians, der unter anderem den königlichen Schatz mit allen seinen Reichtümern zu seiner Beute erklärte. Als Sieger behielt er sich die direkte Kontrolle über das eroberte Land vor, das zu diesem Zweck einen Sonderstatus erhielt: Er ernannte einen römischen Ritter zum Statthalter, der ihm unmittelbar verantwortlich war und wie ein Vizekönig regierte.

Der erste dieser Statthalter war C. Cornelius Gallus, der den Befehl über die in der Cyrenaika stehenden Legionen übernommen und Antonius' Angriff auf Paraitonion zurückgeschlagen hatte. Dieser hervorragende Offizier, der auch schon an der Schlacht von Actium teilgenommen hatte, erhielt auf diese Weise die Belohnung für seinen Sieg. Gallus war hochgebildet: Selbst ein feinsinniger Dichter, war er der Freund Vergils, der ihm eines seiner schönsten Gedichte, nämlich das 37 entstandene 10. Hirtengedicht gewidmet hatte. Durch einen eigenartigen Zufall, der sich mit dem kleinen Personenkreis erklären läßt, in dem sich in Rom das Leben der oberen Gesellschaftsschicht abspielte, war der Anlaß, aus dem Vergil ihn unsterblich machte, seine Liebe zu der Schauspielerin Cytheris, Antonius' ehemaliger Geliebten, jener Volumnia, die 49, also zwölf Jahre zuvor, so großes Aufsehen erregte, als sie ihren Liebhaber quer durch Italien begleitete. Gallus hatte sie als Lycoris in einem Band elegischer Verse besungen. Sie hatte ihn verlassen, um einem Offizier zu folgen, der am Rhein im Feld stand. Es zeigt sich hier, daß die Affären, derentwegen Antonius in Ciceros Philippiken so heftig getadelt worden war, in der Gesellschaft dieser Zeit nichts Ungewöhnliches darstellten. Als Gallus 30 mit der Statthalterschaft von Ägypten zu höchsten Amtsehren gelangte, war er etwa vierzig Jahre alt. Er übte dieses Amt allerdings nur vier Jahre lang aus. Seine Ruhmbegierde, die er nicht zu zügeln verstand – und von der eine schöne Widmung, die er auf der Insel Philae bei Assuan einmeißeln ließ, Zeugnis gibt – erweckte Octavians Eifersucht und brachte ihm den Untergang: „Cornelius Gallus", so berichtet Cassius Dio, „stiegen die Ehren zu Kopf. Er erging sich in beleidigenden Äußerungen gegen Augustus und ließ es nicht an unangebrachten Initiativen fehlen. So ließ er überall im Lande seine Bildnisse aufstellen und auf den Pyramiden ein Verzeichnis seiner Taten einmeißeln." Eine solche Großmannssucht mißfiel dem Herrscher. Seines Amtes als Statthalter enthoben und vom Senat verurteilt, wurde Gallus im Jahr 26 zum Selbstmord gezwungen. Die Autorität Caesars, wie sich Octavian seit der Adoption durch seinen Großonkel nannte, konnte es nicht dulden, daß sich ein Untergebener auf diese Art einen Namen machte.

Octavian hatte seine Härte schon nach dem Sieg unter Beweis gestellt. Wenn er auf die Nachricht vom Tod des Antonius auch einige Tränen vergossen hatte, so übte er doch Rache an jenen, die in seinen Augen eine Gefahr darstellten oder einmal darstellen würden. So ließ er Antonius' ältesten Sohn Antyllus hinrichten, obwohl dieser kaum fünfzehn Jahre alt war. Aber er nannte sich Marcus wie sein Vater, der ihn im Jahr zuvor unter großer Prachtentfaltung mit der Männertoga bekleidet hatte. Er war der älteste Erbe des Namens, und das genügte Octavian, um den Jungen töten zu lassen, obwohl dieser seit dem Vertrag von Tarentum des Jahres 37 mit seiner Tochter Julia verlobt war. Antyllus war von seinem griechischen Erzieher an die Soldaten verraten worden, die ihn suchten. Obwohl er sich in einen Tempel Alexandriens zu einer Statue Julius Caesars geflüchtet hatte, zerrten ihn die Soldaten aus dem Heiligtum heraus und schlugen ihm den Kopf ab. Kurze Zeit darauf verbot der römische Senat den Antoniern, ihren Söhnen den Vornamen Marcus zu geben. Die Verurteilung des toten Rivalen erstreckte sich auch auf seine Nachkommenschaft: Die Gefahr, die er dargestellt hatte, sollte niemals wiedererstehen können.

In gleicher Weise mußte Caesars und Kleopatras siebzehnjähriger Sohn Ptolemäus Caesarion seine illustre Abstammung mit dem Leben büßen. Er war von seiner Mutter mit bedeutenden Summen ausgestattet und in den Süden des Landes geschickt worden, um sich von dort aus in Sicherheit zu bringen: Er sollte über Äthiopien nach Indien reisen. Sein griechischer Erzieher und Begleiter machte ihn jedoch glauben, Octavian werde ihm sein Königreich zurückgeben, falls er nach Alexandrien zurückkehrte. Naiv vertrauend folgte er diesem tückischen Rat. Er wurde sofort nach seiner Rückkehr gefangengenommen und bald darauf dem Henker ausgeliefert. Areios, ein griechischer Philosoph aus Alexandrien, Octavians ehemaliger Erzieher und nunmehr sein Freund und Ratgeber, trug zu dieser grausamen Entscheidung bei, indem er höchst passend auf einen Vers von Homer anspielte: „Es ist nicht gut, wenn es mehrere Führer gibt! Einer nur soll befehlen!" sagt Odysseus zu den Achäern im zweiten Gesang der *Ilias*. Rhythmus und Prosodie des Originals folgend, parodierte Areios diese Textstelle, indem er sagte: „Es ist nicht gut, wenn es mehrere Caesares gibt!" Octavian war nur allzu geneigt, sich dieser Meinung anzuschließen, die übrigens einer in den hellenistischen Dynastien seit langem geübten Praxis entsprach: Roms neuer Herrscher folgte dem Beispiel der griechischen Monarchen.

Die Sorge, für alle Zeit reinen Tisch zu machen, zeigte sich vor allem in den Maßnahmen, die verhindern sollten, daß der Name Antonius bei Griechen und Römern auch nur einiges Ansehen behielt. Senat und Volksversammlung, die im Verlauf der Bürgerkriege alle Formen der Lobpreisung und Schmeichelei gelernt hatten, überhäuften mit ihren Ehrungen den Mann, der nunmehr die ungeteilte Macht ausübte und ihnen den unschätzbaren Dienst erwiesen hatte, mit dem Kampf um die Macht auch den Bürgerkrieg beendet zu haben. Im Jahr 29 ließ Octavian den Janustempel schließen und dadurch zum Ausdruck bringen, daß jetzt endlich eine Ära des Friedens beginnen würde. Nun wußten aber jene, die ihn beweihräucherten, daß ihm nichts angenehmer sein konnte, als wenn man alle Spuren von Antonius' Wirken und jede Erinnerung an seine Größe zu beseitigen suchte. In mitleidloser Rachsucht unternahm man alles Erdenkliche, um sein Andenken auszulöschen. Aus den Fasten, den offiziellen Jahrbüchern, wurden alle Erwähnungen seines Namens und der von ihm bekleideten Ämter entfernt. Man stürzte seine Standbilder um und löschte alle ihm gewidmeten Inschriften. Man erklärte den Jahrestag seiner Geburt zu einem Tag des Unheils und verfügte, wie schon gesagt, daß keiner seiner Nachkommen mehr den Namen Marcus tragen durfte.

Alle diese rigoros angewandten Maßnahmen stellen eine gute Illustration dessen dar, was man im Altertum als *damnatio memoriae* bezeichnete, als 'Verbannung des Andenkens' aus den Gehirnen der Menschen. Wie strahlend muß der Ruhm des Antonius, wie groß die Ergebenheit gewesen sein, die seine Freunde und die Völker für ihn empfanden, wenn man es für erforderlich hielt, jetzt, wo er nicht mehr war, sein Phantom so zu verfolgen!

Es war allerdings unwahrscheinlich, daß ein Mann, der so viele Jahre hindurch eine solche Stellung innegehabt hatte, völlig in Vergessenheit geraten würde. Aus diesem Grund wurde während der gesamten Regierungszeit des Augustus auch ein weniger brutales Verfahren angewandt: Es hatte den Zweck, von Antonius ein negatives Bild zu zeichnen, um ihn in der öffentlichen Meinung in Mißkredit zu bringen. Man bediente sich dazu der Schreiberlinge, die schon in den Jahren vor Actium die gegen den Triumvirn gerichteten Pamphlete verfaßt hatten, wie etwa jener Calvisius, dessen lügenhafte Unterstellungen von Plutarch gesammelt und als solche gekennzeichnet wurden. Es wirkten hier aber auch, und dies sollte sich auf die Nachwelt unvergleichlich stärker auswirken, Historiker, Schriftsteller und Dichter von Rang mit, die Octavian (den Beinamen Augustus verlieh ihm der Senat im Jahr 27 als Zeichen der Dankbarkeit) geschickterweise um sich versammelte. Horaz, Vergil und Properz besangen den Sieg von Actium in großartigen und begnadeten Versen, in denen sie Antonius und seine Anhänger stets als Verräter an der Sache Roms darstellten, die, von den Künsten einer fremdländischen Herrscherin verführt, in schändlicher Weise deren Interessen dienten und sich gegen ihr Vaterland wandten. „Der römische Krieger – welche Schmach, unsere Kinder werden es nicht glauben wollen! – steht jetzt einem Weibe zu Diensten, für sie schleppt er Schanzpfähle und trägt Waffen und versteht sich darauf, runzligen Eunuchen gehorsam zu sein. Und die Sonne erblickt inmitten der römischen Adler das freche Tragbett der Kleopatra." So heißt es bei Horaz in der IX. Epode, die er unmittelbar nach Actium schrieb. Vergil schilderte einige Jahre später im VIII. Gesang der *Aeneis* den Zusammenprall der beiden feindlichen Flotten, so wie ihn Vulcanus auf dem Schild des Aeneas vorausschauend dargestellt hat. Dabei beschreibt er die Flotte des Antonius wie folgt: „Auf der anderen Seite Antonius mit seinen Barbarenscharen und zusammengewürfelten Waffen, die er den Siegen über die

Völker des Orients und des Indischen Meeres verdankt. Die Heere Ägyptens und Asiens führt er mit sich, jene selbst aus dem fernen Baktrien. Ihm folgt, welche Schmach, sein ägyptisches Weib... Inmitten der Schlacht läßt das Sistrum sie rasseln, ihre Schiffe zu sammeln, und wird doch nicht der beiden Schlangen in ihrem Rücken gewahr! Der Hund Anubis und mancherlei anderer Götter scheußliche Gestalten zücken die Waffen gegen Neptun und Venus und gegen Minerva... Dies sah hoch am Himmel der actische Apoll, und den Bogen spannend schlug er mit Furcht das feindliche Heer: Ägypter und Inder, Araber und Sabäer ergriffen die Flucht. Die Königin selbst erflehte die Winde und, Tau um Tau lösend, entfaltete sie die Segel. Inmitten des Tötens trug der Westwind sie fort, die schon erblaßte vom nahenden Tod." Und auch Properz greift zum hohen, epischen Stil, wenn er im XI. Gedicht des dritten Buches seiner *Elegien* Kleopatra anprangert: „Und es erfrechte sich die königliche Dirne von Kanopos, der Stätte der Schande,... Anubis, den Hund, dem lateinischen Jupiter entgegenzustellen, die Drohung des Nils gegen den Tiber zu richten; sie wagte es, die römische Tuba mit dem Geklapper der Sistren zu übertönen und unseren Kriegsschiffen mit ihren Galeeren zu trotzen, und wollte zu unserem Schimpf auf dem kapitolinischen Hügel ihr Fliegennetz aufspannen und uns Gesetze geben inmitten der Statuen und Trophäen des Marius!... Doch fliehen mußtest du in die seichten Arme des ängstlichen Nils und dulden, daß Rom dir die Hände mit Ketten belud. Auf deinem Arm sah ich den Biß der heiligen Schlangen, das heimliche Mittel, mit dem das Gift des tödlichen Schlafes in die Adern dir drang." Der von den Dichtern variierte Gemeinplatz greift das zentrale Thema der octavianischen Propaganda auf. Die wahre Bedrohung erwuchs Rom aus den Barbarenreichen des Orients, Antonius aber war bloß ein Spielzeug in den Händen einer unersättlichen, von wahnwitzigem Ehrgeiz besessenen Ägypterin.

Die Historiker wollten hier nicht nachstehen. Sie verfügten über die Memoiren von Personen, die in dem großen Drama, das soeben zum Abschluß gekommen war, selbst mitgespielt hatten. So M. Valerius Messala Corvinus, der sich nach der Schlacht von Philippi Antonius angeschlossen, dann aber wieder von ihm getrennt hatte, oder Q. Dellius, ebenfalls ein früherer Anhänger von Brutus und Cassius, der dann als Freund des Antonius eine ganz entscheidende Rolle spielte, indem er dessen erste Begegnung mit Kleopatra vorbereitete. Dellius hatte einen Bericht über den Partherfeldzug verfaßt, auf den sich dann Plutarch stützte. Später hatte er sich die Mißgunst Kleopatras zugezogen und war kurz vor Actium zu Octavian übergelaufen. Dieser wiederholte Lagerwechsel brachte ihm den Spottnamen *desultor bellorum civilium*, der 'Zirkusreiter der Bürgerkriege' (i.e.: der von einem Pferd auf das andere springt. Anm. des Übers.). Leider ist uns, ebenso wie von Messala, nicht einmal ein Teil seines Berichts erhalten geblieben. Noch eine weitere wichtige Persönlichkeit dieser Zeit hatte seine Erinnerungen aufgezeichnet. Es handelt sich um C. Asinius Pollio, einen Freund Octavians und Vergils, der im Jahr 40 das Konsulat bekleidete. Man nimmt an, daß sich Appian stark an ihn hält, es besteht darüber aber keine Gewißheit. Schließlich hat auch Augustus selbst eine Autobiographie hinterlassen, die in dem berühmten Testament von Ancyra zusammengefaßt ist, einer Inschriftentafel, die in einem Tempel im heutigen Ankara gefunden wurde. Der Kaiser zieht darin die Bilanz seines politischen Wirkens. Diese *Res gestae divi Augusti*, die 'Taten des göttlichen Augustus', sind ein wertvolles Dokument, von dem mehrere fragmentarische Versionen erhalten geblieben sind. Freilich geht Augustus nicht auf Einzelheiten ein und ist auch auf eine vorteilhafte Selbstdarstellung bedacht. So läßt er wissen, daß „er nach seinem Sieg an allen Bürgern, welche die Kämpfe überlebt hatten, Gnade walten ließ." Es handelt sich hier um eine pauschale Behauptung, die sich angesichts der Hinrichtung von Antyllus und mehreren Anhängern des Antonius, auf die Cassius Dio gebührend hinweist, in keiner Weise halten läßt. Das waren die Quellen, aus denen die antiken Geschichtsschreiber schöpften, um der Nachwelt den Hergang der dramatischen Ereignisse zu überliefern. Dazu kam noch die mündliche Überlieferung, jene vor allem, welche die Ansichten von Augustus wiedergab, sowie die reichhaltige Gelegenheitsliteratur, insbesondere Ciceros Philippiken, die man in den Schulen als Muster der Rhetorik studierte. Eine weitere Quelle waren die Schmähschriften, die während der Jahre der Spannungen zwischen den beiden Triumvirn von beiden Seiten in Umlauf gesetzt wurden. Es ist klar, daß nach Actium die Propaganda des Siegers alle Chancen auf ihrer Seite hatte und diese auch nutzte, um sich Gehör zu verschaffen. Die große *Römische Geschichte* von Titus Livius spiegelte dies wider. Leider sind von diesem Werk diejenigen Bücher verlorengegangen, welche die Bürgerkriege behandelten. Doch dürfte deren Darstellung durch Titus Livius die spätere Geschichtsschreibung stark beeinflußt haben. So scheint Velleius Paterculus, der unter Kaiser Tiberius eine abgekürzte Weltgeschichte in zwei Büchern verfaßte, die Augustus wohlgesinnte Überlieferung kritiklos zu übernehmen. Seine exzessiv kurze und ganz offensichtlich parteiische Darstellung der Dinge ist nicht sehr hilfreich. Vor allem aber hat der Nachhall von Titus Livius über Cassius Dio, der seine *Römische Geschichte* um die Wende vom 2. zum 3. Jahrhundert verfaßte, die Darstellung der Dinge beeinflußt und das Bild des Antonius systematisch verzerrt.

Man findet darin die ständig wiederkehrende Vorstellung, daß das Verhalten des Triumvirn nach seiner Begegnung mit Kleopatra ausschließlich durch seine blinde Leidenschaft für sie bestimmt wurde und demgemäß den Interessen Roms zuwiderlief. Wie unsere Untersuchungen gezeigt haben, handelt es sich hier um eine irreführende Darstellung. Sie verkennt nämlich völlig das rationale Kalkül in der Politik des Antonius, der die vielschichtigen Probleme des griechischen Orients klar erkannte und aus dessen Geschichte die Lehren zog. Nichts macht dieses eingefleischte Vorurteil deutlicher, als jene Passage, in der Cassius Dio, nachdem er die letzten Stunden von Antonius und Kleopatra geschildert hat, über das besiegte Paar ein abschließendes Urteil fällt, dessen rhetorischer Glanz nicht den Pauschalcharakter und die Parteilichkeit überdecken kann: „So also führten Antonius und Kleopatra, die Ägypten und Rom so viel Unheil brachten, den Krieg, und so fanden sie schließlich den Tod. Ihre Leichname wurden gleicherweise einbalsamiert und im selben Grabmal bestattet. Und so kann man beider Charaktere und beider Schicksale zusammenfassen: Antonius wußte ebenso gut wie jeder andere, was er zu tun hatte, und dennoch handelte er oft, ohne zu überlegen. Er glänzte oft durch seine Tapferkeit, beging aber aus Feigheit viele Fehler. Er erwies sich zur Größe ebenso fähig wie zur Unterwürfigkeit. Er bemächtigte sich des Gutes anderer und verschwendete sein eigenes. Für viele zeigte er ohne rechten Grund Mitleid, und er wütete ungerechterweise gegen viele andere. So geschah es, daß er, aus bescheidener Stellung zu höchster Macht aufgestiegen und aus großer Bedürftigkeit zu äußerstem Reichtum gelangt, aus diesem doppelten Vorteil keinerlei Nutzen zu ziehen verstand, und ihm, nachdem er zuerst Hoffnung gehabt hatte, Roms Alleinherrscher zu werden, zuletzt nur mehr der Selbstmord blieb. Kleopatra aber war in der Liebe und in bezug auf Geld gleichermaßen unersättlich. Neben edelstem Streben bewies sie frechen, schrankenlosen Stolz. Durch die Liebe Caesars kam sie zur Herrschaft über Ägypten. Auf dem gleichen Weg wollte sie zur Herrschaft über Rom gelangen, doch scheiterte sie mit ihrem Vorhaben und verlor ihren Thron. Sie hatte es verstanden, sich zwei der mächtigsten Römer ihrer Zeit dienstbar zu machen, doch die Begegnung mit dem dritten brachte ihr den Untergang." Das große Abenteuer von Antonius und Kleopatra ist hier auf eine einfache Formel gebracht, der zufolge die Leichtfertigkeit des einen und das hemmungslose Streben der anderen eine ausreichende Erklärung für ein Unternehmen sind, dessen Ziel es war, den Völkern des Orients eine neue politische Ordnung zu geben.

Auf diese Weise entstand von Antonius ein Bild, das eher eine Karikatur war: Es zeigte einen leichtfertigen, gierigen und ausschweifenden Menschen, der, Gefangener seiner zügellosen Leidenschaften, sich dem Trunk hingab und den verderblichen Einflüssen von unwürdigen Gefährten ausgeliefert war, von Schauspielern, niederen Schmeichlern, Schmarotzern, zumeist Griechen und Orientalen, die sich durch seine Großzügigkeit bereicherten und ihn zu allen Lastern verführten. Darüber hinaus prangerte man seine unanständige Liebe zu Kleopatra an, die nicht als die feinsinnige und gebildete Griechin dargestellt wurde, die sie war, sondern als habgierige und sittenlose Ägypterin, die alle ihre Künste aufbot, um einen verderbten Liebhaber, dem jegliches Ehrgefühl abhanden gekommen war, ihren Launen zu unterwerfen. Auf all diese überzogenen, aufgeblähten Anschuldigungen und auf die rhetorische Entrüstung eines Cicero, so wie sie die Philippiken verbreiteten, berief sich eine Nachwelt, die nur die eine der beiden Parteien gehört hatte. Mit seiner Herzlichkeit und Spontaneität hatte Antonius diesen verleumderischen Anschuldigungen selbst Vorschub geleistet. Er hatte nämlich ein Bändchen verfaßt, von dem uns nur der Titel erhalten geblieben ist: *De ebrietate sua* – 'Über seine Trunksucht'. Es ist klar, daß dies *cum grano salis* aufzufassen ist. Doch die Wortverdreher verstehen sich bekanntlich darauf, scherzhaft gemeinte Aussprüche als ehrliche Eingeständnisse hinzustellen: „Hat er es denn nicht selbst gesagt?" Die Schmeichler Octavians konnten sich eine solche Gelegenheit nicht entgehen lassen.

In diesem Konzert lassen sich allerdings auch einige positive Töne vernehmen. Sie ermöglichen es, zu einer nuancierteren Darstellung zu gelangen, die der Wahrheit näherkommt. Man findet sie manchmal bei Appian, dessen Geschichte der *Bürgerkriege* vor jenem letzten Konflikt endet, der mit der Schlacht von Actium zum Abschluß kam und in dessen Verlauf die gegenseitigen Anschuldigungen immer heftiger wurden. Aufgrund der beachtlichen Bemühungen, die dieser Historiker unternahm, um sich über die Tatsachen in allen Einzelheiten zu informieren, wird er Antonius oft gerecht. Wenn wir heute aber von Antonius ein weniger pauschal schlechtes Bild haben, als das, welches aus der übrigen Überlieferung hervorgeht, so verdanken wir das vor allem Plutarch. Der Verfasser der *Parallel-Viten* hat natürlich aus der reichlichen Propagandaliteratur geschöpft, in der sein Held systematisch angeschwärzt wurde. Er neigt auch kaum zur Nachsicht in bezug auf die Schwächen und Fehler, die diesem die Chronik nachsagte: Wenn er ihn mit Demetrios Poliorketes vergleicht, dem königlichen Wüstling und Wirrkopf, der unter den ersten Nachfolgern Alexanders lange die Szene beherrschte, so will der Philosoph und Biograph Plutarch dem Zweck seiner vergleichenden Lebensbeschreibungen dienen, nämlich dem Leser vorführen, was man tun und was man lassen soll. Wenn zahlreiche seiner Helden nachahmenswerte Beispiele bieten, so werden auch berühmte Männer vorgestellt, „die ihr Leben ohne Ordnung führten und, sobald es ihnen beschieden war, die Geschicke anderer zu lenken, die Blicke durch die Schwere ihrer Verfehlungen auf sich zogen." Antonius, wie ihn die schriftliche und mündliche Überlieferung darstellte, dient ihm vor allem als negatives Kontrastbeispiel: Sein Hang zum Luxus, zur Schlemmerei und Sinnenlust mußte einem vom Stoizismus geprägten Denker mißfallen. Und wenn Antonius der Schwäche, der Inkonsequenz und des Verrats am Vaterland bezichtigt wird, dann wiegen diese Anschuldigungen in den Augen eines Mannes besonders schwer, der den Dienst am öffentlichen Wohl über alles andere stellt. Man braucht also nicht zu befürchten, daß sein Porträt des Antonius in irgendeiner Weise abgemildert oder geschönt ist.

Plutarch ist jedoch nicht nur ein Historiker, dem Fragen der Moral am Herzen liegen, er ist auch ein erfahrener und scharfblickender Psychologe. Durch die karikierende Propaganda und ihre verzerrenden Vereinfachungen hindurch dringt er tief in die Seele seines Helden und erfühlt ihre Komplexität. Es ist der Reichtum eines außergewöhnlichen Charakters, der ihn an Antonius interessiert und anzieht. Wenn er dessen Handeln verfolgt, so kann er sich trotz aller Reserviertheit und Kritik, ja trotz seines Widerwillens angesichts eines ihn schockierenden Verhaltens einer gewissen Sympathie für Antonius nicht erwehren. Zunächst fühlt er Bewunderung für den Feldherrn: Nicht so sehr aufgrund von dessen Qualitäten als Stratege, die Appian besser hervorkehrt, sondern für den Menschenführer, der es versteht, durch seinen Mut, seinen Elan, seine Gabe, dem Soldaten nahe zu sein, mit unvorhergesehenen Gefahren, schwersten Strapazen, Rückschlägen und Niederlagen fertig zu werden.

Der brillante Reiterführer, der sich unter Gabinius auszeichnet, der Feldherr, der es versteht, beim Rückzug von Mutina oder beim langen Marsch durch das Partherland Not und Leid seiner Männer zu teilen, der furchtlose Befehlshaber, der vor den Toren Alexandriens einen letzten, verzweifelten Kampf ficht, während um ihn herum alles zusammenbricht, er verdient die Achtung des Philosophen, für den Seelenstärke die höchste aller Tugenden ist. Freilich ist bei Antonius diese Tugend nicht ohne Versagen, im Gegenteil. Sein Verhalten bei Actium ist unverständlich und schockierend, und Plutarch prangert es mit lebhaften Worten an: „Nun zeigte Antonius durch sein Verhalten unübersehbar, daß er sich weder von den Überlegungen eines Feldherrn noch von denen eines Mannes, der diesen Namen verdient, ja nicht einmal von irgendeinem eigenen Streben leiten ließ, sondern daß, wie man scherzhaft sagt, die Seele eines Verliebten im Leibe der Geliebten lebt: Kleopatra zog ihn mit sich fort, als ob sie beide eins gewesen wären, so daß er allen ihren Bewegungen folgen mußte. Kaum hatte er ihr Schiff entfliehen sehen, als er alles andere vergaß und jene im Stich ließ, die für seine Sache kämpften und starben... Und er eilte der nach, die sein Verderben bereits begonnen hatte und ihm bald den völligen Untergang bringen sollte."

Diese Textstelle ist, neben einigen anderen, sehr aufschlußreich für Plutarchs Einstellung zu Antonius. Er versucht zu verstehen, warum ein mit so hervorragenden Eigenschaften ausgestatteter Mann, der über Mut, Herzlichkeit, Großzügigkeit, politische und militärische Begabung, geistige Neugier und eine umfassende Bildung verfügte, in seinem Unternehmen schließlich scheiterte. Und er sieht dafür nur eine Erklärung, nämlich diejenige, welche die herrschende Meinung ihm vorgibt: seine unsinnige Liebe zu Kleopatra. Dieses Beispiel erscheint ihm passend, um der moralischen Absicht seiner Biographien gemäß dem Leser vor Augen zu führen, welchen Gefahren sich derjenige aussetzt, der sich einer Leidenschaft hingibt, insbesondere einer unkontrollierten Neigung zu Frauen, die alle Vorsicht vergessen läßt, das Gefühl für Ehre verdirbt und die Urteilskraft zersetzt. Diese sicherlich beeindrukkende Demonstration entspricht im wesentlichen der These von Cassius Dio, da sie sich auf dieselben Quellen stützt und die Fakten in der gleichen Weise interpretiert. Doch wirkt bei Plutarch das Genie des Schriftstellers mit, wodurch alles ein anderes Gesicht bekommt: Sein Held ist nicht mehr eine von simplen Beweggründen angetriebene Marionette, sondern ein Mensch aus Fleisch und Blut, in dem eine verzehrende Leidenschaft lebt, durch die er quasi gegen seinen Willen ins Verderben stürzt. Als vollendeter Dramatiker weiß der Autor der *Viten*, daß eine tragische Figur weder völlig gut noch völlig schlecht sein darf. In diesem Sinn werden die guten Eigenschaften des Antonius ins Licht gestellt, um die schädlichen Auswirkungen seiner unvernünftigen Liebe um so deutlicher herauszustreichen.

Vermittels geschickt gewählter und lebendig dargestellter Episoden läßt die Kunst des Erzählers im Verlauf der Lebensbeschreibung nach und nach das Bild eines Menschen entstehen, der voll Lebenskraft, entgegenkommend und großzügig ist, der den Einflüssen der griechischen Welt offensteht, die ihn aufnimmt und fasziniert, der sich unter den Menschen aus dem Volk ebenso wohlfühlt wie unter den Großen, der mit den Soldaten zu sprechen versteht, ohne sich um den richtigen Ton bemühen zu müssen, der gelegentlich grob im Ausdruck ist, doch beredt in guter Gesellschaft, grausam manchmal, doch öfter zu Milde und Vergebung neigt und allzu vertrauensvoll zu jenen ist, denen er leicht seine Freundschaft schenkt. Das ist die farbige, komplexe und anziehende Persönlichkeit, die Plutarch durch das Auf und Ab ihrer bewegten Existenz bis zur Schlußkatastrophe führt. Das Unglück aber verleiht Antonius allen seinen Irrtümern zum Trotz wahre Größe. Die Kraft der Liebe, die ihn ins Verderben geführt hat, adelt seine letzten Augenblicke, als der Freitod, durch den er den Folgen der Niederlage entgeht, von einem letzten Zeugnis der Treue zu derjenigen begleitet wird, für die er alles gewagt hat. Nichts ist erschütternder als diese letzten Szenen: Antonius hat Hand an sich gelegt und gelangt, blutüberströmt und dem Tode nahe, endlich zu der Frau, die er liebt, um in ihren Armen zu sterben. Plutarch erreicht hier höchste dramatische Kraft, von der auch der anschließende Bericht über das würdige Ende Kleopatras geprägt ist. Es scheint, daß diese beiden außergewöhnlichen Wesen, deren Fehler vorher so lebhaft getadelt wurden, durch ihr mannhaftes Hinnehmen von Leid und Tod und durch die tragische Verkündigung ihrer unauflöslichen Verbindung in ihrem Biographen im letzten Moment so etwas wie Nachsicht und selbst Bewunderung erwecken.

Dieses bewegende Bild hat sich durch das Wirken eines Genies der Nachwelt eingeprägt. Es rief nämlich das Interesse Shakespeares wach, der in einer englischen Version von Amyots Plutarch-Übersetzung den Stoff für sein bewundernswertes Drama *Antonius und Kleopatra* vorfand, dessen Geist so genau dem des Textes entspricht, der es inspirierte. Das Prestige eines Historikers und das eines Dramatikers haben unsere Vorstellung von der Persönlichkeit des Antonius bestimmt: romantischer, leidenschaftlicher Held, halb rauher Krieger, halb Opfer der Liebe, großer Feldherr und edles Herz, das einer femme fatale in die Netze gegangen ist, Römer, der Rom an den Orient verrät. Im Grunde hat uns über den griechischen Philosophen und den englischen Dichter mit gewissen Nuancen, die dem Charakter des Antonius wieder einige seiner anziehenden und sympathischen Züge verleihen, nur der Nachhall der octavianischen Propaganda erreicht.

Es wäre unsinnig, die Zeugnisse von Plutarch und Cassius Dio mit der Begründung zurückweisen zu wollen, daß sie von einer Tatsachendarstellung ausgehen, die ganz gewiß nicht objektiv war. Die Tatsachen sprechen für sich, und in ihrer Interpretation durch die alten Texte liegt sicherlich ein Stück Wahrheit. Die kraftvoll durchdringende psychologische Analyse Plutarchs zeigt ohne jeden Zweifel einen wesentlichen Aspekt der Persönlichkeit des Antonius auf, der in den Augen der Nachwelt zu Recht die interessanten und farbigen Züge behalten wird, mit denen ihn der Autor der *Parallel-Viten* ausgestattet hat. Der moderne Historiker aber, der den Vorteil des zeitlichen Abstands hat und die Dinge in ihrem Zusammenhang sieht, kann ermessen, inwieweit sie damals von einer parteiischen Sichtweise verzerrt wurden. Er hat das Recht, die ihm vorliegenden Darstellungen kritisch zu überprüfen und sich danach ein weniger oberflächliches Urteil zu bilden. Dies zu tun habe ich mich in den vorangehenden Kapiteln bemüht, als ich, dem Weg des Antonius Schritt für Schritt folgend, schon lange vor der entscheidenden Begegnung mit Kleopatra am Kydnos in jeder Episode die Elemente herausgearbeitet habe, die von dem Interesse zeugen, das dieser Römer dem griechischen Orient entgegenbrachte. Sie machen die politische Entscheidung vorhersehbar oder zumindest im voraus verständlich, zu der sich der Triumvir entschloß, als er sich durch die Umstände vor die Wahl gestellt sah, eine Entscheidung, an der er in den letzten Jahren seines Lebens unerschütterlich festhielt.

Wir haben gesehen, wie Antonius schon 58 nach Athen ging, wo er mit 25 Jahren den Abschluß seiner geistigen Ausbildung erhielt, dessentwegen so viele junge Leute in diese Hauptstadt der Literatur und der Künste kamen. Dieser Aufenthalt war insofern von entscheidender Bedeutung, als Antonius von Griechenland, seiner Sprache und seinen Sitten so eingenommen wurde, daß er so oft wie möglich dorthin zurückkehrte und nach seiner Niederlage den Sieger nur um die eine Gnade bat, ihn als einfachen Bürger dort den Rest seines Lebens verbringen zu lassen. Wir sehen, wie er sowohl in Athen als auch in Alexandrien das Amt eines Gymnasiarchen ausübt, eine Aufgabe, bei der er nicht nur seine materielle Großzügigkeit unter Beweis stellt, sondern sich auch persönlich engagiert, so wie jedes andere Mitglied der Bürgerschaft dieser beiden griechischen Städte, die ihm beide das Bürgerrecht verliehen haben. Seine Liebe zum Griechentum zeigt sich in seiner Neigung, sich nach griechischer Art zu kleiden, in seiner Teilnahme an Festen und Gastmählern, in seiner Ehrfurcht vor den örtlichen Gottheiten und Riten, in der Beachtung, die er Schriftstellern und Künstlern schenkt, in seiner Rolle als Wohltäter, die er gerne nach Art der griechischen Würdenträger übernimmt. Sobald er durch den Sieg von Philippi zum Herrscher über das östliche Mittelmeer und den Nahen Osten geworden ist, tritt er in Kleinasien und Griechenland als Schutzherr der griechischen Staaten, der Fürstentümer und Völker auf. Mit diesem Verhalten ahmt er, bewußt oder unbewußt, das der früheren hellenistischen Monarchen nach. Seine Allmacht stützt sich auf die Entfaltung militärischer Stärke als das sichtbare Zeichen göttlicher Gunst. Er läßt sich mit Dionysos als der populärsten Gottheit identifizieren und wird den hellenistischen Königen gleich mit göttlichen Ehren bedacht. Der Umgang mit Schauspielern, der für ihn immer schon eine seiner Lieblingsbeschäftigungen gewesen ist, erhält für ihn nun insoweit eine neue Bedeutung, als er jetzt im Zusammenhang mit kultischen Handlungen steht. Später, im Jahr 32, wird

Antonius sich gegenüber den dionysischen Künstlervereinigungen besonders großzügig erweisen: Das war in dem geographischen und historischen Kontext, der nunmehr seinen Handlungsraum bildete, etwas völlig Natürliches.

Die Entwicklung, die den römischen Beamten dazu führte, sich wie ein griechischer Monarch zu verhalten, begann also schon, bevor Kleopatra in sein Leben trat. Die Liebe, die sie in ihm erweckte, die Herrschaft, die sie über sein Herz und seine Sinne ausübte, all das verstärkte, freilich auf besonders nachhaltige Weise, eine in ihm bereits vorhandene Neigung. Durch die Verbindung zwischen seinen Ambitionen in bezug auf die Herrschaft über den Nahen Osten und dem Ehrgeiz Kleopatras, dem lagidischen Königreich seinen alten Glanz und seine alte Größe zurückzugeben, entstand nun der große Plan, mit dem der Name des Antonius verbunden bleiben wird: Angesichts der komplexen Gegebenheiten der Epoche sollte erneut eine großangelegte politische Organisation geschaffen werden, die sich über das gesamte östliche Mittelmeergebiet und einen großen Teil des angrenzenden Asien erstreckte. Antonius hatte erklärtermaßen die Absicht, gemäß den von Caesar gefaßten Plänen das Partherreich zu zerstören und die römische Herrschaft auf Armenien, Medien und wahrscheinlich ganz Mesopotamien auszudehnen, daß heißt, in Vorderasien das Seleukidenreich im wesentlichen wiederzuerrichten. Das war das große Ziel, dem er sich in den Jahren 37 bis 32 widmete. Der Feldzug des Jahres 36 war zwar ein Mißerfolg, wie aber die alexandrinischen Schenkungen zeigen, verzichtete er auf sein großes Ziel keineswegs. Als es 32 zum endgültigen Bruch mit Octavian kam, war Antonius erneut in Armenien beschäftigt, wo das Gros seiner Truppen stand. Daraus wird klar, daß er an eine baldige Wiederaufnahme des Kampfes gegen die Parther dachte, der durch das Bündnis mit dem König von Media Atropatene erleichtert werden sollte. Hierin liegt der Beweis, daß Antonius zu dieser Zeit nicht die Absicht hatte, den Krieg nach Italien zu tragen. Er brauchte nämlich mehr als ein Jahr, um seine Streitkräfte so umzustellen, daß er in der Lage war, der plötzlichen Bedrohung aus dem Westen entgegenzutreten. Hätte er sich mit der Absicht getragen, seinen Rivalen anzugreifen, so hätte er zuvor seine Streitkräfte ganz anders verteilt: Seine Qualitäten als Stratege und die Fähigkeiten seines Generalstabs hatten sich in der Vergangenheit viel zu oft erwiesen, als daß man ihn ernsthaft beschuldigen könnte, dieses Mal nachlässig vorgegangen zu sein, obwohl er eine entscheidende Unternehmung gegen den Westen plante.

In der Tat gibt es außer den Behauptungen seiner Gegner nichts, was dafür spricht, daß Antonius daran dachte, die Alleinherrschaft über Rom zu erringen. Kleopatra, nicht ihm, sagte man die überheblichen Äußerungen nach, denen zufolge sie eines Tages auf dem Kapitol herrschen wollte. Weit davon entfernt, sich solche Großsprechereien zu eigen zu machen (die möglicherweise ohnehin nur Unterstellungen der octavianfreundlichen Propaganda waren), zeigte Antonius niemals, weder durch Worte noch durch Taten, daß er nach der Alleinherrschaft in der Republik strebte. Er erklärte vielmehr klar und deutlich, daß er im Fall eines Sieges über Octavian seine Macht in die Hände von Senat und Volk zurücklegen wollte. Sicherlich kann man Cassius Dio folgen und diese Ankündigungen als einen simplen Propagandatrick abtun. Es gibt aber keinerlei Anhaltspunkte dafür, daß sie nicht ernst gemeint waren. Es weist auch alles darauf hin, daß Antonius während der Jahre nach der Ausbootung des Lepidus mit der Teilung der Herrschaft über das römische Reich durchaus einverstanden war. Er versuchte nie, die Entscheidungen zu beeinflussen, die Octavian bezüglich der Provinzen des westlichen Mittelmeerraums traf, ja nicht einmal bezüglich Galliens, das vorher immerhin seiner Herrschaft unterstanden hatte. Sein Interesse galt zur Gänze dem Orient, der ihm zugeteilt war; hier wollte er die Herrschaft Roms ausweiten und in seinem Namen ausüben. Eine faszinierende Aufgabe, die er von seinem Lehrmeister Caesar übernommen hatte und die er aufgrund seiner persönlichen Stellung bei Kleopatra unter denkbar günstigen Bedingungen erfüllen konnte. Von Italien und vom römischen Volk erwartete er nicht mehr als zwei Dinge, die ihm in den nach jeder Krise erneuerten Vereinbarungen von Brundisium versprochen worden waren: die Bestätigung seiner Befugnisse durch den regelmäßigen Zugang zum Konsulat, so wie es auch bei Octavian der Fall war, und das Recht, auf der Apenninenhalbinsel Rekruten auszuheben, um die Schlagkraft seiner Kampftruppen zu erhalten. Es waren dies keineswegs übertriebene Ansprüche. Sie standen durchaus im Einklang mit der geographischen Aufgabenteilung, zu der das Triumvirat geführt hatte.

Das politische Regime, das die beiden Triumvirn unter scheinbarer Wahrung der republikanischen Institutionen errichtet hatten, war eine Dyarchie, eine Herrschaft zu zweit, die nur unter der Voraussetzung vertrauensvoller Zusammenarbeit erfolgreich und dauerhaft sein konnte. Unter diesem Aspekt war die Scheidung von Octavia und Antonius ein folgenschweres Ereignis, da auf diese Weise die verwandtschaftliche Bindung der beiden Triumvirn zerschnitten wurde. Wie wir aber gesehen haben, bildete den Grund für diese Scheidung nicht einzig und allein die Liebe zu Kleopatra; Antonius mußte auf die rückhaltslose Unterstützung des Lagidenreichs zählen können, und diese politische Notwendigkeit stellte letztlich den Grund dar, auch wenn die Liebe ohne Zweifel mit im Spiel war.

Wenn Antonius das Recht für sich beanspruchte, den Nahen Osten nach seinem Gutdünken zu regieren, so deswegen, weil er wußte, daß diese östliche Reichshälfte mit ihrer kulturellen Ausstrahlung und ihren immensen Reserven an Menschen und natürlichen Reichtümern eine andere Art von Organisation und Administration erforderte als jene, die der römische Staat in den westlichen Provinzen praktizierte. Das Gewicht einer langen, ruhmreichen Vergangenheit, das Nebeneinanderleben vieler verschiedener Völker, die Koexistenz von Institutionen der griechischen

Städte und von jahrhundertealten, aus Monarchien herrührenden Strukturen, der Gebrauch des Griechischen als Kultur- und Verkehrssprache, all das waren Elemente, die der römische Herrscher berücksichtigen mußte, wenn er die mit der Realität des Hellenismus gegebenen Möglichkeiten des Zusammenhalts nützen wollte, ohne gleichzeitig die extreme Verschiedenheit und Vielfalt der Bevölkerung und ihrer Traditionen zu verkennen.

Um einem derart komplexen Ganzen, das durch Eroberungen in Asien noch erweitert werden sollte, den nötigen Zusammenhalt zu verleihen, mußten drei Voraussetzungen erfüllt werden. Erstens bedurfte es einer festen Führung, deren Sitz in einer Stadt im Herzen dieses riesigen Gebiets lag. Antonius hatte sich aus diesem Grund in Alexandrien niedergelassen, der griechischen Hauptstadt eines großen Königreichs, die nahe an den Grenzen zu Asien und Afrika und, dank der lagidischen Flotten, denen diese Gewässer bestens vertraut waren, auch in der Nähe der griechischen Meere lag. Zweitens bedurfte es, zur Unterstützung dieser politischen Führung, einer beeindruckenden und schlagkräftigen Streitmacht: Das römische Heer, gut ausgebildet und seinem Befehlshaber treu ergeben, konnte dieser Aufgabe voll gerecht werden, vorausgesetzt, Antonius behielt wie vereinbart das Recht, zumindest für die nächste Zukunft, in Italien und Gallien Truppen auszuheben. Die dritte Bedingung schließlich war, daß man so weit wie möglich die Unterschiede respektierte, die von Geographie und Geschichte her zwischen den so zusammengefaßten Völkern bestanden: Griechische Stadtstaaten, Königreiche oder Fürstentümer und Nomadenstämme, die ihre je eigenen Bräuche, Sprachen und Götter hatten, konnten nicht einer Einheitsverwaltung unterstellt werden, die Mittel und Personen erforderlich gemacht hätte, über die Rom nicht verfügte. Es galt also, die bereits vorhandenen Strukturen im Sinne des angestrebten Ziels zu nutzen, sie entsprechend anzupassen und über die gemeinsame Gefolgschaftstreue zu einem Fürsten untereinander zu verbinden, wie es die Geschichte der großen hellenistischen Dynastien seit Alexander dem Großen gelehrt hatte.

All das hatte Antonius mit einer Hellsichtigkeit erkannt, die seiner politischen Intelligenz alle Ehre machte. In diesem Licht sind nun seine Beschlüsse zur Neuorganisation des Nahen Ostens zu sehen: sein Wohlwollen für die griechischen Städte, die Einsetzung neuer Fürsten in Kleinasien, die dynastische Pyramide, die er mit den alexandrinischen Schenkungen errichtete, und schließlich die Schlüsselrolle, die er der Lagidenmonarchie zugedacht hatte. Sie bildete in diesem System das Herzstück, in das er sich selbst als den ungekrönten Fürsten gestellt hatte, bei dem alle Fäden zusammenliefen und in dessen Händen die wirkliche Macht lag. Der Römer hatte sich die Lehren zu eigen gemacht, die man aus der dreimal hundertjährigen Erfahrung der großen griechischen Monarchen ziehen konnte. Er war damit beschäftigt, diesen Lehren gemäß zu handeln – in einem Stil, der seinem großzügigen und leidenschaftlichen Temperament entsprach – als ihn der eifersüchtige Ehrgeiz Octavians in seinem Unternehmen anhielt und ihm einen Krieg aufzwang, den er nicht gewollt hatte, den er nicht vorhergesehen hatte und in dem er unterlag.

Mit Antonius verschwanden auch die von ihm eingeführten Neuerungen. Ägypten, dem Römerreich einverleibt und als persönliches Eigentum des über Rom regierenden Caesaren angesehen, verlor die beherrschende Stellung, die es im Orient innegehabt hatte. Die durch die alexandrinischen Schenkungen gegründeten Eintagskönigreiche vergingen, noch ehe sie zu einer politischen Realität geworden waren. Die Cyrenaika blieb eine Senatsprovinz, die, isoliert und auf sich selbst verwiesen, niemals wieder den einstigen Glanz erreichte. Kilikien, Syrien und Phönikien verblieben im Zustand der Teilung, aus dem Antonius sie hatte herausführen wollen. Armenien und Medien entglitten bald wieder der Herrschaft Roms, und es war nicht mehr davon die Rede, diese über den Euphrat hinaus auszudehnen: Caesars höchstes Ziel, das Antonius zu seinem gemacht hatte, ging mit diesem zusammen unter. Auf die Dyarchie der beiden Triumvirn folgte nun mit dem Prinzipat des Augustus die auf Einzelherrschaft ausgerichtete Organisation des Reiches. Der östliche Mittelmeerraum wurde dadurch zu einem Randgebiet, das in eine relative Lethargie verfiel, die erst mehr als drei Jahrhunderte später mit den Reformen Diokletians und mit der Gründung des Oströmischen Reiches zu Ende ging. In gewissem Sinn läßt sich sagen, daß die Konzeption des Antonius der ferne Vorläufer der Reichsteilung war, welche die geschichtliche und geographische Logik erforderten und deren Notwendigkeit er bereits empfunden hatte. Das Reich um Alexandrien, von dem er träumte, war wie eine Vorahnung des Reiches, das Konstantin später an den Ufern des Bosporus gründete.

Das Schicksal wollte es anders. Durch seinen tragischen Tod war es Antonius nicht beschieden, als Reichsgründer in die Geschichte einzugehen. Sein Andenken ist für immer mit dem Kleopatras verbunden. Die beiden Liebenden sind im Gedächtnis der Menschen für immer vereint wie ihre Körper im Grab. Der Historiker darf darüber aber nicht die übrigen Merkmale dieses außergewöhnlichen Menschen vergessen, der nicht bloß das illustre Opfer einer blinden Liebe, sondern auch ein mutiger Soldat, ein glänzender Stratege, ein äußerst gebildeter Mensch und ein geschickter Politiker war. Als würdiger Schüler seines Meisters Caesar verfolgte er das hohe Ziel, dessen Werk in der Welt der Griechen, in der er sich zu Hause fühlte, fortzusetzen. Sein Unglück wollte es, daß er als Gefährten und Rivalen einen genialen und skrupellosen Politiker hatte, der sich mit der Teilung der Macht nicht abfinden konnte und es verstand, ihn durch seine Manöver zum Bruch zu zwingen, um ihm anschließend eine Niederlage beizubringen. Wie so oft in der Geschichte neigte das unberechenbare Kriegsglück die Waage zugunsten des einen der beiden Gegner, die etwa gleich stark, deren Absichten aber grundverschieden waren. Der hellenisierte Orient verlor damit die relative Unabhängigkeit, die Antonius im Begriff war, ihm im lockeren Rahmen eines von den römischen Waffen verteidigten Protektorats zu gewähren. So gesehen ist es richtig, den Tag der Schlacht von Actium, den 2. September 31 v.Chr., als das Datum anzusehen, mit dem die hellenistische Epoche zu Ende geht. Von nun an wird die Geschichte des östlichen Mittelmeerraums für Jahrhunderte nur mehr als ein Teil der Geschichte Roms gesehen werden. Auch wenn Marcus Antonius keinen Wert darauf legte, sich mit dem königlichen Diadem zu schmükken, so erscheint er doch als der letzte Herrscher des griechischen Orients.

Anmerkungen

Die nachfolgenden Anmerkungen sind nach Kapiteln und dem Textverlauf entsprechend angeordnet. Der Leser findet darin die wichtigsten Quellenverweise, insbesondere in bezug auf Passagen, die im Text als Zusammenfassung oder Übersetzung wiedergegeben sind. Bei diesen Verweisen stellt die erste Zahl das Buch des entsprechenden Werks dar, die folgende bzw. die folgenden das oder die Kapitel.

Die wichtigsten Abkürzungen sind:
A.: Antonius. App.: Appian, *Die Bürgerkriege*. Caes.: Caesar. Cic.: Cicero. CD: Cassius Dio. Hor.: Horaz. Plut.: Plutarch. Suet.: Sueton. Verg.: Vergil.

Kapitel I.

Geburt des A.: Plut., *A.* 86; App. 5, 8; CD 51, 19. Großzügigkeit seines Vaters: Plut., *A.* 1. Verschwendungssucht des jungen A.: Cic., *Phil.* 2,44f.; Plut., *A.* 2. Ausschweifungen von Caesar und Augustus: Suet., *Caes.* 49; *Aug.* 68. Fadias Kinder: Cic., *Phil.* 2,3; 3,17; 13,23. *Quadrigarius:* Cic., *Phil.* 3,16. A. als „Brandfackel": Cic., *Phil.* 2,48. A. in Griechenland: Plut., *A.* 2. Größe Griechenlands: Hor., *Ep.* 2,1, vv. 156 - 157; Verg., *Aen.* 6, vv. 847 - 853. Redekunst des A.: CD 50,17. Palästinafeldzug: Plut., *A.* 3; Flavius Josephus, *Ant. jud.* 14,82f. Gabinius im Orient: CD 39,56. A. in Ägypten: Plut. *A.* 3; App. 5,8. Prozesse gegen Gabinius: CD 39,60 f. Abreise des A. nach Gallien: Cic., *Phil.* 2,48.

Kapitel II.

A. in Gallien: Caes., *Der Gallische Krieg* 7,81; 8,2; 24, 38, 47 - 48. Crassus und die Parther: CD 40,16, 20f., 28. A. und Cicero: Cic., *Phil.* 2,49. A. und Clodius: Cic., *Phil.* 2,21; *Pro Mil.* 15; CD 45,40. Milo in Massilia: CD 40,54. Unterwerfung des Vercingetorix: CD 45,41. A. wird Augur: Cic., *Phil.* 2,4. A. als Tribun: Cic., *Phil.* 2,51. Caesars Centurio: Plut., *Caes.* 31. Konflikt zwischen A. und Senat: Plut., *A.* 5; App. 2,33; CD 41,1. Alea iacta est: Plut., *Caes.* 32; App. 35. A. als Ursache des Bürgerkriegs: Cic., *Phil.* 2,53 - 55. Großsprecherei des Pompejus: Plut., *Caes.* 33; App. 2,37. Der „kleine Quästor": Cic., *Ad Att.* 7,8. A. in Italien: Plut., *A.* 6; Cic., *Phil.* 2,58. Ausschweifungen Caesars: Suet., *Caes.* 51 - 52. Brief des A.: Cic., *Ad Att.* 10,8 a. A. in Brundisium, dann in Epirus: Caes., *Der Bürgerkrieg,* 3,24 - 30; Plut., *A.* 7; App. 2,59; CD 41,48. Ausspruch Caesars: Suet., *Caes.* 58; Plut., *Caes.* 38; Florus 2,13; App. 2,47; CD 41,46. A. als Befehlshaber der Reiterei: Plut., *A.* 8;CD 42,21. Kleopatra und Caesar: Plut., *Caes.* 49. „Die schönste aller Frauen": CD 42,34. Unruhen in Rom: CD 42,26 - 27. Der Besitz des Pompejus: Cic., *Phil.* 2,66. Cytheris: *ibid.* 61. Vergnügungen des A.: Plut., *A.* 9. Seine Großzügigkeit: *ibid.* 4. Erneute Unruhen in Rom: CD 42,29f. Caesar und die meuternden Legionäre: Suet., *Caes.* 70. Seine Vorwürfe gegen A.: Plut., *A.* 10. Cicero und Cytheris: *Ad Fam.* 9,26. Scheidung des A.: Plut. *A.* 9. Cato an den Syrten: Lukan, *Phars.* 9, vv. 371ff. Juba II.: Plut., *Caes.* 55. Angebliche Feigheit des A.: Cic., *Phil.* 2,74. A. heiratet Fulvia: *ibid.* 77; Plut., *A.* 10. A. und Trebonius: Cic., *Phil.* 2,36; Plut., *A.* 13. Begegnung in Narbo: Cic., *Phil.* 2,78; Plut., *A.* 11. A. als designierter Konsul: App. 2,107.

Kapitel III.

Cicero gegen Caesar: *Phil.* 2,29; 34; 80. Dolabellaaffäre: *ibid.* 80 - 84; 99; Plut., *A.* 11. A. als Schmeichler Caesars:

Cic., *Phil.* 2,82. Kleopatra in Rom: Suet., *Caes.* 79; CD 43,27. Caesar über Sulla: Suet., *Caes.* 77. Die Sibyllinischen Bücher: App. 2,110. Ehrungen Caesars: Suet., *Caes.* 76; CD 44,6. Lupercalien: Cic., *Phil.* 2,85 - 87; Plut., *A.* 12; *Caes.* 61; App. 2,109; CD 44,11 (cf. auch 39,11). Vorbereitungen zum Partherfeldzug: App. 2,110. Ausspruch Caesars: Plut., *Caes.* 62; *A.* 11; *Brutus* 8. Seine Zuneigung zu Brutus: Suet., *Caes.* 80,2; Plut., *Brut.* 5. Cassius: *ibid.* 8. Die Löwen von Megara: CD 42,14. Ermordung Caesars: Cic., *Phil.* 2,34; 13,22; Plut., *Caes.* 66; *A.* 13; *Brut.* 17 - 18; Suet., *Caes.* 81f.; App. 2,114; 117 - 118; CD 44,17 - 19. Nach dem Mord: Cic., *Phil.* 2,88f. Plut., *Caes.* 67; *A.* 14; *Brut.* 19; App. 2,118 - 135; CD 44,22; 34. Caesars Testament: Suet., *Caes.* 83; App. 2,143; CD 44,35. Leichenbegängnis Caesars: Suet., *Caes.* 84 - 85; Plut., *Brut.* 20; App. 2,143 - 147; CD 44,36 - 49. Tod Cinnas: Suet., *Caes.* 85; CD 44,50. Angst Cascas: CD 44,52. A. benutzt Aufzeichnungen Caesars: Cic., *Phil.* 2,100; Plut., *A.* 15; App. 3,2 - 5; CD 44,53. Die „Charoniten": Plut., *A.* 15 (und Suet., *Aug.* 35). Unterschlagungen von A.: Cic., *Phil.* 2,93 - 97. Das Landgut Varros: *ibid.* 101 - 105. Ankunft Octavians in Rom: Suet., *Aug.* 8; App. 3,9 - 13; CD 45,3. Begegnung mit A.: App. 3,15 - 20. Abreise des Brutus: Plut., *Brut.* 21. Athen ehrt Brutus und Cassius: CD 47,20. Beliebtheit Octavians bei den Soldaten: CD 45,7. Aufruf zum Mord an A.: Cic., *Phil.* 2,117. Komplott gegen das Leben des A.: Seneca, *De clementia,* 1,9; Suet., *Aug.* 10; Plut., *A.* 16; App. 3,39. Fulvia wohnt den Hinrichtungen bei: Cic., *Phil.* 3,4; 10,31; CD 45,13. Der Eid von Tibur: App. 3,46. Analyse der Lage: CD 45,11. Cicero greift A. an: *Phil.* 3,28 - 29. Decimus Brutus gibt Cisalpina nicht heraus: App. 3,45; 49.

Kapitel IV.

Mutinensischer Krieg: App. 3,62 - 72; CD 46,36f. Beschimpfungen gegen L. Antonius: Cic., *Phil.* 11,10; Pisos Rede: App. 3,44 - 60. Rede des Calenus: CD 46,1 - 28 (zitierte Passage in 3). Aufruf zur Ermordung des A.: Cic., *Phil.* 8,6. *Mars communis:* Cic., *Phil.* 10,20 (und *Ilias,* 18, v. 309). Festigkeit des A. während des Rückzugs: Plut., *A.* 17. Vereinigung mit Lepidus: Plut., *A.* 18; App. 3,84; CD 46,51. Tod Pansas: Suet., *Aug.* 11; Tacitus, *Ann.* 1,10; App. 3,79; CD 46,39. Gründung Lyons: CD 46,50. Tod des Decimus Brutus: App. 3,97 - 98; CD 46,53. Tod des Trebonius: Cic., *Phil.* 11,4 - 9; App. 3,26; CD 47,29. Ende Dolabellas: App. 3,78; CD 47,30. Tod des C. Antonius: Plut., *Brut.* 25 - 28; App. 3,79. Octavian wird Konsul: Suet., *Aug.* 26; App. 3, 88 - 94; CD 46,45 - 46. Mut Coronas: App. 3,95; CD 46,49. Cotyla: Plut., *A.* 18. Dreierkonferenz: App. 4,2; CD 46,54 - 55. Proskriptionen: Plut., *A.* 19. Einzug der Triumvirn in Rom: App. 4,7. Edikt über die Proskriptionen: App. 4,8 - 11. Zahl der Proskribierten: Plut., *A.* 20, *Brut.* 27; *Cicero,* 46; App. 4,5f. Grausamkeit des Augustus: Suet., *Aug.* 13 - 15; *Res gestae divi Augusti,* 2; Corneille, *Cinna,* vv. 1130 - 1132. Tod des Rufus: App. 4,29; CD 47,8. Tod Ciceros: App. 4, 19 - 20; CD 47,8. Die Mutter des A. interveniert: Plut., *A.* 20; App. 4,37. *Laudatio Turiae:* Dessau, *Inscr. Lat. Sel.* 8393. Ausspruch des A.: Plut., *Cic.* 49. Vorzeichen: App. 4,4; CD 47,3; Verg. *Georg.* I, vv. 464 - 486. Bürgerkrone: CD 47,13. Hortensia: App. 4,32 - 34. Ehrungen Caesars: CD 47,18 - 19. Lebenswandel des A.: Plut. *A.* 21.

Kapitel V.

Treffen von Brutus und Cassius: Plut., *Brut.* 28 - 30; App. 4,65; CD 47,32. Sextus Pompejus in Sizilien: App. 4,84 - 85. Belagerungen von Rhodos und Xanthos: Plut., *Brut.* 30 -32; App. 4,66 - 82; CD 47,33 - 34. Treffen von Sardis: Plut., *Brut.* 34; CD 47,35. A. in Brundisium: App. 4,82. Operationen von Norbanus und Saxa: App. 4,87 - 89. Vision des Brutus: Plut., *Brut.* 36 - 37. Rede des Cassius: App. 4,90 -98. Schlacht von Philippi: App. 4,106 - 129; CD 47,38 - 48. Bruderkrieg: Plut. *A.* 89; *Brut.* 38; App. 4,137; CD 47,39.

Vorzeichen: Suet., *Aug.*91; Plut., *Brut.* 39; App. 4,134; CD 47,40. Rede des A.: App. 4,119 - 120. Schwäche des Brutus: Plut., *Brut.* 49. Sein Tod: *ibid.,* 50 - 53; App. 4,131. Octavian verlangt seinen Kopf: Suet., *Aug.* 13. A. ehrt seinen Leichnam: Plut., *A.* 22; CD 47,49. Die beiden Adler und der Äthiopier: Plut., *Brut.* 48; App. 4,134; CD 47,48. Grausamkeit Octavians: Suet., *Aug.* 13. Flucht des Horaz: *Oden* 2,7, vv. 5ff. (cf. *Ilias* 3, vv. 380ff.; 20, vv. 321ff.).

Kapitel VI.

Ansehen des A.: App. 5,14. Aufgabenteilung: App. 5,3; CD 48,1 - 2. Rede des A. in Ephesos: App. 5,4 - 5. Seine Anordnungen: *ibid.,* 6 - 7. A. in Athen und Megara: Plut., *A.* 23. Empfang in Ephesos: *ibid.* 24. Verhalten des A.: *ibid.* Labienus bei den Parthern: CD 48,24. Das Treffen von Tarsos: Plut., *A.* 25 - 26; CD 48,24. Der Charme Kleopatras: Plut., *A.* 27; *Caes.* 49. Hinrichtung Arsinoes: App. 5,9. Morde in den Herrscherhäusern: Plut., *Demetrios* 3. Angriff auf Palmyra: App. 5,10; CD 48,24. A. in Alexandrien: Plut., *A.* 28 - 29; App. 5,11. Statuen als Lampenhalter: Lukrez, 2, vv. 24f. Perusinischer Krieg: App. 5,24 - 50; CD 48,3 - 14. Enteignungen in Italien: Verg., *Ecl.* 1, vv. 3 - 4 und 70 - 72. Rolle Fulvias: Plut.; *A.* 30; CD 48,10. Sextus Pompejus nimmt Julia auf: CD 48,15. A. verhält sich passiv: Plut., *A.* 30. A. ist ungenügend informiert: App. 5,52. Ahenobarbus schließt sich A. an: App. 5,55. A. in Italien: App. 5,55 - 59. Cocceius interveniert: *ibid.* 60 - 63. Vermählung Octavias und Vertrag von Brundisium: Plut., *A.* 31; App. 5,64 - 66. Treffen von Misenum: App. 5,69. Hoffnung auf Frieden: Verg., *Ecl.* 4, vv. 4 - 5 und 60 - 64. Großmut des Sex. Pompejus: Plut., *A.* 32; App. 5,73; CD 48,38. Abreise des A. in den Orient: App. 5,75.

Kapitel VII.

Parthereinfall unter Labienus: CD 48,25 - 26. Bassus besiegt ihn: App. 5,65; CD 48,39 - 41. A. in Athen: Plut., *A.* 33 - 34; App. 5,76. A. bereitet den Krieg gegen die Parther vor: App. 5,76. Seine Rückkehr nach Brundisium: *ibid.* 77 - 79; CD 48,46. Inschriften von Aphrodisias: J. Reynolds, *Aphrodisias and Rome* (London, 1982), S. 149f. Sieg des Bassus: Plut. *A.* 34; CD 49,19 - 22. Treffen von Tarentum: Plut., *A.* 35; App. 5,92 - 95; CD 48,54. A. sieht Kleopatra wieder: Plut., *A.* 38. Brief des A. an Octavian: Suet., *Aug.* 69. Schenkungen an das Lagidenreich: Plut., *A.* 36; CD 49,32. Krise im Partherreich: Plut., *A.* 37; CD 49,23 - 24. A. zieht gegen die Parther: Plut., *A.* 37 - 51; CD 49,24 - 31. Die übersetzten Passagen entstammen Plut., *A.* 40 und 43.

Kapitel VIII.

Sieg Octavians: Suet., *Aug.*16; App. 5,98 - 132; CD 49,1 - 15. Sex. Pompejus im Orient: App. 5,133 - 144; CD 49, 17 - 18. A. und der König von Media Atropatene: Plut., *A.* 52; CD 49,33. Octavia wird nach Italien zurückgeschickt: Plut., *A.*53; CD 49,33. A. in Armenien: Plut., *A.* 50; CD 49,39 - 40. Verhandlungen mit Medien: Plut., *A.* 54; CD 49,44. Triumph des A.: Plut., *A.* 50. Alexandrinische Schenkungen: Plut., *A.* 54; CD 49,41. Inschriften von Aphrodisias: s.o. Kap. VII. Die *Antonii* Kleinasiens: L. Robert, *Laodycée du Lycos, le Nymphée* (Québec-Paris, 1969). S. 306 - 309. A. informiert den Senat über seine Maßnahmen: CD 49,41. Tassa Farnese: E. La Rocca, *L'Età d'Oro di Cleopatra* (Napoli, 1984). Brief des A. an Octavian: Suet., *Aug.* 69. Spannungen zwischen A. und Octavian: Plut., *A.* 55; CD 50,1 - 2.

Kapitel IX.

Die Konsuln Ahenobarbus und Sosius: CD 50,2 - 3. Brief des A. an den Senat: CD 49,41. A. in Alexandrien: CD 50,5. A. in Armenien, Ephesos, Samos und Athen: Plut., *A.* 56 - 61. Empörung seiner Freunde: *ibid.* 58; CD 50,3. Erste Überläufer: Suet., *Aug.* 17. Testament des A.: Plut., *A.* 58; CD 50,3. Angebliche Äußerungen Kleopatras: Plut. *A.* 59; CD 50,5. Kriegserklärung Roms an sie: Plut., *A.* 60; CD 50,4. Vorzeichen: Plut., *A.* 60; CD 50,8. Stärke der Streitkräfte: Plut., *A.* 61 - 62. A. verspricht Rücktritt: CD 50,7. Erste militärische Operationen: CD 50,9. Offensive Agrippas und Octavians: CD 50,11. Besetzung von Toryne: Plut., *A.* 62. A. bei Actium: Plut., *A.* 63; CD 50,12. Vorgehen Octavians und Agrippas: CD 50,13. Zwangsrekrutierungen für die Flotte des A. und von Trägern: Plut., *A.* 68. Überläufer: *ibid.* 63; CD 50,12 - 13. A. hält Kriegsrat: Plut., *A.* 63; CD 50,14 - 15. Vorbereitungen zur Schlacht: Plut., *A.* 64. Octavian und der Eselstreiber: *ibid.* 65; Suet., *Aug.* 96. Schlacht von Actium: Plut., *A.* 65 - 68; CD 50,31 - 35. Kapitulation der Armee: Plut., *A.* 68; CD 51,1 - 3. Großzügigkeit des A. gegenüber seinen Freunden: Plut., *A.* 67. A. in Paraitonion: *ibid.* 69; CD 51,5. Das *Timoneion:* Plut., *A.* 69. Letzte Verhandlungen, letzte Vergnügungen: *ibid.* 71 - 74; CD 51,4 - 6. Die Gladiatoren von Cyzicum: CD 51,7. Invasion Ägyptens: Plut., *A.* 74 - 75; CD 51,9 - 10. Tod des A.: Plut., *A.* 76 - 77; CD 51,10. Octavian und Kleopatra: Plut., *A.* 78 - 79; CD 51,11. Tod Kleopatras: Plut., *A.* 82 - 86; CD 51,11. Maßnahmen Octavians: *ibid.* 15.

Kapitel X.

Cornelius Gallus: CD 51,17; E. Bernand, *Inscriptions grecques et latines de Philae,* II (Paris, 1969), Nr. 128; CD 53,23 - 24. Hinrichtung von Antyllus: Suet., *Aug.* 17; Plut., *A.* 87; CD 51,15. Hinrichtung von Caesarion: Plut., *A.* 81; CD

51,15. Das Andenken des A. wird diskreditiert: Plut., *A.* 58 - 59; Hor., *Epoden* 9, vv. 11 - 16; Verg., *Aen.* 8, vv. 685 - 709; Properz, 3,11, vv. 39ff. Beurteilung von A. und Kleopatra: CD 51,15. Helden als negative Beispiele: Plut., *Demetrios* 1. Schwäche des A. bei Actium: Plut., *A.* 66.

Anmerkung zu den römischen Namen

Der römische Bürger trägt den Namen (*nomen*) seiner Familie, vor dem der Vorname steht (*praenomen*) und auf den oft ein Beiname folgt (*cognomen*): So heißt z.B. Cicero mit vollem Namen *Quintus Tullius Cicero*. Der moderne Gebrauch gibt manchmal dem Familiennamen den Vorzug (so etwa im Fall von Antonius, der übrigens kein *cognomen* hatte), manchmal dem Beinamen (Caesar oder Cicero), ohne daß sich dafür eine Regel aufstellen läßt. Die Vornamen wurden normalerweise abgekürzt. Die im vorangehenden Text am häufigsten vorkommenden Abkürzungen sind:
A.: Aulus. C.: Gaius. Cn.: Gnaeus. L.: Lucius. M.: Marcus. P.: Publius. Q.: Quintus. Sex.: Sextus. T.: Titus. Tib.: Tiberius.

Zur Erleichterung der Lektüre sind die Vornamen oft ausgeschrieben.

Verzeichnis der Karten

Bibliographische Hinweise

1. Antike Texte

Eine im wesentlichen vollständige Aufstellung der antiken literarischen Quellen gibt P. Groebe, Art. *Antonius 30,* in *Pautys Realencyclopädie der classischen Altertumswissenschaften,* I (1894), col. 2595 - 2614.
Die wichtigsten Texte sind folgende (Autoren in chronologischer Reihenfolge):
Cicero, *Philippiken.*
Velleius Paterculus, *Römische Geschichte,* Buch II.
Plutarch, *Parallel-Viten: Marcus Antonius, Brutus, Cicero.*
Sueton, *Caesarenviten (Julius Caesar, Augustus).*
Florus, Buch II.
Appian, *Die Bürgerkriege,* Bücher II - V.
Cassius Dio, *Römische Geschichte,* Bücher 44 - 51.

2. Moderne Arbeiten

Hermann Bengtson, *Marcus Antonius, Triumvir und Herrscher des Orients* (München 1977). Eine sorgfältige und detaillierte Untersuchung, in der auch die wesentlichen Werke der Sekundärliteratur angeführt sind. Cf. auch E.G. Huzar, *Marc Antony, A Biography,* (Minneapolis, 1978; 2. Ed. London, 1986), dessen Anmerkungen sehr vollständige Literaturverweise enthalten, des weiteren R. Scuderi, *Commento a Plutarco „Vita di Antonio"* (Firenze, 1984).
Eine in jüngster Vergangenheit erschienene Darstellung der historischen Probleme und der Institutionen Roms während der republikanischen Epoche bringen Claude Nicolet u.a. in *Rome et la conquête du bassin méditerranéen,* 2 Bde, (Paris, P.U.F., 1977), das mit einer reichhaltigen Biblio-

graphie ausgestattet ist. Eine kritische Untersuchung zur hellenistischen Welt findet sich in Edouard Will, *Histoire politique du monde hellénistique,* II (Nancy, 1982), einen Gesamtüberblick liefert François Chamoux, *La civilisation hellénistique* (Paris, Arthaud, 1981).
Die Schlacht von Actium wurde neu untersucht von J.-M. Roddaz, *Marcus Agrippa* (Rom, 1984), S. 157ff.